# 身体知の構造
## 構造分析論講義

金子明友　著

明和出版

## まえがき

　ここに『身体知の構造』と名づけられた本書はいうまでもなく 2005 年に上梓された『身体知の形成』（上・下巻）の続編になります。その上巻では，発生論的運動学の基礎理論が講義され，下巻ではその創発分析と促発分析の方法論が体系的に講義されています。いわば学習者が動感形態を形成していくときの創発作用に関する運動分析論と，さらに指導者が学習者に動感形態の統覚化を促す方法論，つまりその促発作用に関する運動分析論が主題化されています。その意味においては運動文化の伝承理論におけるもっとも実践的な問題となる創発と促発の発生分析論が体系的に取り上げられています。しかしその創発分析と促発分析においては，その対象になる動感形態そのものの構造存在論はすでにその前提に位置づけられています。つまり動感運動の形態発生が問題となるところでは，その習練形態がどんな意味構造をもっているのか，どんな動感形態が目標にされるべきなのかは指導者にも学習者にも共通な動感構造が了解されているのでなければなりません。とりわけ指導者は，動感促発の志向形態に曲がりなりにも存在論的な構造分析をしているはずなのです。指導対象になる習練形態に厳密な構造分析をしていないと，その指導者は習練形態の指導目標像を立てることさえできなくなるからです。

　ここに『身体知の構造』と題して，構造存在論的立場から動感形態の構造分析の基礎理論とその入門的方法論の講義を始めることになります。その構造分析はすでに指導実践の現場で確認されている多くの実践知に支えられていますが，それを一般理論として体系化して講義することはそう容易なことではありません。動感論的形態学の立場から体系的に構造分析論を講義することは蛮勇を鼓してもなお躊躇せざるをえない難問に向き合うことになります。しかしこの存在論的な構造分析なしには実践的な発生分析も勢いを失ってしまいますから，ここに道半ばの拙い講義にもかかわらずあえて世に問うことにしました。

　ここであらかじめ講義の全体を見渡しておくと，まずは構造分析のオリエンテーションとして第Ⅰ章に「存在論的構造分析への道」が取り上げられ，これまでの発生分析との対比のなかで構造分析の要点が述べられます。第Ⅱ章では始原論的構造分析の方法論，第Ⅲ章で体系論的構造分析の方法論，最後の第Ⅳ章では膨大な内容をもつ地平論的構造分析の方法論が講義されます。このよう

な一連の存在論的な構造分析の講義をまとめることによってマイネル教授の遺志を少しでも継ぐことができればと秘かに願っているのです。というのは，10年前にマイネル教授生誕百年祭として開催されたスポーツ運動学国際シンポジウム（ライプツィヒ大学 1998）の基調講演に際して，マイネル教授の形態学的運動分析がさらに発展的に継承されるべき必要性を強調したからです。ところがマイネル教授の遺志に反して，感性学に基づく形態学的な運動分析はすっかりその影を潜めてしまっています。このことが創発・促発領域の発生分析を『身体知の形成』としてまとめる動機になりましたが，しかしそこに存在論的な構造分析を欠いては発生論的な形態学的分析としては片手落ちになります。動感形態の発生と構造は基づけ関係にあり，構造分析のない発生分析は現実に成立しないからです。こうして引き続き本書『身体知の構造』を世に問うことにしました。もちろん，この膨大な研究領域はまさにその緒についたばかりですが，この小著が現象学的形態学の視座に立つ人間学的な運動分析論として，スポーツのみならず身体知に関わる運動発生論の支えに少しでも貢献できるとしたら，それは著者の望外の幸せになります。

　最後にこの構造分析論を体系化するにあたって，すでに枯渇し始めた著者の動感分析に活力を吹き込み，その厳密な討論に一緒に参加してくれたのは東京女子体育大学の金子一秀教授であり，同時に現役コーチとしてその実践知に基づいたすぐれた例証分析を数多く提供してくれたことを特筆して謝意を表しておきます。最後に歩みの遅い原稿を励ましてくれ，しかも自ら厳密な校正の労をとっていただいた年来の知己である明和出版社長の和田義智氏に心からのお礼を忘れるわけにはいきません。

2007年早春

金子明友

# 身体知の構造●目次●

## 第I章　存在論的構造分析への道

### 講義1　身体知の存在論に問いかける　2

1 本講義のねらいはどこにあるか……………2
- ●――動感形態の価値構造を問う /2
- ●――指導目標像を改めて問う /3
- ●――動感形態の評価判断を問い直す /5

2 身体知は科学知から区別される……………6
- ●――科学知とは何か /6
- ●――身体とは偉大なる理性なのだ /7
- ●――身体知の体系構造を再び問う /9

3 身体知は自己運動のなかに住む……………11
- ●――身体知は外から見えない /11
- ●――超越論的還元が不可欠になる /13
- ●――身体知は絶対ゼロ点をもつ /14
- ●――身体知は絶対に疑えない /16
- ●――身体知は自得精神を生む /17

4 身体知は客観化作用をもつ……………18
- ●――客観化作用とは何か /18
- ●――動感形態の類的核をとらえる /19
- ●――動感形相に問いかける /21
- ■ゼミナールテーマ：1 / 22

### 講義2　動感発生は価値作用を前提にする　23

1 身体知は間動感性を拓く……………23
- ●――身体知は動感伝承を支える /23

- ●──身体知によって動感差に気づく /24
- ●──身体知は動感作用を反転できる /25
- ●──身体知は動感共働現象を示す /26
- ●──間動感性は身体知に拓かれる /28

2 身体知の構造円環を問い直す……………30
- ●──円環形態的なるものとは何か /30
- ●──即興とは同時発生を意味する /30
- ●──粘土細工方式は通じない /31
- ●──形態はどんな原因ももたない /32
- ●──なぜ価値構造に問いかけるのか /34

3 身体運動は価値構造をもつ……………35
- ●──動感形態は時代的枠組みに支配される /35
- ●──動感形態は恣意的な価値体系をもつ /37
- ●──同一化作用とは何か /38
- ●──体系化の単位は何か /40
- ●──動感形態は努力志向性をもつ /41
- ■ゼミナールテーマ：2 / 43

## 講義 3　存在論的構造分析を体系化する　44

1 構造分析のねらいは何か……………44
- ●──構造存在論の視座に立つ /44
- ●──運動構造の概念を問い直す /45
- ●──形態学的構造分析の対象は何か /46
- ●──存在論的構造分析のねらいは何か /48

2 発生分析と構造分析の関係を問う……………49
- ●──身体知の発生分析を展望する /49
- ●──創発能力と促発能力の相補性を確認する /51
- ●──指導者の評価判断能力とは何か /55

3 動感形態の構造分析を体系化する……………57
- ●──身体運動の原理を問い直す /57
- ●──形態発生の始原構造を探る /58
- ●──動感形態の共存価値とは何か /60
- ●──動感深層の地平構造を探る /61
- ●──構造分析の対象領域を体系化する /64
- ■ゼミナールテーマ：3 / 68

## 第Ⅱ章　始原論的構造分析の道

### 講義 4　習練形態の始原をたずねる　　70

1 動感形態の始原を問い直す……………70
　●——動感形態の発生始原をたずねる /70
　●——コツは本人とともに死す /72
　●——動感形態は先言語的地平をもつ /73
2 芸への道は教外別伝になるのか……………74
　●——芸道の不立文字が自得を求める /74
　●——芸道とは踏み固めた道をいう /76
　●——不立文字で動感形態を生み出す /77
　●——以心伝心の芸道は不合理なのか /79
3 身体習練のルネサンスが始まる……………81
　●——秘伝の種明かしに走る /81
　●——職人わざの発生地平を見逃す /82
　●——秘伝発生の道を探る /84
　●——身体習練の道が拓かれる /85
　●——習練教材の言語問題が浮上する /87
　■ゼミナールテーマ：4 / 91

### 講義 5　動感形態の始原分析を問う　　92

1 動感運動の構造形成に問いかける……………92
　●——形態形成を改めて問う /92
　●——構造形成とは何か /94
　●——なぜ構造形成の枠組みを問うのか /95
2 なぜ始原分析を問うのか……………97
　●——モースのハビトゥスを問い直す /97
　●——フーコーのアルケオロジーとは何か /100
　●——マイネルの運動問題史を問い直す /102
3 始原分析の体系を展望する……………103
　●——枠組み構造とは何か /103
　●——野生児の例証に枠組み構造を見る /105
　●——始原分析を体系化する /106
　■ゼミナールテーマ：5 / 109

| 講義 6　構造形成の始原を探る　110

1 鋳型化枠組みの始原分析を問う……………110
　●──鋳型化枠組みとは何か /110
　●──マイネルの言説分析を見る /112
　●──なぜ鋳型化始原分析をするのか /113
　●──鋳型化始原分析の手順を問う /114
2 モザイク化枠組みの始原分析を問う……………116
　●──モザイク化枠組みとは何か /116
　●──モザイク化始原分析のねらいは何か /117
　●──モナドメロディーの習練形態を探る /119
　●──モザイク化始原分析の手順を問う /121
3 構築化枠組みの始原分析を問う……………122
　●──構築化枠組みとは何か /122
　●──体力は理念的概念を隠蔽する /124
　●──体力の構築化枠組みを問い直す /127
　●──調整力の構築化枠組みを問い直す /130
　●──構築化始原分析の手順を問う /132
　■ゼミナールテーマ：6 / 134


## 第Ⅲ章　体系論的構造分析の道

| 講義 7　動感言語の体系論を問う　136

1 なぜ動感言語論を主題化するのか……………136
　●──なぜ動感言語が問題になるのか /136
　●──身体運動になぜ名称をつけるのか /138
　●──動感言語の発生に問いかける /141
2 動感形態は動感言語と同時に発生する……………143
　●──動感形態にラベルを貼れるのか /143
　●──運動名称は動感形態と同時発生する /145
　●──動感表現は種化から類化に向かう /146
3 習練形態に術語体系の道を拓く……………148
　●──習練形態の言語化を問い直す /148
　●──習練形態にどんな名称をつけるか /150
　●──動感形態の乱立に戸惑う /151
　●──動感言語論の源流を探る /153
　■ゼミナールテーマ：7 / 156

## 講義 8　習練体系論の基礎を問い直す　157

1 習練体系論の今日的問題は何か…………157
- ●――習練体系論とは何か /157
- ●――習練形態になぜ類化を求めるのか /159
- ●――基本形態の体系に問いかける /161
- ●――現代における習練体系を問い直す /162

2 体系論的分析の理論的基礎を問う…………164
- ●――動感形態は即自的実体ではない /164
- ●――動感形態の共存価値とは何か /167
- ●――競技スポーツの習練体系を問い直す /169

3 競技空間の方位表現を問う……………172
- ●――人間学的な運動空間とは何か /172
- ●――方位表現をなぜ問い直すのか /174
- ●――競技空間とは何か /176
- ●――天地空間と身体空間の絡み合いを問う /178
- ●――移動と回転の方向づけを問う /180
- ●――姿勢や体位をなぜ規定するのか /183
- ■ゼミナールテーマ：8 / 185

## 講義 9　体系論の縁どり分析を問う　186

1 体系分析のねらいは何か…………186
- ●――なぜ存在論的体系分析を問うのか /186
- ●――体系分析の対象は何か /188
- ●――体育の体系分析はなぜ放置されるか /189
- ●――競技の体系分析はなぜ秘伝化するか /190

2 体系論の縁どり分析を問う…………193
- ●――縁どり分析のねらいは何か /193
- ●――類化形態の分析対象は何か /194
- ●――類型化形態の分析対象は何か /199
- ●――構造化形態の分析対象は何か /201
- ●――統一習練体系の分析対象は何か /203

3 縁どり分析の方法論を問う…………204
- ●――縁どり分析の理論的基礎は何か /204
- ●――類化分析の例証を探る /206
- ●――類型化分析の例証を探る /208

●──ナンバ歩きを縁どり分析する /211
4 構造化形態の体系化を探る……………214
　　●──構造化形態の体系化を問う /214
　　●──這う・転がる形態の体系化を探る /215
　　●──歩く・よじ登る形態の体系化を探る /218
　　●──走る形態の体系化を探る /221
　　●──跳ぶ形態の体系化を探る /224
　　●──投げる・捕る形態の体系化を探る /227
　　●──押す・引く形態の体系化を探る /230
　　●──打つ・突く形態の体系化を探る /233
5 統一習練体系の問題性に問いかける……………234
　　●──統一習練体系の秘伝性を問い直す /234
　　●──統一習練体系の分析問題を探る /236
　　●──始原分析との相補統一性を確認する /238
　　■ゼミナールテーマ：9 / 239

# 第IV章　地平論的構造分析の道

**講義10　動感深層の地平に問いかける　　242**

1 動感深層の地平性とは何か……………242
　　●──地平分析のねらいは何か /242
　　●──なぜ動感深層に問いかけるのか /245
　　●──動感志向体験の地平とは何か /247
　　●──動感地平は形成位相を胚胎する /249
2 動感深層の地平構造を探る……………250
　　●──マイネルの位相構造を問い直す /250
　　●──地平分析は形成位相に絡み合う /252
　　●──動感深層の匿名性を問い直す /255
3 地平分析力は専門性の核になる……………256
　　●──地平分析力のトレーニングを問い直す /256
　　●──地平分析力は相補統一性を本質とする /258
　　●──動感地平分析の全体系を展望する /260
4 原生成の含意潜在態を探る……………263
　　●──原生成の動感地平とは何か /263
　　●──始原身体知の原生成地平を探る /264
　　●──なじみ地平の含意潜在態を探る /267

- ●——さぐり地平の含意潜在態を探る /268
- ●——まぐれ地平の含意潜在態を探る /271
- ●——原生成地平の分析体系を問う /273
- ■ゼミナールテーマ：10 / 275

## 講義11　コツ地平の分析方法論を問う　276

1 コツ地平構造の含意潜在態に問いかける……………276
- ●——コツの反論理性は反復を誘う /276
- ●——コツの習慣化は潜在態を生む /278
- ●——コツの地平性に問いかける / 281
- ●——コツ地平分析の体系を展望する /283

2 コツ統覚化の地平構造を探る……………285
- ●——コツ触発化動感力の地平を探る /285
- ●——コツ価値覚動感力の地平を探る /287
- ●——コツ共鳴化動感力の地平を探る /290

3 コツ図式化の地平構造を探る……………294
- ●——図式化動感力の地平を探る /294
- ●——コツ地平構造の縁どり分析を問う /301
- ■ゼミナールテーマ：11 / 305

## 講義12　カン地平の分析方法論を問う　306

1 カン地平構造の含意潜在態に問いかける……………306
- ●——なぜカンの地平性を問うのか /306
- ●——カンは漠然性を本質とする /308
- ●——カンはヴェクトル構造をもたない /311
- ●——カンは反転化地平に住む /313
- ●——カン地平分析の体系を展望する /315

2 伸長作用の地平構造を探る……………318
- ●——伸長作用の地平構造とは何か /318
- ●——伸長触発化の地平分析を問う /319
- ●——伸長価値覚比較の地平分析を問う /320
- ●——伸長共鳴化の地平分析を問う /323
- ●——伸長図式化の身体化地平分析を問う /326
- ●——伸長図式化の縁どり地平分析を問う /331
- ●——伸長作用の反転化地平を探る /335

3 先読み作用の地平構造を探る……………336
 ●──先読み作用の地平構造とは何か /336
 ●──先読み統覚化の地平分析を問う /338
 ●──先読み図式化の身体化地平を探る /341
 ●──先読み図式化の縁どり地平を探る /345
 ●──先読み作用の反転化地平分析を問う /348
4 シンボル化作用の地平構造を探る……………350
 ●──シンボル化動感力の統合性を確認する /350
 ●──シンボル化作用の地平構造とは何か /352
 ●──シンボル統覚化の地平分析を問う /355
 ●──シンボル図式化の身体化地平を探る /360
 ●──シンボル図式化の縁どり地平を探る /361
 ●──シンボル化作用の反転化地平分析を問う /365
 ■ゼミナールテーマ：12 / 366

## 講義13　修正化地平の分析方法論を問う　368

1 修正化作用の地平構造を探る……………368
 ●──修正化地平の含意潜在態とは何か /368
 ●──修正化と洗練化の相互関係を問う /370
 ●──修正化地平分析の体系を問う /371
2 修正起点化作用の地平構造を探る……………373
 ●──修正起点化の地平構造を問う /373
 ●──起点化地平分析の体系を問う /374
 ●──起点構成化の地平分析を問う /378
 ●──起点図式化の身体化地平分析を問う /382
 ●──起点図式化の縁どり地平分析を問う /383
 ●──起点作用反転化の地平構造を探る /384
3 時空修正化の地平構造を探る……………385
 ●──時空修正化の地平構造を探る /385
 ●──時空修正化地平分析の体系を問う /387
 ●──時空修正統覚化の地平分析を問う /390
 ●──時空修正図式化の身体化地平分析を問う /392
 ●──時空修正図式化の縁どり地平分析を問う /393
 ●──時空作用反転化の地平構造を探る /394
4 力動修正化の地平構造を探る……………395
 ●──力動修正化の地平構造を探る /395

- ●——力動修正化地平分析の体系を問う /396
- ●——力動修正統覚化の地平分析を問う /401
- ●——力動修正図式化の身体化地平分析を問う /404
- ●——力動修正図式化の縁どり地平分析を問う /405
- ●——力動作用反転化の地平構造を探る /406
- ■ゼミナールテーマ：13 / 408

## 講義 14　自在化地平分析方法論を問う　　410

1 自在化地平の含意潜在態を探る……………410
- ●——動感自在化の志向体験に問いかける /410
- ●——自在化作用の匿名性を探る /412
- ●——自在化地平分析の体系を問う /413

2 安定化作用の地平分析を問う……………414
- ●——定着化の地平を探る /414
- ●——コンスタントの地平を探る /416
- ●——安定化の地平を探る /417

3 軽減化作用の地平分析を問う……………418
- ●——外的軽減化の地平を探る /418
- ●——内的軽減化の地平を探る /420
- ●——わざ幅の地平を探る /422

4 動感質作用の地平分析を問う……………423
- ●——空間動感質の地平を探る /423
- ●——時間動感質の地平を探る /425
- ●——冴えの地平を探る /426

5 自在化作用の地平分析を問う……………427
- ●——反転自在化の地平を探る /427
- ●——それの地平を探る /429
- ■ゼミナールテーマ：14 / 432

さくいん……………435

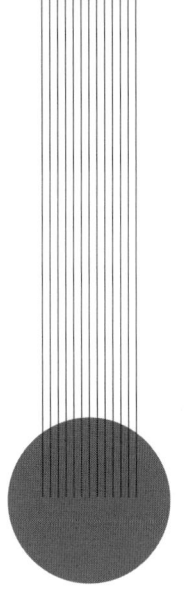

第 1 章

# 存在論的構造分析への道

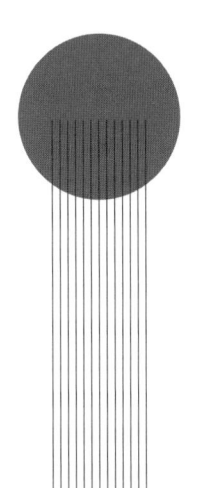

## 講義 1
## 身体知の存在論に問いかける

### 1 本講義のねらいはどこにあるか

● ──動感形態の価値構造を問う

　これから行われる一連の講義に先立って，まず『身体知の構造』と題された本講義の全体構想とそのねらいを述べておくことにします。ここに展開される一連の講義では，動感論的形態学を基柢に据えた動感形態の存在論的構造分析が主題化されています。その構造分析の講義内容はすでに発表されている『身体知の形成』における発生分析の講義と一対になっています。しかも，その動感形態の発生と構造の両者はお互いに基づけの関係にあります。本講義のねらいは，前著における動感形態の発生，つまり創発作用と促発作用を支える動感力の基柢をなしている価値構造の存在を明らかにしようとすることにあります。前著『身体知の形成』の上巻では，身体知を形成していく発生問題をめぐって，歴史的に複雑に絡み合ったいろいろな運動認識を通時的に見ながら，身体知の形成を支える人間の本原的な動感力そのものの本質的属性にまで考察を進めています。

　そこでは，精密性を本質とする自然科学的立場から身体運動を客観的に分析する立場はとられていません。身体知の形成にまつわる動感形態の発生は私が動くという自我運動として，現象学的形態学の厳密性に基づいて志向分析されることになります。感性的直観では求められない理念的本質に迫ろうとする科学的な精密概念と形態学的本質の直観を求める現象学的な厳密概念についてはフッサールの『イデーンⅠ』に詳しく論じられているのは周知の通りです。それはとりわけ人間の生命ある身体運動を分析するときにはその区別をしっかりとらえることが不可欠になります。そうでないと，躍動するスポーツ選手の精密科学的な分析結果が今ここの動きかたの発生方法論に直接的に結びつくもの

と誤解してしまうからです。このことはすでに『身体知の形成』（講義 7~8）で詳しく述べています。

　しかし，溌剌とした子どもの動きでも，名選手の神業(かみわざ)のようなみごとな動きかたでも，すべてを精密に測定しデジタル化し再現可能な身体運動として分析できると考え，それが正統な運動認識を獲得する基本的態度であると私たちは長いあいだ考えてきました。そのように一義的に理解してきた私たちにとって，科学的な運動概念と現象学的な運動概念というこの二つの運動認識の区別はすっきりと納得するのにはどうしても時間がかかります。ですから，私たちは生命的な身体知の発生論的運動分析にあたって，精密科学的な運動認識と対比しながらその対極にある動感形態学的な運動認識を考察してきたのです。形態学的本質に固有な漠然性という形態属性に多くの講義時間を割いてきたのはそのためであり，しつこいほどの駄目押しをして説明を繰り返してきたのです。

　次いで，『身体知の形成』下巻の講義では，身体知による動感形態の発生様態を創発分析，さらに促発分析に分けて，その方法論を具体的に体系化して述べています。ですから，学習者としての生徒や選手は自らの動感形態を統覚化して発生にもち込んでいく志向構造を体系的に理解できることになります。さらに，動感形態の発生を促す任務をもつ指導者，つまり体育教師や競技コーチは，学習者が動感素材をどのように収集して志向形態に統覚化していくのかを志向分析できなければ，動感発生を促すという促発の専門的な指導に入ることもできないことがわかります。さらに，指導者はどんな道しるべを立て，どんな手段を使って，いつ処方を開始するのかなど具体的な促発分析の方法論も理解しておかなければなりません。しかし，実践的にすぐれた指導者というものは単に創発分析を概念的に理解し，促発分析のマニュアルを知っていればよいというものではありません。学習者における今ここの動感形態の創発志向体験を分析し，それを効果的に処方して学習者に動感形態を発生させることができるのでなければなりません。それらの創発分析と促発分析を可能にする身体能力を，つまり本原的な生身の動感分析力を指導者自身が身につけなければならないのです。

●──指導目標像を改めて問う

　ところが，創発分析と促発分析を効果的に展開していくときの指導活動に

確かな評価基準を与える指導目標像に関しては、これまでの発生分析の講義では体系的に取り上げていません。というのは生徒の促発指導に入り、その身体運動が動感発生に関わるときには、どのような動感形態が指導目標像として適切であるかはすでに前提として確認されているはずだからです。実践指導の現場では、どうなれば先生が「よし」というのか、あるいは「まだまだ」とさらなる努力を促すのかはその先生の胸三寸にあります。そのような生き生きした指導目標像をもっていない先生は、生徒が今ここの動感志向体験を統覚化する過程に立ち会って指導できるはずもありません。生徒のそのつどの動きかたに対して、先生は良否の評価判断も下せないことになります。その先生はいつもその良否判断に自信をもっているわけではありません。さらにその良否判断は数学や理科の正否判断とは異質な評価作用になっていることを感じとっています。しかし、そのような本原的な評価作用の志向分析はこれまでの運動分析では取り上げられていません。もちろん、競技スポーツでは勝敗という明確な基準があるとはいえ、それは結果としての記録によって示されます。競技力の動感発生に関わる志向分析は老練なコーチによって例外的に行われるとしても、一般的には選手本人に丸投げされているのが現状のようです。世界のトップをねらうトレーニング次元と体育としてその最適化を目指して習練していく学習次元とでは、当然ながら最終的な指導目標像は異なります。しかし、学習者の形成位相に基づいて今のところの目標像はその生徒や選手の適合化という処方原理に合致しているのでなければなりません。

　ともあれ学習者の動感形態の形成過程においては、今ここで行われた現前の動きかたに対して、指導者は「よし」というのか、「だめ」というのか、それとも「もうひと息だ」と認めるのか、そこでは即座に何らかの評価判断に迫られます。もちろん、その成否判断をいつ呈示するのかという処方は起点構成化の領域に属しますが、いずれにしても指導者自身は学習者の現前の動感形態に一つの評価判断を下せるのでなければなりません。何一つ評価判断のできない指導者は「今はいうべきではないから指示しないのだ」と言い訳をし、自得精神を高めるために「本人が自得するまで何も口出しすべきではない」と言を左右して隠れ蓑をまとったとしても、いつになっても何も評価判断を下せない指導者はその頼りなさを選手や生徒にすぐに見抜かれてしまうものです。

## ●──動感形態の評価判断を問い直す

　このような動感形態の評価判断を支えてくれるのは，いったいどんな能力なのでしょうか。すぐれた指導者はこのようなときに一瞬にして絡み合った動感価値覚を分析して適切な評価判断を下すことができます。そのとき，いろいろな指導のマニュアルを単に知っているだけでは意味をなしません。即座にその意味核をとらえる動感力はいったいどんな構造をもっているのでしょうか。そこに動感価値覚の働きが存在しているのは当然としても，それをどのようにして身につけることができるのでしょうか。そのような即座に求められる評価判断というものは単なるまぐれ当たりでしかないのでしょうか。指導実践の現場にはそのような有能な指導者がたくさんいるのに，はたしてその評価判断を支える動感力の構造存在論はいぜんとして謎に包まれています。私たちはそのような複雑な諸現象の背後に明確な原理を取り出すことができたとしても，その評価判断能力をどのようにして身につけることができるのかの問いが私たちに迫ってきます。

　いずれにしても，身体運動を形成する指導目標像は私たちの促発指導に不可欠になります。たといその動感力が動感価値意識の深層に潜む問題としても，さらに通時的，共時的に絡み合った価値構造を示すとしても，この問題圏を避けて通るわけにはいかないようです。不世出の名選手を次つぎに育てていくコーチ，世界の王座に君臨し続ける選手を生み出す名監督は現実に存在してはいるのですが，その固有な評価判断の深層構造を語ろうとしません。それは先言語的な動感意識の深層にあって言明しにくいのかもしれません。それらは「長年の経験によるのだ」とか「秘伝だ」といわれて，その人固有な能力に帰せられてしまうのが一般です。しかし，このような今ここの動感価値覚による秘伝的な身体知への道は多くの人にはなかなか理解しにくいし，みんなの通れる公道として開放されることはありません。ここに私たちは動感形態の存在論的な構造分析に立ち向かう動機づけを見出すことができます。

　とりわけ動感形態の定着化と解消化をめぐるパラドックスは私たち指導者にとってまさにアポリア（論理的難問）というしかないほどの障害になっています。動感形態の発生のときに好ましくない動きかたを身につけさせてしまうと，それが習慣態となり，その定着化が進めば進むほど修正するための解消化の指導は困難をきわめます。そうなると最初からどのような指導目標像を設定

するかは決定的な重要さをもつことになります。それにもかかわらず，私たちは身体運動の形態発生を正統に保証できる価値構造の存在論を放置してきたようです。まさに，『身体知の構造』と題した一連の本講義のねらいは，身体知の形成を支える価値形態を構造存在論的に分析しようとすることにあります。

## 2 身体知は科学知から区別される

### ●――科学知とは何か

　これまで『身体知の形成』における一連の講義を通じて，私たちは動感身体知の発生原理とその創発・促発作用の形成方法論に立ち入っています。ここに身体知の存在論的な構造分析の講義に入っていく前に，改めて身体知とは何かを再確認しておくことは決して無駄ではないようです。というのは，これまでの形態形成の対象にとらえられてきた身体知の体系的認識は創発分析と促発分析という発生分析論の立場からのみ講義されているからです。これからはその身体知が存在論的な構造分析の対象として取り上げられるわけですから，発生問題と構造問題が基づけ関係にあるとはいえ，身体知の発生分析の体系的認識を改めて整理しておくことは冗長のそしりを受けないことになります。

　私たちが主題化している動感身体知はまずもって科学知（エピステーメー）からはっきりと区別されることが不可欠の前提になります。科学知というものは自然の背後に隠されている因果法則を発見し，それがだれにでも妥当するという自然科学的な知識体系です。しかし，それは私たちの関心事である動感能力としての身体知とは別種の知識体系になります。古代ギリシアにおいて，プラトンが算術や占星術，いわば数学や天文学のような因果的自然の本性に直結する知的能力をエピステーメーと名づけたことはよく知られています。そのエピステーメーとしての客観的知識体系が有体的な動感発生論の立場にまで紛れ込み，人間の身体運動の認識論にひどい混乱を引き起こしているのです。

　このような客観的な身体運動の科学知に対して，日常的な身体経験のなかで私の動きかたを手探りで求め，その動感感覚（キネステーゼ）を形態化していく身体能力は，そこに客観的な知性の働きを見出しにくいことから人間の運動認識論から弾き出されてきました。自転車に乗れる，楽器が弾ける，泳げるといった私の生身にありありと感じとれる動感力という身体能力は自我の固有領域に属しています。ですから，物理学的な運動法則をどんなに頭で理解し生理学的な体力条件

を整えても，統一的な動感形態の発生に直結しないのです。身体平衡のとり方や手足の動かしかたに動く感じのメロディーが流れなければ，自転車にも乗れませんし泳ぐこともできはしません。つまり，その動きかたが生身の私の身体に了解されなければ，その身体運動は発生しないのです。そのような動感力としての身体能力を私たちは動感身体知，あるいはボイテンデイクのように端的に身体知と呼んでいるのです。

　ところが，このような動感力による身体運動をその科学知によってモザイク的に構築できるという立場があり，それから生命的な身体運動の発生を理解しようとします。しかし，ボイテンデイクの運動形態学を援用するまでもなく（1956, S.41），そのような概念的・因果的な分析では実存の身体運動は理解できないのです。精密科学的な運動分析はロボティクスには不可欠であるとしても，ここで主題化されている実存の身体運動の発生論的運動分析とは区別されなければなりません。それにもかかわらず，この二つの運動分析の対象の違いを取り上げざるをえないのはいぜんとしてそこに混乱が続いているからなのです。『身体知の形成』(講義30)でも少し触れましたが，ピアジェの『発生的認識論』[1]は，幼児の感覚運動知能に論理抽象の思考シェーマの発生を見ています。そこでは，感覚運動知能そのものの形態発生が問題になるのではなくて，その背後に隠されている論理思考的シェーマの抽出こそが問題意識に取り上げられているのです。ピアジェの研究意図が論理抽象の知能発生におかれているのですから，それは当然の論理展開になります。しかし，それは動感性の身体運動に内在する身体知そのものの発生認識論には当てはまりません。たとい横断科学的にアプローチをしたとしても，それが数学的形式化という共通言語で記述される以上，今ここに現前する生き生きした動感形態の発生に直接に関われないことはこれまで繰り返して述べてきた通りなのです。

## ●――身体とは偉大なる理性なのだ

　ところが，ここで主題化されている身体知を存在論的に構造分析しようとすると，またしてもデジタルテクノロジーに支えられたロボティクスの道が私たちを強引に誘い込みます。それはここで主題化しようとしている身体知の発生分析や構造分析の考え方にまたしても混乱を引き起こします。驚異的に精巧な

---

[1] Piaget, J. : l'épistémologie génétique; 1970, puf /『発生的認識論』, 滝沢武久訳, 1972, 白水社.

センサー機能を備えた，いわゆるサイボーグのデジタルテクノロジー的運動認識は生命ある身体知の創発問題との境界領域にあって，その越境問題を前景に立てようとします。しかし，サイバネティクスとして理解した身体運動を数学的に形式化して成立するシステム分析と，今ここに動きつつある身体運動の価値論的な構造分析とは本質的に区別されざるをえないのです。すでに『身体知の形成』（講義8~12）において，その機械論的運動分析と対比しながらこの問題圏に立ち入っています。さらに動感身体による生命的運動の属性を『身体知の形成』（講義18~21）において，その本質的な区別を駄目押し的に詳しく論じていますので，ここでの冗長な反復は避けることにします。

　まさに蛇足になりますが，さらに念を入れて科学知と身体知の区別を端的に述べるとしたら，ニーチェが身体を軽蔑する者についてツァラトゥストラにいわせたように[2]，身体的なることそのものの認識論の差異に言及するだけで十分でしょう。ニーチェの風変わり表現にかかわらず援用すれば，「身体とは一つの大いなる理性であり，……この理性は自我を言わないで自我を行為するのだ」という言葉に尽くされています。そこでは，人間の身体運動を自然の物体運動のようにとらえて，その背後に因果法則を発見しようとする精密科学的な対象身体の科学知はすべて背景に沈められることになります。むしろ，生身の私の身体そのものに認められた大いなる理性という概念においては，自我身体こそが根源的な知性を統合する作用をもち，一種の合目的な形態化作用を表していることになるのです。「君のもろもろの思想や感情の背後に，私の兄弟よ，一人の強大な命令者，一人の知られざる賢者が立っている……その者が自己と呼ばれる」のであり，その自己存在が大いなる理性として自我身体を行為にもち込むのだとニーチェはいいます。そこでは，私の身体による動感運動，つまり，自己運動こそ大いなる理性の顕現であるということができるのです。

　19世紀後半におけるニーチェの新しい身体思想が当時の身体論に大きなインパクトを与えたことは周知の通りです。しかし同時に，フランスのベルクソン哲学における私の身体や運動図式の概念，さらにドイツのフッサール現象学におけるキネステーゼ能力や身体論などの身体思想は機械論的な対象身体の分析に終始してきた私たちの運動研究に大きな転機を生み出すことになります。

---

[2] Nietzsche, F. : Also sprach Zarathustra, S.39 f., 9. Aufl. 2004 dtv／ニーチェ全集9；ツァラトゥストラ上，61~82頁，2004, ちくま学芸文庫.

このような身体運動の新しい認識論は現象学的人間学に基づいて運動学を体系化したオランダのボイテンデイクによって感覚運動知能（1956）や身体知ないし感覚知（1958）と名づけられ，近くはヴァルデンフェルスの身体知（1999）などの現象学的身体論として前景に立てられています。ここに改めて身体知の存在論的構造分析に入るにあたり，動感身体知の概念を再び存在論的な立場から体系的に整理しておくことはこれからの講義の理解を助けてくれます。私たちは自我身体の動感知の意味構造を体系的により具体的な例証分析によって，両者の本質的な区別を確かなものにしておくことにします。

● ──身体知の体系構造を再び問う

すでに『身体知の形成』（講義20）で発生分析の立場から身体知の体系を整理していますが，ここでは身体知の意味構造について，存在論との関わりにまで射程を延ばしながら改めてその体系構造に考察を進めていくことにします。ひと口に身体知といっても，これまでの講義では発生分析の問題意識のなかで取り上げられ，とりわけ創発身体知と促発身体知の二大領域における意味発生とその形態発生の方法論が述べられています。しかし動感性の身体能力の創発分析や促発分析においては，その形態発生の方法論の関わりのなかでしか身体知の意味構造は論じられていません。そのような創発作用や促発作用の具体的な目標像は前提的に確認されていることにして講義が進められています。いわば私たちは動感力としての身体知を地平構造の背景に沈めたまま理解してきたことになります。どのような身体知を目標にしてその発生を促すのかという導きの糸としての構造問題は不問に付されているのです。

このようにして，動感発生の随所に現れてくる身体知の多彩な意味構造を改めて構造分析への橋渡しを視野に入れながら，もう一度改めて体系的に整理することから始めます。形態発生を保証する身体知にはいったいどのような固有な意味構造が存在し，どんな目標像に向かって発生が促されるべきかという問題を背景から少しずつ引き出していくことにします。この一連の講義では始原論的，体系論的，地平論的な問題意識が主題化されていきます。ですから，本講義で主題化される身体知の存在論的な問題意識への導入として，その関係系を予描しながら身体知発生の体系構造を浮き彫りにしておきます。

これまでの創発領域や促発領域における身体知のいろいろな意味構造を整理

してみると，次のような三つの属性領域にまとめることができます。もちろん，この三つにまとめられた属性は相互に絶縁されているのではありません。それらは相互に絡み合い構造を示していますし，それぞれの属性には多くの関連した意味構造を抱えていることはいうまでもありません。

①自己運動としての身体知
②間動感性としての身体知
③力動的価値構造としての身体知

　身体知における最初の自己運動としての属性領域では，私の身体から私一般の身体への還元的認識が前提になります。その自我身体は絶対ゼロ点をもち，それを起点として豊かな動感時空系のなかでそのつど生身に即した身体運動を成立させていることになります。それはだれにも疑うことのできない絶対的事実性をもちますから，その属性を基柢に据えて習練における自得の美意識が生まれてくるのです。そのことが客観化作用を経て動感共働現象との接点領域を構成し，間動感的な構造分析への道を拓くことになります。

　身体知の第二の属性領域は，自己と他者の関係領域における間身体性そのものの始原的な属性領域です。〈触る－触られる〉という触覚に代表される二重感覚を起点にして，その動感差異化に基づいた反転可能性を根底に蔵しているこの属性領域は，根源的な動感共属性に支えられて他者の身体知との接点領域を構成することは『身体知の形成』（講義20）で詳しく検討しています。このような身体知の本質的属性から，自己と他者のあいだに間動感性が芽生え，地域を越え，時代を超えて運動文化の伝播が起こり，伝承価値形態をもつ身体知の構造分析へと道が拓かれていくことになります。ですから，身体知のこのような間動感性は動感論的形態学における他者分析論の起点を構成することにもなるのです。

　身体知における最後の属性領域として，身体知の理論体系を支える力動的価値構造が主題化されて没価値的な因果的分析や概念的分析を厳しく拒否することになります。身体運動の統一的志向形態はその歴史的，文化社会的な価値に支えられた匿名的なメタ構造に支配され，恣意的に生み出されていきます。その有意味な身体知をもった動感形態は身体運動のなかに豊かなメタモルフォーゼをもち，動物の運動環界に一線を画した身体運動の人間化として豊かな発展が保証されます。動感形態はその形成過程において，生成と消滅を同時に繰り

返すゲシュタルトクライスの発生原理に端を発し，匿名的なメタ構造としての文化社会的な枠組み構造のなかに力動的な価値体系が生み出され，規範論的な形成位相をめぐりながらデリケートな地平志向性の構造として分化し，発展していきます。そこには，このような三つの身体知の属性領域が相互に絡み合いを示しながら，私たちがここで主題化する身体知の構造分析への道が拓かれていくことになります。

## 3 身体知は自己運動のなかに住む

### ●——身体知は外から見えない

これまでの講義でそのつど指摘しているように，身体能力をめぐる無用な誤解を避けるために，まず自己運動の概念を確認することから始めます。というのは，私たちが自己運動という表現で意味するところには形態学的な運動分析と精密科学的な運動分析との根深い対立が潜んでいるからです。まずもって，私たちは次の四つの問題圏を措定し，具体的な例証分析とともに身体知が内在している自己運動を説明していくことにします。

①外からは見えない身体知
②絶対ゼロ点をもつ身体知
③絶対に疑えない身体知
④自得精神を生む身体知

身体知の第一の属性領域においては，身体知は自己運動のなかに住むという命題を立てます。しかし「身体知は外から見た身体運動のなかには住んでいない」と念を押されると小首を傾げる人が少なくありません。自己運動は自分から動くことと理解するのが普通ですから，そこではいろいろな自己運動を考えることができます。たしかに，日々成長する植物でも，自分から伸びて大きくなってメタモルフォーゼを示していきますから，それを低速度撮影で確かめなくても，ひとりでに自分から動いて成長する自己運動を見ることができます。それをボイテンデイクの巧みな表現を借りれば，脱自的運動と表して植物の自己運動を特徴づけることもできます³⁾。

さらに動物の場合には見たままに自己運動を容易に理解することができます。犬や猫でも，餌を探すとき，あるいは敵から逃げるときには自分からその

---

3) Byutendijk, F. J. J.: Allgemeine Theorie der menschlichen Haltung und Bewegung, 1956, S.22.

位置を移動しているのですから，私たちには自己運動しているように見えます。しかも，植物とは比較にならないほど多様な動きかたを自分から選んで行うのですから，自己運動と理解するのに何の問題もなくなります。しかしその多様な運動形式もその変化には自ずと動感創発に限界が認められますから[4]，ボイテンデイクの慎重な考察を援用して自己膠着性を指摘することも忘れるわけにはいきません。

こう考えると，人間の身体運動は自らの意志で動きかたを選択し，そう動くことを自ら決断し自ら承認しているのですから，すべて自己責任の身体運動といえます。その典型をゴール前の混戦のなかで，みごとなヘディングシュートを決めるサッカー選手の身体運動に見ることができます。ところが，そこに見られた身体運動は彼とか彼らという三人称の自己運動であって外部から見られた自己運動です。それは私自らの動感感覚で今ここに体験しつつあるアクチュアルな私の運動ではありません。コツやカンとしての身体知は現実には私自身の身体運動のなかにしか現れないのです。メルロ＝ポンティの巧みな表現を借りれば[5]，私の運動とは「私が話をしたり，行為したりする際に，いつも黙って立ち会っている見張り番のような身体」によって，つまり私の身体によって示される運動のことなのです。

ですから，どんなに人間そっくりのロボットの自己運動でも，つまり精巧なセンサー機能を備えて，自ら判断して動くように見えるロボットの自己運動でも，アニメーション映画での動物や人間が見せる自己運動でも，それは身体知が住める自己運動ではありません。しかも，オリンピックやワールドカップで，変化する情況で臨機応変に動くみごとな選手のプレーがリアルタイムで中継されるとき，その選手たちのダイナミックな動きが「それは自己運動ではないのだ」といわれると，つい眼を剥いてしまう人が少なくないのです。自己運動の一般的な認識レヴェルではそれほどに両義的であり，私たちが主題化しようとする身体知を厳密に分析するには，あまりにも多くの問題が隠されていることを理解しておかなければなりません。

---

4) 金子明友：『わざの伝承』，第2章，とりわけ142~148頁参照．
5) Merleau-Ponty : L'Œil et l'Esprit, p.12-13, Gallimard, 1964 /『眼と精神』，滝浦静雄・木田元訳，255頁，1966，みすず書房．

●――― 超越論的還元が不可欠になる

　今ここに動きつつ感じ，感じながら動く自己運動のなかにしか住めない身体知を私たちは分析の対象にしようとしています。そのためには，どうしてもその自己運動を外部から観察し記述する客観的な科学的分析の方法を捨てなければならないことになります。身体知を蔵(かく)している自己運動は動きつつある本人がそれを自ら分析するしか方法がないのです。それは超越論的な志向分析，とりわけ形態学的な動感志向分析に依存するしかありません。そのことは『身体知の形成』（講義26）の形相的分析でも検討していますが，さらに存在論的な構造分析の方法論として，やがて後段の講義のなかで詳しく取り上げられることになります。コツやカンに代表されるアクチュアルな今ここの身体知は私の運動にしか住んでいないのですから，それをだれかが外部から観察し，客観的に分析するわけにはいきません。ある外部視点に立って，そこからどのくらい位置を移動したのか，どのような速さで動いたのかなどを測定しようとすれば，その分析者はフッサールのいう自然的態度をとっていることになります。そこで分析対象に取り上げられた身体運動は今ここでコツやカンを宿している自己運動ではなくて，対象化された三人称の自己運動にすり替わっているのです。そのように対象化された客観的な自己運動は外部視点から定量的に観察され分析されうるのは当然のことです。そこでは，私の身体としての自己運動の意味構造や動感志向性を読みとれる観察分析が行われるはずもありません。自我運動に潜む身体知であれ，他者運動に内在している身体知であれ，今ここで行われつつある現前の身体運動に潜む身体知を解き明かすのには，どうしても超越論的還元を通して，生き生きと流れる体験の内在領域から身体知の動感地平構造を分析するしか道はないことになります。

　こうして私たちは現象学的な超越論の視点から現実の身体知の地平構造に迫ろうとするのです。そのためにはフッサールが念を押して述べているように，超越化的思考作用[6]を遮断して，いっさいの超越化的解釈[7]を捨てなければなりません。身体知という超越論的領野の「外部はまさに無意味である[8]」の

---

6) Husserl, E. : Die Idee der Phänomonologie, Hua. Ⅱ，S.39 / 60 頁，みすず書房.
7) Husserl, E. : Vorlesungen zur Phänomenologie des inneren Zeitbewußtseins, Hua. Ⅹ．S.117 / 11 頁，みすず書房.
8) Husserl, E. : Cartesianische Meditationen, Hua. Ⅰ，S.117 / 153 頁，岩波文庫.

だから，身体知の志向分析は外部視点をとる必要はまったくありませんし，それを排除するのは自明のことになります。けれども，精密科学のとる外部からの説明原理をこの超越論的領域にもち込んではならないという考え方は因果分析に慣れた私たちにはなかなか受け入れにくいのです。メルロ＝ポンティがいうように，それほど科学的思考というものが私たちにしっかりとへばりついているようです。アクチュアルな身体知の動感志向分析を保証できる超越論領野では，メルロ＝ポンティが巧みに言い当てている上空飛行的思考[9]をいっさい排除して，私の身体のあるがままの感覚的世界に連れ戻されなくてはならないことをまずもって確認しておかなければなりません。

## ●──身体知は絶対ゼロ点をもつ

こうして，私たちはやっと外部視点を排除し，生身に即した私の運動を前景に立てることができます。しかしメルロ＝ポンティが指摘した科学的思考を捨てようとしても，なかなかこれまでのしがらみが絡みついてきて私たちの理解を妨げます。このことはすでに『身体知の形成』（講義18）で詳しく考察しているように，運動は不動であるというゼノンのパラドックスから逃れられないからです。すでに数学的座標系における運動分析はベルクソンの運動理論に基づいて厳密に検討されています。とはいっても，外部視点を遮断して私の身体に住む自己運動の意味構造にどのようにして迫ることができるというのでしょうか。そのためには『身体知の形成』（講義19）で述べているように，超越論的領域における自己運動の原点は数学的な座標原点と本質的に異なることを確認しなければなりません。念のためここにその要点だけをまとめて確認しておきます。

自己運動に現れる身体知の原点となるのは，フッサールの表現を使えば絶対ゼロ点になります。フッサールは私の身体運動の原点としての絶対ゼロ点を次のように説明しています。「どんな知覚においても，時間的な現在が構成され，その現在のなかには絶対的な今が構成されます。この流れつつある今に方向づけられて，すべての過去や未来があり，また想起対象の過去も存在することになります。このような時間性に向けられたゼロ点としての絶対的な今に対応するのがすべての空間性に向けられたゼロ点としての絶対的なここなのです。ど

---

9) Merleau-Ponty : L'Œil et l'Esprit, op. cit. p.12 / 255頁，みすず書房．

んな外的知覚でも，空間性のアクチュアルな現在を伴うし，その空間的現在のなかにもそれ自身とともに〈ここ〉という絶対ゼロ点を伴います。……しかし，そのゼロ点そのものは決して目に見えるといったものではなく，一つの極限というしかありません。その極限は左右のゼロ域，上下のゼロ域，前後のゼロ域なのです。頭は上で，足は下，一方の手は右で，他方の手は左，胸は上のほうにあります。ゼロ点は左右などの実的な関係点なのです[10]」。つまり，ゼロ点は形而上的な点なのであり，それはどこかに固定的に実在しているものではありません。

　左右のゼロ領域，上下のゼロ領域，前後のゼロ領域は具体的に考えてみればすぐに理解できることです。たとえは，ボールを遠くに投げようとするとき，スポーツ科学者は外部視点から客観的に幾何学的な角度を指摘しようとします。しかし，投げるときに投げる感じを生み出さなければならない本人としては，投げる前に自らの身体から抜け出してフッサールのいう無関心な傍観者に変身することは不可能なのです。「あっちのほうに投げる」という動感感覚を抜きに現実に投げることはどうしてもできません。そのときには，投射角の原点を数学的な座標原点に求めるのではなくて，動感身体の原点，つまり絶対ゼロ点から投げる方向を見定めてあっちのほうに投げるのです。ですから自己運動を起こすゼロ点からは，頭は上にあり，足は下にあり，一方の手は右に，他の手は左にあり，胸はだいぶ上にあるのです。このように前後・左右・上下の実的な関係の原点というものは自らの志向体験のなかに現に内在する関係点なのであり，一つの極限こそが絶対的なゼロ点のことなのです。

　このゼロ点は動感空間系のみならず，動感時間系にも機能することはいうまでもありません。たとえば私は歩きながら，わが身が動いているその今は常に流れつつある今であって絶対に過去にはならないのです。過去にならない私の運動こそ自己運動なのだといわれて狐につままれた感じになるとしたら，メルロ＝ポンティのいう科学的思考がすっかり染みついている人です。その流れつつある今はいつも私のところに留まっているのですから，それはラントグレーベの意味における先反省的[11]な〈今〉なのです。フッサールが生き生きし

---

10) Husserl, E. : Analyse zur passiven Synthesis, 1966, S.297 f. Hua.XI.

11) Landgrebe, L. : Phänomenologische Analyse und Dialektik, In Dialektik und Genesis in der Phänomenologie, S.78, 1980.

た現在として言い当てようとした時間性の問題はこれまでも何度も取り上げていますから繰り返しません。超越論的地平における動感時空系においてはその絶対ゼロ点から動感志向性を働かせてはじめて身体知の住む自己運動が感じとれるのです。

## ●——身体知は絶対に疑えない

　私が歩くとき感じとられる絶対ゼロ点は私の固有領域[12]に属していますからそれを私自身が疑うわけにはいきません。私が今ここで歩いているのに，歩きつつある私自身の身体運動それ自体を疑うことは背理になってしまいます。現に私が歩いているという動感作用の気づきは絶対ゼロ点から発していますが，その歩いている私は私の絶対ゼロ点から逃げ出すことはできません。それは私自身がゼロ点そのものだから自明なことになります。しかし，自己運動が私の身体に直接与えられるということは因果思考に慣れている私たちにとって奇妙な論理と感じられます。運動にはそれを引き起こす原因が存在し，それが発動するから運動が起こるのだと理解するのが自然的態度といえます。そのようなときにはいつも外部視点から三人称的な自己運動を考えているのです。このような自然的態度としての超越化している解釈を遮断し，外部視点を放棄して超越論的に分析しなければなりません。私の身体運動を私が直接的に経験するということは，単にその身体運動を概念的に知っているということではないのです。それは私の身体が了解してそのように動くことができるという動感力に支えられているのです。

　このようにして，動感力に支えられている私の身体運動は不可疑的に自我に直接に経験されます。フッサールがこのことを「自我はこの段階において原事実なのだ」と説明するのです[13]。フッサールがそう名づけざるをえなかった絶対的事実性というものは，動きつつある自我そのものを反省によってとらえることが原理上不可能だからであり，常に匿名の状態に留まっている自我の在り方にスポットを当てた表現なのです。こうして私の動感性の身体運動，つまり動感運動というものは〈私が動ける〉という動感力の気づきに裏打ちされて，私の身体の絶対ゼロ点に自我中心化されていきます。それはどんな身体運動の

---

12) Husserl, E. : Cartesianische Meditationen, §44 Hua.I.
13) Husserl, E. : Zur Phänomenologie der Intersubjektivität, Hua. XV, S.386.

ときでもそのゼロ点を私の身体と一緒に担っているからなのです。このような自己運動の絶対的事実性という本質的属性は反省によってとらえることができません。それはあらゆる反省に先立っている動感運動そのものなのであり、動感的先反省性14)という本質的属性をもっているのです。そこでは概念分析もできなければ、因果分析も論理矛盾になってしまうのです。

● ——身体知は自得精神を生む

　このような絶対事実性を内在させる自己運動は他者の踏み込む余地をすべて遮断してしまう厳しさをもちます。そうなると、自己運動は自らの動感力を総動員して創発されるしかありません。その営みは自分自身の努力によるしかないし、他人に助けてもらうわけにはいきません。やがてわが国古来の芸道のなかに、伝統的な美意識として自得精神というものがそこに確立されることになります。わが国の芸道の世界では、たとい周到に用意された道しるべに導かれるとしても、結局のところ先人のすぐれたわざを継承するには、自らの身体知を働かせて自らの努力でわざをわが身に取り込むしか手立てはないのです。わざは自分自身に身体化されるのですから、替え玉としての他人に代わってもらうわけにはいかないのです。科学知はカンニングすることも可能になるし、証明する実験データをごまかすこともできるかもしれません。しかし、そのわざが身につくかどうかは現実に動く本人の創発身体知の働きいかんにかかってくることになり、それが実現されて現に人に示されるのでなければなりません。それはだれの力も借りるわけにはいきませんから、まさに自得こそが芸道においてもっとも大切にされる修行の心構えであることはよく知られている通りです。

　それだけに、抜群の技量をもっている名手が生身で演じるわざをじかに肌で感じとることこそ技芸習得の正道とされるのです。昔から何よりもまず実力のある師匠につくことこそ技芸を身につける近道だといわれます。しかしながら、抜群の技量をもつ師匠が常に弟子の指導にもすぐれているとは限りませんから運動文化の伝承問題は複雑さを増してきます。一般的には、師匠は弟子を自得世界に住まわせることこそ芸道修行の本質的要諦と心得ているものです。

---

14) Landgrebe, L. : Phänomenologische Analyse und Dialektik, In: Dialektik und Genesis in der Phänomenologie, 1980, S.78, Verlag Karl Alber.

むしろ，こと細かに手取り足取りして教えていくのは弟子の大成を妨げると考えます。芸道伝承のこの基本的な考え方は，同時に天才的なわざの持ち主である師匠にとっては格好の隠れ蓑にもなるというややこしい問題をはらんでいます。それは才能に恵まれていない鈍い弟子の煩わしい指導から逃れる手段にもなるのです。師匠は折に触れてその抜群のわざを見せることさえできれば，師匠としての権威を保つことができます。弟子が上達しないのは決して師匠の指導能力の不足のせいだとは考えもしません。その原因はすべて弟子の自得精神の欠如によるのであり，さらには弟子の才能不足，あるいは創意工夫や努力の不足に起因させてはばかることもないのです。

　この自得精神というものは，芸道のみならず私たちの精神生活の大切な心構えとして現代人にまでしっかりと息づいています。コツやカンなどの身体知の伝承世界で何一つ実技の力量を示せなくなった老いた師匠にとって，あるいは実技の指導が苦手な体育教師にとっても，このような自得精神を生徒に遵守させることは教師の権威を損ねずに身を守ることができますからこの上もない力強い盾になります。身体運動の意味核をなしている動感深層の身体知について「専門家なのに何も指導できない」といわれるのは指導者にとってもっとも嫌なことです。そのような非難に対して，実技に弱い指導者にこの上もない隠れ蓑になってくれるのが自得の美意識なのです。こうして，自己運動は絶対に疑えず他人に代わってもらえないという厳しい有体的自己性が〈覚える－教える〉という伝承実践の現場で独特な自得の美意識を育み，やがてそれは運動文化の伝承に光と影を与えることになります。

## 4 身体知は客観化作用をもつ

### ●——客観化作用とは何か

　このようにして，自己運動は自らの生身にありありと現れる有体的な自己運動として，他者との交信が遮断されていわゆる独我論に陥る危険をもちます。しかし，自己運動に宿る身体知には個人の固有領域を超え，地域を越え，さらに世代を超えて伝承されていく事実が存在するのに異を唱える人はいないでしょう。このことはマイネル教授の墓場論[15]を援用するまでもありません。とはいっても，私秘的な個人のコツやカンがどのようにして他人に伝わってい

---

15) Meinel, K. : Bewegungslehre, 1960, S.19-25 /『スポーツ運動学』, 7~14頁, 1981, 大修館書店.

くのでしょうか。その人にしか感じられないコツやカンという身体知はどのような道を通って他人に理解されるというのでしょうか。個人にしかわからないコツは言葉にもなりにくいし，反省に先立つカンは因果律をもつ法則原理に支配されることもありません。何かの原因が生じてから運動が引き起こされるという科学的思考によっては身体知をうまく理解できるはずもないのです。いわば，身体知はその領域が先科学的ないし科学外的な問題性をもっていることはこれまでの一連の講義で繰り返し強調されていることです。

　ところが，外部視点を厳しく排除して私にしかとらえられない自己運動のなかにも，客観化への志向体験が潜んでいることをフッサールは気づかせてくれます。『イデーン』で取り上げられているように，動感力でしか了解できない自己運動は客観化作用ないし対象化作用を蔵していることに注目しなければなりません。もちろん，この問題についてはすでに『身体知の形成』(講義26)で詳細に検討していますから，ここでは参考までにその要点だけをまとめておきます。ここでいう客観化ないし対象化という概念は数学的形式化としての客観化でないことをまず確認しておかなければなりません。ここで意味される客観化作用とは多数に共通する一者，言い換えれば類的核をとらえる志向体験の働きのことです。動感意識が効果的に伝承されるためには，いうまでもなく超越論的な類的普遍性に支えられている間身体性ないし間動感性の存在が確認されるのでなければなりません。しかし，この動感志向性は〈私が動ける〉〈私はそう動けない〉というその体験固有性をもち，私の身体に貼りついた有体的自己性に貫かれています。それでは，自己と他者に共通の動感対象が成立することをどのようにして解き明かそうとするのでしょうか。

●──動感形態の類的核をとらえる

　私たちは自らの身体運動のなかで「気持ちよく動ける」とか「思うように動けない」あるいは「コツを掴んだ」などというように，自らの動感意識の対象を曲がりなりにも述語としてとらえることができます。このことはそこに何らかの客観化作用が，つまり動感意識の対象として志向体験の働きが発生していることになります。そこには単に心情的な述語だけではなく判断や価値意識を巻き込んだ動感的な述語が姿を現してくるのです。しかし，心情領域のみならず判断作用や評価作用にまで踏み込んでいる対象述語は，いわゆる解明項とい

うことになります。そのときの解明基体になる主語はきわめて端的にとらえられるのです。たとえば，歩行という動感形態はどのように理解されているのでしょうか。生まれてはじめて二足歩行というヒト特有の歩きかたの形態が発生して以来，それは歩くという動感意識がどのようにして統一的な志向形態としてとらえられるのか，だれにとっても類的に普遍化された歩行形態の類的核はどうしてそう理解されるのか改めて考えてみる必要に迫られます。

　私たちは平坦な道を歩いても，スロープを上り下りしても，横向きに歩いても，あるいは階段を上り下りしても，それらの歩行形態の条件をどんなに変えても，歩くという動く感じをもった志向形態は私の動感意識のなかに〈同じだ〉とか，あるいは〈似ている〉としてとらえられます。それらの変更作用は，フッサールのいうように，繰り返しながら通過していくなかで自らの動感身体のなかに自我中心化されて感じとられるからです。この〈繰り返し〉ということはそのさまざまな志向体験のなかに同一化作用が働いているのであって，それはどんなに速く，急ぎ足でスピードを上げても，それで歩行という動感形態の統一性を破ることはできません。さらに〈急ぎ足〉から〈走る〉という動感形態に変更すれば，ただちに私の身体知はそれを感じとります。それは自らの動感身体が別種の運動リズムをもった動感形態に変身していることをじかに有体的に直観できるからです。そのことは，解明基体の主語変更を意味しているので，解明項も別種の対象述語になるのは自明のことです。

　したがって，対象述語の主語となる動感形態についてはその区別を明確にしておかないと，対象述語の正当性が成立しないことは多言を要しません。定量的な科学的運動分析では，歩くと走るとの区別は延長的な空中局面の出現の有無を計量化し，あるいは重心軌跡が直線になるか波線になるかで判定できると指摘します。しかし，数学的形式化による運動分析は連続的な等質空間の変化を精密に測定するのですから，その限界を決定することがむずかしくなります。同様に，〈走る〉に対して，足を交互に前に出して〈跳ぶ〉を客観的に区別することも科学的分析だけでは解明項が成立しません。いわゆる〈交互跳び〉は，移動空間を制限すると，たとえばその場での〈走る〉と〈交互跳び〉，平均台上の〈走る〉と〈交互跳び〉は動感志向性の関与なしには区別できなくなってしまいます。このような主語となる動感形態の区別が明確さを失えば，当然その動感意識に関わる対象述語に食い違いが出現するのはいうまでもありま

せん。子どものときからなじんでいる鉄棒のさか上がりでさえ、解明されるべき主語的動感形態が不明確なために、本人の動感対象の述語はいつのまにか後方支持回転という別な主語の動感意識に変質したのに気づかないことも珍しくないのです。

●──動感形相に問いかける

　ところが、解明基体の主語形態における外延的構造が明らかになっているからといっても、それが主語的な動感運動の本質的な形相を示しているとは限りません。他方の述語形態も動感志向性の対象としてその類的な意味核をそう簡単に同一化できるというわけにもいかないのです。それはコツとかカンという身体知がその個体ごとに異なる動感志向性に基づいているからです。同じ人でも一回ごとに異なる動感意識をもちます。まして他人の動感意識を統一的に述語化することなどは無理な話かもしれません。こうして私の動感身体にしかとらえられない時間性を基柢に据えた動感形態と、私たちに同じ身体運動としてとらえられる動感形相を区別しておく必要に迫られます。その動感形相はいつでも、どこでも特定の時間位置に拘束されない遍時間性を基柢に据えていなければならないことになります。このことはすでに『身体知の形成』（講義26）で詳しく取り上げられていますが、その要点だけを端的にまとめておきます。

　個人的な志向体験から発生する動感形態が人から人へと伝承されるためには、その主語的な動感形態も述語的な動感形態も超越論的な分析によって、その普遍化された動感形相というものに収斂される必要があります。このような類的に普遍化されてはじめて、時代的、社会的に承認される対象になるからです。そしてしだいに動感形態は動感形相として結晶化し、いつでも、どこでも、さらにだれにとっても共通の本質的な動感運動の意味構造を示すことになります。このような時間化をもつ私的な動感形態から、遍時間性を胚胎している動感形相への本質的な分析の手続きは、フッサールによって超越論的手続きをもつ形相的分析と名づけられていることは周知の通りです[16]。私たちはこれまで身体運動を時間化してとらえ、動感価値覚によって身体運動を評価し、動感情況に応じて意味を判断しながら、何かに向かって努力するという志向体験を

---

16) Husserl, E. : Cartesianische Meditationen, Hua. I., S.103ff. /『デカルト的省察』、34節、浜渦辰二訳、岩波文庫．

客観化作用と呼んで確認しています。私の身体という固有領域に息づく自己運動に対して，このような客観化作用を確認することによって，自己運動のなかに他者への交信可能性が生み出されて，運動文化を伝承する基礎が与えられることになります。

---

**ゼミナールテーマ：1**

①学習者の動きかたの良否をどんな基準によって評価し，判断しているのかを具体的に例証を挙げて説明してください。
②身体知と科学知の区別が構造分析にも決定的な意味をもつ理由とその具体的な例証を挙げて説明してください。
③外から測定できる身体運動と動感作用でとらえる身体運動との差異化現象と反転可能性の具体的な例証を挙げてください。
④外部視点を放棄してしまうと，他者の身体運動を観察できなくなるはずなのに，どうして外部視点を捨てなければならないのかを具体的な例証を挙げて説明してください。
⑤動物の運動を自己運動と理解する場合と自己運動ではないと理解する場合との区別を具体的な例証で説明してください。
⑥メルロ＝ポンティのいう科学的思考ではどうして身体知を分析できないのか具体的な例証を挙げて説明してください。
⑦絶対ゼロ点の具体的な志向体験の例証を挙げて，その空間性と時間性の反転可能性を説明してください。
⑧私が動きつつあることを絶対に疑えないという原事実性を具体的な例証によって説明してください。
⑨わが国古来の芸道修行における自得精神は動感的先反省性に基づいていることを具体的な例証によって説明してください。
⑩客観化志向体験によって類的な意味核をとらえるとき，その同一化作用の具体的な例証を挙げてください。

## 講義 2
# 動感発生は評価作用を前提にする

## １ 身体知は間動感性を拓く

### ●──身体知は動感伝承を支える

　これまで生身に感じとられる自己運動のなかにしか身体知は住めないことが確認されています。その身体知が個々人の自己性を超え，さらに地域も時代も超えて伝承されていくのはいったいどのようにして可能になるのでしょうか。私たちは動感身体知の伝承を支えているもっとも始原的な属性領域を探り，その構造を明るみに出していかなければなりません。すでに前段において，私たちは有体的な自己性を超えて他者に通じる道を動感性の客観化作用のなかに見ています。そこで私秘的な動感作用つまりその志向体験が効果的に他者に通じるためには，超越論的な類的普遍性に支えられた動感力が不可欠です。さらに，それを基柢に据えた間身体性ないし間動感性の構造存在が確認されるのでなければなりません。

　ここにおいて，私たちは身体知の第二の属性領域として，改めて間動感性の構造形成に問いかけることになります。自己運動の有体的な自己性を超えて間動感性を切り拓いて貴重な運動文化の伝承を支えていくには，どんな身体知の意味構造を明るみに出していかなければならないのでしょうか。このことは身体知が差異化構造をもつことがその前提になっているのです。触覚に生じる二重感覚が反転可能性を示し，その反転化作用は動感志向体験に特徴的に出現します。それはさらに，他者の動感作用との反転可能性へと広がりをもちながら間動感性の問題圏に入っていくことになります。このような間動感性ははじめ空虚であっても，相互の努力志向性に支えられてしだいに充実を重ねてその構造形成は貴重な運動文化の伝承価値を高めていきます。私たちは身体知の深層に潜むこの間動感性の意味構造を探るために，身体知を次の四階層に分けて体

系的に考察を深めていくことにします。
　①動感差に気づける身体知
　②動感作用を反転できる身体知
　③動感共働現象を示す身体知
　④間動感性をもつ身体知

● ─── 身体知によって動感差に気づく

　私たちが自らの動感志向体験を反転できるためには，その前提として自らの動感作用のなかでその差異化現象の存在に気づくことができなければなりません。つまり私が自らの運動を遂行するなかに，その微妙な動感差が有体的に，つまり私の生身にありありととらえられるのでなければ反転可能な動感志向体験を確認できるはずもありません。まず，体力づくりや美容のためのエクササイズとしての身体運動には動感差が前景に立ってきませんから，生理学的な反復が主題化される媒介運動はこの動感差の分析から除外しておかなければなりません。その前提が承認されると，ただちに動感差の例証が姿を現します。たとえば，歩くという循環運動を行うときには，動感志向体験が今ここに息づいていますから，そのつどの動感作用はたえず変化し続けることになります。人混みのなかを急いで通り抜けようとするときの歩きかたと人の視線を感じとりながらの歩きかたとでは，同じ私の歩形態でもその動感志向体験に決定的な差異化現象が起こります。その微妙な動感差に鋭く気づくことは身体知を獲得する決定的な前提条件を形づくることになります。

　さらに異なる動感形態の差異化現象についても動感身体はすぐれた能力を発揮することになります。オーストリーのフェッツ教授は歩くと走るとを区別するのに，運動弾性による差異を科学的分析によって詳細に検討しています[1]。腰につけたグローランプの光跡から，歩形態と走形態との差異を波線と直線に見出しています。一般的には，科学的思考に基づいて空中局面の出現を走形態に，その欠落を歩形態に特徴づけてその差異を明らかにします。このような数学的形式化の原理に基づいて外部視点から物体運動として計量化する分析対象は等質空間においてのみ可能です。その境界領域の空間は無限に微分化されることになり，両者の定量的差異を確定することはきわめてむずかしくなります。

---

　1) Fetz, F. : Bewegungslehre der Leibesübungen, S.344ff. 1989, Wien.

ところが私たちの動感身体それ自体のなかでは、歩くと走るはその動感差がきわめて明確に出現します。いま走っているのか、歩いているのか、その動感リズム差に気づかないわけにはいかないのです。つまり、私の身体知はこの走形態と歩形態の動感差を一瞬にしてとらえることができます。別言すれば、それは身体知が絶対ゼロ点から発する不可疑的な自己運動だからであり、そこに空虚と充実との隔たりはあるにしてもその存在そのものを否定することはできません。こうして私たちは志向体験に支えられながら動感差に気づくことのできる身体知をまずもって前景に立てることになります。

## ●──身体知は動感作用を反転できる

しかし動感差そのものに気づいたからといって、動感志向体験の反転可能性がただちに出現するわけではありません。メルロ＝ポンティの後期の身体論に見られる反転可能性という代表的な概念は、いうまでもなくフッサールの『イデーンⅡ』で語られる二重感覚に端を発していることは周知の通りです。右手で左手に触れるとき、左手は触れられているのを感じますが、同時に右手は左手によって触れられているのを感じます。その二重感覚としての触覚における反転可能性をフッサールは触れられて触れつつあることというよく知られた表現を用いています。

しかしここで注意しなければならないのは、右手も左手も同時に他の手に対して〈触れるもの〉であり〈触れられるもの〉であることは決してないということです。触れる手と触れられる手という機能のなかで、この両方の手が交代し合うことができるという両義的な構造、いわば触覚の反転可能性を理解するのでなければなりません。再び駄目押しをしますが、触れる手として機能しているときには、その手が同時に触れられる手になることは決してないのです。そこには反転する可能性が内在しているのであり、一方の手が働くときには、他方の手は背景に沈んでその姿を現すことはありません。ヴァイツゼッカーもそのゲシュタルトクライス理論で同じ考えを表明しているのはよく知られています。つまり人は知覚しながらそれを可能にさせている運動を知覚することはできないし、運動しながらその条件となっている知覚を機能させることはできないといいます。ヴァイツゼッカーは生きものにおける自己運動の本質的な根拠関係を相互隠蔽原理で説明しながら、「因果論にみられるような原因と結果

のごとき認識可能な事物のあ̇い̇だ̇の関係ではない2)」ことをいみじくも指摘します。

　このような二重感覚は，とりわけ触覚における反転可能性は〈撫でる〉や〈擦る〉という動きと一緒になるとより鮮明になることもよく知られています。つまり二重感覚は動感運動との関わりのなかでその反転可能性をはっきりととらえることができるのです。人混みのなかを急いで通り抜けようとするときの歩きかたと人の視線を感じとりながらの歩きかたとでは，同じ私の歩行形態でもその動感志向性に決定的な差異化作用が起こるのです。その差異化志向体験を前提にしてはじめて動感作用の反転可能性を主題化できるのです。いわば，情況の変化に投射していく歩きかたのときには，自我に中心化作用が働く歩きかたは背景に沈んで姿を隠します。だれかに見られていることが気になると，どう歩くかのコツ身体知の働きが前景に出てきて，その緊張が過ぎると右足と右手を同時に前に出たりして動感不調和に陥ることも珍しくありません。反対に急いで駅に行こうとしているときには，自分がどんな変な格好で歩いているのかということにまで気が回りません。このことは経験的に自明のことであり，そこでは動感作用に反転化がはっきり現れているのです。老練な指導者はそれを身体知の創発作用や促発作用に積極的に活用していることは運動実践の現場ではよく知られていることです。

● ───**身体知は動感共働現象を示す**

　さらに私たちは異なる感覚のあいだに見られる共感覚に出現する動感共働現象に注目しておく必要があります。ここでいう共働とは視覚や触覚などの感覚と身体運動とが同時に作動する現象のことです。共働という概念そのものは遠くアリストテレスに遡る古い表現で，あるものが他のものと一緒に活動していることが意味されます。これは共感覚として触覚と聴覚，視覚と触覚の奇妙な越̇境̇関̇係̇の知覚様態なのです。その共感覚は単なるメタファー的な表現などではなく，たとえば，柔̇ら̇か̇い̇音や見̇え̇る̇滑̇ら̇か̇さ̇などと表現される統一的な現象形態です。ここで主題化される動感共働現象は，たとえば鉛筆を削るときの視覚，力覚，圧覚と左右の手の協調を制御する動感運動との共働現象としてそ

---

2) Weizsäcker, V.v. : Gestaltkreis, Gesammelte Schriften, Bd.4, S.318, 1997, Suhrkamp Verlag / 298 頁.

のすばらしさに改めて驚かされるものです。

　たとえば，人の動きを見てまねるときに現れる共働現象は身体知の創発作用にも促発作用にも決定的な重要さをもちます。ところが，向かい合って他人の動作をまねるときの共働作用はそう簡単ではないのです。すでに「手わざの伝承」(『わざの伝承』68~70頁) として論じていますが，ミレーの名画〈編み物のお稽古〉(1853) に見られるように，母親はその娘の背中のほうから編み棒の使い方を教えます。体育教師が対面で徒手体操を指導するときには，左右を反転させて示範するのも対面における動感共働がむずかしいことを物語っています。そのもっとも極端な例証はボイテンデイクが述べているように 3)，紙に描いた正方形を鏡に映してその正方形に対角線を引くという作業です。そこでは私の方向感覚に信じられないような混乱が生じるのに驚かされます。

　ところが競技スポーツでは動感共働現象の極致をいつでも見ることができます。女子体操競技で音楽伴奏によるゆかの演技では高度なアクロバットの動感メロディーを伴奏音楽に同調させなければなりません。シンクロナイズドスイミングでは，その上にチーム仲間との一糸乱れぬ同調さえも求められることになります。サッカーやバスケットボールでは味方の選手との連係動作ばかりでなく，さらに，敵方の選手に対面してその動きの裏をかくフェイント動作には驚くべき高度な動感共働現象が見られます。同様の共働現象は柔道や剣道などの対人競技にも典型的に見られ，敵の一瞬の隙を見抜くと同時に即興的に技が繰り出されるのでなければとても勝負になりません。相手の動きを見てから動くというのではどんなに素早く反応しても敵を倒すことはできません。いわゆる科学的な運動分析に基づいて，その反応時間をどんなに微分してもそれによってこの共働現象の動感発生を解明することは不可能なのです。このことをすでに 1932 年にボイテンデイクは厳密な例証分析を示しています 4)。しかし当時は，現象学的人間学の立場に立つオランダのボイテンデイクやドイツのヴァイツゼッカーの発生論的運動学は体育学界にあまりインパクトを与えなかったようです。人間の運動はすべて因果論的分析で解決できると考えていた時代であり，動感身体知の問題圏は現象学者たちの先端的な研究に属するきわめて専

---

3) Buytendijk, F. J. J. : Allgemeine Theorie der menschlichen Haltung und Bewegung, S.281f., 1956.

4) Buytendijk, F. J. J. : Reaktionszeit und Schlagfertigkeit, Kassel, 1932.

門的な分野だったようです。それらの新しい動感論的な運動分析がスポーツや体育の学界で主題化されるのは第二次世界大戦後のことになります。

● ——間動感性は身体知に拓かれる

　動感共働の奇妙な越境現象がさらに他者論の問題領域として，戦後の哲学界で脚光を浴びるようになるのにはさらに時代を下らなければなりません。ヴァイツゼッカーがゲシュタルトクライス理論（1940）として新しい運動発生論を発表し，メルロ゠ポンティの現象学的身体論（1942，1945）が脚光を浴び，ボイテンデイクが人間学的運動学（1948~1956）の大著をまとめます。そこではボイテンデイクが現象学的視座のもとに運動形態学を主題化し，それまでの因果分析や概念分析一辺倒に反旗を翻し，やっと形態学的な運動分析が注目を集めることになります。こうして動感論的形態学に新しい地平が拓かれ，自己運動の超越論的分析はさらに他者運動の促発問題にも関心が寄せられるようになります。メルロ゠ポンティが「哲学者とその影」（1959）で指摘した間身体性への洞察は他者論に大きなインパクトを与えたのは周知の通りです。私たちの関心事である動感能力の現象学的分析はやっと促発作用をもつ間動感性を主題化できる段階に入ることができるようになります。

　しかし，メルロ゠ポンティの間身体性をわざわざ言挙げせずとも，すでにフッサールはその『物と空間』と題した20世紀初頭の講義（1907）において，第83節の結びとして次のような注目すべき発言をしています。すなわち「他者の言明と私の言明とを，あるいは私の言明と他者の言明とを関係づけることは可能なのであり，他者の運動現象についての言明と，他者が私のように動き，動かされつつあるという私の言明とを関係づけることもできる」と指摘しています。さらに，フッサールは「私は私を他者に自己移入することができる」可能性を，いわばそこに間動感性の働きが存在することを示唆します。これらのことについては，すでに『身体知の形成』（講義26）において動感伝承の前提条件として動感出会いに始まる間動感性の問題を詳しく取り上げています。ここでは参考までにその要点をまとめておきます。

　ここで意味される間動感性とは動感共属性に裏打ちされた間身体性のことです。身体運動としての動感出会いはそれが味方との連係プレーにおいても，敵方の動きかたに素早く即興するときにも成立するのです。そこでは局所づけら

れている触覚感覚と本来的に局所づけられていない動感感覚とが絡み合って統一され、そこに動感出会いの現象が生じることになります。とりわけ接触が許されているラグビーやサッカー、あるいは柔道や相撲のような相手と組み合って競技するスポーツでは、再帰感覚による動感出会いの出来事が特徴的になるのは当然です。ちなみにフッサールのいう Empfindnis という感覚の特殊な様態は再帰感覚ないし感覚感などと訳されていますが、その『イデーンⅡ』において、私の身体が他の物質的なものを叩く、押す、突くなどの物理的な関係に入ると、身体と〈もの〉とに関して単に物理的な出来事の経験だけでなくて、ある独特な身体の出来事が呈示されることを指摘して、これこそが再帰感覚であると説明します。このような再帰感覚は野球のバットや平行棒のバーとの接触の感じが動感感覚に共振して微妙な動感出会いを形づくっているのは競技スポーツの世界ではよく知られていることです。

　こうして、私たちは動感出会いの現象を通じて、味方同士が相互の動感力で出会いを緊密にし、あるいは敵方の選手との丁々発止の駆け引きを行います。そこにも私たちの主題化する間動感性が息づいているのを容易に認めることができます。しかしこの間動感性における〈間〉という表現は、自己と他者の中間に共通の領域が存在していて、その中間領域に両者が入っていくという意味ではありません。それは因果的に説明できるものではなく、自己と他者の相互に動感共働作用としての動感運動が本原的に一気に発生しているのであり、いわば間動感性がゲシュタルトクライスとして同時に発生することになります。ですから、自己の動感運動と他者の動感運動があって、その中間領域としての〈間〉に間動感性が成立するのではありません。この間動感性は動感共働現象のなかで両者に同時に即興されるものでなければなりません。動感身体知が運動文化として伝承されるということは身体知そのものが動感出会いによって間動感性を生み出し、それによって人から人へと動感伝承が成立するのです。わが国の芸道が以心伝心の禅思想を受け入れる背景にはこの動感出会いの世界に気づいていたと考えられます。このようにして、本原的な身体知として結晶化された貴重な動感形相が地域を越え、時代を超えて受け継がれていくことになります。ですからこの間動感性を基柢に据えている身体知こそ運動文化伝承論の中核に位置づけられることになります。

## 2 身体知の構造円環(ゲシュタルトクライス)を問い直す

### ●——円環形態的なるものとは何か

　自己運動のなかにしか住めない身体知というものは自ら集めた動感素材(ヒュレー)を統合して志向形態(モルフェー)を生み出しながら，自らの住む動感形態を恣意的に差異化し分化させていきます。その身体知の住む動感運動のなかでは，形態統覚化への原努力に支えられて，発生原理の本質を示す円環形態性だけが前景に立てられます。ここでいう円環形態性という表現はヴァイツゼッカーがその著『ゲシュタルトクライス』(1940)の第四版(1948)の序において円環形態的なるものとしてはじめて取り上げた概念が意味されています。しかしながら，ヴァイツゼッカーによるこの人間学的な新しい発生概念は同年に発表されたアメリカの数学者ウィーナーによるサイバネティクスの制御理論と不用意にも混同され，いろいろな混乱を引き起こすことになります。

　サイバネティクスにおけるフィードバック理論の円環形式という因果概念はどんなに考えても，その対極にある構造円環(ゲシュタルトクライス)という発生概念と取り違えられるはずもないのです。ところが私たちは，感覚刺激が運動器に伝えられて身体運動が発生するという伝導原理で運動メカニズムを説明する習慣態になじみさえ感じています。ですからサイバネティクス的運動発生もゲシュタルトクライス論的運動発生もその区別を厳密に検討しないまま見過ごしてしまうのです。現にサイバネティクス的な感覚運動的機能円環という運動学習理論はヴァイツゼッカーの円環形態性と同じだと取り違いをしてしまう研究者も現れる始末です。ヴァイツゼッカーの古くさい哲学的理論にさらに改善を加えたのが感覚運動的な機能円環理論であるから，それは新しい横断科学的な研究成果の一つなのだと考えるスポーツ科学者も現れます。両者の区別の詳しい説明はすでに『わざの伝承』(138~142頁)でも『身体知の形成』(講義7：130~134頁)でも述べてありますから確認してください。

### ●——即興とは同時発生を意味する

　いうまでもなくヴァイツゼッカーは先(プリウス)も後(ポステリウス)もなく同時に働く形態発生をゲシュタルトクライスと名づけたのであり，生きものの運動がそのような構造円環(ゲシュタルトクライス)のなかでのみ発生するというユニークな理論はよく知られています。

ヴァイツゼッカーはこの即興をImprovisation（イムプロヴィザツィオン）と表します。生きものの未来の運動を因果論的に導き出すことはできないし，法則的に組み立てることも不可能であるとして，即興という表現によってその発生原理の独自性を前景に立てようとします。前もって入力された情報量でしか作動しないロボットの機械論的な運動とは本質的に区別されるのが達成原理に基づく生きものの運動なのです。

　ヴァイツゼッカーの原語の意味に即して，日本語の即興を見れば，〈即〉は同時性をすでに含意し，〈興〉は新たなる生成が意味されています。いうなれば，身体運動が構造円環として発生することはその形態発生が先も後もない〈即〉という同時性に裏づけられ，今ここで情況における地平意識に応じてそのつど生み出されていくことが意味されるのです。原因から結果への継起的思考を激しく拒絶し，生命ある動感力としての身体知の本質的属性を浮き彫りにするために，ヴァイツゼッカーがわざわざ同時発生を明確に示す構造円環（ゲシュタルトクライス）という新しい用語を取り上げたのですから，その決定的な用語の意味を機械論的なサイバネティクスの機能円環（フンクツィオンスクライス）と取り違えてはならないことになります。

## ●——粘土細工方式は通じない

　とはいっても，このような身体運動の意味核をなす動感力がゲシュタルトクライスとして同時発生するという考え方は私たちにさらなる難題を突きつけてきます。ヴァイツゼッカーの知覚と運動の一元論，つまり同時発生と同時消滅という相互同時性は私たちの動感形成の経験に大きな衝撃を与えることになります。一般的に，動きかたに欠点が見つかったり，コツやカンが突然狂ったりすると，私たちは生理学的な体力の不足を言挙げし，あるいは心理学的な弱点を取り除こうとします。それは身体運動の形態を作るのだから粘土細工と同じだと考えるのです。身体運動の外形を整えるときも，いわば粘土細工で余計なところをちぎり取り，不足しているところに新しい粘土をくっつけるような作業方式と同じだと理解します。このような加減方式による運動の修正や改善は私たちにとって当たり前な考え方になっています。その加減方式を通じて体力を改善すればスパイラル状に競技力を高めることができると考えます。ですから，コツが狂い，カンが失われれば，それまでうまくいっていた元の位置に戻るために，粘土細工方式をとればスパイラル状に少しずつ改善できると確信し

ています。そうして修正改善を続け，競技能力が回復すると，かつての全盛時代に示したその選手のみごとな競技力が戻ってきたと人は評します。

しかし，コツが狂いカンが失われてから，苦しみ抜いてやっと新しい動きかたを身につけた当の選手は「今までにない新しいコツやカンを身につけることができた」ことを実感します。コツやカンが消滅するときにはなんの前触れもなく突然やってきますし，その原因がまったくわからないから選手は苦しみもがくのです。客観的に外部視点から冷静に分析するような科学主義的なコーチはその限りではヴァイツゼッカーのいう野次馬でしかないし，その苦悩する選手にはとても動感共振できはしません。そのコーチは動感出会いのできる世界にははじめから住んでいないのです。ですからヴァイツゼッカーはわざわざ転機という新しい概念を用意します。転機を次のように説明しています。そこでは「まったく嵐のような出来事が突発しますので，一定の秩序の流れが多かれ少なかれ突然に中断されるのです。この突発的な出来事とともに，またそれを通して，そこに新しい別種の像が成立し，そこで再び出来上がる安定した秩序は再び前よりもいっそうすっきりと説明しやすい構造をもつことになる5)」と指摘しています。

### ●——形態はどんな原因ももたない

ところが，その一気に生み出される統一的な志向形態はまたしても私たちに因果分析をしつこく誘うことになります。とにかく一気に志向形態が発生したのですから，そこにはそれを生み出した原因が存在し，その原因がわかれば，次の形態発生に役立つと考えます。しかし，ヴァイツゼッカーはこの新しい動きかたを以前の動きかたから因果的に導き出すことは不可能であると断言します。そこではコツやカンの身体知が突然消滅したのですから，次の新しい志向形態も偶然に突然生み出されるのであり，そこに因果関係の入り込む余地などまったくないというのです。このような志向形態の偶然の発生をヴァイツゼッカーは偶発性6)という概念に託して言い当てています。ヴァイツゼッカーは「何故に他ならぬ今，他ならぬここでこの行為が生じたかについて私たちは知らないのだ」といって，「今はこうなのだ」はいつも秘密なのだと断言してはばか

---

5) Weizsäcker, V. v.: Gestaltkreis, op. cit. S.297 / 273 頁（文体変更）．
6) Weizsäcker, V. v.: dito S.302 / 279 頁．

らないのです。それはコツやカンの発生を考え合わせればすぐに理解できることです。

このようなヴァイツゼッカーの構造円環という新しい考え方によって主張された運動発生論は機械論的な因果連関の理解に慣れている私たちの耳には何か謎めいた響きをもって聞こえてきます。しかし意外なことに競技選手にとっては，それはしごく当たり前のことでしかありません。むしろ，コツが突然狂い出し，今まで何の苦労もなくできていた動きかたが急に消滅するのは当たり前のことなのです。その情況に入ると，私のカンが働いてとっさに動けたのに，何の前触れもなくそのカンが突然消えてしまった悔しさは競技スポーツに打ち込んだ人ならだれでも経験していることではないでしょうか。ヴァイツゼッカーの Krise という表現にその原努力を胚胎させて転機と読まざるをえないのが恨めしく，そこに隔靴掻痒のもどかしささえ感じてしまうほどなのです。それどころか，むしろ選手生命が絶たれるかどうかの瀬戸際に追い込まれていますから，それを危機と読みたい選手やコーチは少なくないでしょう。コツやカンという身体知は突然なんの理由もなく崩壊し，その発生はすべて秘密なのだというその意味を実感している人にはヴァイツゼッカーの言葉が身に染みてきます。しかし，この身体知の危機を何度もかいくぐってくると，むしろコツやカンを基柢づけている身体知の甘さに気づかされるのです。こうしてヴァイツゼッカーがゲシュタルトクライスと名づけた運動発生論の深い意味が読みとれるようになります。しかし私たちの身体運動の形態発生についての考え方は自然的態度のなかで因果決定論的な呪縛にしっかりと捕らえられているのが現状なのです。

表題に掲げた形態はどんな原因ももたないという一見して刺激的なスローガン的表現は，いうまでもなくスポーツ形態学の基礎を築いたマイネル教授の遺稿集から引用したものです[7]。もちろん，この言葉はメルロ＝ポンティの名著『行動の構造』からボイテンデイクが援用した表現とまったく同じです。ボイテンデイクはその類型学的分析のなかで秘やかな法則について論じています[8]。円や楕円のような単純な形態は形式化できるとしても，生きものの形態はその形態法則を概念的に表すことができません。それは直観のなかにしか姿を現さ

---

7) マイネル：『動きの感性学』，76頁，1998，大修館書店．
8) Buytendijk, F. J. J. : Allgemeine Theorie, op. cit., S.352, 1956.

ないので，その法則を秘やかな法則と呼ばざるをえないと指摘するのです。そこでボイテンデイクはメルロ＝ポンティの形態思想を援用して「メルロ＝ポンティは，形態というものはどんな原因ももたず，その形態が現れるのには単に条件だけしか存在しないといみじくも述べている」と注目しています。たしかにメルロ＝ポンティは『行動の構造』(1942) に次いで『知覚の現象学』(1945) のなかでも，「形態とは世界の出現そのものなのであり，その可能性の条件ではない[9)]」といって形態は原因をもたないことを確認しています。

　私たちは運動形態を考えるときに，その運動を数学的座標系の物理運動としてとらえ，形態をその運動の一瞬における静止図形と考え，その継起的連続が運動だと理解して計量化することに慣れています。それだけにヴァイツゼッカーやボイテンデイクの運動形態の発生概念を理解するときには苦労させられます。マイネル教授にしても，その唯一の大著『スポーツ運動学』(1960) のなかでは，ボイテンデイクの形態思想を激しく批判していたのに，その遺稿としての『動きの感性学』(1998) では，まったくボイテンデイクと同じく形態はどんな原因ももたないと言い切ることになります。それは，マイネルの形態思想の変化なのか，当時の社会的思想弾圧によるのかは，今となっては不明になってしまいました。しかし，運動形態が刺激という原因から結果される運動現象ではないことに気づいていたのはこの遺稿からも知ることができます。

## ●──なぜ価値構造に問いかけるのか

　しかし私たちは動感形態の発生にさらなる難問を突きつけられることになります。すでに述べているように，動感形態の修正化や洗練化という発生問題に私たちは粘土細工における加減方式で立ち向かうことに慣れています。このような考え方に固執すると，ヴァイツゼッカーのいう知覚と運動の回転ドアの原理や，その生成と消滅が同時に起こるという構造円環の運動発生論はまったく理解できなくなってしまいます。この構造円環の思想が典型的に現れてくるのは動感形態の定着化と解消化のパラドックスにおいてです。

　少しでも早く安定してできるようになりたいと考え，その動きかたを機械的に反復すれば，たしかにその動感形態は習慣態としての定着化が進みます。しかし，その定着化によって鋳型化が進められると，それを改めて修正するとき

---

9) Merleau-Ponty, M.: phénoménologie de la perception; op. cit. p.74／『知覚の現象学』1, 116頁.

に苦労させられます。鋳型化がしっかり定着すればするほど，その動感ステレオタイプは強固になり，その統一された動感感覚のシステムはなかなか解消しにくくなります。そこで元の古い動きかたの動感秩序が解消化できなければ，新しい動きかたが発生する余地がないのは自明のことです。つまり定着化と解消化は鋭く対立して相互に負けまいと頑張りますから，ますます新しい動感秩序は成立しにくくなります。運動指導の現場で，日常的に起こっている動感発生のパラドックスに向き合った実践指導者がヴァイツゼッカーの構造円環(ゲシュタルトクライス)の発生理論をなんのためらいもなくただちに了解できるのはこの動感地平を知っているからなのです。

　こうして，動感形態がゲシュタルトクライスとして同時に生成消滅を繰り返しながら生み出される動感形態は人間の身体運動として無限の分化発展を続けていくことになります。ここにおいて，私たちの身体運動というものはいったいどのようにして価値ある動感形態を獲得し，どのようにしてその動感形態を伝承次元にもち込むことができるのかに問いかけることになります。この問題意識こそが存在論的な構造分析を主題化させるのです。身体知の宿る動感形態がどのような価値構造をもったときに，他者に伝播可能となり，それがさらに地域を越え，時代を超えて人間の運動文化として伝承される可能性をもつことができるのでしょうか。私たちはそのために，以下の三つの視点のなかに存在論的な構造分析の拠点を確認することができます。
　①歴史的，社会的な枠組みとしての始原論的構造分析
　②恣意的に変化する共存価値をもつ体系論的構造分析
　③至芸への努力志向性をもつ動感性の地平論的構造分析

## 3 身体運動は価値構造をもつ

#### ●――動感形態は時代的枠組みに支配される

　こうして，自らの動感運動のなかに住む身体知はさらに情況の変化に応じて無限の形態発生をしていくことになりますが，そこに本講義が主題化している存在論的な構造分析の一つの領域が姿を現してきます。それは歴史的，社会的に有意味な枠組みをもつ価値構造への関心です。その始原的な価値構造は発生する動感形態のあり方ないし習練目標像に大きな影響力をもつことになるからです。戦前の学校体育では，反動をとってやるさか上がりは正しいやり方では

ないと排除されたのです。その当時では、生理学的な筋力養成が体育の至上目的になっていましたから、反動をとって省力的にやったのでは合目的でなく邪道視されることになります。この学校体育の考え方は現代に至るまでしぶとく生き続けている運動認識の一つです。ですから、時代的、社会的に承認された動きかただけが正統な指導目標像に取り上げられ、それに基づいて動きかたの修正が行われるという考え方にだれ一人異論を差し挟むこともないのです。

　フランスの人類学者モースがハビトゥスというラテン語で表した動きかたは、つまりいつのまにか習慣化され、社会的に承認された動きかたは私たちの身体知の形成にも大きく関わってくることになります。動感形成を目指して習練される動きかたはその歴史的、文化社会的に統一された価値的な枠組みに否応なしに影響されているということに注目するのです。というのはモースが指摘しているように10)、たとえば19世紀の走りかたの指導に着目してみると、ハビトゥスはその時代のなかで威光模倣を生み出し、指導目標像を支配しながら動感形成に大きな力をもっていることがわかります。1860年ごろの走りかたは左右の拳を腰につけたままで走るのが基本であり、当時のすぐれた体育教師はそれを金科玉条として指導するのが一般的だったとモースは述べます。ところが、第1回の近代オリンピック開催の機運が高まってきた1890年頃になると、競技選手のように手を振る走りかたに変えたほうがよいことに気づき、このハビトゥスは解消されだしたというのです。同じように19世紀後半では、ドイツ体操とスウェーデン体操の平行棒論争が起き、シュピースの提唱する運動幾何学に基づく鋳型化形態も少しずつ変化を始めます。ですから「人間がそれぞれの社会のなかで、伝承していく身体の使い方」と定義したモースの身体技術も文化社会的な枠組み構造の支配下に入らざるをえなくなるという考察は首肯できることになります。ところが19世紀末にとうに消えたと思われていた走りかた、つまり左右の拳を腰につけた走りかたは21世紀の今日に至るまで残っているのではないでしょうか。たとえば、軍隊における集団で走るときにはこのハビトゥスが未だにしぶとく生き続けています。軍隊の集団訓練だけではなく「かけ足-始め」という動令に対する予令のときに、腰に拳をつける

---

10) Mauss, M. : Les techniques du corps, "Sociologie et Anthropologie" p.368 / Die Technik des Körpers, In: König/Schwalfleß: Kulturanthropologie, S.93, 1972 /「身体技法」、『社会学と人類学』II, 127頁, 有地亨・山口俊夫訳, 1976, 弘文堂.

開始姿勢は学校体育の集団行動にもその残滓を見ることができます。

さらに競技スポーツに目を転じてみても、この歴史的、文化社会的な規範的な枠組み構造の存在は容易に認められます。スポーツ文化としてその時代に承認されないような動きかたはどんなに合理的でよい記録が出るとしても、それは競技ルールによって制限されることになります。走り幅跳びに宙返りを入れて跳ぶことはルール違反ですし、高跳びで両足踏切りも禁止されているのは競技ルールとして文化社会的な承認が得られないからです。体操競技の鉄棒で車輪が何回できるか回数だけを競うことはだれも承認するはずもないし、車輪の回転スピードの記録を競うといっても、それは競技として成立しません。このように考えていくと、人間の身体運動が無限に差異化し分化を続けるとはいっても、その時代の歴史的、文化社会的な枠組みをもつメタ構造の存在を無視するわけにはいかなくなります。さらに競技スポーツにおける競技形式にしても、習練形態の恣意的な差異化にしても、そこに身体運動の発生を条件づけている時代的に有意味な枠組み構造の存在を認めざるをえません。このような歴史的、文化社会的な運動認識の枠組み構造を明るみに出そうとすれば、私たちはフーコーのアルケオロジー分析に注目せざるをえなくなります。身体運動の始原構造としてどのような有意味な枠組みを構造分析に取り上げるか、その分析の方法論をどのようにとらえるかについては、後段の〈講義4〉から主題的に取り上げていくことになります。

## ●──動感形態は恣意的な価値体系をもつ

さらに身体運動そのものの形態発生に問いかけていくと、そこに私の動感身体による恣意的な動感志向性との関わりに注目せざるをえなくなります。つまり歩行の身体知、幅跳びの身体知、泳ぎの身体知、トラッピングの身体知などのようなそれぞれの動感身体の能力は私の動感志向性のなかで構造的に統一化された身体能力として存在しています。しかしこの考察に入る前に、私たちはこの動感性を意味核にもつ身体運動、端的に別言すれば、動感運動の概念を物体性の身体運動、つまり物体運動の概念からはっきり区別しておかなければなりません。その区別を確認しておかないと、身体運動の実体論に迷い込んでしまうことになるからです。

私たちは流れつつある運動がとらえどころなくて不安定だと考えて、つい

うかつにも計測できる物体運動に置き換えてその位置移動を確かめたくなります。静止は運動ではないという命題は当たり前なのに、その静止像の連続を運動の実体としてとらえたくなるのです。動く感じという不安定な志向形態よりも、いつでも計量化できる物体運動を分析の対象にすれば、だれにとっても共通の客観的認識をもたらす身体運動の分析システムが成立すると考えます。身体知が住んでいる動感形態の体系論を取り上げるためには、どうしてもこの実体論的な運動認識から脱却し、その呪縛から解放されなければならないのです。

　私たちが価値論的な新しい構造分析に入っていくには、どうしても実体論的な運動認識から関係論的な運動認識へと脱皮し、その不可欠さをしっかり確認しておかなければなりません。人間の身体運動というのは歴史的、文化社会的な産物なのです。それは他の動感形態との違いを了解することによってのみその動感形態が共存価値をもつのです。こうして動感形態の価値体系論に入っていく起点に立てることをここで確認しておかなければなりません。それでは、私の動く感じとしてしかとらえられない動感形態はどうしてだれにでも承認される動感形態、つまり動感形相としてそれを一般化できるのでしょうか。すでに述べているように、時間化された私的な動感形態からだれにでも理解できる普遍的な動感形相に類化を高めて、それを体系論の単位として位置づけるのでなければなりません。そのためには超越論的な形相的分析によって遍時間性をもつ動感形相を取り出しておかなければならないのです。この方法論的な詳しい講義は『身体知の形成』（講義26）ですでに済んでいますが、ここではそれらを確認するためにその要点だけをまとめておくことにします。

● ── 同一化作用とは何か

　私たちは平坦な道を歩いても、スロープを上り下りしても、それらの歩きかたの格好をどんなに変えても、歩くという動感形態は私の身体知のなかで〈同じ〉あるいは〈似ている〉として感じとります。そこで行われた変形作用は、フッサールのいうように、繰り返しながら通過していくなかで自らの動感身体のなかに自我中心化されて感じとられます。この繰り返しには、動感性の同一化作用が働いています。それはどんなに速く、急ぎ足でスピードを上げても、それは歩くという動感形態の統一を破壊することはできません。ですから〈急ぎ足〉から〈走る〉という動感形態に変化するときには、それは自らの動感身

体が別種の運動リズムをもった移動形態としてその変化を先反省的にすぐに直観できるのです。

　同様に走るに対して，足を交互に前に出して跳ぶという形態との差はどのようにして感じとられるのでしょうか。それは科学的分析だけでは客観的に区別することもできません。交互に行う片足跳びはその移動空間が制限されると，たとえばその場での〈走る〉と〈交互跳び〉との区別は物理的に区別できなくなります。このような主語となる動感形態の区別がその明確さを失えば，そこに体系論上の問題が浮かび上がってくるのはいうまでもありません。子どものときからなじんでいる鉄棒の尻上がりでさえ，主語となる動感形態が不明確なために，本人の動感作用の対象はいつのまにか後ろまわりという別な動感形態に変質しているのに教師自身が気づかないこともあるのです。そのような体系論的な縁どり分析が無視されていることは決して珍しくありません。指導する教材の価値体系論的な構造分析を放棄したのでは，教師がその身体運動を学習する子どもたちにどんな目標像を立てて指導するというのでしょうか。すでに『身体知の形成』（講義10）で詳しく述べていますが，ドイツの生理学者シュミットのいうように生理学的効果だけが体育指導の目標にすべきだというのであれば，何もさか上がりを教材にする意味はなくなってしまうのです。それどころか，さか上がりという自然発生的な身体知が生理学的価値によって変形され，弾み反動をつけた無駄のない動きかたは邪道として排除されてきたことは歴史の示す通りなのです。

　念のため，フランスの人類学者モースが名づけたハビトゥスという動きかたの伝承から再び援用してみます。その例証分析の対象はニュージーランドにおけるマオリ族のオニオイと名づけられた歩きかたです。それはその部族のハビトゥスとして世代を超えて伝承されなければならない主語的な動感形相です。その部族の娘たちは子どものころからオニオイ歩きを母親から教え込まれます。子どもによって多少の個人差はあるにしても，その特徴的な動きかたのなかには類的普遍化による一般性が示されています。つまり，そのときの類的核としてのオニオイ歩きという主語形相はどんな時間位置ももたずに何時でも現れるし，どこでもだれにとっても例外なく現れる歩きかたなのです。しかし，この抽象度の高い主語的な動感形相は二等辺三角形のような単なる理念的な抽象概念を意味しているのではありません。動感形相はあくまでも時間化された

動感形態を基盤として発生するのであり、それは多数に共通する一者としての類的普遍化による一般性を示しているのです。

## ●──体系化の単位は何か

ここにおいて、時間化された直接経験としての私の動感形態から動感形相に一般化されていく過程のなかで、その類的意味核はどのようにして形づくられるのでしょうか。たとえば私が歩くときの歩きかたには二つの動感形態が区別されます。すなわち、一つは身体中心化的な自我運動であり、他は情況に即した自我運動です。この差異化された二つの自我運動は、すでに述べたように、反転化作用をもつ統一された一つの身体運動なのです。私が歩くとき、どのような歩幅をとり手をどのように振るかなど、その変形作用はそのときの気分や情況によって千変万化します。しかし、そのなかでどうでもよい変化や変わり映しない変化はいつも動感作用の背景に沈んで顕在化してきません。ところが、その動感地平構造のなかには、どうでもよくないものとしての動きかたが受動的な体感として浮かび上がってきます。それはたび重なる反復のなかで、私に気持ちよく受け入れられ、しだいに習慣態になっていきます。そこには快不快などの心情領野の意識と、うまく動けるかどうかの動感価値覚がいつも同時に作動しています。大股の歩きかた、小走りの歩きかた、ナンバ歩き、やくざ歩きなどの主語的な歩きかたがそこに姿を現してきます。こうして、個別的に時間化された動感形態にはしだいに気持ちのよい動きやすいハビトゥスとして習慣態が生まれてきます。その動きかたは仲間たちに、さらにはその社会になじんできて受け入れられ、遍時間性を胚胎した主語的な動感形相に昇華していくことになります。

こうして私たちは体系論の単位となる主語的な動感形相を取り出すことができます。しかし注意しなければならないのはそれらの主語的な動感形相がどんな時代にでも通用し、どんな地域ででも承認されるわけではありません。それは決して固定した不変的な動感形相が意味されているのではなくて、他の動感価値意識との関係のなかでダイナミックに変容していくことになります。その変容の動機づけになるのは、文化社会的な枠組みという匿名的な始原構造であることもあり、新しい他の動感形態の創発による共存価値に基づいて変化が引き起こされることもあります。あるいはその時代の規範論的な運動認識の変化

によって，その動きかたが通用しなくなることもあります。現代の女性がカジュアルなジーパン姿で，女形のようなたおやかな歩きかた，つまり両膝を曲げたままでうつむき加減に内股で歩けば，それは噴飯ものになることでしょう。私たちが動感形態の価値構造を前景に立てて身体運動の構造分析に入るときには，そこに恣意的に変化する価値体系が浮かび上がってくることになります。それが体系論的な構造分析を誘うことになるのです。

## ●——動感形態は努力志向性をもつ

　力動的な価値構造を示す動感形態における最後の本質的属性として私たちが注目するのは，身体知の住む動感形態がその充実を高めていく過程に規範論的な特徴を示す動感深層の地平構造に関してです。私たちは動感形態における歴史的，社会的な枠組み構造がその発生を匿名的に支配している様態をすでに前段において見ています。これに対してもう一方では，動感形態が至芸への希求努力をもって地平構造の深層を形成していることも見逃すわけにはいきません。その深層の動感地平に匿名的に織り込まれている含意潜在態を明るみに取り出して検討してみなければならないのです。いわば前段のメタ構造の始原論的な構造分析が通時態と共時態に関わる幅広さを特徴とするならば，この動感深層意識の地平論的な構造分析は究極の芸（わざ）の限りない深さを超越論的に分析するという特徴をもつことになります。つまり自我意識の働かない匿名的な受動的動感地平の原志向的な作用から，能動的に統覚化にのめり込む動感深層の地平分析を経て，ついには非人称的な自在化地平の動感世界の深みに至る地平構造に注目することになります。さらにその自在的な匿名性は原志向的な匿名性と反転可能な志向構造を示し，それは至芸への希求努力を失わない限り，再び能動的動感地平へと無限循環を繰り返していきます。至芸への努力志向性に支えられた動感形態におけるこのような深層の地平構造が分析対象として解明されることは，その地平分析が創発領域と促発領域の発生分析の貴重な手引きの役割を担うことにもなります。

　私たちはすでに，これまでの一連の講義のなかで動感形態の形成位相について考察しています。そこでは原志向位相，探索位相，偶発位相，形態化位相，自在化位相の五形成位相が取り上げられていますが，それらをスローガン的にまとめて，なじみのステージ，探りのステージ，まぐれのステージ，形態化の

ステージ，〈それ〉のステージと言い換えることもできます。しかし，ここで身体知の価値構造における本質的属性の一つとして地平志向性を取り上げるのは，その五つの逆戻りしない形成位相に至芸への努力志向性を内在させているからです。つまり動感形態が空虚な様態からしだいに充実されてその極致に至ったときにこの位相構造は完結するのではありません。それは自在化地平に入って，何ものにもとらわれずに思うままにその身体知を行使することができるようになっても，至芸への道はさらに限りなく続いていくからです。もちろん，慢心からもはや希求努力が働かなくなれば，その動感世界はその瞬間に崩壊してしまうのであり，そこでは新しい動感形成のエネルギーも消滅するのはいうまでもありません。こうして動感形態の充実への道は無限に続いていき，改めて各位相における動感意識の地平構造が存在論的な厳密な構造分析を誘うことになります。

　ここでいう位相構造という表現では，身体知を空虚から充実に向けて身につけていく創発志向体験に特徴的なまとまりを示す五つの逆戻りできない一連の位相ないしステージが意味されています。この考え方は位相構造という表現がマイネルのいう局面構造（Phasenstruktur）と紛らわしくなるときには位相的地平構造と言い換えて念を押すことになります。しかし，私たちはすでに『身体知の形成』（下巻，講義24：65~66頁）において，局面構造の概念を局面化能力と明確に区別しておきましたので，ここで取り上げる位相的地平構造はマイネルの習熟位相論の領野として理解できることになります。至芸を求める形成過程における動感志向体験の地平構造分析は〈講義10〉から改めて立ち入って詳しく講義することになります。

## 講義2　動感発生は評価作用を前提にする

**ゼミナールテーマ：2**

①体力づくりや美容のためのエクササイズという身体運動に動感差の志向体験が生じない例証を挙げて，その理由を具体的に説明してください。

②科学的思考に基づく歩形態と走形態の区別を実証的に確定し，その境界領域における両者の定量的差異をどのように理解するべきかその問題性を指摘してください。

③動感作用の反転可能性の具体的な例証を挙げ動感差がその前提になっていることを説明してください。

④対面の共働作用が引き起こす混乱の具体的な例証を挙げて運動指導上の注意を指摘してください。

⑤対人競技における共働現象の例証を挙げてその成立が相互の動感出会いに依存していることを説明してください。

⑥再帰感覚による動感出会いが物体との接触に関わるときに，どのような問題が生じるのか具体的な例証によってその動感差を述べてください。

⑦形態発生論としての〈円環形態的なるもの〉とサイバネティクスの制御理論としての〈機能円環〉が区別される具体的な例証を挙げてください。

⑧粘土細工における加減方式が動感形態の修正化に通用しないのはなぜなのかその具体的な例証を挙げて説明してください。

⑨〈形は原因をもたない〉というときの競技スポーツの具体的な例証を挙げて説明してください。

⑩さか上がりの指導目標像を挙げてどのような良否判断の基準をもつのか具体的に説明してください。

⑪動感運動における同一化作用の具体的な例証を挙げてその直観を支えているのは何かを説明してください。

⑫動感運動の形成位相が単に逆戻りしない階層性をもつだけでなく，なぜ動感価値の存在論として地平分析の対象になるのかその論拠を説明してください。

## 講義 3
## 存在論的構造分析を体系化する

### 1 構造分析のねらいは何か

● ――構造存在論の視座に立つ

　私たちは発生論の視座の下に動感論的形態学に的を絞って統一的な志向形態の構造問題に問いかけるところまでやっとたどり着きました。しかし『構造存在論』で知られるドイツの哲学者ロムバッハは構造という概念が果てしなく混沌としていることを指摘しています。構造という表現はよく気やすく使われますが、その意味していることは区々でそれぞれに違う意味で勝手に使っているとロムバッハは厳しく批判します[1]。この構造という表現を構造主義として一つの主義ないし信条にして使うと、だれにも自分なりの構造主義がありますから決定的な明確さを欠くことになり、この構造主義が最高であるという保証はどこにも存在しなくなるというのです。構造が部分と全体の関係を意味しそこに基づけ関係を指摘するだけでは、私たちがとらえようとしている身体運動の生き生きした構造やその意味内容はいっこうに明確になってきません。そこには構造理論の広大な領野が広がっていることに注目せざるをえません。

　ここにおいて私たちはロムバッハにならって、存在論的にあらかじめ固定化された対象の全体と部分の関係を分析する単なる機械論的構造分析を私たちの立場から区別しておかなければなりません。私たちは長いあいだ機械論的構造分析、つまり機械の部品とその全体機能との関係を因果的な法則原理で分析する考え方になじんできていますから、その呪縛からなかなか解放されにくいようです。ここで主題化されるのは存在論的構造分析なのですが、この動感形態学的な構造分析論を展開するにあたってはその起点となる考え方をしっかり

---

[1] Rombach, H. : Strukturontologie, 1971, S.16, Verlag Alber /『存在論の根本問題』、中岡成文訳、8頁、1983、晃洋書房。

確認しておく必要があります。ひと口に，すべての構造的な関わり合いに働く形態法則に問いかけていくロムバッハの存在論的構造分析の視座に立つべきだとはいっても，その前に身体運動の分析研究にまつわりついている多くの歴史的なしがらみや認識の隔たりを闡明（せんめい）にしておかなければなりません。私たちは射程を外さないために，現象学的な構造存在論そのものの深みに足を踏み入れることはしないとしても，この存在論的な構造概念を動感形態学的な運動分析として取り上げるには，どうしてもこれまでの歴史的なしがらみと不毛な論議の存在を見過ごすわけにはいきません。すでにこれまでの一連の講義のなかでも，機械論的な運動認識については述べてきていますので，ここではカタログ的に要点だけを述べるに止めます。

● ——運動構造の概念を問い直す

　まず運動構造というときの運動という表現はそれが人間の身体運動であっても外部視点から延長として理解される物理運動でないことを確認しておかなければなりません。私たちが主題化する運動構造は身体運動のバイオメカニクス的な運動構造でもないし，身体システムの情報理論を踏まえたサイバネティクス的な運動構造が意味されるのでもありません。同様に，行動科学としての心理学的な運動構造からも区別されることは多言を要しません。つまりここでは外部視点を排除して内在的な自己運動の構造分析を主題化していくことが確認されるのでなければなりません。この意味においては，マイネルが取り上げた形態学的な運動構造の概念は機械論的な運動構造論に大きな改革を迫る画期的な提言として評価されます。マイネルの運動構造論は運動質というカテゴリー的な認識論のなかで取り上げられ，局面構造と運動リズムの統一的構造と端的に概念規定されているのはよく知られていることです[2]。

　しかしその当時（1950~1960）における運動構造の考え方として，対象化された身体運動のなかに部分と全体の関係構造を自然科学に分析する立場が主流になっていたことは周知の通りです。それに対して，マイネルは指導実践の立場から形態学的運動分析を新たに取り入れて，運動主体の動く感じや先取りなど，動きつつあるなかでの感覚問題を主題化しようとしたのです。それだけに，マイネルの形態学的構造分析は当時の科学主義一辺倒のスポーツ科学者から計量

---

2) Meinel, K.: Bewegungslehre, S.147ff. 1960 /『スポーツ運動学』，154頁以降，1981，大修館書店．

的実証を欠いた単なる主観的構造分析として批判されることになります。現象学の創始者フッサールは形態学を漠然性という本質をもつ厳密な記述学問であると規定しているのですが，当時のスポーツ科学者たちは客観主義しか信奉しませんからそれを理解できる次元にはなかったようです。ですから，漠然とした形態学を取り上げたマイネルの構造分析を精密な科学的分析を無視したアナクロニズムでしかないと批判し，それを侮蔑する声まで上がったのは当然の成り行きかもしれません。

マイネルの運動構造論においては，よく知られた局面構造のなかに運動主体の感じの呼び込みや感じの把握が取り上げられています。さらに運動構造の一翼を担う運動リズムにおいては，筋電図的な構造分析をあえて取り上げずに観察のなかに運動共感を主題化し，それによってリズム構造を分析しようとしています。それだけに客観主義一辺倒の運動分析者の批判はさらに拍車がかけられていきます。たしかにマイネルは，局面構造を空間時間的分節として，リズム構造を力動時間的分節としてとらえていますが，そのときに数学的時空系の形式化的認識から完全に開放されていたとはいいがたいところがあります。しかし，今ここで動きつつあるときの運動主体の動きかたや感じかたを構造分析の対象にしようとしたことは当時の運動構造の考え方として画期的なパラダイム転換だといえます。マイネル教授は当時の客観主義的な運動分析に対して敢然と戦いを挑んでいった動感形態学の先駆的闘士であり，私たちの人間学的運動学を唱道したまたとない同士であるといえます。

## ●―――形態学的構造分析の対象は何か

ここにおいて，私たちは動感形態学の視座をもつ構造分析の対象を確認しておかなければなりません。すでに述べたように，マイネルのいう運動形態学はその運動という概念に物理運動ないし物質運動とすり替えられる可能性が少なからず残っています。私たちは運動の形態学をマイネル遺稿に示された考え方を受け継いで，さらに念入りに動感運動の形態学といい，端的に動感形態学と呼ぶことができます。もっともこれまでの講義を聴いてきた人たちにとっては，ここでいう形態学的構造分析いう表現がロムバッハの意味における構造存在論を基柢に据えていることはただちに首肯できるはずです。

このような形態学的構造分析を主題化するにあたって，まず私たちは分析対

象となる身体運動の本質的属性を確認することから始めることにします。というのは分析対象になる身体運動の形態，より精確にいえば，動感形態が即自としての実体ではないことを確認しておかなければならないからです。即自的実体というのは他のものに依存することなくそれ自体として存続するものが意味されます。私たちは物体がそこにあって一つの形を示していると同じように，歩く，走る，投げるなどの運動形態もそれ自体変わらずに存在し続けると理解することに慣れています。ですから，歩くという形態をキネマトグラフィー（映像分析法）やディナモグラフィー（力量分析法）によって定量的に分析し，その部分と全体の構造を明らかにできると考えるのです。それは数学的な座標系における身体運動として，つまり実体として延長的な身体運動を外部視点から定量分析の対象にしていることになります。私たちの生活世界における何気ない自然的態度のなかでは，個々の身体運動をその他の動感形態や動感情況に関わりなく独立的に存在している実体と考えてしまうことに何の抵抗もありません。こうして，身体運動を即自的実体として客観的な時空系のなかで数学的に形式化して，その対象を測定できると考えることになるのです。

　しかしながら，その実体としての即自的な身体運動は，実は今ここで行われている生き生きとした自己運動ではなく，測定できるように数学的時空系に移し物理運動に抽象化していることになるのです。それが躍動するスポーツ選手の身体運動の場合でも同じことです。大切なことは，私たちが構造分析の対象にしようとしている動感形態は自然的態度のなかで理解できる即自的実体ではなく，他の動感形態との関係分析を踏まえなければ決して成立しない存在なのです。つまりすでに類化されている歩くという形態でも這うや走るとの関係のなかでしか存在しません。さらに〈ナンバ歩き〉や〈女形歩き〉あるいは〈そぞろ歩き〉との関係系のなかでしかそのような類型的な歩きかたは成立しないのです。一つの動感形態は他の動感形態や他の動感情況との関係を抜きに，さらに歴史的，文化社会的に不変的なものとして，それ独自で体系に位置づけることはできないのです。このような価値体系論的な運動認識こそ私たちが主題化していく存在論的な構造分析の基柢を形づくることになります。

　この意味において，動感形態は体部分の個々の動作を加算的に合成しても発生するはずもありません。そこに一つの動感形態がメロディーを奏でながらその姿(モルフェー)を現すのには，それまでに受動的な動感地平から能動的な動感統覚化

の志向体験を不可欠としています。身体運動はヴァイツゼッカーのいうように構造円環(ゲシュタルトクライス)として生成と消滅を繰り返して無限にメタモルフォーゼしていくのです。その動感形態の発生はいろいろな重層構造を示しながら，そのつど新しい構造発生ないし意味発生が繰り返されることになります。メルロ＝ポンティがいうように3)，私たちに直接的に与えられる対象は意味，構造や諸部分の自発的な配列なのです。

　こうして，私たちは今ここの身体運動の意味構造や志向形態を構造分析の対象に取り上げることができます。私たちはさらに，その構造発生ないし意味発生を支えている動感世界の地平構造にも問いかけていかなければならなくなります。そこには動感形態学的な構造の構造，つまりメタ構造への分析論が主題化されるのであり，つまり，構造存在論的な運動分析の広大な領野がその姿を現すことになるのです。

●──存在論的構造分析のねらいは何か

　すでに述べたようにこれまでの科学的な運動分析では，即自的実体としての身体運動を客観的に記述して計量的に構造分析しますから，その分析結果の正否ないし良否はそれぞれの科学的分析の判断基準によるのは当然のことになります。身体運動を物理運動として分析すれば，その正否の判断基準は物理学的法則性であり，それに合致しているかどうかが関心事になります。同様に，身体運動を生理学的に分析すれば，生理学的合法則性がその正否の判断を決定するのは多言を要しません。ボイテンデイクがいみじくも指摘しているように4)，どんなにあでやかに踊っても，その動きかたの良し悪しと生理学的正否判断とはかならずしも一致するとは限りません。膝をいつも曲げたままで踊る女形のたおやかな動きかたは持続的な筋緊張によってのみ達成されることを考えるだけでただちに納得できるはずです。生き生きとした実存的身体運動の価値判断は，物理学的，生理学的，心理学的な合法則性によってのみ行われるのではありません。動感価値覚が働く評価作用は規範論的なそのうごきかたの良否が志向体験に作動しますから，そこに発生論的な身体運動学の独自な領野が拓けてく

---

3) Merleau-Ponty, M. : phénoménologie de la perception; p.70, 1945 / 1 巻 112 頁.

4) Buytendijk, F. J. J. : Allgemeine Theorie der menschlichen Haltung und Bewegung, S.359, 1956.

ることになります。つまり，生き生きした身体運動の形態発生ないし意味構造の分析を厳密に行うには，どうしても動感形態学としてその価値体系の問題圏を見過ごすわけにはいきません。

　すでに先取り的に指摘していますが，形態学的な構造分析はその動感形態の構造発生ないし意味発生を前提にしています。しかし，その動感形態はどのような目標像を目指して動感形態の統覚化や修正化が行われるべきなのでしょうか。指導者は生徒や選手たちの習練活動のなかで，どうなったときに「よし」というのか，どんな動きかたが現れたら「それは違う」と注意するのでしょうか。その判断が「長い経験をもつ指導者の胸三寸にある」とはいっても，その評価作用の正当さを支えてくれる動感価値覚能力はどのようにして身につけることができるのでしょうか。その評価作用の機能は，かつての名選手としての創発身体知をいつも生化しておけばそれで十分なのでしょうか。その創発身体知が老化によって崩壊したら，指導者としては老いさらばえた駄馬になるしかないのでしょうか。いわば，生き生きした身体運動の評価作用をどのようにして対象化し，どのような体系に基づいてそれを形態発生に生かしていくのかという問題が前景に立ってきます。これらのことが発生論的な動感形態学の重要な問題圏になり，その意味での価値論をふまえた構造分析が改めて主題化されることになるのです。

## 2 発生分析と構造分析の関係を問う

### ●——身体知の発生分析を展望する

　このようにして，形態学的な構造分析が動感身体知による形態発生に深く絡み合っているのに私たちは注目することになります。バイオメカニクス的な構造分析やサイバネティクス的なシステム分析は身体運動の動感形態が生み出されていく生き生きとした発生現場に直接立ち会うことはできません。その科学的分析者は身体運動を外部視点から物体ないし物質として分析し，生き生きした動感発生にはあくまでも無関心な傍観者に徹しなければなりません。その分析者は自然科学的態度のもとでしか部分と全体の客観的なシステム法則を抽出できないのは，それが機械論的構造分析の本来のあり方だからです。ロムバッハはその厳密な現象学的分析によって，バイオメカニクス的構造やサイバネティクス的システムは「本来的に存在論的な基本形式ではなくて，その存在的な

変形でしかない」と指摘します。さらにロムバッハは念を押して「発生が問題になっている場合にしか構造はとらえられない」といい,「発生とは何よりも開始が意味されているから,〈ここ〉のなかにはじめて構造存在論の起点が成立する」と述べて,構造存在の本質をえぐり出しています。つまり,有意味な構造発生ないし動感作用の形態発生が問題になるところではじめて存在論的な構造分析はその起点をもつことができるのです。この意味において,動感形態の発生分析がその構造分析と相補関係にあることを構造発生という概念でみじくも指摘したロムバッハの構造存在論は私たちの身体知研究にとって注目に値するものになります。

　ここにおいて,私たちは改めて身体知ないし意味構造の発生分析を体系的に見ておく必要に迫られます。生き生きした実存としての身体運動を構造分析することは動感的な発生問題が存在するところにしか成立しないことを私たちは改めて確認しなければなりません。このことはいくら強調してもしすぎることはないほど決定的な重要さを示しています。とりわけ,スポーツの身体運動をバイオメカニクス的に構造分析し,あるいはその情報理論を駆使してサイバネティクス的にそのシステム分析するのがすでに一般的な構造分析としてスポーツ科学のなかに位置づけられるとしたら,ここで主題化される発生論の視座をもつ動感形態学的な構造分析との区別を確認せざるをえません。このようなまったく異質な二つの構造分析,つまり機械論的構造分析と発生論的構造分析の区別は厳しく認識されていないと,どうしても不毛な論議や的外れの批判を避けることができなくなるからです。

　ここにおいて『身体知の形成』における一連の講義のなかで取り上げてきた身体知の発生問題に関する全分析体系を一望に収めながら,その構造分析との関わりを見ておくことにします。動感力としての身体知というものは,いうまでもなく二つの発生場面をもっています。それはここに掲げた創発身体知の発生分析体系と促発身体知の発生分析体系に示されています。創発身体知は,端的にいえば自らの動感運動を形成する選手自身の身体能力です。これに対して,促発身体知は生徒や選手の創発志向体験を触発してその動感形態の発生を促すことができる指導者自身の身体能力です。ですから指導者は単に身体運動の生理学的,物理学的ないし心理学的な専門知識を単に理解しているだけではこの固有な促発身体知を身につけることはできません。実践に生きる指導者は,今

ここで自らの身体で生徒や選手の志向形態を感じとることのできる動感促発能力をもっていることが求められるのです。この能力（Vermöglichkeit）という表現は能為性，可能力性とも訳されるフッサール固有な概念です。それは自分が走ったり跳んだりできる物質身体の能力でもありませんし，学習者の身体運動を科学的に分析できる知的能力でもありません。それは自ら動くときでも他者の動きかたを観察するときでも，その身体運動の動く感じを敏感に自我身体でとらえることができる時間化された身体能力が意味されているのです。

　ここに一望に収めた創発身体知と促発身体知のそれぞれの発生分析体系は，いずれも専門術語によって表されています。これまでコツないしカンの身体知としてスローガン的な慣用表現もそのつど用いてきましたが，コツとかカンという日本語特有の表現は，たといそれを厳密に概念規定しても，つい慣用的な渾然未分の曖昧さに引き戻されてしまい，外国語に翻訳するときにはどうしても混乱を免れません。ここではこのような術語上の混乱を避けるために，スローガン的な表現と術語的表現を併記しておきます。しかし概念の混乱を招きそうなときには専門語を用いなければなりません。たとえば，ヴァイツゼッカーがかつて相互隠蔽の原理を説明するのに〈回転ドア〉というスローガン的な表現を使いました。その当時の回転ドアは現在のように透明なガラスやプラスチックでできていません。今ではドアの向こう側の景色は見通せますから，知覚と運動の相互隠蔽の比喩表現にはなじまないことになります。ここに掲げる「覚える身体知」と「教える身体知」に始まるいろいろなスローガン的表現にはこれと同じことが起こる可能性を否定できません。スローガン表現はあくまでその当座のスムーズなコミュニケーションをはかるのがねらいになることを指摘しておかなければなりません。ここでは参考までに，専門術語と並んでスローガン表現も併記し，覚える身体知の発生分析と教える身体知の発生分析の全体系を掲げておくことにします（52, 53頁参照）。

●——創発能力と促発能力の相補性を確認する

　こうして，学習者の動感創発能力の発生分析と指導者の動感促発能力の発生分析はヴァイツゼッカーの意味の相補的統一性をもっていることを改めて確認しておきます。指導実践にたずさわる現場の指導者は，いつもそうせざるをえないのですが，その指導目標像を確定するためにまず動感素材を構成化するこ

```
┌─────────────────────────────────────────────────────┐
│         創発身体知発生分析（覚える身体知）              │
└─────────────────────────────────────────────────────┘
```

| | |
|---|---|
| 始原身体発生分析〈今ここの身体知〉 | **体感発生分析**（ここを感じる身体知）<br>　① 定位感発生分析（ここの身体知）<br>　② 遠近感発生分析（隔たりの身体知）<br>　③ 気配感発生分析（気配の身体知）<br><br>**時間化発生分析**（今を感じる身体知）<br>　① 直感化発生分析（今の身体知）<br>　② 予感化発生分析（触手の身体知）<br>　③ 差異化発生分析（反転化できる身体知） |
| 形態統覚化発生分析〈かたちづくりの身体知〉 | **自我中心化発生分析**（コツの身体知）<br>　① 触発化発生分析（誘いの身体知）<br>　② 価値覚発生分析（評価できる身体知）<br>　③ 共鳴化発生分析（メロディー化の身体知）<br>　④ 図式化発生分析（縁どりできる身体知）<br><br>**情況投射化発生分析**（カンの身体知）<br>　① 伸長能力発生分析（伸びる身体知）<br>　　　付帯伸長発生分析（物に伸びる身体知）<br>　　　徒手伸長発生分析（自ら伸びる身体知）<br>　② 先読み能力発生分析（先読みの身体知）<br>　　　予描先読み発生分析（あらかじめ読める身体知）<br>　　　偶発先読み発生分析（とっさに読める身体知）<br>　③ シンボル化能力発生分析（シンボル化の身体知）<br>　　　情況シンボル化発生分析（状況判断の身体知）<br>　　　情況感発生分析（情況を感じとる身体知） |
| 形態修正化発生分析〈かたち仕上げの身体知〉 | **修正起点化発生分析**（修正起点づくりの身体知）<br>　① 調和化発生分析（ハーモニーの身体知）<br>　② 解消化発生分析（解消できる身体知）<br>　③ 動感分化発生分析（違いのわかる身体知）<br><br>**時空修正化発生分析**（時空仕上げの身体知）<br>　① 局面化発生分析（局面を感じとる身体知）<br>　② 優勢化発生分析（左右を感じとる身体知）<br>　③ 再認化発生分析（感じを呼び戻せる身体知）<br><br>**力動修正化発生分析**（力動仕上げの身体知）<br>　① リズム化発生分析（リズムを感じとる身体知）<br>　② 伝動化発生分析（勢いを伝える身体知）<br>　③ 弾力化発生分析（弾みを使える身体知） |

講義3　存在論的構造分析を体系化する　53

## 促発能力の発生分析体系（教える身体知）

**観察能力発生分析**（見抜ける身体知）
① テクスト構成化発生分析（テクスト選びの身体知）
② 形成化観察能力発生分析（位相構造を読む身体知）
③ 原志向観察能力発生分析（今ここを見る身体知）
④ 形態化観察能力発生分析（かたちづくりを見る身体知）
⑤ 修正化観察能力発生分析（仕上げを見る身体知）

**交信能力発生分析**（訊き出せる身体知）
① 先行理解能力発生分析（テクスト共有の身体知）
② 二声共鳴化発生分析（感動出会いを探る身体知）
③ 動感借問能力発生分析（動感訊き出せる身体知）

（素材づくりの身体知）　**素材化能力発生分析**

**代行能力発生分析**（身代わりの身体知）
（A）代行世界発生分析（身代わりに住める身体知）
① 代行動感世界発生分析（世界に住み込む身体知）
② 代行原形態化発生分析（原形態を代わりにつくる身体知）
（B）代行形態発生分析（身代わりに形づくる身体知）
① 代行統覚化発生分析（代わりに統覚化できる身体知）
② 代行修正化発生分析（代わりに修正化できる身体知）
③ 代行適合化発生分析（代わりに転移できる身体知）

**道しるべ構成化発生分析**（道しるべを立てる身体知）
① 方向形態化発生分析（道筋を決める身体知）
② 目当て形態化発生分析（目当てを決める身体知）

**動感呈示構成化発生分析**（動感を現に示せる身体知）
① 間接呈示化発生分析（自得させる身体知）
② 直接呈示化発生分析（現に示せる身体知）
　（A）実的呈示化発生分析（今ここで示せる身体知）
　　①音声言語呈示化発生分析（言葉かけの身体知）
　　②動感模倣呈示化発生分析（まねができる身体知）
　（B）媒体的呈示化発生分析（媒体で示せる身体知）
　　① 文字言語呈示化発生分析（書き残せる身体知）
　　② 映像呈示化発生分析（映像で示せる身体知）

**促発起点構成化発生分析**（促発を決断する身体知）
① 処方起点発生分析（処方動機を掴める身体知）
② 即座形態化発生分析（即座介入を決める身体知）
③ 待機形態化発生分析（介入を待てる身体知）

（処方できる身体知）　**処方化能力発生分析**

とから始めます。次いで、その処方を具体化する段階に入りますが、そのときの発生分析の対象になるのは学習者の創発志向体験であることはいうまでもありません。ですから、指導者自身が生徒や選手の創発能力についてきめの細かい動感発生の志向分析をしなければなりません。そのとき指導者自身が動感創発の志向体験がないのでは動感作用の促発指導に入ることがむずかしくなります。このように、創発能力の発生分析と促発能力の発生分析は双方向的な絡み合い構造をもっていますから、創発と促発を問わず、その発生論的運動認識と発生分析の身体能力は指導者に欠かせないことはすでに繰り返し指摘しています。私たちはすでにこれまでの一連の講義のなかで身体知の発生問題は詳細に検討しています。そのなかに構造分析の問題も同時に絡み合っていることは講義のなかで強調してきましたので、ここではカタログ的に問題の所在だけを示すことにします。

発生分析の体系図に見られるように、まずもって創発としての発生体系も、促発としての発生体系もともにそれぞれの身体知が不可逆的な循環構造を示していることを確認しておく必要があります。すなわち、創発能力の発生分析体系では、原志向能力⇒形態統覚化能力⇒形態修正化能力から再び原志向能力の形成へと循環していきます。もちろん、修正化の形成と洗練化の形成はともに新しい動感形態の発生問題ですから、原志向能力⇒形態統覚化能力の過程を通るのはいうまでもありません。しかし、原志向性の身体知そのものの修正化ないし洗練化作用も行われるのであり、同様に形態統覚化作用そのものの修正化ないし洗練化作用も成立することを見過ごすわけにはいきません。このような複雑な絡み合い構造の分析というものは、なによりも意味論的な差異化現象に気づかない限りさらに上位の自在化志向体験が目指されるはずもないのです。

さらに原志向性をもつ身体知における体感志向体験と時間化志向体験にも絡み合い構造が見られ、形態統覚化身体知のコツとカンにおいても絡み合い構造が見られます。それらは現れと隠れが相互隠蔽原理に支配されて、ヴァイツゼッカーのいう回転ドアの志向体験が出現します。このことはすでに『身体知の形成』（講義22~23）で詳しく検討してありますので繰り返しません。同様に、修正・洗練化身体知における時空・力動領域においても、この相補的統一性に支えられて、より上位の動感形態の形成に成功することができることはもう多

言を重ねる必要はないでしょう。

　指導者のための促発身体知の形成においても，これらの相補的な重層構造は端的に現れてきます。観察領域，交信領域の動感素材を収集して，目標像確定のための代行分析への過程は不可逆的で反転できません。指導目標像を構成するときに，その学習者の身体能力に潜む発生様態の観察もできず，学習者の動感世界に共生できずコミュニケーションもままならない指導者がそれらの動感素材を代行形態に構成化できるはずもありません。その逆戻りできない順序性を守らなければ，学習者に具体的な処方を構成することは不可能なのです。その処方の起点を確定して学習ないしトレーニングの指導に入れば，最初の観察分析と交信分析へと回帰して，その循環を続けることになります。相補的統一性をもつ観察と交信が意味論的な差異化構造を示していることも『身体知の形成』（講義 27）で詳しく立ち入っています。こうして，私たちは身体知の発生分析のなかに，部分と全体の構造関係が絡み合っていることを確認することができます。このような志向形態の発生分析において浮き彫りになってきた絡み合い構造を単に認識するだけでは，現実の指導実践で何の手引きにもなりません。どうしても私たちは存在論的な構造分析の道を拓いていかなければならなくなります。

## ●──指導者の評価判断能力とは何か

　指導実践の現場にいる指導者が学習者の創発能力の発生分析をするときには，まずもってその指導目標像を基準にして，生徒や選手の習練形態に「できた」「できなかった」という成否の判断をし，あるいは「うまい」とか「下手だ」とかの評価判断をします。そのときに，単に学習手順を呈示したり，不足している体力の補強プログラムを呈示したり，あるいはその学習活動の活性化を促進するのがこれまでの指導者の一般的な任務になります。しかし私たちの動感発生論的な指導次元では，さらにその動感深層に立ち入って，どの創発志向体験が欠落しているのか，なぜうまく機能しないのか，その志向体験がなぜ空虚のままに止まっているのかなどの動感発生分析に入っていく専門能力が問われることになります。

　しかし動感発生の問題はそう単純ではありません。創発させる動感形態には目指すべき習練形態の構造問題がその背景に隠れているからです。そこで発

生するのは一つのまとまった構造なのであり，その構造をもっていない形態発生は存在しません。いわば発生と構造は一つの動感形態の両面であり，裏に鋏を入れないで表だけを切ることは不可能なのです。その統一性と二重性こそが発生と構造の関係を示しています。とすると，その生徒たちの動感創発作用の発生分析をし，さらに具体的な処方構成化分析を取り上げるにしても，指導者は明確な意味構造をもった指導目標像を前提としてもっていなければなりません。しかし，その正統性ないし妥当性はどのようにして保証されているのでしょうか。さらに目標像への達成のレヴェルを判定するにしても，その動きかたの良し悪しを評価するにしても，どのような判断基準に基づいて決めるのでしょうか。きわめて日常的に行われている指導実践の評価判断の問題はよく考えてみると，その習練形態の規範性を探る始原分析，共存価値を確認する体系分析，さらに動感深層構造の地平分析も絡み合っていることに気づきます。ところが，現実に指導実践の現場には，そのような問題を何の苦もなく一気に解決し，生徒や選手の絶大な信頼をかちえている教師やコーチのいることもまた事実なのです。その老練な指導者たちは何も理論体系をもっているわけではないのに，しかも単に偶発的というのではなくみごとな成果を生み出すことができます。それは長年にわたる指導経験からそのような評価作用を身につけてきたことは疑う余地はありません。

　しかし，そのような指導者の促発能力によって形態発生の良否を評価判断するときには，かつて自ら体験してきた創発志向体験の構造分析を前提にしていることはいうまでもありません。しかしそれはその指導者がすばらしい競技歴をもち，高い技能レヴェルにあって，それを基にして動感促発能力を身につけたのだとは限りません。目を見張るような競技歴も高度な技能もないのに，ひと目で動感発生の機微を見抜ける練達の体育教師やコーチを私たちはたくさん知っています。オリンピック選手の経験などなく，いつも予選落ちの平凡な選手でしかなかった人がコーチとしてすばらしい発生分析能力を身につけていることも珍しいことではないのです。こうして私たちはいったいどんな価値判断に則って学習者の動感発生の指導をするのか，どんな基準に基づいて出来映えの成否判断や良否判断をするのかは動感形態学の重要な構造分析として浮かび上がってくることになります。

## 3 動感形態の構造分析を体系化する

### ●——身体運動の原理を問い直す

　生徒や選手たちを指導するときによく起きることですが,「今のでいいですか」と動きかたの評価を即座に求められることがあります。そのとき「よし」とか「まだまだ」あるいは「間違っている」とその場で指摘せざるをえません。しかし，指導者はその成否判断や良否判断の正当さにいつも確信をもって指摘できることはそう多くないのです。その評価作用を反省すればするほど，今ここで示された動感形態の複雑な構造に悩まされるものです。いったい私たちはどんな基本的な原理に基づいて評価判断をすることができるのでしょうか。この問題に早くから気づいて，実践的な新しい形態学的運動分析を主張したのがドイツのマイネル教授でした。その著『スポーツ運動学』(1960)において，運動原理とは「運動経過における価値判断の最高の規範である」と述べ，それらは幅広い歴史的発展の考察からその貴重な認識を得ることができると指摘しています5)。それは動感形態の発生分析に内在する構造というものを歴史的な厚みのなかから取り出し，その発生を背後から支えている構造，つまり，歴史的，文化社会的なメタ構造の存在を暗に示しているのです。マイネルは動きかたの価値判断原理として合目的性と経済性を挙げています。しかし，その考察では科学的合法則性の運動原理と規範論的な運動原理の区別がかならずしも明確にされていません。人間の動きかたにおける経済性の原理として，省力的であることがただちに評価基準になるとは限りません。時としては，余分とさえいえるような力が消費されることによってすばらしい動きが示されることにマイネルも気がついています。それは，すでに『わざの伝承』(90頁)でも述べていますが，感性論としての生粋性原理が取り上げられていることからもわかります。そのことは遺稿集からも十分に読みとることができます。すでに私たちはボイテンデイクの言を援用して，女形のたおやかな動きが高い筋努力に支えられていることを指摘しましたが，いみじくもマイネルもこの価値論的な問題圏に関心を寄せていたことがわかります。

　これに対して，同じ立場で身体習練の運動学を主張したオーストリーのフェッツ教授もこの合目的性と経済性の二原理についてすぐれた考察をしていま

---

5) Meinel, K.: op. cit. S.145f. / 152〜153頁.

す。その改訂三版（1989）6) では、ボイテンデイクの人間学的運動学7) を援用して、原理は経験を通して帰納的に求められることを指摘します。フェッツによれば、運動原理は決してアプリオリではありません。それは経験的に確認される身体運動の合法則性として規範論的な運動原理からも理解されなければならないのです。その上でフェッツ教授は運動の合目的性という原理が自己目的的なスポーツに適用されるむずかしさを指摘します。シュートであれ、け上がりであれ、踊りであれ、それらの身体運動それ自体は何か他の営利目的や美容目的のために存在するのではなく、その動きかたの意味構造そのものが評価判断の基準になることに注目しているのです。もちろん、スポーツや舞踊は人間形成や体力、健康、美容などの目的にも利用されますが、そのためにその身体運動の中身を勝手に変形し、ねじ曲げてしまうことは許されるはずもないのです。

　ところが私たちは長いあいだ、このような身体運動そのものの形態学的本質から目を背け、他の目的のために手段として身体運動を利用するのを当然と考えてきました。ですから、フェッツ教授がいうように本来的に実用目的から解放された舞踊やスポーツのような身体運動そのものの意味構造をよく検討してみなければならないことになるのです。つまり、生理学的な身体習練のための身体運動とスポーツや舞踊のように目的から解放されたいわゆる没目的的な身体運動の区別が曖昧なままに放置されてきたところに問題があるのです。それだけに、合目的性の運動原理というときの運動を身体習練のための運動と読み換えてしまうと、舞踊表現の豊かな動きかたを体力向上の目的に沿って処方し、その本来的な動きかたを変形してしまうという笑い話が生まれることになります。さらに体育では体力向上のために鉄棒を学習するのだから、さか上がりやけ上がりをやるときに弾み反動をつけるのは邪道であり、合目的性の原理に反するなどという考え方がわが国の学校体育を支配していたのはそう遠い昔のことではないのです。

## ●──形態発生の始原構造を探る

　この意味において、合目的性の運動原理が正しい認識の下に理解されれば、

---

6) Fetz, F. : Bewegungslehre der Leibesübungen, 3. überarbeitete Auflage, S.97ff., 1989, Wien.
7) Buytendijk, F. J. J. : 1956, op. cit. S.16ff.

講義3　存在論的構造分析を体系化する　59

フェッツ教授のいう情況関係における身体運動の意味が重要な提言であることに気づきます。身̇体̇運̇動̇そ̇の̇も̇の̇の̇も̇つ̇意̇味̇はフッサールのいう価値覚として機能する動感感覚の意味と，ボイテンデイクのいう情況に生きる意味という両̇義̇的̇な̇意̇味̇構̇造̇をもっています。この両義性は反転可能な差異化現象として相互隠蔽原理に支配されますから，それは同じ一つの身体運動の表裏をなし，その表裏をその人の志向体験に応じて反転化できるのです。ですから，このような両義性をもっている身体運動はその意味に合致するかどうかが評価判断の基準になるのであり，それが身体運動そのものの合目的性原理といわれるものなのです。

　しかし，このような動感感覚に支えられた価値覚能力や情況の意味をすばやく読みとれる身体能力の成立を背後で支えている枠組み構造とはいったい何なのでしょうか。価値覚として作動する動感作用は反復するにつれてその志向体験にな̇じ̇み̇が発生し，いつのまにかその動感形態は習慣態になる可能性を否定できません。また，その情況の意味構造にその時代の運動様式や美意識が覆い被さってきて，いつのまにかその時代の枠組み構造が固定化し，むしろ新しい情況の意味発生に抵抗を示すようになるのも否定できないのです。そうすると，このような動感価値覚による志向形態の発生を支えていた動感性の枠組み構造は力動性を失い，構造発生のエネルギーが失われていきます。そこで安定してきた枠組み構造は新しい動̇感̇発̇生̇の̇動̇機̇づ̇けをもたなくなってしまうのでは，構造発生という本来的な構造円環性（ゲシュタルトクライス）も失われてしまうことになります。

　ここにおいて，私たちは動感形態の発生次元における動感地平構造に注目し，その創発志向体験の背景に，つまり，動感発生の地平志向性の構造に注目せざるをえなくなります。その地平志向性は空虚志向ともいわれ，通時的，共時的な努力志向性をもちながら，物言わぬ隠れた地平志向性を胚胎した枠組み構造を前景に立てることになります。このような歴史的な厚みのなかに隠れている枠組み構造を明るみに出すことが動感形態の評価判断の基準を形成していることに注目していく必要があります。後段で取り上げる始原論的な枠組み分析の起点はここに置かれているのです。ギリシア語のアルケーとは原理ないし始原が意味されますから，動感発生のメタ構造として始原論的な構造分析が主題化されることになります。フランスの哲学者フーコーに始まる分析論としてのアルケオロジー分析は一般に考古学的分析と訳されますが，ここでは自然人類学

的な考古学との区別を闡明にし、動感発生の地平志向性に伏在する動きかたの原理を主題化するために、あえて始原論的構造分析と呼ぶことにします。

## ●──動感形態の共存価値とは何か

すでに先取り的に少し触れていますが、私たちの分析対象になる身体運動の志向形態が即自としての実体ではないことをもう一度確認しておかなければなりません。即自的実体というのは他のものに依存することなくそれ自体として存続するものが意味されています。私たちは物体がそこに実在して一つの形を示しているように、歩く、走る、投げるなどの身体運動もそれ自体変わらずにいつも実在して延長性をもっていると考えることに慣れています。ですから歩行形態をキネマトグラフィー（映像分析法）やディナモグラフィー（力量分析法）によって定量的に分析し、その部分と全体の構造を明らかにすれば構造分析をしたと考えてしまうのです。前にも触れているように、それは機械論的な構造分析なのです。

ところが、私たちがわが身の今ここでその存在を感じとれる動感形態というものはそれだけで独りで存続し続けるという即自的実体ではありません。それは他の動感形態との関係のなかでのみ価値が認められ体系的に共存できる価値が生まれるのです。このことはどれほど強調しても足りないほど決定的な重要さをもっています。体系のなかでしか共存価値が発生しないということは他の動感形態との関係系のなかでのみその形態形成が認められるのです。ですから即自的実体としての科学的運動分析論は、今ここに現前する身体運動の発生分析や構造分析をするときには通用しないのです。歩くという動感形態は走る、跳ぶ、這う、よじ登るなどの動感形態とは差異が明確であり、それらの移動形態から否定的にのみ成立するのが歩くという統一志向形態なのです。つまり、否定的対立化現象のなかでしか〈歩く〉という動感形態は姿を現さないのです。ですから、走るのではなく、跳ぶのでもなく、這うのでもないのが〈歩く〉という動感統一的な志向形態を形成することになります。こうして出現した一つの種化－類化の動感形態はそこに類型化される志向形態を許容することができ、そこにそぞろ歩き、やくざ歩き、あるいは歴史的、文化社会的な産物としてのナンバ歩きやオニオイ歩きが姿を現してくるのです。

さらに、体育の鉄棒教材を例にとれば、足かけ上がりはさか上がりと体系論

的に共存価値をもっていません。それは動感親和性をもつけ上がりとの縁どり分析によってその存在が成立するのです。足かけ上がりのなかには，膝をかける，股をかける，足裏をかけるなどの分化が起こります。さらに，体育教材として優勢化能力の形成を意図するときには，当然左膝をかけるのも，右膝をかけるのも独立した習練形態として成立します。左右の側性に意味発生を取り上げなければ，それは左右対称の同一形態として理解されるのです。この意味において，動感形態の成立は相対的な関係のなかにあり，恣意的な作用に関わりをもっています。その身体運動の動きかたにどのような意味発生を見出すかによってその価値体系が生み出されます。このように，動感形態の成立は決して即自的実体と考えてはならないのであって，常に関係系のなかに限って共存価値が認められることを確認しておく必要があります。この関係系における動感形態の共存価値に基づいてはじめて，動感形態学的な構造分析の一つとして価値体系論的な縁どり分析が成立することになります。このことは〈講義9〉において詳しく立ち入って考察していきます。

### ●──動感深層の地平構造を探る

　私たちはすでに前段において，主語的な動感形態の共存価値によって体系分析できることに注目していますが，これに対してここでは，身体知に働いている述語的解明項として，その匿名的な動感深層の地平構造を明るみに出そうとします。そこでは動感形態の究極の芸に至る希求努力が生き生きと作動し続けている動感深層に分析対象を求めていくことになります。いわば前段のメタ構造の始原論的構造分析が通時態，共時態の幅広さを特徴として動感形態の価値構造に迫っていくとするならば，この動感深層の述語的な解明項に迫る地平分析はもう一つの極を形づくり，限りない至芸への深みを分析していくという特徴をもつことになります。匿名的な含意態を潜ませている動感地平はその対象が複雑に絡み合った深層構造をもっています。その地平構造を分析できる身体能力を身につけるには，生き生きした動感地平の志向体験こそが不可欠な前提になります。実技実習が指導者養成の必修単位として求められるのはこのためなのです。

　動感地平が絡み合い構造を示す深層をもつのは，その動感力の形成位相にはっきり示されています。動感形成の五つの位相構造は動感発生の不可逆的な階

層構造を示すだけでなく，生徒や選手の動感意識をその地平構造から取り出していくときの貴重な手がかりを提供してくれます。たとえば，ある動きかたのコツやカンの形態化位相を地平分析の対象にした場合，自我意識の働かない受動的な原志向的作用の分析は困難をきわめます。さらに能動的に統覚化にのめり込む動感深層の地平では複雑な分析能力が求められますし，非人称的な自在化位相の深みに至る動感地平はきわめて専門的な動感力を必要とします。詳しくは〈講義10〉から立ち入って述べますが，その動感地平で絡み合う深層意識は至芸への希求努力を失わない限り，形成位相のなかで限りない循環を繰り返していくことになります。このような至芸への希求努力を伏在させた動感地平分析がきわめて専門性の高い身体能力を要求することになるのは当然のことです。それだけに動感地平の含意潜在態を取り出していく高度な動感分析力に支えられてはじめて動感地平の厳密な構造分析が保証されることになります。

　ところが，すでに触れているように位相論的な動感形態の発生はロムバッハのいう構造発生の意味ですから，その発生を支える動感深層の地平構造の分析が主題化されるのでなければなりません。そこには不可逆的に示される位相構造は単なる階層性を示すだけではなく，それが動感地平のなかに潜んでいる含意潜在態に複雑に絡み合っているところにこの地平分析のむずかしさがあります。その深層の志向構造分析は単に生身に即した自己性に秘められた動感価値覚の所産であるというだけではなく，遍時間性に支えられた地平志向性を示しているのは実践の現場ではよく知られていることです。この多層的な動感地平の構造分析は単なる査定基準として取り上げるだけではなく，至芸を目指す学習者の動感作用の絡み合った地平構造に潜む含意態を明るみに出そうとするのです。これによって，指導者は選手や生徒たちの動感発生を指導するときに，よりきめの細かい動感素材化に役立てることができ，観察分析，交信分析や代行分析の厳密性が保証されることになります。ここにおいて，私たちは動感地平分析として，三つの対象領域を区別することができます。

　①形態化領域における動感地平分析
　②修正化領域における動感地平分析
　③自在化領域における動感地平分析

　ここに掲げた三つの分析領域のそれぞれは，先に述べた五つの形成位相を内に含んでいます。ですから，最初の形態化地平分析の領域には，原生成地平分

析と動感形態の図式化に至るコツ地平分析とカン地平分析が属します。その原生成の地平構造は五位相のなかの偶発形成位相だけを対象にしているのではありません。そこでは，原志向位相から探索位相，さらに偶発位相のみならず，形態化地平や修正化地平のなかにも原生成のぼんやりした動感志向体験が取り込まれているのです。そこではまだ統一的な動感メロディーが流れていないだけなのです。その原生成の動感地平は学習者にとってはもっとも苦しい習練期にあたることになります。この領域の動感深層の志向分析はこれまであまり取り上げられていません。試行錯誤を通して「そのうち何とかなるだろう」といった牧歌的な指導が大勢を占めているからです。ですからまぐれ当たりが出れば，後はひたすら機械的な反復を続けてその確率を上げるといった機械論的方法に頼るしかないのです。そのとき，学習者の動きかたのなかに「コツやカンの足音が聞こえる」などと高言する指導者がいると，非科学的な言いぐさとして一笑に付されてしまうものです。そこには現場の指導に生きるコーチの深い経験知が隠されているのに気づかないまま見過ごされてしまうのです。これまでは学習者の動感地平志向性を厳密に構造分析する方法は多くの指導者からなぜか敬遠されてきたことになります。

　さらに，コツの地平やカンの地平では統覚化から図式化に至る地平構造が分析の対象になります。動感形態のいちおうの図式化成立の後に続くのが修正・洗練化の動感地平分析です。それは修正化の動感志向体験が分析対象になりますが，その地平構造では形態統覚化の背景に潜む含意態を取り出していく分析領域になります。しかしこの領域では，これまで粘土細工方式が修正ないし洗練化地平分析の主流になっています。そこでは〈下手な鉄砲も数撃てば当たる〉といったまぐれ当たりの確率論的問題意識から一歩も出ることがなかったようです。まして，試合で失敗すればその不足した体力を補強し，心理的な不安定さを取り除こうとします。敗北を喫したのはほんとうの実力が試合に合わなかったからだという言い訳はむしろその原因究明のために正当化されてしまいます。そのような次元では，その形成の地平構造に潜む動感意識の解消化というアポリアや動感差の地平構造は特段に分析対象になるはずもありません。しかし，現場の指導者も選手もその解消化や動感差に潜む動感力の深層意識は単なる体力トレーニングやメンタルトレーニングで解決のつく問題ではないことをよく知っているのです。

最後の自在性の動感地平分析では，習練の極致としての動感自在化における安定化地平，わざ幅の地平や至芸の冴えなどの動感質という価値志向性の地平も，さらに非人称的な〈それ〉の地平構造も分析の対象に取り上げられます。しかし，この至芸としての自在地平はすべて名人，達人による至芸の境地だけを意味するものではありません。自転車に乗りながら携帯電話でメールを打つという日常的な所作でも，その動感位相はまさに自在化地平にあたります。ですから，競技スポーツにおける人間業とは思われないような妙技だけが自在化地平に属するものではないことを確認しておかなければなりません。こうして，私たちは歴史的，文化的な幅広さをもつ動感始原分析とは対照的に，この動感地平分析における匿名的な深層意識に切り込んでいく厳密な構造分析は体育教師あるいは競技コーチの他の追従を許さない固有な専門領域を構成していることもここで改めて確認しておかなければなりません。

## ●──構造分析の対象領域を体系化する

これまで考察してきた始原分析，体系分析，地平分析という構造分析は一貫して動感存在論の立場から分析方法論が構築されていますが，それらの三つの構造分析の全体系を要約すると，次頁のような体系図にまとめることができます。それぞれの構造分析の特徴を略述しておきます。

### ①歴史的，文化社会的な枠組み構造の始原分析

私たちの身体運動が一つのまとまった統一志向形態として姿を現してくるのはそれが即自的な存在ではなくて根源的な動感力が生化して作動しているからです。そこに作動している価値覚能力や情況意味を的確に読めるシンボル化能力などの多様な動感力をその背景のなかで支えているのが枠組み構造の存在なのです。それは構造発生のメタ構造として，私たちの動感形態の発生に決定的な重要さをもっています。ところが価値覚として作動する動感作用は反復するにつれてその形態になじみが発生し，いつのまにかその動感形態は鋳型化されていく可能性があります。また，その情況の意味構造もその時代の運動様式や美意識が覆い被さってきて，いつのまにかその構造は固定化し始め，むしろ新しい情況の意味発生に執拗な抵抗を示すようになることも否定できないのです。

ここにおいて，私たちは動感形態の創発志向体験における動感地平構造に注

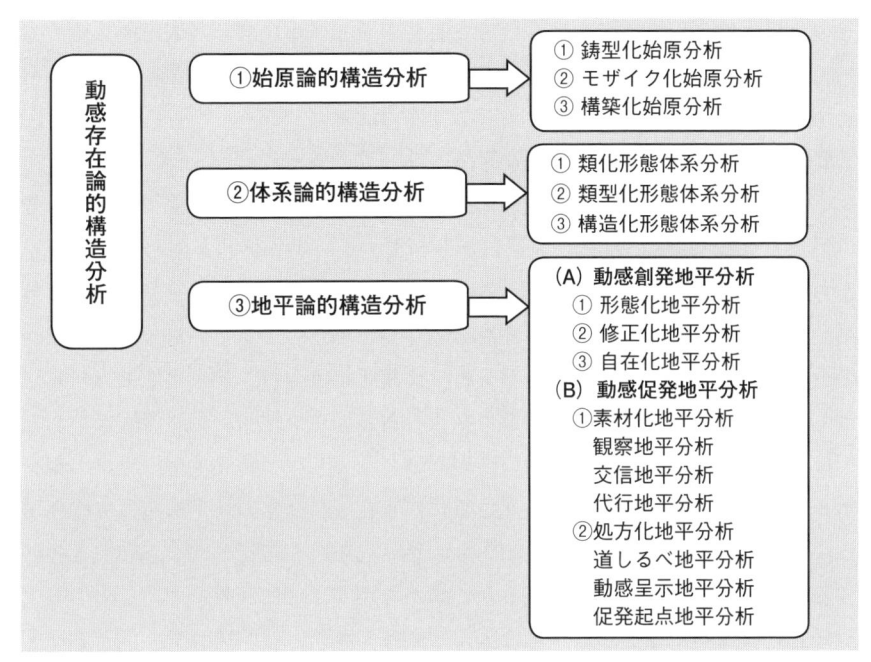

```
動感存在論的構造分析 ─┬─ ①始原論的構造分析 ─→ ① 鋳型化始原分析
                    │                      ② モザイク化始原分析
                    │                      ③ 構築化始原分析
                    │
                    ├─ ②体系論的構造分析 ─→ ① 類化形態体系分析
                    │                      ② 類型化形態体系分析
                    │                      ③ 構造化形態体系分析
                    │
                    └─ ③地平論的構造分析 ─→ (A) 動感創発地平分析
                                            ① 形態化地平分析
                                            ② 修正化地平分析
                                            ③ 自在化地平分析
                                          (B) 動感促発地平分析
                                            ① 素材化地平分析
                                              観察地平分析
                                              交信地平分析
                                              代行地平分析
                                            ② 処方化地平分析
                                              道しるべ地平分析
                                              動感呈示地平分析
                                              促発起点地平分析
```

目し，その形態発生の背景に潜む枠組み構造を取り出そうとするのです。私たちは動感発生の地平志向性に注目し，構造発生を支えている枠組みの構造，いわばメタ構造をえぐり出す方法論を探らなければなりません。そのためには動感形態を支える歴史的，文化社会的な運動認識の地平志向性を明るみに出すことが求められます。後段で取り上げる始原論的な枠組み分析の起点はここに置かれることになります。その詳しい始原論的な構造分析の方法論は次の〈講義4〉から具体的な講義に入ることになります。

**②共存価値に基づく体系分析**

　ここでいう体系論とはスイスの言語学者ソシュールの意味における価値体系の理論に基づいています。ですから私たちが今ここでその存在をわが身で感じとれる動感形態はそれ自体で存続し続けられるもの，つまり即自的実体などではなく，他の動感形態との関係系のなかでのみ存在価値が認められ，体系的に共存できることになるのです。動感形態はこの関係系のなかでのみ独自な共存価値が認められるという認識の上に立ってはじめて体系論的な構造分析に入ることができます。そのためには，一つの動感形態は他の動感形態との形態学的な差異性が確定されなければなりません。その形態学的な縁どり分析は後段で

その分析手段として取り上げられることになりますが，詳しい価値体系論の分析方法論はその前提をなす動感言語の体系論として〈講義7〉から入っていきます。

**③動感深層に潜む志向体験の地平分析**

　ここで意味されている動感志向体験の地平をもつ深層には，すでに『身体知の形成』（講義25）でも少し講義してありますが，動感伝承を阻む匿名性が私たちの構造分析の前に立ちはだかることになります。すでに指摘しているように，私たちは動感作用の地平構造を分析するにあたって，その対象領域を三つの分析領域，すなわち形態化地平分析，修正化地平分析，自在化地平分析を区別しています。形態化地平の基柢に据えられる原生成地平の動感深層はいわば形成位相の原志向，探索，偶発の階層だけでなく，コツの図式化やカンのシンボル化に至る形態化の地平にも，さらに修正化，自在化の地平構造にも伏在することになります。そこには受動的な動感志向体験から能動的な志向性を投射する中間領域が伏在し複雑な絡み合い構造を示すことになります。この形態化や修正化の階層ではなかなか思うように動感メロディーが流れず，学習者にとってもっとも苦しい習練期を構成します。そのために教育学的な興味づけや雰囲気づくりのマネジメント方法だけが前景に立てられ，むしろそれだけが指導者の関心を呼んでしまうことことになります。これまでは学習者の動感志向体験はすべて本人の深層意識のなかにあってとらえにくいから，外部視点からの計量的な客観観察のみに終始し，動感地平に潜む身体知の問題はすべて本人に丸投げしてしまい，運動指導の対象から除外してきたことに注目するのでなければなりません。

　形態統覚化の地平において最初の触発化という地平志向性には立ち入る前には原生成という地平志向性が働いています。そこでは，生徒や選手のやる気と努力を誘う教育方法学的なプログラムにかまけて，その含意的な潜在態をはらむ動感地平の分析はすべて学習者本人に任せたままに放置されているのです。さらに形態化の核心をなすコツやカンの指導そのものはむしろタブー視されることが少なくありません。どのコツが自分に合うかを感じとる価値覚の深層も動感メロディーに連合化していく営みも，すべて学習者の自得に丸投げして，私たちは指導対象から意図的に外してきたのです。それどころか，マイネルが指摘した基礎図式の後にもその地平の背景に豊かな含意態が潜んでいるのに，

その修正化も洗練化も外部視点からのいわゆる粘土方式だけに依存してきたことは否定できません。このように修正化地平分析における解消化のアポリアも本人に丸投げしていますから，指導者の地平分析の対象にされるはずもないのです。

　最後の自在化地平構造においては，習練の極致として自動化されたしなやかな安定化地平，内的，外的な障害からくる軽減化地平，冴えなどの動感質地平，さらに非人称的な〈それ〉が自ずと動く自在化地平が取り上げられます。それらの地平志向性は相互に絡み合いの構造をもち，反転可能性の原理に支配されているのはいうまでもありません。それも名選手の人間業とは思えないような妙技にのみこの自在化地平志向性が向けられるのではありません。それは日常生活の箸を使う自在化の動きにも，かゆいところにすぐに手が届くメルロ＝ポンティのいう場所の知もすべてこの自在化地平に属する動感志向体験が日常的に息づいているのです。

　さらに，私たちは指導者のための動感促発の地平構造に注目しなければなりません。しかし，この促発地平分析の対象は動感創発の地平構造が基柢に据えられていますから，その創発地平分析を知悉した上での促発身体知の地平分析が問題として浮かび上がってくることになります。したがって，ここでは創発地平構造の分析だけが取り上げられますが，促発地平の構造分析も引き続き緊急的に解明されなければなりません。しかし，促発地平分析はきわめて膨大な領域を擁していますので，それは改めて別立ての動感促発の地平分析として新しい講義を起こすしかないようです。

　このような動感深層意識の地平分析がおろそかになっているのは身体運動を即自的な実体として，精密科学の視点から計量的に分析することだけが正統な分析の典型と考えられてきたからに他なりません。つまり動感形態学的な構造分析は科学主義的な客観分析の下では歯牙にもかけられず徹底的に排除されてきたことはこれまでも繰り返し述べています。生き生きした動感志向体験の顕在的，潜在的な地平志向性の構造分析はいつも選手や生徒に丸投げされたままになっていたのです。その人のコツやカンが厳密な分析対象から排除されてきた時代が長く続いてきただけに，その分析方法論の正統性の確認こそが先決の問題にならざるをえません。ところが，現実の指導実践や競技の世界では，すでに動感地平性の構造分析は内在的な経験世界で曲がりなりにも行われていた

ことに注目しなければなりません。マイネル教授が指摘するように，動感志向体験における意味核はコツやカンとしていつのまにか人から人へと脈々と受け継がれて，地域を越え，時代を超えて伝承されてきたことを私たちは見過ごしてはならないのです。具体的な地平分析の方法論は〈講義10〉から入っていくことになります。

### ゼミナールテーマ：3

① マイネルの運動構造論において，機械論的構造分析と発生論的構造分析が混在している例証を挙げてその問題性を指摘してください。
② 即自的実体としての身体運動の具体的な例証を挙げ，その身体運動の分析ではなぜ意味発生の構造分析に入れないのか説明してください。
③ 科学的運動分析においては，その習練形態の成否判断が何を基準にしているのか具体的な例証によって説明してください。
④ 創発身体知を身につけていない指導者が促発分析をしようとするときどんな問題が起こるのか具体的な例証を挙げて説明してください。
⑤ 動感形態が体系上の共存価値によってしか成立できない具体的な例証を挙げて説明してください。
⑥ 目的から解放された自由な身体運動としてのスポーツや舞踊においては，その指導目標像の評価作用をどのように考えるべきかを述べてください。
⑦ 習練形態に手段化された自由な身体運動がどのような変形を強いられてきたか，その変形作業の実態を具体的な例証によって説明してください。
⑧ 歴史的，文化社会的な枠組み構造に束縛されている日常生活の身体運動についてその具体的例証を挙げてください。
⑨ 学校体育における原生成地平の見過ごしが動きかたの指導にどのような影響を及ぼすのかを具体的な例証を挙げて説明してください。
⑩ 形態化地平における深層構造の志向分析がなぜ取り上げられなかったのか具体的な例証を挙げて説明してください。
⑪ 軽減化地平におけるその多様な負担の志向体験を具体的な例証によって述べ，何がどのように軽減されるかを説明してください。
⑫ 習慣的な日常動作のなかで動感自在化地平の深層意識が働いている具体的な例証を挙げて，その地平構造に隠れている含意態を説明してください。

第 II 章

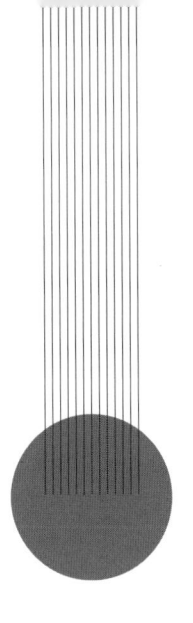

# 始原論的構造分析の道

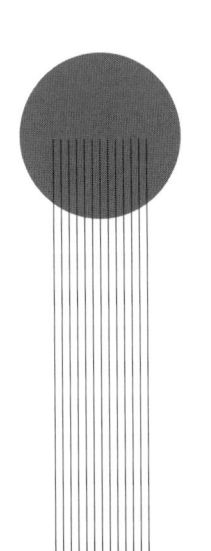

## 講義 4
## 習練形態の始原をたずねる

### 1 動感形態の始原を問い直す

●───動感形態の発生始原をたずねる

　私たちはこれまで動感形態の発生次元における地平構造に注目し，そこでは発生志向体験の背景に，つまり動感発生の地平志向性の構造に注目する必要性がすでに言及されています。その地平志向性をフッサールは空虚志向ともいいますが，それは時代的に共通の努力志向性をもちながら，物言わぬアノニュームな枠組み構造を生み出していきます。ですから，このような歴史的な厚みを背負った動感地平性のなかに潜む枠組みを明るみに取り出して確認しておくことは，私たちが動感形態の成否を判断し，その良し悪しを評価するために欠くことができないもっとも基礎的な構造分析になります。ここで主題的に取り上げられる始原論的構造分析では，歴史的，文化社会的な厚みをもつ動感地平のなかに不可欠な含意態が潜んでいる枠組み構造を取り出そうとします。そのためには，すでに述べたように，あらかじめ存在論的に固定化された対象を分析していく機械論的な構造分析をまず除外することから始めなければなりません。こうして私たちはその単なる機械論的構造分析から峻別されたロムバッハのいう存在論的構造分析を基柢に据えることができます。ギリシア語のアルケーとは原理や始原が意味されていますから，動感発生のメタ構造の原理として，始原論的な立場から含意態の枠組みを存在論的に構造分析することがここに主題化されるのです。

　このような歴史的な厚みのなかに匿名の枠組みをもつ動感志向性の地平構造を明るみに出すことによって，私たちが動感形態の成否ないし良否の判断基準が基本的に確定されることになります。すでに述べているように，ギリシア語のアルケーとは原理や始原が意味されていますから，動感形態の発生始原を支

講義4　習練形態の始原をたずねる　71

えている考えを探り出すためにこの始原論的分析に入ることになるのです。しかし，フーコーはその始原論(アルケオロジー)を取り上げるのにきわめて慎重な態度をとっています。そのアルケオロジーの用語は「いかなる源流の探索へも促さない」といい，「その分析は地質学的ないかなる発掘や測量とも結びつかない」ことを厳しく宣言するのです1)。それはアルケオロジーが単に思想史的にその源流に遡らないことを意味します。さらに，自然科学的な考古学との区別が指摘されていますから，私たちがアルケオロジーを考古学と呼ばずに始原論と表しているのもそのためであり，身体運動の動感形態の発生原理への考察が一義的に排除されているのではありません。

　私たちがここで動感形態の発生原理に目を転じると，その始原(アルケー)は遠く古代にまで遡り，人間のもつ身体能力の発生様態に迫ることができます。それは，コツやカンという動感身体の知恵が私たちの祖先のなかで運動発生の関心を呼ぶようになった瞬間に，同時にその言語表現も発生しているからです。もちろん，その動感言語はいうまでもなく先言語的次元に属していますから，今日のように体系化された音声言語や文字言語が意味されているわけではありません。仲間との交信手段になる単なる合図や身振り，あるいは擬声語も含めて動感言語の対象領域を形づくっていることは『身体知の形成』(講義27)で指摘してあります。そこでは，動感意味の発生と志向形態の発生とが即興的同時性をもっていますから，それを起点にして動感形態の発生始原を探っていくことができることになります。

　動きかたを言語で精確に表すことのむずかしさはこれまでたびたび言及しています。動感形態の発生と同時にその先言語が存在しているとはいっても，その言語表現が多くの困難を背負っているのは，そこに動感意識を言葉にしにくいという本質的な問題が伏在しているからです。このことは，すでに『身体知の形成』(講義6)で未開人の日常の動きかたの様態に言及したときに，よりよい動きかたが必然的に動感志向性の発生問題につながることを指摘してあります。コツやカンといった身体知が先史時代に遡って考察されると，その動感形態の発生問題がそれを身につける習練問題に必然的に連動していることに気づかされます。そうすると，どうしても習練対象になる動感形態がそれを認識対象にするための言語表現と絡み合うことになるのは当然の成り行きとなりま

---

1) Foucault, M. : L'archéologie du savoir, p.173, Gallimard, 1969 /『知の考古学』, 202頁, 1981.

す。それは古代ギリシアのテクネーの概念や古代中国の『荘子』に現れる〈数〉の概念が示しているように、そこに動感意識の言語表現がいかに私たちの祖先を悩ませてきたか知ることができます。

● ──コツは本人とともに死す

　古代中国の前4世紀後半に生きた荘周も、その著『荘子』に多くのわざやコツに関する記述を残しています。その外篇の第13「天道篇」には、車大工の職人のアロゴスなコツについて次のような記述が見られます。「車の輪を作るのに、削り方が甘いと〔削った穴に輻をさしこむのに〕緩くてしまりが悪く、削り方がきついときゅうくつでうまくはめこめません。甘くもなく、きつくもないという程のよさは、手かげんで会得して心にうなずくだけで、口では説明することはできませんが、そこにはきまったひとつのコツがあるのです。わたしはそれを自分の子供に教えることができず、わたしの子供もそれをわたしから受けつぐことができません。そのため七十のこの年になっても、老いさらばえて車作りをしているのです。むかしの人も、そうした人に伝えられないものといっしょに滅んでいきました」(傍点引用者)[2]。

　この『荘子』の一文は、私たちの動感言語論にきわめて貴重な示唆を与えてくれます。つまり、古代においてもコツの存在論が取り上げられていることです。そこに無師独悟の道しか残されていないコツの世界がはっきりと浮き彫りにされ、さらに、コツがアノニュームを嫌って、その本人と死を共にするものであることを年老いた職人の口を借りて説いていることです。とりわけ「徐ならず疾ならず、これを手に得て心に応ず。口言うことを能わず、数ありてその間に存す」とするくだりには、暗黙知としての〈数〉、つまり、コツの存在が明確にとらえられています。この〈数〉という表現は、会意として〈続けて打つ〉という動作語としての原義をもっています。ここにおいて、私たちの前に大きな障害が現れることになります。それはコツやカンといわれる動感形態が古代から「口では説明できない」として、言語表現をかたくなに拒み続けているということです。それでは荘周のいうように、コツやカンはその本人とともに墓場に葬られてしまう存在なのでしょうか。それはいわばマイネルの墓場論そのものです。そこを起点として新しい運動伝承の理論を構築しようとしたの

---

[2) 荘周:『荘子』第二冊(外篇)、174～177頁、1975、岩波文庫.

がマイネル教授であったことは折に触れて繰り返し指摘しています。

● ───動感形態は先言語的地平をもつ

しかし，私たちのいう動感言語が動感形態と同時発生するという論拠をどのように理解することができるのでしょうか。私たちはすでに『身体知の形成』(講義20) において，動感性の志向形態としての身体運動は地平構造をもつことについて詳しく立ち入っています。そこでは，今ここに現れている動感形態はどんな瞬間でも生き生きした現在として，そのなかに図−背景という地平構造の深層をもっていることを確認しています。どんな感覚与件であっても，絶縁的に与えられることは決してないとラントグレーベはいいます。それはぼんやりした背景から浮き上がってくるからこそ，〈これ〉として与えられることを注意しているのです。その背景とそれから浮き上がったこれとは一つの現前意識のなかで，別言すれば，一つの生き生きとした現在のなかに同時に現れる一つの原事実なのです 3)。動感形態の背景というものは，来るべきものに向けられる先取りとしての予期を覚起することになり，たった今行われた動きかたは把持の把持として経験のなかに戻りながら次つぎと過去に沈められていきます。すべての今はたった今過ぎ去ったものとまさに来たらんとしているものという時間地平をもつ限りにおいてのみ〈今〉が成立するのです。ですから，地平構造とは，そのつどの現在に属していて，身体知の働きの場なのであり，私が動ける可能性のすべてを胚胎した総括概念でさえあるとラントグレーベは指摘しています 4)。

このようにして，ラントグレーベは動感形態の地平意識をその原初的な成立において「先言語的である」と念を押すことになります。そのような地平構造における動感意識の発生は，自らの手足を自由に駆使できるという動感発生と同時に開始されるのです。いずれにしても動感形態の発生は，現在の時間地平に息づいていて，因果分析を拒絶する厳しさをもっています。再びラントグレーベの巧みな表現を援用すれば，「自ら動くことは動かされるなかにあっても，常に自分自身との一つの関係なのであり，……自ら動きつつある人はその動きを自らの動きであると〈知って〉いて，しかも反省という仕方でなく〈知って〉

---

3) Landgrebe, L. : op. cit. 74f.
4) Landgrebe, L. : ibid. S.76.

いる5)」ことになります。つまり，動感発生は反省のように後から気づくことではないのです。このような「動感的先反省性こそ反省の超越論を可能にする拠点である」とラントグレーベは宣言します。このことは同時に，私は動けるという現在の時間地平に息づいているその先反省的な動感形態がその言語表現との同時発生を了解するのに貴重な示唆を与えてくれます。つまり，コツやカンという動感形態が先言語的な地平構造をもつときには，この動感的先反省性こそ反省の超越論的可能性を拓く拠点になることを示しています。

## 2 芸(わざ)への道は教外別伝になるのか

### ●──芸道の不立文字が自得を求める

　私たちはこれまで動感形態の言語化のむずかしさを検討し，そのなかにも動感形態と動感言語の本原的同時発生を可能にする動感的先反省性の存在を確認してきました。しかし，私たちは動感運動の伝承をめぐる現実に目を転じなければなりません。動感言語の超越論的拠点を確認したとしても，いっこうに先言語的な動感形態の伝承方法としての習練体系は姿を現しません。先論理的，先言語的な動感発生を促すのには，どうしてもそこにその形態発生を保証する道(ホドス)としての習練体系が構築されているのでなければなりません。この動感伝承のために体系化された習練方法論においては，動感形態がどのように言語化されるべきか，どのような目標像に向かって習練が繰り返されるべきかという方法問題に切り込んでいかざるをえないのです。そのためには，まずもってわが国の運動文化の伝承を保証してきた芸道の方法論を見ていくことから分析を始めることにします。このことは，すでに拙著『わざの伝承』(38～50頁)において詳しく論じていますが，参考までにその要点をここにまとめておくことにします。

　わが国の中世から脈々と伝えられてきた舞楽や能楽，あるいは，近世以降の武芸や遊芸などの芸道の伝承は，私たちが主題化する動感形態の伝承論に多くの貴重な示唆を与えてくれます。それは，わが国の現代の芸能や技芸，舞踊，武道のみならず，西欧から輸入された競技スポーツにしても，おおよそ身体知にまつわる芸(わざ)の極致が目指されるところでは，わが国古来の芸道思想が脈々と流れていることを見過ごすわけにはいきません。それどころか，わが国特有な

---

5) Landgrebe, L. : ibid. S.78.

この芸道思想というものは，幾世紀もの歳月を経て，日本人の道徳や美意識，さらには，私たちの精神的態度のなかに血となり肉となってハビトゥス化しています。禅の不立文字(ふりゅうもんじ)の思想に裏打ちされた無師独悟という至芸への心構えは，教養ある日本人にとっては常識になっているほどです。

たしかに，芸術の才能に恵まれた人の驚異的なわざによって創り出された作品は，その伝承価値さえ世人に認められれば，それは文化財として大事に保存され，後代へと伝えられていきます。しかしそこで伝えられたのは，その人のわざの結晶としての芸術的な作品だけなのです。その卓抜な技能者がどのようにしてそれを制作していったのか，つまり，どんな装置(メーカネー)を使って，どんな手順で，どのような動きかたをして，その身体知を作品に結晶させていったのかはすでにその姿を消しています。そのような生身の動きかたや道具操作の手順などは跡形もなく消え去って，何一つ残されていません。そのみごとな作品を観察して，そこに隠されている身体知の働きを動感親和性を頼りに感じとるしかないのです。つまり，作品との動感出会いしか方法はありません。これに対して，そのつど消えてしまう動感形態によって生み出される至芸(わざ)というものは，その伝承がいっそうむずかしさを増します。こうして，至芸に示される動感形態を人から人へ，時代を超える伝承方法論の構築は困難をきわめることになります。師匠から弟子への芸道の伝承ということが特別な意味をもって私たちの前景に立てられることになるのです。

しかし，練達のわざが結晶して客体化された芸術作品そのものは，ここでいう芸道とは直接的には関係がないという西山松之助の指摘に注目しなければなりません。「芸道というのは，芸を実践する道です。芸とは，肉体を用いて，踊ったり，演じたり，画いたり，嗅いだり，味わったり，弾いたり等々，体の全体または一部をはたらかすことによって，文化価値を創り出すとか，または再創造とかする，そのはたらきをいいます。……このようなはたらきをするときの，はたらきかた，その方法，さらにいえば，演じ方とか弾き方とか，それぞれの文化領域における具体的な実践法，それが道なのです。歌，弓，馬，箏(そう)(琴)，槍，落語等々，さまざまなジャンルにあって，それを演じる演じ方，それが芸道です」と述べています[6]。つまり，踊りかた，刀や槍の扱い方，楽器

---

6) 西山松之助：「近世芸道思想の特質とその展開」『近世芸道論』所収，586頁，1972，岩波書店．

の演じ方などは、たといそれが入神の技として呈示されても、その動きかたは、メロディーと同じように、そのつど、私たちの目の前から消えてしまい、その動きつつある姿やかたちは再び見ることができないのです。

### ●──芸道とは踏み固めた道をいう

　西山の言葉を借りれば、芸道の〈道〉という表現は、もっとも抵抗が少なく、しかも無駄もなく、確実にかつ速やかに目的地に行くことのできる通路として設定されてきたものであるといいます7)。天賦の才に恵まれた技芸の開拓者たちが、創意工夫して苦心を重ね、やっと切り拓いた至芸への道を、さらに後に続く多くの弟子や後輩たちが踏み固めながら歩いてきた道、それが芸への道、つまり芸道なのです。芸の伝承は、その芸への道に沿って行われるのであり、芸を発生させる道しるべの伝承が意味されています。このような芸の道を通って、至芸という目的地に行くのに、一つひとつ階段を上るように、段階的に上達するという思想は、西山によれば、わが国には古くから存在していたといわれます8)。技芸の究極として入神の技に至るまでには、気の遠くなるような長い道が続いています。それは決して平坦な道だけではなく、そこには、行く手を阻む断崖もあれば、足をすくわれる急流もあるのです。しかし、砂を噛むような苦しい反復訓練に耐えながら、常に創意工夫を忘れずに努力する者にのみ見ることのできる一里塚がその姿を現すのです。そのへんの事情を『荘子』はよく教えてくれます。林の中で、蝉を拾うように無造作に捕らえるせむしの老人の神技に託して、わざの究極に至る道程にも、いくつかの階層のあることを示唆しています9)。

　芸道の世界で先人のすぐれたわざを継承するには、たとい周到に用意された道しるべに導かれようとも、自らの身体を動かして、自らの身体知でわざを身に取り込むしか手立てはありません。それはだれの力も借りるわけにはいかないのであり、まさに自得こそが芸道においてもっとも大切にされる心構えであることはよく知られています。それだけに、すぐれた技量をもっている名手が生身で演じるわざにじかに接し、それを肌で感じとることが技芸習得の正道と

---

7) 西山松之助：ibid. 586 頁．
8) 西山松之助：ibid. 587 頁．
9) 原富男：『荘子』，129～130 頁，1962，春秋社．

されてきたのです。ですから，昔から何よりもまず実力をもったすぐれた師匠につくことこそ，技芸を身につける要諦とされてきたのは当然のことなのです。

　このような芸道の自得世界においては，その技芸の極に達した師匠が自らの成功体験の結晶を書き記した，いわゆる秘伝書なるものが特別な意味をもってきます。教外別伝（きょうげべつでん）に代表される禅の思想と深く切り結んでいるわが国の芸道の世界では，いわゆる無師独悟を原則にしますから，師匠による苦心の秘伝を知ることができる文書の存在というものは希有のことです。芸の上達を願う人びとにとって，この秘伝書がまさに垂涎の的になるのは当然のことといえます。ところが，このような秘伝書に至芸への道しるべを書き残すことはできても，技芸を身につけるときの動感地平に奥深く織り込まれて潜んでいる深層意識を言葉で書き残すことはこれまた至難のわざとなります。とても文字にならないことは，動きかたの挿し絵を加えて，後は以下口伝とするしかないのです。とはいっても，自らの動感意識は地平構造の深層に沈んでいて，口頭でさえうまく言い表しにくいのです。結局のところ，秘伝書の理解とその効果は，修行する人自身の動感出会いのレヴェルに左右され，その自得精神の働きいかんにかかることになり，再び不立文字に押し戻されてしまいます。

　動感身体知の結晶としてのわざは，それを自らの身体能力を動員して自得すべきであるという考え方にだれも異を唱えることはないのです。しかし，師匠のすぐれたわざの道しるべも自ら探り当て，師匠の動きかたを見て，その動感メロディーに共振しながらコツを盗み取ることに成功したとしても，その弟子の自得したわざが本物かどうか，わざの真髄を把握しているかどうかは，どうしてもその師匠による成否判断が下されるのでなければなりません。その弟子が苦心したわざに対して，「まだまだ」というのか，「まあまあ」というのか，あるいは，「よし」と太鼓判を押すのか，その成否判定はまさに師匠の胸三寸にあり，それこそ師匠の権威を守る最後の砦なのです。この意味において，師匠による秘技相伝の決定というものは，きわめて重大さを帯びることになり，一代相伝，一子相伝などに分化しながら，芸道の伝承世界は壮大な家元制度を成立させているのは周知の通りです。

●──不立文字で動感形態を生み出す

　わが国の16世紀では，芸道が貴族や武家の上層に限定されていましたが，

17世紀に入るころには，膨大な文化人口を急激に生み出すことになります。このような芸道人口の急増という出来事は，そのジャンルも多岐にわたり，さらに質的な分化発展も促すことになるのです。それまで，少数の貴族による筆写や模写に頼っていた秘伝書や教本は，激増した芸道人口の要請により，多量の出版書とともにその普及に拍車がかけられていったことはよく知られています。近世におけるこのような芸道人口の急増は，当然ながらその技芸に憧れる人たちを多量に生み出し，同時にその技芸を伝授する師匠も急増します。芸道の世界では，すでに述べたように，わざを伝授する師匠は，常に他に抜きん出た技量，つまり，絶対的な実技能力をもっていなければなりません。しかも，その切り札となる秘技は，よほどのことがない限り，めったに披露はされません。しかし，どの弟子よりもあらゆる意味で実力が上でなければ，師匠の威厳は泡沫のように消えてしまうのはいうまでもありません。このように，実技能力の絶対的な優位を前提にしてはじめて，師匠としての威光は保たれ，弟子に対してわざの成否判定を下す絶対的権限を保有することになります。

　ところが，技芸の力量は，その人の生身の身体知の働きに依存していますから，実技で絶対的な優位を保つためには，どうしても，わざの狂いや衰え，病気やけが，あるいは老化など，自らの動感力の低下と向き合わなければならなくなります。技芸の種類によっては，高齢に至るまで卓抜のわざを保てるものもあれば，若くしてその力量が衰え始める技芸も少なくありません。いずれにしても，技芸を伝える立場にある師匠は，どんな名人上手でもかならずやってくる生身のわざの衰えに対応する構えをもたなければなりません。その師匠は，迫ってくる力量の衰えによって，威厳ある示範ができなくなるので，それに備えて，これまでの至芸への豊富な自らの動感体験や道しるべをしっかり確認しておかざるをえなくなります。習練すべき対象をどのように体系化すれば効果的に伝えられるか，上達への道しるべは，いつ，どこに置いてやるのかなど，師匠としてその相伝内容を整理し，体系化しておく必要に迫られることになります。師匠は自らのわざの衰えに怯えながら，その威信を保つためにも密かに相伝内容を検討し，弟子の力量判定の制度的戦略も考えざるをえなくなるのです。

　芸道を一歩ずつ踏みしめながら，自らの身体知を働かせて，わざに結晶化させていく動感地平の深層構造は無限の奥深さをもっています。それにもかかわらず，わざを覚えるのは本人の問題だからとして，伝来の自得の美意識を隠れ

蓑にして，身体知の発生に関わる深層次元には踏み込む必要がないという指導者は跡を絶たないのが一般です。その動感地平構造の深層次元に踏み込む促発能力を十分にもっているのに，「今は踏み込まない」という指導者と，動感地平の深層に踏み込める促発能力もないのに，「踏み込む必要がない」と強弁し，古来の自得精神を後ろ盾にもちだす指導者とは千里の隔たりがあるというものです。こうして，わが国における芸道の自得精神は，不立文字の禅仏教の思想のもとに以心伝心の思想を隠れ蓑にして，動感形態の地平分析から目を背けていくことになります。そのために，動感地平深層の構造分析を放棄し，動感意識の発生分析から目を背けてしまったのでは，そこに動感伝承を保証する肥沃な大地が形成されるはずもありません。しかし，伝来の芸道方法論は動感形態をその受動的な地平構造のなかで自発的に成立させるすぐれた方法であり，芸道に打ち込んでいった先人たちのすばらしい遺産なのです。そのことは『身体知の形成』（講義29：233~244頁）に述べてありますが，参考までにその要点を次にまとめておきます。

## ●──以心伝心の芸道は不合理なのか

　古来の芸道においては，学習者に理解できるようにあれこれと言葉を尽くして説明することをしません。それはむしろタブーにされているのです。師匠から弟子にわざ（芸）を伝承するときには模倣伝承を基本とします。ところが，わざわざ模倣させるために指導者が示範してやることは珍しいのです。「わざは盗むものだ」といわれるように，弟子のほうが師匠の動きかたを見て盗み取るしかないのです。その典型的な芸の伝承方式の一つに，古来の芸道のなかで育まれてきた内弟子制度という修行形式があります。師匠の動感世界に日常的に共生し，師匠の身体知におけるそれぞれの形成位相に一部始終立ち会える場に恵まれることは，動感伝承の最善の方法なのです。いたずらに手取り足取りして，動きかたを図形コピーとして教え込む伝承形式はとりません。そこでは，動感形態を言葉で記述する動感言語ははじめから排除されていることになります。それよりも，わざを自得させる身体知の肥沃な大地をしっかり耕し，そこにたくましい生命力を与えることこそ芸（わざ）の伝承を本質的に成立させる道だと考えるのです。このことは，動感意識の深層を支えている地平構造をまるごと伝えようとした先人の偉大な知恵の一つと考えられます。

このような伝来の芸道における動感伝承の方法論は，いわば，私たちが主題化しようとしている動感地平の構造分析論を真っ向から拒絶しているともいえます。自ら歩く道は自ら見つけだすべきであり，手取り足取りして教えてもらった芸(わざ)はガラス細工のようにもろく頼りないものでしかないという考え方は，日本人の精神構造にすっかり根を下ろしていて，むしろその自得精神に依拠した習練に共感を禁じえないほどなのです。たとえば，私たちが見知らぬ土地に車で行くときには，ナビゲーターは方向も目当ても音声と画像ですべて必要な情報を流してくれますから，心配なく目的地にたどり着くことができます。しかし，道しるべのすべてを教えてくれるナビゲーターは，いつのまにか，人間のもっている貴重な方向カンや土地カンを奪っていることを見過ごしてしまうようです。自分一人で歩く道を見定め，目当てを自ら探すという自得方法論がたくましい芸(わざ)を生み出すことを私たちの芸道の先人たちは見抜いていたのでしょうか。

このような芸道方法論は，動感伝承理論に貴重な示唆を与えてくれます。たとえば，弟子たちは師匠に「私の芸(わざ)は見せない」と宣言されると，何としてもその至芸に迫りたいと努力し，弟子の動感分析能力はほんの少しのヒントでも見逃さないように研ぎ澄まされていきます。このことは，動感地平構造の深層に潜む含意態をとらえようとする触発化能力に息吹を与えていると考えることもできます。弟子は全身全霊を動員して師匠の至芸への道しるべを探り当てようとし，わずかな動感呈示も見逃さないようにアンテナの感度を高めていきます。この自得方法論は，多くの芸道の先人たちが最良の動感発生を保証する方法論として踏み固めていった道なのです。私たちが主題化する動感構造論はこのような芸道の伝承方法論を決して否定するものではなく，むしろその本質を基柢に据えて，さらに発展させようとしているのです。古来の芸道伝承方法論における本質的な含蓄態を見過ごし，それを皮相的に解釈して，不立文字の禅仏教の思想のもとに以心伝心と無師独悟をスローガンに掲げるだけでは，貴重な至芸や不世出の技能がその人と一緒に墓場に埋められてしまうだけなのです。それでは，貴重な運動文化が消滅する危機を救う手だてにはなりません。こうして，私たちは先言語的な動感地平に織り込まれている意味核をどのようにして取り出すことができるかの問題に直面することになります。したがって，私たちは西欧における習練形態の言語化とその体系化への道にも注目してみる

必要に迫られることになります。

## 3 身体習練のルネサンスが始まる

### ●──秘伝の種明かしに走る

　古代ギリシアにおけるテクネーという実践知は，人がものを作り出すことに関わり，そこでは，まずその段取りの良し悪しが問われ，同時に巧みな動きかたが求められます。こうして，職人がわざを形成する実践知は，ものを作り出す段取りの仕方と，その身体知としてのコツやカンによって構成されていきます。そこに生み出された貴重なわざは，細切れにしないで丸ごとそのままに次の世代へと伝承されていくことになります。ところが，『身体知の形成』（講義8）において詳しく説明しているように，西欧における16世紀の終わりごろから17世紀にかけて，新しく勃興してきた自然科学によって，古代ギリシアのテクネーや中世ラテン世界のアルスという渾然未分の技術概念に楔(くさび)が打ち込まれます。職人がもっぱら自らの動きかたを工夫し，わざを磨き，それをまるごと伝承していくという営みは，その個人にしか通用しない職人わざとして，しだいに疎んじられるようになります。自然科学に基づいた合理的なものの作り方として，そのアノニュームな客観的な技術は，秘伝の殻に閉じこもっている職人のわざを一気にうち破り，新しい技術者の技術として多くの人に歓迎されるようになります。近代における自然科学，とりわけ，その範とされる近代物理学の成立は，定量分析的認識に基づいて実証的な実験を重視させ，さらなる精密さを限りなく求めていきます。このようにして，テクネーやアルスという牧歌的なわざの世界に大きな揺さぶりをかけていったことはすでに講義してあります。

　17世紀における科学革命の後にイギリスに興った産業革命は，紡績作業に機械装置の導入を促し，さらに蒸気機関の発明に支えられて，人力，風力，水力に代わる新しい動力源の出現を可能にします。同時に近代資本主義によって，産業社会の構造に根本的な変化が現れ，職人の個人的な生産過程を根こそぎ変えてしまうような大量生産のシステムが軌道に乗り始めます。こうして，オルテガのいう職人の技術は手仕事のわざを保存しながらも，しだいに大工業の時代に呑み込まれていきます。これまで世代から世代へと伝承されてきた身体知としての巧みさや，その結晶としての驚異的な技芸(わざ)は，しだいにその秘伝

性を失う羽目に追い込まれていきます。才能にとくに恵まれた者でなければ、その奥義に至ることはできなかった職人わざと、その神秘主義的な伝承方式は、産業革命の嵐の前にひとたまりもなく崩壊に追い込まれることになります。マルクスも指摘しているように、長いあいだ職人の切り札として、極意とか秘伝とかいわれてきたものは、科学的分析によって合理化され、大工業の大量生産によって、その職人わざの秘伝のヴェールは完全に引き剝がされてしまったのです。そして、「各生産過程を、それ自体として……その構成要素に分解できるという大工業の原理は、テクノロジーというまったく近代的な科学を創造10)」することになります。

## ●──職人わざの発生地平を見逃す

職人が一つの製品を一人ですべて作り出してしまう時代から、手工業の時代、さらに、マニュファクチュアといわれる工場制度を取り入れた時代に移るのには、当然ながら、そこでは分業という新しいシステムが前面に押し出されることになります。マルクスによれば、その時代の分業というシステムを正しく理解するためには、「一つの手工業的活動をその種々の部分作業に分解すること11)」によって、生産過程そのものがいろいろな段階や部分に解体されたことに注意する必要があるといいます。しかし、生産の工程はたしかに分解されたとしても、その個々の部分作業は個々の労働者が身につけた巧みさ、力の入れかた、速さや正確さにまったく依存しているのです。ですから、分業とはいっても、その生産レヴェルでは、その作業が「複合的であろうと単純であろうと、常に手工業的な12)」レヴェルに止まっているのです。しかも、その部分作業は、限定された同じ形式の作業をたえず反復するだけですから、そこでは最小の力消費によって最大の効果を挙げることが求められるのは当然です。それらの経験知は身体能力として蓄積され伝承されているのですから、いぜんとして職人の技術の段階に止まっているともいえるのです。手工業のみならず、マニュファクチュアの体制の下でさえ、しぶとく生き残ってきた職人わざも、結局、大工業の時代になると、そのテリトリーが極端に狭められてしまいます。強大な

---

10) マルクス:『資本論』2, 505頁, 1969, 岩波文庫.
11) マルクス : ibaid. 275~276頁.
12) マルクス : ibaid. 277頁.

力をもつ自動機械や精巧なセンサーを備えたロボットの出現に至っては，労働力や手わざの巧みさは完全に近代テクノロジーに呑み込まれてしまったことになります。

ところが，オルテガの意味する技術者の技術の時代に入っても，いぜんとして労働者の身体知として内在している秘伝的な手わざのカンや微妙な手加減のコツは生き残っているのです。それは，現代の高度なテクノロジーでも代替はできない動感力の発生問題が存在しているからです。レンズ研磨のミクロン的精度を保証している職人わざが代替不可能の身体知として生き残っているとすれば13)，人間のもつ驚異的な身体知の伝承に関心をもたざるをえません。今日では，このような至芸の極に生き抜く職人たちが大量にリタイヤして産業界の緊急の問題として浮かび上がっています。貴重なわざを身につけた職人がいなくなるのでは，その穴埋めと後継者養成が改めて今日的問題になってくるのは当然のことです。その解決策として，その職人の巧みなわざから精密なデータを取り，それをデジタル化してロボットに代替させようと躍起になります。しかし結局，そのソフトを生み出す職人が絶えてしまっては手の施しようがなくなるのです。つまり，ロボットがその職人わざと同じ製品を寸分違わず再現できたとしても，次の新しいわざを生み出す職人をどうして育てるのかが再び問題化してきます。このようなアポリアにとりつかれるのは，メルロ＝ポンティのいう科学的思考から脱却できないからです。メルロ＝ポンティが巧みに言い当てている上空飛行的思考14)をいっさい排除した超越論的領野においてのみアクチュアルな身体知の構造分析が保証されるのです。そこではメルロ＝ポンティのいうように，私の身体のあるがままの感覚的世界に連れ戻されなければならないことになります。

しかし，私たちは職人のわざに魔術的な力さえ感じてしまい，その鮮やかさの手の内が知りたくなるのは当然です。もし，その種明かしができるようになったら，だれにでもそのようなすばらしい物を作り出せるはずだと考えます。そのときに，職人わざ発生の地平構造分析が見過ごされているのに気がつきません。つまり，秘伝と呼ばれ，門外不出とされるマジックの手の内を秘密にすればするほど，その秘密のヴェールの中を見たいと思うのは人の情というもの

---

13) 小関智弘：『鉄を削る』，81頁，1985，太郎次郎社.
14) Merleau-Ponty : L'Œil et l'Esprit, op. cit. p.12 / 255頁，みすず書房.

であり，手の内がわかればすぐにできると因果的に考えます。こうして，それができるためのコツやカンの住んでいる動感地平の志向分析を見過ごしてしまうのです。この考え方の陰には，マジックの種さえわかれば，血のにじむような辛い修行を積まなくても，あるいは，そんなに抜群の才能に恵まれていなくても，憧れの的になっている貴重なわざをものにすることができると考え，その夢を科学主義に託すことになります。このような事情のなかに華々しく登場してくるのが驚異的な力を発揮する精密自然科学であり，その思考態度こそメルロ＝ポンティが指摘する科学的思考といわれるものです。

● ―――秘伝発生の道を探る

　職人が微妙な手加減のコツやカンに頼り，苦心して身につけた身体知によって，新しくものを作り出していく過程には，どれほど無駄な繰り返しや口惜しい失敗に満ちていたかは容易に想像できます。職人のもっているコツやカン，その微妙な感触といった意味構造は，言葉に表しにくいし，客観的な知識としてとらえにくいことは周知の通りです。それだけに，わざの伝承という営みは難渋をきわめることになります。そこでは，いきおい以心伝心こそ伝承の正道と認め，自得精神を前提とした苦しい修業時代は当然のことと考えるようになります。このように，秘伝やコツの中身は，それをもっている者にも適切に表せないから以心伝心に頼るしかないし，ひとりで自ら体得する自得の道しか残っていないと納得してしまいます。そこでは貴重なわざの伝承という営みがしだいにその活力を失っていくのは当然の成り行きです。せめて，客観的にとらえられる作業工程，つまり，材料の選び方，仕事の段取り，利用する仕掛けや装置などだけでも，客観的に確認しようとします。いわば，秘伝やコツはとりあえずブラックボックスに入れて，入力と出力の過程を客観化しようとするのです。これがサイバネティクス的運動分析として今日的に見られる方法論です。そこでは作業行動が定量化され，因果分析が取り上げられ，その部分要素を取り出し，さらにそれらを再構築するといった分析・総合の方法論が主題化されます。

　こうして，近代的なデジタルテクノロジーは世紀を経て伝承されてきた職人わざの秘伝性を一気にあばいてしまうかのように考えられます。ところが，職人わざを生み出すコツやカンが分析の対象にされたわけではありません。言語

化しにくく, 暗黙知の次元に息づくコツやカンは, まったく私的な動感世界に住み, 他との交流を拒む固いカプセルに閉じこもっていますから, その地平構造の志向分析や発生問題は分析対象から除外されます。主観的なコツやカンよりも, 客観的な作業行動を計量的に分析することによって, 作業工程の段取りも合理化され, 分業の可能性も生まれます。この方法でそれまで以上の高品質な製品も短時間で大量に作り出すことができるようになります。同時に, その作業行動は細分化され, きわめて単純化された単一動作は機械によって代替されうる可能性を生みます。ついにはロボットが人間に代わって高品質の製品をひ・と・り・で・に作り出せることになるのです。

しかし, このような科学的運動分析の考え方の根底には,「そのメカニズムさえわかれば, すぐ組み立てられる」という科学的思考が潜んでいます。いわば, エピステーメー的科学知がキネステーゼ的身体知に何の障害もなく変・換・可・能・で・あ・るという認識が前提になっていますから, そこに何の躊躇も疑問も生まれるはずもありません。ひたすらマジックの種明かしさえできれば, あとは何・と・か・な・るると素朴に信じているのです。そのような機械論的構造分析の認識に何のためらいも感じられない昨今です。私たちは日頃から科学的思考になじんでいて, 今は不可能でも, かならず将来には実現できると, そこにロマンを賭けます。その限りにおいては, 現代のバイオメカニクス的運動分析もサイバネティクス的運動分析さえも, ブラックボックスの構造発生にはきわめて楽天的といえます。

## ●──身体習練の道が拓かれる

私たちは先に 16 世紀から 17 世紀にかけてのわが国の芸道や武道における芸(わざ)の形態発生を問題にしています。そこでは不立文字の禅仏教の思想のもとに, 以心伝心の動感創発の志向体験が主題化され, そこにしだいに秘伝化の様相が見え隠れしてきます。しかし, このことが日本人に自得の美意識を形づくって, 今日の教養ある日本人の精神構造にしっかり根づいているようです。これに対して, 西欧における 16 世紀から 17 世紀における科学革命後には新しい運動認識が生まれ, それまでの古代ギリシアの渾然未分のテクネーや中世ラテン世界の職人わざは一気にその姿を変えていきます。それはさらに産業革命の荒波に翻弄され, 職人わざに蔵(かく)れている秘伝のヴェールがはぎ取られて, ロボットに

代替させる時代に入っていくことになります。

しかしながら西欧では，古代ギリシアの身体習練(ギュムナスティケー・テクネー)の復活を企図した近代体育の黎明期が18世紀後半に幕を開けることになります。というのは，そこでは職人の生業(なりわい)のための業(わざ)における身体知の発生問題としてではなく，日常生活のよりよい身体教育のために身体運動がクローズアップされてくるのです。そこでは，身体運動そのものの形態発生ないし形態形成が身体習練の対象に取り上げられるという画期的な営みが開始されます。ここでは身体運動の言語問題を前景に立てながら，その身体習練の道程を考えてみることにします。

ヨーロッパ近代における身体習練という画期的な営みは，18世紀半ばからフランスの啓蒙思想家ルソーによる自然主義思想から大きな影響を受けることはよく知られています。身体習練という教育方式は，バセドウによる汎愛主義教育の一環としてはじめて取り上げられ，ようやくその一歩を踏み出すことになります。人間形成の一環として，体系的な身体習練が位置づけられることによって，はじめて「どんな身体運動を習練の対象に取り上げるべきか」という，いわば習練対象の体系論が主題化されることになります。そのときに，習練対象になる身体運動を何らかの言葉で表すという言語表現が同時に問題になるのは当然のことです。

ここに特筆しておかなければならないのは，汎愛主義の体育をモットーとして掲げながら，『身体教育』(1787)という本格的な体育専門書[15]をはじめて上梓したのはベルリン生まれのフィラウメです。オーストリーのグロール教授の見解によると[16]，フィラウメその人は，自分の仕事を継いでくれたグーツムーツが国際的にあまりに有名になってしまったので，その陰に隠れてあまり目立たなかったことを指摘しています。斬新な教育理想をもって身体教育の名の下に，いろいろな習練対象の体系化を試み，身体教育に関するはじめての専門書を上梓したフィラウメの功績はきわめて大きいといわなければなりません。というのは，身体習練の指導内容を著書にまとめるということは，人間の身体運動を言葉でどのように記述するのかという表記問題に正面から向き合わざるをえないからです。

このフィラウメの直接の後継者がギリシア身体習練のルネサンスを謳った

---

15) Villaume, P. : Von der Bildung des Körpers, 1787 / 1969, Limpert Verlag.
16) Groll, H. : Die Systematiker der Leibesübungen, S.32ff. 1959, Österreichischer Bundesverlag.

グーツムーツであり，その『青少年のための身体習練(ギュムナスティク)』（1793）の名著17)が江湖に送り出され，各国語に翻訳されていったのはあまりにも有名なことです。それはフィラウメの『身体教育』（1787）の初版からわずか数年後のことです。そのグーツムーツの名著は時を経ずに西欧各国語に翻訳されて好評を博し，グーツムーツは近代体育の祖父と称揚されるようになります。それは，18世紀末における体育活動の普及に決定的な役割を果たしたからで，英語（1799），デンマーク語（1799），フランス語（1803），オランダ語（1806）と西欧諸国に相次いで翻訳され，その身体習練の体系はヨーロッパに広く定着することになります。さらに同じころ，数学教師のフィートが『身体習練事典』（1795）18)の大著を上梓し，身体習練の理論体系に大きなインパクトを与えることになります。そこでは，それぞれ習練対象のもつ形態特性に基づいて，習練教材の構造的な体系化が企図されます。グロール教授がいみじくも指摘していることですが，フィートはその大著において，運動学のほのかな端緒とさえいえる人間の運動の構造体系論的基礎を呈示しているのです。このようにして，18世紀から19世紀に移るころには，身体運動のモザイク化現象を促進したペスタロッチの『基本的身体習練(ギュムナスティク)』（1806）も上梓され，身体習練の体系化は進み，それは同時に身体運動をどのような言葉で表すかという動感言語論の問題がしだいに関心を呼ぶようになるのは当然の成り行きといえます。

●――習練教材の言語問題が浮上する

　ここにおいて，私たちは18世紀末から19世紀初頭にかけて，身体教育における習練教材として身体運動をどのような言葉で表そうとしていたのかに目を向けてみることにします。ヨーロッパで最初に習練教材を体系的に文書化したフィラウメはその著『身体教育』のなかで，習練教材としての身体運動を次の三つの領域に分けています19)。

　①子どもにその選択を任せる自由な運動遊び
　②管理指導のもとでの意図的な身体習練
　③まじめに続けられる手作業

---

17) GutsMuths, J. C. F. : Gymnastik für die Jugend, 1793 - 1970, Limprt Verlag.
18) Vieth, G. U. A. : Versuch einer Encyklopädie der Leibesübungen, 1790 -1970, Limpert Verlag.
19) Villaume, P. : Von der Bildung des Körpers, (1787) S.64, Limpert Verlag, 1969.

いうまでもなく，自由な運動遊びには，球技，ボウリング，撞球など多様な運動遊びが取り上げられ，手作業には指物大工的な手仕事，家事作業や園芸作業などで手指の習練が見込まれています。しかし何といっても，フィラウメの習練対象への関心は意図的な習練目的をもった身体運動であり，とりわけ，身体習練の原形態として基本的な身体運動が取り上げられています。その主な習練教材の体系を挙げてみます。

①走ること（スピード走，持久走，野外走，コース走，負荷走）
②跳ぶこと（高跳び，幅跳び，下跳び）
③よじ登ること（はしご，岩場，岩壁，絶壁）
④平均をとること（平均台，岸壁，柵）
⑤格闘すること（グレコローマン）
⑥持ち上げることと運ぶこと
⑦踊ること（姿勢訓練や歩行訓練）
⑧フェンシング
⑨射撃（銃による的当て）
⑩胸部訓練（吹奏楽器演奏，歌唱，歩行，朗読，講義）
⑪手指の訓練（書字，描画，絵画，楽器演奏）
⑫狩り（追い立て猟をしない）
⑬教育的旅行（ハイキング）
⑭乗馬と馬跳び
⑮軍事訓練（行進，歩哨，武器輸送）
⑯忍耐訓練（空腹，渇き，疲労，不眠の我慢）
⑰感覚教育（触覚／感じ，聴覚，視覚）

このようなフィラウメの習練教材の体系は今日の身体教育の指導内容からするとかなり奇異な感じを与えるようです。とりわけ，⑩胸部訓練，⑫狩り，⑮軍事訓練，⑯忍耐訓練，⑰感覚訓練の5領域は現代の身体教育の内容に違和感をもたざるをえません。とはいっても，18世紀から19世紀初頭において青少年教育の一環として身体習練をやらせるとなると，まず問題になるのは習練教材の内容そのものです。すでに述べたように，最初に体育の専門書（1787）を上梓したフィラウメにしても，習練教材の事典（1795）を出版したフィートも，さらには西欧の各国語に翻訳されて有名になった『青少年のための身体習練』

(1793) の著者グーツムーツ，その後の体育活動の規範とされた『ドイツ身体習練法』(1816) を著したヤーンにしても，それらの指導専門書は具体的にどんな習練教材を取り上げるべきかという問題に終始しているといっても言い過ぎではないほどなのです。そのことは同時にその習練教材に名称をつける問題に直結しているのです。

すでに述べたように，近代体育におけるルネサンスの立役者になったグーツムーツはその習練教材の体系はその師フィラウメの習練体系を踏襲しています。グロール教授によると，グーツムーツの『青少年のための身体習練』の初版（1793）では，その習練体系としての基本的身体習練，手作業，集団的運動遊戯の3領域はわずかな表現の差はあっても内容は変わりません。さらに，12領域に分けられた基本的な習練教材も，内容的に改善され，細分化しましたが，ほとんど同一路線が守られています。参考までに，その12領域を挙げておきます。

①跳ぶこと 1) 自由跳び（高跳び，下跳び，幅跳び，高幅跳び，下幅跳び）
　　　　　 2) 棒跳び（棒高跳び，棒下跳び，棒幅跳び，棒高幅跳び，棒下幅跳び）
②走ること（速度と持続時間）
③投げること（石投げ，振り投げ，槍投げ，円盤投げ，弓射）
④格闘すること
⑤よじ登ること（棒，マスト，縄はしご，ロープ，立木）
⑥平均をとること（平均立ち，平均歩き，馬跳び，ブランコ，竹馬歩き，スケート，スキー第二版）
⑦持ち上げ，運ぶこと，背部訓練（腕立て臥支持の訓練），(引くこと，なわ・ロープ・輪で踊ること）
⑧ダンス，歩行，軍事訓練
⑨泳ぐこと（平泳ぎ，背泳ぎ，浮き身，着服水泳）
⑩忍耐訓練
⑪朗読，講義
⑫感覚訓練（近接感覚，視覚，聴覚，嗅覚）

フィラウメの後を継いだグーツムーツは，その体系論上の整理統合に力を注ぎ，跳ぶこと，よじ登ること，泳ぐことやスキー・スケートなどの充実教材を除けば，習練体系の本筋は踏襲されていることがわかります。しかし，私たち

が主題化している習練教材の言語表現に関しては，各国語に翻訳された大著は多くの示唆を与えてくれることを見逃すわけにはいきません。たとえば，グーツムーツの初版本（1793）では，歩くことは，踊ることや軍事訓練の行進練習のなかで付随的にしか取り上げられていませんでした。しかし第2版（1804）になると，独立教材として取り上げ，走ることの習練形態との対比のもとに，長い時間歩いたり，速歩きの重要性を説いたりしているほどです。

　さらに，跳ぶことの習練教材は大幅に改善されます。高跳び，下跳び，幅跳びではその姿勢規定まで設けられ，鋳型化現象の走りが見られるのは興味深いことです。しかも現代のわが国には消滅している下跳びは跳び下りないし着地と明確に区別されています。この二つの習練形態に別々な名称を与え，その意味構造の違いを言語表現として明らかにしているのです。跳び下りや着地というのは，跳ぶことの習練形態の部分的な名称です。それは助走や踏切りとの関連から生じる終末動作なのですから，意図的に下に向かって跳び下りる動感形態としての下跳びとはその意味構造が違うことになります。すでに習練形態と動感形態の区別を分析していたとすれば，動感言語論の芽生えはすでに始まっていたと考えられます。

　さらに棒跳びという習練形態は，棒高跳び，棒幅跳び，棒跳び下りに分化され，その姿勢要求を厳しく指導すべきであるとしています。この姿勢を規定するという鋳型化現象は中世から伝承されている木馬跳びの影響が大きく，ヤーンに先立って鞍馬や跳馬の先駆的教材が見られるのは興味あることです。また，よじ登りの習練形態では，その動きかたの違いによって，その運動名称も分化させていることは注目すべきことです。手と足を使ってよじ登るときの手足登りと手だけでよじ登るときの手登りの言語表現は区別されています。日本語ではそれに相当する独立の主語形態をもちませんから，そのつど動きかたを説明しなければなりません。このように，習練教材の分化現象はそれに対応した習練形態の名称の分化を促すことになります。それは身体運動の主語形態の表記によってその動感形態の独立した意味構造を確認できるかどうかが重要な問題を提起しているからです。このことはやがてドイツ体育の父と謳われるヤーンによる習練形態の表記論につながっていくことになるのはいうまでもありません。

## ゼミナールテーマ：4

① 『荘子』の〈数〉の概念について，現代のコツの概念と比較考量して，その差異を具体的に例証で示してください。

② 後になって気づくという以前の問題領域にある〈先反省性〉の概念を日常生活の動作の例証で説明してください。

③ 美術工芸のすぐれた作品を見るとき，そこに隠されている作者の身体知の働きを感じとれるのかどうかを具体的な例証を挙げて説明してください。

④ 芸(わざ)の道には一里塚が存在するのかどうかを競技スポーツの具体的な例証を挙げて説明してください。

⑤ 芸道ないし武道の師匠の成否判断と現代のコーチないし体育教師の成否判断の本質的な差異を具体的な例証を挙げて説明してください。

⑥ 動感指導に不可欠な生身の身体知が老化し衰えていくとき，どんな手だてをとるのかを例証を挙げて具体的に説明してください。

⑦ 芸道の内弟子制度のなかでしか伝承できない身体知が存在するのかどうかを具体的な例証で説明してください。

⑧ カーナビゲーション方式のわざの指導ではどんな身体知が欠落するのかを具体的な例証で説明してください。

⑨ 手工業制度における分業システムによる製品づくりの考え方が身体運動のトレーニングに反映されている具体的な体育例証を挙げてください。

⑩ 職人わざの構造分析が見逃されると，そこにどんな問題が生じてくるのかを技能伝承の具体的な例証で説明してください。

⑪ 18世紀末に古代ギリシアの身体習練が取り上げられた背景には，動感形成の志向体験が意図されていたのかどうかを具体的な例証を挙げて説明してください。

⑫ フィラウメの習練体系とグーツムーツの習練体系の違いを具体的に挙げて，そこにどんな問題が浮かび上がってきたのかを論じてください。

## 講義 5
## 動感形態の始原分析を問う

### 1 動感運動の構造形成に問いかける

● ──形態形成を改めて問う

　私たちは前の講義で古代から現代に至るまでの身体運動の形態発生と習練形態との関わりについて，いろいろな立場から身体運動の伝承様態を見てきました。そこでは，動感形態を創発する学習者の習練的な営みとその形態発生を促す指導者の営みとが運動伝承の中核をなしていることは形態形成としてそのつどに確認されています。形態発生のときに価値覚として作動する動感感覚は，反復するにつれてその形態になじみが生まれて習慣態となり，いつのまにかその動感形態は鋳型化していく可能性をもちます。また，その習練形態の意味構造もその時代の運動様式や美意識が覆い被さってくると，いつのまにかその時代の匿名の枠組み構造が広がりを見せて，むしろ新しい情況から生まれる意味構造に激しく抵抗を示すようになります。そうすると，それまでこの動感形態の発生を支えていた共時的な枠組み構造は，いつのまにかその通時的な構造形成をも支配し始め，それに伴って，形態形成のエネルギーも衰えていき，一定の鋳型のなかに安住してしまうことになります。

　ここにおいて，私たちはまずもって形態形成という概念について少し立ち入って考察しておかなければなりません。これまで形態という概念，とりわけ私たちが主題化する動感形態の概念については，すでに〈講義1〉で体系的に整理してありますから，ここでは始原分析の対象となる構造形成との関わりのなかで形態そのものに内在する規範性の意味構造に立ち入ります。ゲーテはその『形態学』(1817)において，形態(ゲシュタルト)には，「変化しないもの，静止したもの，他と関わりのないものはどこにも見出せず，すべては絶えまなく動いて止むことがない」存在であると宣言します。その意味において，そこで生み出されたもの

や生み出されつつあるものに対しては，ドイツ人が形成（ビルドゥング）という表現を用いているのは意味のあることだとつけ加えています 1)。

　このようにして私たちが形態形成と構造形成という対概念を検討するにあたって，形態概念も構造概念もともに形成という発生論的地平に立つことを確認しておきます。ヴァイツゼッカーは，ゲーテの意味しようとしている〈揺らぐ形態（ゲシュタルト）〉について，生命的時間構造のなかで形成という原生成の営みを理解するときにはじめてその形態は安定に入るとしてその本質をえぐり出して見せます 2)。ここでは，運動伝承をめぐる構造形成との関わりのなかで形態形成の規範性の意味に問いかけ，その本質的特性を浮き彫りにすることから考察を始めます。いうまでもなく，ここでいう規範性という表現には習練行動の規範，つまりどのような動感形態を習得するべきなのかという規範的な指針を含んでいます。

　メルロ＝ポンティはその著『行動の構造』(1942) のなかで，単なる反射動作などではない生命的な身体運動においては「それ自身のなかに刻み込まれている規範というものが存在する」(傍点引用者) ことをいみじくも指摘しています 3)。それに基づいて，メルロ＝ポンティはさらに『知覚の現象学』(1945) のなかでも，「形態とは世界の出現そのものなのであり，その可能性の条件ではない 4)」といって形態は原因をもたないことを確認するに至ります。ですから，形態というものはそのつど新しい規範を生み出していくことになります。それはすでに存在している規範にしたがって実現されるのではないし，内面的なものが外面的なものへ投影されるのではなく，その内面も外面も同一なのだと念を押します。すでに検討してきたように，動感運動の形態化作用においては，触発されて価値覚が働き，共鳴化によって動感メロディーが流れて統一的な動感形態が発生するのです。そこには動感身体知が働き，動感素材は志向的な形態に図式化されていきますから，その形態発生そのものには一つの規範性が内在していることはさらに贅言を重ねるまでもないでしょう。

---

1) Goethe, J. W. v. : Schriften zur Morphologie, S.392, 1987.
2) Weizäscker, V. v. : Gestalt und Zeit, Gesammelte Schriften, Bd.4 S.377, 1997, Suhrkamp /『生命と主体』，木村敏訳，70 頁，1955，人文書院.
3) Merleau-Ponty, M. : la structure du comportement, 1942(1977), p.134 /『行動の構造』，186 頁，1976，みすず書房.
4) Merleau-Ponty, M. : phénoménologie de la perception; op. cit. p.74 /『知覚の現象学』1, 116 頁.

## ●──構造形成とは何か

　ところが，この講義のはじめに先取り的に指摘しておいたように，身体知の形態化にあたって，価値覚として作動する動感感覚は，反復するにつれてその形態になじみが発生し，いつのまにかその動感形態は鋳型化していく可能性を否定できないのです。だれにとっても，いつの時代でも，その創発作用に胚胎しているメルロ＝ポンティのいうこのようななじみの知の働きは常に私の身体自身のもとにあるものとして，先反省的に受動的な統一を生み出します。ですから，私たちはこの習慣化する動感身体の受動的発生にも注目せざるをえないことになるのです。

　このようにして私たちは，動感形態の創発作用が働く形態形成の概念の他に，その動感創発作用に決定的な働きをもつ一つの枠組み構造に注目し，その枠組みの構造形成の様態を厳密に分析する必要に迫られることになります。それは，運動者にとって習練の目標にする動感形態の意味構造のなかにその時代の運動様式や美意識も密かに忍び込んでくるからです。習練形態を創発する学習者も，その学習者に習練目標を与える指導者も，その時代の文化社会的に住みついている匿名の動感枠組みに受動的にいつのまにか支配されているのです。そのような共時的事情のもとでは，学習者の創発作用も，指導者の促発作用も匿名の枠組みを無意識のうちに受け入れ，その習練形態はいつのまにか固定化し，文化的，社会的にはむしろその心情領域に快感情を伴うなじみさえ発生し，それが形態発生の規範性をも支配することになります。

　このような見通しの上に，私たちは改めて構造形成とは何かに問いかけていくことから始めます。そのためには，ここで意味される構造とは何かをまず問わなければなりません。これまで私たちは，形態概念をめぐって，ゲーテの揺らぐ形態から出発して，その創発作用という形成の営みのなかで，規範性の存在を確認しています。そこでは，動感身体になじみの知が働いて，いつのまにか受動発生の世界が構成され，創発作用の動感枠組みはしだいに固定化されていくことがよく知られています。しかしその場合には，動感志向性における自由な変更作用のエネルギーはしだいに失われて，習練形態はいつのまにか鋳型化され，それ以外の動きかたはすべて遮断され，排除されていきます。とすると，私たちはこのような匿名の枠組みがどのようにして形成されていくのか，私たちの自由な創発作用に足かせをはめる習慣態の枠組みとは何かを問い，そ

こにどんな問題性が潜んでいるのかを問わなければなりません。ここにおいて，形態形成を匿名的に規制している通時的，共時的な枠組み構造に問いかけ，そのアノニュームな構造形成の様態を改めて分析の対象に取り上げるのでなければなりません。

　ちなみに，ここで対概念として分析対象になっている形態概念と構造概念は動感形態学として重要な基本概念になりますから少し整理しておきます。ゲーテの揺らぐ形態（ゲシュタルト）の概念から始まってそこに規範性を認めているところでは，その形態概念はむしろ動感形態ないし動感性の志向形態と理解されます。これに対して，ここでいう構造は構造化全体性と置き換えの契機をもつ特性がとりわけ前景に立てられています。この全体性とは，その要素が単純に即自的に存在するのではなく，それぞれの立場を通じて全体のうちで相互に規定されている総体性が意味されているのです。ですから，個々の出来事が即自的に他の出来事との連関がなく存在し，そこに意味構造のメロディーが流れていない寄せ木細工のようなものであれば，そこには構造化された全体性が存在してないことになります。さらに，置き換えの契機の条件は，粘土細工のように，つけ加えたり，取り除いたりして全体を造り上げようとする考え方をまっさきに遮断することです。つまり，個々の即自的要素を与件として，そこから始める思考法は，全体を加減法によってとらえようとしているからです。ここで取り上げる構造的思考法とは，ある与件が他の与件との連関それ自体から始めるという考え方であり，そこではじめて構造形成の分析起点に立つことができるのです。

## ●──なぜ構造形成の枠組みを問うのか

　ここにおいて，私たちはとりわけこの置き換えの契機に注目しなければなりません。それは単なる外的な介入によって成立するのではなく，自己組織化や自己制御のなかで生じることをヴァルデンフェルスが正鵠を射て主張しています[5]。もちろん，この自己組織化や自己制御という表現がサイバネティクスないしシステム理論と理解されてはなりません。私たちはすでに『身体知の形成』（講義12）において，システム論的な運動分析について，その歴史的な展望を踏まえながら見ていますが，参考までに構造形成に関わるポイントだけを要約

---

5) Waldenfels, B. : Das leibliche Selbst, S.66f. Suhrkamp, 2000 /『身体の現象学』，67~68 頁，2004，知泉書館.

しておきます。

　システム理論そのものは1960年頃から国際的に大きな転換期に入ります。それは自己組織システムの登場であり、初期条件を確定しないままの発生プロセスの連鎖が問題になっていきます。一方のサイバネティクスの制御回路は、基本的にフィードバック原理に支配されていますが、その計算モデルの発見は多くの困難を伴うことに気づき始めます。たとえば、物を投げるという一連の運動行為は、その投げる人の一人称の動感世界に関わりをもっていますから、計算論的な形式化を阻む要素があまりにも多いし、まして舞踊や競技スポーツのように意味系と価値系が複雑に絡み合った運動行為はその計算論的モデルを発見することが困難をきわめます。しかし、システム論そのものはサイバネティクス的システム論から、1960年頃から自己組織システム論に移行し始め、さらにオートポイエーシスという新しいシステム論が展開されていきます。システム論的運動分析も当然ながら運動創発という生成問題をも視野に入れることになります。しかし、運動創発問題を抱え込むとはいっても、システム論的な運動分析は相互の関係システムを数学的に形式化して、その抽象性を高めるのであって、私の身体における動感創発作用の発生論的地平構造は埒外におかれてしまいます。

　私たちの動感創発の形態学分析は超越論的立場に立って外部視点を遮断し、創発作用を本原的に支配している匿名的な枠組み構造に直接入り込んで分析していきます。私たちのいう自己組織化は、単に思考作用によって成立するのではないことを確認しておかなければなりません。私たちが外部視点から経験野へと入り込み、そこから方法的に何かを把握し、観察を加え、判断をするのではなくて、自己組織化のなかで経験野そのものが変わること自体を問題にとらえるのです。そこでヴァルデンフェルスは、私たちの運動伝承理論にとって次のような貴重な示唆を与えてくれます。「このこと［自己組織化］は歴史上の変化にも当てはまるのです。この変化は、歴史家によって捏造されるものでもなく、政治家のマニフェストに取り上げられるものでもありません。その変化は、それ自身が行為や社会の領野の内部での移動やずれ込みから起こるのです。たとえば、それは1989年におけるベルリンの壁の崩壊がそうであったように」とつけ加えているのです。このような歴史的・社会的な厚みのなかでアノニュームに進行する自己組織化が動感形態の創発作用のなかにどのような枠組みを

侵入させてくるのかに問いかけるには，構造形成の始原(アルケー)を探る分析，つまり，始原論的構造分析への道に入って行かざるをえません。

## 2 なぜ始原分析を問うのか

### ●――モースのハビトゥスを問い直す

　ここで私たちはさらに次のように問いかけます。なぜ私たちはこのような匿名的な自己組織化に関心をもたなくてはならないのでしょうか。いつのまにか，知らないうちに一つの特徴的な動きかたが発生し，それがまた知らないうちに伝わっていくという事実は私たちの日常生活でもよく知られていることです。しかし，この匿名の自己組織化という通時的な構造形成に注目した人として，フランスの社会学者モースを挙げることができます。マルセル・モースは，日常の運動生活におけるしゃがんだり，歩いたり，走ったり，泳いだりする，その動きかたのなかに社会的，文化的な影響が色濃く映し出されることに注目します。そのような時代背景を反映した，力動的な時間ゲシュタルトをもつ身体運動の志向形態というものが，個人を超え，世代を超えて伝承されていく，そのような習慣態としての動きかたをモースはハビトゥスと名づけます[6]。社会学的視座に立ったモースのこの注目すべき運動理論は，身体技術という表題をもって，1934年5月にフランス心理学会ではじめて発表されます。しかしこのすぐれた研究は，モースの遺著『社会学と人類学』(1950)に所収されるまで，一般には日の目を見なかったようです。モースは，その社会学的な運動分析で主題化した身体技術を「人間がそれぞれの社会のなかで，伝承していく身体の使い方[7]」と定義します。モースによれば，そのように世代を超えて伝承されていく身体技術というものは，精密科学的な因果法則の切り口からでは，その構造すら解明できないと断言しています。それは生き生きした力動ゲシュタルトに社会的，文化的な形成の力が及んでいると見ているからです。こうして，科学的運動分析で解明される技術の概念からはっきり区別するために，ラテン語のハビトゥス(habitus)という表現をもちだし，歴史的，社会的な構造

---

6) Mauss, M. : Les techniques du corps, "Sociologie et Anthropologie", p.365-386 / Die Technik des Körpers, In : König/Schwalfleß: Kulturanthropologie, S.91ff. 1972 /『社会学と人類学』II，「身体技法」，121頁以降，有地享・山口俊夫訳，1976，弘文堂．

7) Mauss, M. : ibid. p.366, S.91 / 121頁.

を胚胎した伝承されるべき匿名的な動きかたを表そうしたことはよく知られている通りです。

　私たちがモースの意味する技術という表現を理解しようとするとき，それが常に効果的なるものと伝承的なるものを前提にとらえられていることに注意すべきです。つまり，モースが意味している身体技術は，その個体の死とともに墓場に葬られてしまうような私的な技法や技能からはっきり区別されているからです8)。文化社会学的な視座をもつモースのハビトゥスという意味構造は，日常では当人の意識に上ることなく，その伝承形式も，上位の者から与えられる威光的な身体技術として，その鋳型に違反しないように忠実に引き継がれていくのです。その一端を日常的なしぐさの伝承にも見ることができます。自分では何も意図的に学習した覚えもないのに，すでに他界した父親のしぐさに生き写しだといわれ，また，自分の歩きかたがいつのまにか息子に移っているのに一驚することもあるのです。このような習慣的なしぐさの力動類型学的な伝承は，いつのまにか，ひとりでに形づくられ，世代を超えていきます。伝統のあるスポーツクラブで毎日練習しているうちに，そこで動感意識を統覚化するのに緊密な動感交信が日常的に行われますから，このような力動的な志向形態の転移は当然のこととして首肯できます。

　ともあれ，たとい個人レヴェルで潜在的ではあっても，そこには世代を超えてのしぐさの伝承が営まれているのです。このような個人レヴェルのしぐさのなかに，社会的・文化的な承認を得ているハビトゥス例証を挙げるのはそうむずかしいことではありません。たとえば，しゃがむという日常的なポーズは，わが国のみならず，アジア全域に見られるものです。ところが，モースによれば，欧米人にとって，このしゃがみポーズほど不愉快なものはないようで，絶対に伝承をさせてはならない姿勢の一つだと指摘します。モースは，「幼児がしゃがむのは普通なのに，私たちはもはやしゃがむこともできない」ようになってしまったことに注目しているのです9)。大人がしゃがめないのは，欧米の民族，文明，社会が伝承させた愚にもつかないハビトゥスなのだと言い切ります。モースの考えによれば，このしゃがむという姿勢は，子どものころからのハビトゥスを大事に伝承させたい有利な姿勢だと指摘します。この有利なポー

---

8) Mauss, M.：ibid. p.371, S.96 / 132 頁.
9) Mauss, M.：op. cit. p.374, S.98 / 136 頁.

ズを子どもに習慣づけないように教育するのは，私たちの最大の誤りなのであり，こうして，社会的・文化的圧力によって，このしゃがむというポーズの伝承を断ち切る愚を厳しく警告することになります。

　さらに，モースはニュージーランドのマオリ族の女が，その腰を大げさに振って歩くハビトゥスを取り上げ，これは生得的な動きかたではなく，意図的に社会的圧力のもとに訓練されたものだといいます10)。このオニオイ (onioi) と呼ばれる歩きかたのハビトゥスは，マオリ族にとって大変魅力的なしぐさであり，母親は娘が幼いときから，日常的に口やかましくオニオイの歩きかたを仕込みます。マオリ族にとって，世代を超えて伝承されるべき規範性をもつオニオイは，それをわが娘に仕込む営みも日常的慣習として生活に溶け込んでいて，オニオイを伝承させるという意識さえもその母親から消えているのです。マオリ族の娘が，たといそのオニオイを嫌がったとしても，それは社会的にだれからも相手にされはしませんし，親からも，社会からも，すべてそれは匿名の網を被せられていることになります。教え込まれる歩きかたをそのまま正しいものとして，ただ受け入れるように仕込まれるオニオイの歩きかたは，そのまま社会に承認されて正統性をもつのであり，それに異議を唱えれば異端としてその社会から弾き出され，葬られてしまうだけのことなのです。

　このようなモースのハビトゥスという出来事は学校体育の現場でも，競技スポーツの世界においても，根強い力をもっていることは周知の通りです。たとえば，学校体育の器械運動で，さか上がりやけ上がりを行うときに反動をつけてやれば，それは異端なのであり，体育における動きかたとしては邪道として排斥されていたのは，そんなに遠い昔のことではないのです。モースも指摘しているように，そのハビトゥスがあまり効果的でなくなり，それよりもさらに魅力的で有効な動きかたが発生すれば，古いハビトゥスの伝承は断ち切られます。より新しい技術がハビトゥスの正統な座につき，社会的な承認を獲得することになるのです。モースはこのことを泳ぎかたと走りかたの例証を挙げて，ハビトゥスに明快な説明を与えています。こぶしを腰につけて走るというハビトゥスに対して，それまで何の疑いももたなかったのに，腕を曲げて振るという新しい力動ゲシュタルトをもった走りかたが出現し，それがより効果的で，魅力的だと感じると，それからはこの新しい技術がハビトゥスの正統な座につ

---

10) Mauss, M. : ibid. p.369-370, S.94f / 129頁.

くことになるといいます。ハビトゥスを身体技術のなかに考察した社会学者モースはその身体技術を精密科学的に分析できないことに気づき,それを社会的・文化的な地平のなかにハビトゥスという類型化形態を浮き彫りにしたのはまさに達見といえます。

● ──フーコーのアルケオロジーとは何か

　私たちはこれまで立ち入った詳しい説明なしに,始原論という表現を使ってきました。ここでは改めてその始原論の意味を確認し,その分析方法論を取り上げておかなければなりません。これまでもたびたび触れているように,この始原論的分析(アルケオロジー)はフランスの哲学者フーコーに始まる分析論です。それは一般に考古学的分析と訳されています。ここでは自然人類学的な考古学との区別を闡明(せんめい)にし,動感発生の地平に匿名的に伏在する原理(アルケー)を主題化するために,あえて始原論的構造分析,約言して始原分析と表記するのです。私たちはすでに動感形態の発生次元にその地平構造に注目することを指摘しています。その発生に関わる動感地平の背景に,つまり,通時的かつ共時的な動感枠組みの存在に注目せざるをえなくなることについて先取り的に見ています。その地平志向性は空虚志向ともいわれ,時代的に共通の努力志向性をもちながら,物言わぬ隠れた地平志向性を形成し,アノニュームな枠組み構造を生み出すのです。このような歴史的な厚みのなかに匿名の枠組みをもつ地平の志向構造を明るみに出すことが習練形態の評価判断に不可欠であり,そこに重大な規範性を形成することに注目するのなければなりません。

　しかし,フーコーの始原論分析(アルケオロジー)がきわめて複雑な様相を呈していることは周知の通りです。それは単なる連続的な線的思想史ではなく,非連続のなかに構造化されている深層の思想をとらえるところにフーコーの始原論分析の特徴があります。深層の思想史とは,折り重なった現実に隠れている見えにくい変化を探っていくことになります。匿名的な構造形成をもたらすものは,長いあいだにおける深層の出来事の積み重ねにほかなりません。多くの出来事が表層の現実から深層の現実に下降するのはいつのまにか知らぬあいだに沈殿していきますので,そのアノニュームな変化をとらえるのは容易なことではないのです。これまでの線的な歴史が目指したのは,記録(ドキュマン)が示すことから過去を再構成し,また,その痕跡はあやふやだけれども,うまくすると解読可能なものとし

て今では記録の背後に消え去った過去を再構成することであるとフーコーは指摘します。フーコーはこの連続的な歴史の記録に対して，非連続な無言のモニュマン(ドキュマン)を重視して，脱中心化の原理11)を始原論(アルケオロジー)の基柢におくことになります。始原論(アルケオロジー)分析の特徴をとらえるには，フーコー自身が語る次の四つの原理12)を理解するのが先決になります。

①さまざまな言説(ディスクール)のなかに隠されている表象や主題を分析するのではなく，それらの主題がどのような無意識な構造にしたがって行われるのかに問いかけていきます。そこにやっかいな不透明さが保留されているところで，本質的なものの深みに結びつくために，その不透明さを突き抜けなければならない要素として言説を取り扱うのです。つまり，アルケオロジーは言説(ディスクール)を記録(ドキュマン)としてでなく記念碑(モニュマン)として，つまり，オートノミーをもつようになった歴史のなかの生きたモニュマンとして扱うことになるのです。

②さまざまな言説がいかなる規則によって行われ，その言説が実現する諸規則の働きがいかなる点で他のすべてに還元されにくいかを示すことが始原論(アルケオロジー)分析の仕事になります。始原論(アルケオロジー)はしかし「緩慢な進展によって，意見の混乱した領野からシステムの独自性あるいは科学の決定的な堅固さ」を目指していくのではありません。始原論(アルケオロジー)は決してドクサの学ではなくて，言説の差異化分析なのであり，その差異化の外縁を厳密にたどっていく営みをもちます。

③著書や作品を分析するとき，それを生み出した作者の意図が分析対象にされるのではありません。始原論(アルケオロジー)は個別的なもろもろの作品を貫き，それらを完全に指揮下におき，何もそこから逃れ出ないように支配していきます。そこで，その作品を成立させている言説的実践のさまざまな類型や規則を措定し，その明確化を図るのです。

④最後に始原論(アルケオロジー)分析は，いわれたことをその同一性自身によって繰り返そうと試みるものではありません。それは遠い，不安定な，ほとんど消えた起源の光を取り戻すのを許すような慎ましさをもちません。始原論(アルケオロジー)は外在性の維持された形式をもつ言説の体系的な記述だからなのです。

---

11) Foucault, M. : L'archéologie du savoir. p.22-24, Gallimard, 1969 /『知の考古学』, 22 頁以降, 中村雄二郎訳, 1995, 河出書房新社.
12) Foucault, M. : ibid. p.182-183, Gallimard, 1969 / 210 頁以降.

## ●――マイネルの運動問題史を問い直す

　すでに述べたように，フランスのモースがハビトゥスと名づけた身体技術を歴史的，文化的な厚みのなかから 1934 年に浮き彫りにしています。このような画期的な社会学的な運動理論を発表したころは，ヨーロッパでは精密な科学的運動分析が先端科学的な位置づけのなかにありました。ところが同じころ，ライプツィヒのマイネルは身体教育における方法学の学問的基礎づけを目指して新しい運動学の講義を開始（1931）しているのです。そこに新しい形態学的な運動理論の端緒が芽生え始めていたことはすでに『身体知の形成』（講義 6）に詳しく述べられています。マイネル教授のスポーツ運動理論はやがて唯一の著書『運動学』（1960）に結実しますが，そのユニークな運動問題史が巻頭を飾ることになります。そこでは，先史時代の運動問題に始まって，18 世紀から 19 世紀の身体習練の運動問題，さらに 20 世紀のスポーツないし体育の運動問題がその時代をリードした指導者の言説として取り上げられています。マイネルは歴史の厚みのなかから，そこに潜んでいる形態形成とその背景に潜む枠組みの構造形成を取り出そうとします。

　マイネルは身体運動の形態形成にまつわる発生問題を運動問題と呼びます。しかし，運動問題の意味を理解しないまま運動発展史としてその論考に目を通しても，マイネル教授の意味するユニークな運動問題史はその姿を見せてくれません。そこでは単に 18 世紀後半に始まる身体習練の黎明期から，現代に至るまでの運動認識の発展史が年代学的に述べられているのではないからです。マイネル教授は「身体教育の史的発展を詳しく跡づけるのは，ここにおける私たちの任ではない」ことをはっきり断りながら「スポーツ運動のあらゆる理論の背後には，意識していてもいなくても，人間とその動きかたについて，社会的に条件づけられた一定の全体的考え方が存在している 13)」ことを鋭く指摘しているからです。そこでは，習練形態の形成を支配する運動認識がその形態形成に入り込んでくる匿名の枠組みを浮き彫りにしようと慎重に分析を進めていきます。いわば，発生論的形態学の立場から，歴史的，文化社会的厚みのなかに姿を現してくる身体運動の鋳型化認識，要素化認識，構築化認識をあばき出しているのはまさに特筆に値します。それらの運動認識が運動実践の指導に明確な規範性を生み出し，習練活動の指導方向に大きな枠組みが形づくられ

---

13) Meinel, K.: Bewegunguslehre, op. cit. S.39 /『スポーツ運動学』，29 頁．

ていく様態を鮮やかに浮き彫りにしている功績はいくら強調してもし過ぎにはなりません。マイネル教授のこのようなすぐれた運動問題史の言説（1960）は，フーコーの『狂気の歴史』（1961）や『臨床医学の誕生』（1963）に先立って発表されていますが，いうなれば，フーコーの始原論分析（アルケオロジー）と同一路線にあるといえます。それだけに，マイネル教授の三つの運動認識をめぐる始原論的な言説分析の研究において，その匿名の枠組み構造をえぐり出した達見は特筆されるべきであり，とりわけ，スポーツ形態学に決定的な理論的基礎づけを与えたことは高く評価されなければなりません。

しかし，マイネル教授が退官して運動学講座を去ってしまうと，このユニークな運動問題史的な始原論分析（アルケオロジー）はまったく無視されてしまうことになります。講座の後継者たちはもっぱらサイバネティクス的運動理論に急転回し，歴史の厚みのなかから運動認識の規範性を分析する始原論分析（アルケオロジー）は実践的ではないとして削除してしまいます。マイネル教授の講座後継者たちは，この貴重な運動問題史から得られる規範論的構造分析には関心を示さなかったのでしょうか。それを運動実践に関わりのない無用な長物として，その後のマイネルの『運動学』改訂版から全面的に削除したのですから，マイネルのユニークな運動問題史に隠されていた新しい始原論分析（アルケオロジー）の芽はその時点で摘み取られてしまったことになります。このマイネルの運動問題史に秘められた始原論分析（アルケオロジー）の萌芽を私たちはその遺志を継いで，改めてここで問い直していくことになります。

## 3 始原分析の体系を展望する

### ●――枠組み構造とは何か

これまで私たちは始原論分析（アルケオロジー）における枠組み構造という表現をとくに説明もしないまま取り上げてきました。しかしそれは，始原論の基本概念の一つでもあり，枠組み構造の存在論分析に入る前にその概念を確認しておく必要があります。フーコーはその『臨床医学の誕生』の序文で，始原論分析（アルケオロジー）の特徴を「さまざまな言説の歴史的な厚みのなかで歴史自体の諸条件を解決しようとする試みである[14]」と述べています。さらに，その分析の対象に値する歴史自体の諸条件とは，「知覚されるものの語られた構造だけである[15]」と念を押してい

---

14) Foucault, M.：Naissance de la clinique, p.xv Quadrige, 1963 /『臨床医学の誕生』，16 頁，神谷美恵子訳，1969，みすず書房．

ることに注目しなければなりません。すでに述べたように，存在論的にあらかじめ固定化された対象を分析していく機械論的な単なる構造分析は，ここで主題化される構造存在論的分析から区別されるのはいうまでもありません。ですから，この始原論的な立場で構造分析と端的に呼ばれるときには，いつも存在論的な構造分析が意味されていて，決して固定化された対象を分析・総合の因果法則を取り出そうとする機械論的な構造分析ではないのです。

　このような構造存在論的な意味で語られる構造というのは，すでに考察しているように，構造化全体性と自己組織化の特性をもちます。ですから，そのような構造は認識論的な意味での枠組みを指し，あるものを知覚し，考える場合に無意識に作動する枠組みが意味されることになります。そこでは，自我の働きが背景に沈んだ受動的な動感世界が形成されます。この匿名的な動感性の枠組みという構造特性をもつところでは，ある時代，ある文化社会のなかに共通の認識行動が示されることになります。フーコーが歴史の厚みのなかに探り当てようとした差異化される枠組みこそ，始原論分析の対象になるのです。

　このような枠組み構造を私たちの動感伝承問題に取り上げる段になると，その形態形成においては動感意識の匿名性が学習者の創発志向体験にも，指導者の促発志向体験にも絡み合いを生み出して複雑な様相を呈することになります。指導者が習練目標として生徒に与える動感形態の意味構造には，その時代の運動様式や美意識が密かに忍び込んでいることに注意しておかなければなりません。習練形態を創発しようと努力する選手や生徒たちも，その学習者に習練目標を与える立場にいる指導者も，その時代の文化的社会に住みついている匿名の動感枠組みにいつのまにか受動的に支配されているからです。そのような情況のもとでは，その習練形態はいつのまにか鋳型化していますから，つい機械論的な構造分析に走りたくなります。しかも，それが受動的な動感世界になじんでいますから，その習練形態が鋳型化していることに気づかないことが多いのです。つまり，動感形態の美意識もその習練の理想像も文化社会的な承認の下では，心情領域でも快感情を伴うなじみが発生し，それが形態形成の規範性をも支配することになるのです。ここにおいて，私たちは始原論的な構造分析として，動感地平の背景に隠れている枠組み構造を明るみに取り出さなければならなくなります。

---

15) Foucault, M. : ibid. P. Ⅶ / 4 頁.

●──野生児の例証に枠組み構造を見る

　よく知られているように，オーストリーのフェッツ教授は野生児の形態形成を例証にして，その文化社会的な枠組み構造が形態発生に決定的な働きをもっていることを指摘しています16)。フェッツが注目した野生児の問題圏はすでにギリシア・ローマ神話に始まり，18世紀では著名なフランスの啓蒙思想家ルソーやスウェーデンの博物学者リンネらによって取り上げられているのは周知の通りです。フランスの社会心理学者マルソンによれば，すでに1344年のヘッセンの狼少年に始まる野生児の記録は50件を超えているようです17)。もちろん，マルソンのいうように，それらが伝説的創作と歴史的事実のあいだに揺れ動くものであるとしても，主題化されている通時的，共時的な動感枠組み構造が形態形成に問題を投げかけていることは多言を要しません。ですから，たしかに，シュトライヒャー女史が当時きわめて高い評価を受けた論文『運動学概説』(1957)18)において，日常的に基本となる運動形態はもちろん反復習練を通してその能力が高められるとしても，その形態発生はほとんどひとりでに自ずからできるようになると述べています。それに対して，フェッツ教授はそのような野生児の記録から異議を申し立てることになるのです。

　1920年の秋に発見されたカマラとアマラという狼に育てられた2人の女の子の生々しい記録19)はヒトの動きかたの発生が匿名の枠組み構造に支配されていることの貴重な例証になるといわれます。シング牧師の運動形態の発生観察によれば，カマラは手と膝で這い歩き，四つ足で素早く走ります。ところが，膝立ちで上体をまっすぐに立つ訓練に入り，さらに懇切な指導の下に二本足でやっと立てるようになるのには，発見されてから2年半の歳月を要しているのです。誕生から1年あまりで1人歩きに入る現代のヒトの形態発生とは比較にもなりません。〈這えば立て，立てば歩めの親心〉に支えられた匿名の文化社会的な枠組みこそが，まさにフェッツ教授のいう社会的暖かさなのであり，それはヒトの運動発生に不可欠な匿名の枠組み構造が存在している貴重な例証になります。しかしスポーツ指導の現場には，いぜんとして「運動はひとりでに

---

16) Fetz, F. : Bewegungslehre der Leibesübungen, S.35f. 1989, Österreichischer Bundesverlag.
17) マルソン，L.:『野生児』，127頁，中野善達・南直樹訳，1977，福村出版.
18) Streicher, M. : Grundriß einer Bewegungslehre, 1957, S.134f. In : Natürliches Turnen, Bd. V 1959.
19) シング，J. A. L. :『狼に育てられた子』，中野善達・清水知子訳，1977，福村出版.

できるようになる」というのんきな考え方を否定できないのは，動感形態の発生が匿名な地平構造に支えられていることに気づかないからなのです。このような匿名に働く枠組み構造の始原分析が取り上げられていないのでは，指導者はその習練形態の正統な目標像さえ措定できはしません。しかも，学習者が動感形態のなじみに安住して，取り返しのつかない鋳型を身につけてしまうのを防ぐ手立てもない情況では，始原分析は不可欠の指導前提を可能にする唯一の方法論になります。

　私たちはすでにモースによるハビトゥスの伝承論から，多くの匿名的な枠組み構造が見出されていることを見ています。ニュージーランドのマオリ族の女が，その腰を大げさに振って歩くハビトゥスは生得的な動きかたではなく，意図的に社会的圧力のもとに訓練されたものであり，そこに匿名の社会的枠組みの存在を否定することはできません。さらに，左右の拳を腰に付けて走るというハビトゥスは，現代までも駆け足の用意の姿勢に残っているのに一驚させられるのです。腕を曲げて振るという新しい力動ゲシュタルトをもった走りかたが出現し，それがより効果的で，魅力的であることがわかっても，なおそのハビトゥスは現代まで生き続けている事実に注目しておかなければなりません。

　わが国でも，古くからのいわゆるナンバ歩きはまさに通時的な厚みのなかに生き続け，共時的に社会的なじみを生み出し，それ以外の歩きかたが意識に上らないまま，その歩行形態は匿名の枠組み構造を今でも温存しています。幕末のころに西欧的な振り子型の歩きかたが習練対象に取り上げられるまで，日本人はナンバが唯一の歩形態なのであり，他の類型との比較分析の問題意識は生まれなかったのです。詳しくは後段の体系論的分析で講義することになりますが，そのナンバ歩きの形態形成は始原分析によってその匿名の枠組み構造の存在が確認されるのでなければなりません。学校体育においても競技スポーツにおいても，このような匿名的に枠組み構造が知らないうちに働いて，いつのまにか当然の運動認識として通時的にも共時的にも承認され，なじみが生まれて何の違和感もなくなることに私たちは注目しなければならないのです。

### ●──始原分析を体系化する

　このような匿名的な枠組み構造の始原論的分析は具体的にどのような拠点に基づいて行われるのでしょうか。すでに述べたように，マイネル教授によるユ

ニークな運動問題史にならって，この分析の枠組み構造を体系化できます。マイネルが匿名の枠組みとして取り上げたのは，鋳型化枠組み，モザイク化枠組み，構築化枠組みという構造形成の三つの拠点です。しかし，構造形成の拠点そのものに関する始原論的な言説分析をここでは射程外におかざるをえません。それは新たに膨大な始原論的な構造分析が必要となり，その論考には広範かつ厳密な言説分析が求められますから講義の射程を超えてしまいます。

ここでは，マイネルの鋳型化，モザイク化，構築化という枠組みの構造形成の認識拠点のなかに，形態形成に対する否定的規範性を鮮やかに浮き彫りにしていくことにします。つまり，そのような否定的規範性は匿名的に構造形成における動感意識の枠組みに侵入し，その枠組み構造はいつのまにか共時的に承認され，社会に支持されていくことになります。このような否定的規範性を伏在させたマイネルの三つの構造形成の拠点は始原論における縁どり分析を動機づけることになるのです。ここではまずもって，構造形成の三つの拠点として，否定的な枠組み構造の要点だけを見ておくことにします。

## ①鋳型化枠組みの始原分析

これまでの講義でたびたび述べている鋳型化という表現は，習練形態を指導するときに，可視的な運動経過を延長的な図形の連続と理解して，その全体を一つの鋳型にはめ込むように指導するときの運動認識を意味します。ですから，その鋳型からはみ出している部分を取り除き，不足しているところを補って，鋳型にうまくはめ込むように指導するのが鋳型化に基づいた指導方法になります。これはすでに述べたように，構造化全体性という認識が排除されている拠点ですから，この構造化全体性を否定する匿名の枠組み構造を明るみに出すことによって，私たちは動感指導の本質的な導きの糸を取り出すことができます。

## ②モザイク化枠組みの始原分析

モザイク化そのものの意味は『身体知の形成』(79~80頁) に詳しく述べてありますが，要約すれば，ガラスや貝などの小片を組み合わせて一つの図柄を生み出すことです。ここでは，習練形態を指導するときに部分動作を別々にばらばらに訓練して，それらをモザイクづくりのように，全体の運動像に組み立てていく没価値覚的な枠組みが問題になります。このようなモザイク指導の枠組みそのものが構造形成の一つの否定的な枠組み拠点を構成しています。最初

に部分動作を訓練してから，それらを段階的，系統的に組み立てて全体の運動経過を作り出せるという段階的指導や分習－全習的指導を私たちは正統な指導方法論として抵抗なく受け入れています。そのようなモザイク化の匿名的な枠組み構造こそが始原分析の対象に取り上げられ，そこに潜む本質的な含意態が明るみに取り出されなければなりません。

### ③構築化枠組みの始原分析

　ここでは生理学的な身体を構築している理念的な運動属性を別々に科学的にトレーニングしてその身体機能を高め，それらの働きを合理的に運動像に合成できるという枠組み構造が分析対象になります。いわゆる筋力ないし持久力の合理的な機能向上を目指した科学的な体力トレーニング方法論に対して，それに異を唱える人は珍しい昨今です。その原子論的な認識枠組みは19世紀後半から現代に至るまで，一貫して体力トレーニングの方法論を支えてきて，体力向上の枠組み構造を匿名的に形成しているのは周知の通りです。私たちは改めて，その原子論的認識枠組みに対して，マイネル教授やフェッツ教授らの厳しい批判を踏まえて，フーコーとともに厳密な始原論的構造分析を施してみなければなりません。そこでは，筋力や持久力の絶縁的トレーニングの成果というものが現場のコーチないし選手自身の実存的な形態形成の原努力なしには何一つ保障されないという枠組み構造そのものが分析対象に取り上げられることになります。

　最後に，これらの三つの否定的枠組み構造の始原分析に関して，その相互関係をここに確認しておかなければなりません。このようなマイネルの示した三つの否定的枠組み構造は相互に絶縁的に存在しているのではなく，それぞれが絡み合いを示していることはいうまでもありません。しかし，全体図形を起点とする鋳型化枠組みと，部分要素を起点とするモザイク化枠組みとはそれぞれに特徴化されることになります。つまり，鋳型化のほうは，指導者があらかじめ決められている鋳型に強制的にはめ込む指導が前景に立てられます。これに対して，モザイク化はより単純なものから順に段階を踏んで組み立て指導をしようとします。さらに構築化は原子論的な思考枠組みをもち，その起点におかれる身体機能の要素はフッサールのいう理念的概念であり，人の見ることのできないものを表す抽象的な要素概念から出発しています[20]。たとえば，筋力

---

20) Husserl, E. : Ideen, I. S.134ff. /『イデーン』I-2，第74節，みすず書房．

は可視的な現象であると考えることに慣れていますから，これらの枠組み構造は強固なものとして匿名的に私たちにへばりついてきます。このようにして，私たちは生き生きとした動感運動の形態形成を匿名のまま破壊してしまう否定的な枠組みの構造形成の様態を厳密な始原分析によって明るみに出し，その本質的な含意態に基づいた構造化全体性をとらえてはじめて発生論的地平に立つことができるのです。さらに，三つの枠組みの構造分析のなかに相補的体系化の働きを見逃すわけにはいかないことにもう贅言を重ねる必要もないでしょう。

### ゼミナールテーマ：5

① 動感形態が発生し，その動きかたが習慣化されるとなじみの知が形成されてくる例証を日常の身近な動作から挙げてください。
② 動感形態の発生を促す指導に入るとき，その目標像が歴史的，文化社会的な枠組みに支配される例証を挙げてください。
③ ゲーテがいう〈揺らぐ形態〉のスローガン的表現の意味を具体的な例証で説明してください。
④ 粘土細工方式で指導することがなぜ構造形成を拒否しているのか具体的な例証を挙げて説明してください。
⑤ 日本人のナンバ歩きのような身近なハビトゥスの例証を挙げて，匿名の動感伝承が存在していることを説明してください。
⑥ いろいろな競技の助走における走りかたにハビトゥスの例証を見つけて，その規範的な認識を具体的に述べてください。
⑦ 指導者が目標像を立てるとき何を基準にしているのかを挙げ，その正統性の論拠を述べてください。
⑧ マイネルがなぜ運動問題から運動伝承論にその論考を発展させたのかその基本的な考え方を見つけてください。
⑨ マイネルの運動問題史のなかに始原論的構造分析の不可欠さが読みとれる例証を見つけ出してください。
⑩ 野生児の記録のなかに，その身体運動の形態形成を妨げている社会的な枠組み構造を具体的な例証によって説明してください。

## 講義 6
## 枠組み構造の始原を探る

### 1 鋳型化枠組みの始原分析を問う

●────鋳型化枠組みとは何か

　まずもって，鋳型化という運動認識の意味内容に問いかけることから始めることにします。マイネルはその運動問題史のなかで，18世紀から19世紀に生み出されて，現代に至るまで無意識に受け入れている運動指導上のステレオタイプ的な枠組みを鋳型化と名づけています。そこでは，フッサールのいう価値覚の働く評価基準には鋳型化されたたった一つの図形連続態しか認められません。いうまでもなく鋳型化とは，字義通りに動きかたを鋳型にはめ込むように変形させる営みが意味されています。指導者が学習者に動きかたを教えるときに，あらかじめ規定された動きかたの鋳型を設定しておいて，それに強制的にはめ込んでいくという運動指導上の考えかたがそこに伏在しているのです。鋳型化における動きかたの規制は，物理学的な運動認識における空間・時間的な縛りを前提にしますから，どのように動くべきかという規範性は一つだけしか許されません。そこでは，空間的にはみ出した余分なところは有無をいわせずに削り取られ，不足している動きかたは強制的につけ加えられます。時間的な鋳型化についてもその規制は同様であり，指導者の設定した速さに合わなければ，これまたその過不足が厳しく変更を求められることになります。つまり，その鋳型化の作業は常に加減方式に支配されているという特性をもちます。ですから，習練活動に入る前に，その鋳型は決定的な重要さをもつのです。そこに設定された動きかたの鋳型が万一間違っていたとすれば，反復訓練して鋳型化に成功するとその動感図式の解消化は困難になり，その修正化は大変な苦労が強いられることになります。いわば，その鋳型化の作業が生きるのかどうかは目標像の価値意識の確認いかんにかかってくるのです。

このような動感価値覚に入り込んでステレオタイプ化しようとする鋳型化という枠組みは、ウィーンのメール教授によると[1]、その歴史は古く、騎士(ナイト)の乗馬訓練の一環として行われた木馬運動にまでも遡ります。鋳型化現象の源流に遡って史的考察に入るのはフーコーのいう始原論的分析の任ではありませんから、ここでは鋳型化という没価値覚的な枠組みの始原そのものに問いかけていくことにします。メールは鋳型化に二つの始原を認めています。その一つの始原は習練指導のための鋳型化です。その指導始原(アルケー)は動きかたを決まった型に入れて単純化し、その動きかたの習得を容易にしようとしているのです。同時にそれはみんな同じ鋳型にはめ込む作業だけですから教師にとっても指導しやすくなります。生徒がそうできなければ、努力を求め、親身になって励ましてやればよいのです。何もその学習者の動感意識の発生にまで首を突っ込む必要はありません。教師の任務は生徒が鋳型化に励む学習活動を管理し、励ましてやればよいだけなのです。メールはこの鋳型化の没価値覚的な枠組みの温床を軍隊の教練動作の指導に求めています。軍隊には規定された動作をなかなか覚えられない愚鈍な兵士も少なくないし、さらにその訓練を受けもつ下士官たちでも指導の上手な人ばかりではないのです。決められた動作をできるだけ早く正確に身につけさせるのには、動作そのものを単純化し、その鋳型にはめ込むのが手っ取り早い指導法であることは論を待ちません。このような訓練的な指導はマイネルが指摘してきた18, 19世紀を風靡した指導枠組みだけではなくて、現代の体育や競技スポーツの指導にも通じる匿名の枠組み構造を形成していることを見逃すわけにはいきません。

　さらに、メール教授はもう一つの鋳型化の始原を劇場における上演のための斉一さに求めています。その上演始原(アルケー)は動作を単純化すると同時に、観客に演技のすばらしさを誇示するために、一糸乱れずに同時に動けるという斉一性を保つことが求められるのです。そのためには、多くの人が同時に同じ動きかたをするのに都合のよい単純な幾何学的な動きかたに鋳型化しておくことが不可欠になります。こうして、上演始原はシュピースの集団運動を生み出し、それがやがてソコールやスパルタキアードなどのみごとなマスゲームの演技に発展していくことになります。このような上演始原としての鋳型化は次に述べるモ

---

1) Mehl, E. : Zur Geschichte des Kunststils beim Geräteturnen, S.120ff. 1926, In: Natürliches Turnen, Bd. IV, 1956, Wien.

ザイク化の枠組みと連動しなければ，否定的な運動認識として排除される必要はないのです。むしろ，外から鋳型にはめ込むような考え方ではなくて，生命的な動感志向性に支えられて，生き生きした形態に統覚化される可能性をもっていることも見過ごしてはなりません。

## ●──マイネルの言説分析を見る

　このような鋳型化の運動認識を浮き彫りにしたマイネル教授の枠組み分析の内容はその名著『運動学』の運動問題史に詳しく述べられています。幸いに，わが国ではマイネル教授の初版本が翻訳されていますので，改訂版では削除されてしまった運動問題史を読むことができます。詳細な言説(ディスクール)分析についてはマイネルの著書にゆずらざるをえませんが，ここではその要旨を端的にまとめておくことにします。

　マイネル教授による厳密な言説分析においては，18世紀末から19世紀初頭にかけてのグーツムーツやヤーンの身体習練方式にも鋳型化枠組みが忍び込んでいることを指摘しています。つまり，グーツムーツが「ギュムナスティクとは若者に合った喜びの衣(ころも)をまとった習練である」と自由さを鼓吹しているのに，高跳びのような自然な習練形態に動きかたの規制をしているからです。マイネルは「膝と爪先をまっすぐ伸ばして高く引き上げ，足は開かずに横に挙げる」(S.31 / 20頁)という跳びかたの姿勢規定に注目しているのです。さらに，ヤーンは中世から伝承されてきた木馬訓練（鞍馬）の鋳型化への規制は避けられなかったとしても，歩行訓練のような自然な動きが許されるものまでも厳しい動きかたの鋳型化を強制していたのです。ヤーンの名づけたトゥルネンという習練方式において，当時の社会的な枠組みが行儀のよさとエレガントさを求めているからといって，動きかたのなかにも密かに鋳型化を要求しています。マイネルはその一例として歩行の規則を挙げています。つまり「軽やかで，しかもしっかりとした踏み出しは，足の片側が先に着かないように足裏全体で行い，足を踏み下すときにはいつも膝が伸ばされている」(S.32 / 21頁)ように歩くことが運動規則として求められているのです。

　しかし，鋳型化枠組みは時代を下って，シュピースの運動幾何学の運動理論に裏打ちされて確定的になっていったとマイネルは指摘します。このように動きかたを鋳型化するという考え方は，マイネルの表現を借りれば「どのように

動くかも、体勢や手足の保ちかたも、運動中にはすべて直線的・幾何学的な形のなかに押し込めてしまおうとする」のです。その鋳型化された動きはいつのまにか習慣態となり、それが社会的にも受け入れられてその時代の美意識として定着していくことになります。マイネルも指摘していますが、この鋳型化という匿名の枠組みは、次に考察するモザイク化の枠組みにきわめて親和性をもっていることはいうまでもありません。この鋳型化とモザイク化という二つの動感価値覚を遮断した枠組みはその後の身体習練にも、さらに競技スポーツにも世紀を超えて生き続けていくことになります。

### ●───なぜ鋳型化始原分析をするのか

このような鋳型化という匿名な枠組みを解明するねらいはどこにあるのでしょうか。なぜ私たちは否定的な志向枠組みを確認しおかないといけないのでしょうか。それには運動指導にどんな不都合を生み出すのかを明るみに出してみなければなりません。すでに述べたように、鋳型化という枠組みにおいては、幾何学的な運動認識に基づいて時間的、空間的な縛りを前提にしていて、その鋳型化の作業はすでに規定されている鋳型に対する加減方式をとることになります。しかも、そのときの鋳型化形態の価値意識はその時代や社会のなかで匿名的な価値覚的枠組みに侵入し、動感習慣態としてなじみをもつようになります。そうなると、指導者は指導対象に取り上げる習練形態が否定的な鋳型化枠組みにはまり込んでいないかどうかを確認しなければなりません。つまり、その習練形態が始原的な運動認識に本原的に支えられているかどうかを始原分析によって明らかにしておかなければならないのです。その習練形態が単に通時的、共時的に社会的な承認をもっているというだけでは、本原的に、つまり、有体性と自己性に支えられた価値覚的枠組みの含意潜在態を取り出すことはむずかしいからなのです。

ここにおいて、私たちはこの鋳型化枠組みの始原分析を放置したまま、鋳型化された習練形態をそのまま反復訓練した場合、どんな不都合が生まれるのかを確認しておく必要があるのです。まず鋳型化された習練形態をひたすら強制的に反復して形態発生に至った生徒や選手は、自ら工夫して動感形態を統覚化する志向体験をもっていないことに注目しなければなりません。つまり、動きながら価値覚を働かせ、そのメロディーを奏でて統一した志向形態に統覚化し

ていく志向体験をもたないまま、その生徒や選手の鋳型化形態が機械的に成立してしまうのです。その鋳型化形態は未来の動きを先取りすることも、そのつどの変化する情況を読んでそれに即興することもできませんから、その習練形態を実存の運動行為に生かすことがむずかしくなります。

　しかも、その鋳型化形態が機械的に反復訓練を重ねて習慣化されてしまうと、その動きかたになじみの知さえ発生してしまうのです。そのため、その鋳型化された機械論的な運動図式を解消することはますますむずかしくなっていきます。機械的な訓練が批判されるのは、そこに内在している解消化能力という本原的な動感力の発生を遮断しているからなのです。動感形態の修正化の起点をなす解消化能力を支えているのは始原身体の動感力ですが、鋳型化する指導を受けた生徒や選手は自分で動感志向性に向き合う体験をもっていないし、その動感差を身をもって感じとる形成過程を経験していないのです。同時に、鋳型化の枠組みのなかで一方通行的な指導に違和感をもたない指導者も動感形態の創発作用を理解できていないことになります。その指導者がいくら高度な競技力をもっていても、自らの動感創発の志向体験の欠落に気づいていないことも珍しくないからです。そのような指導者は身体活動の管理指導はできるとしても、動感運動の形態形成に深く関わり合うことはできないことを確認しておかなければなりません。

● ──鋳型化始原分析の手順を問う

　ここにおいて、指導者はその教材が鋳型化枠組みをもっているのかどうかをまず分析しなければならなくなります。習練形態に鋳型化枠組みが働いているのにも気づかないまま、形態形成の指導に入ることがどれほど取り返しのつかない誤りを犯すか計り知れないことはこれまで繰り返し説明しています。それは動感指導に決定的な重要さをもっています。その鋳型化始原分析の手順の一例を挙げて整理しておきます。

①取り上げる習練形態について、「これは絶対に許せない」という動きかたを明確にすることから始めます。このことは、たとえば歩きかたを習練対象に取り上げているのに、走る形態を示せば、それは明らかに習練対象の取り違いですからすぐに気づきます。しかし、歩く形態はいわゆる正常歩であるべきで、それ以外の規範性はいっさい認めず、その体勢のとり方から足の踏み

出し方，手の振り方にいたるまで，ことごとく鋳型にはめ込んでしまう歩きかたの枠組みを押しつけるのは明らかに鋳型化現象です。一つの鋳型化形態以外のどんな動きかたもいっさい認められないという頑なな指導を示す指導者は今でも少なくないのです。

② 同じ歩くという習練形態のなかでも，類型化形態や構造化形態はどこまで自由度を認めるのかという枠組み構造を始原分析の対象にします。同じ走るという習練形態のなかにも共通する一者の類的核をもっている類型化形態もいっさい認めないとする枠組みでは鋳型化形態に止まっているのです。その詳細は後段の体系分析で立ち入って講義しますが，その指導者は自らの動感意識のなかに有体的自己性をもっていないと，類型化形態や構造化形態に鋳型化という否定的枠組みがどこまで入り込んでいるかを分析することはできません。そうでないと，外部視点から物理的な図形的変化としてしか習練形態を見ることができなくなるのです。たとえば，左右交互に手足を出す振り子型の歩きかただけを歩形態に限定してしまうと，ナンバ歩きも類型化形態と認められません。修正の対象として振り子型の鋳型しか存在しないとすれば，本原的な価値覚の枠組みはすべて排除されてしまうことになります。

③ 習練形態のなかには，他に置き換えることのできない類化形態とそのなかで共存できる類型価値をもつ類型化形態，さらにそれらが一連のまとまりをもって成立する構造化形態が存在します。それらのなかには，新しい類似形態や想像形態を次つぎに生み出す変容化作用が働きます。フッサールの表現を借りれば，「思うままに以下同様に」変容化できるという重要な動感意識がそこに含まれているのです。そこでは，「開かれた無限の多様性」を生み出し続け，通り過ぎるものを引き寄せては進みながらも，そのなかでいつも同一性を維持しているという本質的な運動認識に支えられていくことになります。その変容化作用にどのような枠組みを設けるかを始原分析の対象にします。それによって，否定的な鋳型化枠組みから開放された習練形態を措定することができます。

このようにして，私たちは指導者のなかに否定的な鋳型化枠組み構造がどのように入り込んでいるのかを分析し，確認することができます。この鋳型化枠組みはその時代のなかに，その文化社会のなかに匿名的に生きていますので，その分析は困難をきわめます。鋳型化枠組み構造の背景に隠れているものの本

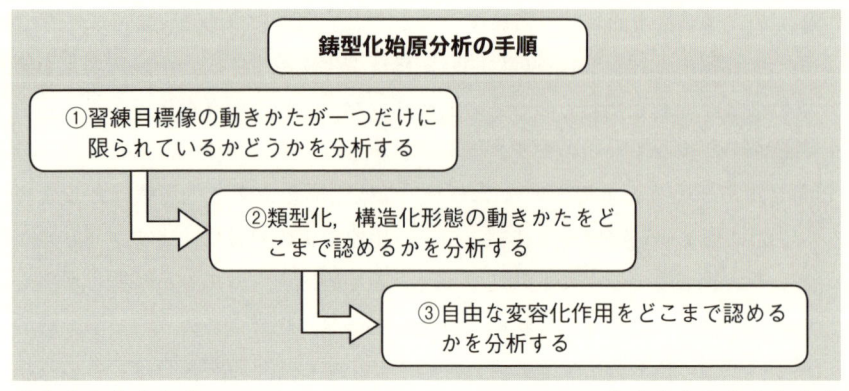

```
┌─────────────────────────┐
│   鋳型化始原分析の手順   │
└─────────────────────────┘
  ┌──────────────────────────────┐
  │ ①習練目標像の動きかたが一つだけに │
  │   限られているかどうかを分析する │
  └──────────────────────────────┘
        ↓
      ┌──────────────────────────────┐
      │ ②類型化，構造化形態の動きかたをど │
      │   こまで認めるかを分析する       │
      └──────────────────────────────┘
            ↓
          ┌──────────────────────────────┐
          │ ③自由な変容化作用をどこまで認める │
          │   かを分析する                   │
          └──────────────────────────────┘
```

質的なものの深みに結びつくためには，その不透明さを突き抜けなければならない要素として，それに関わる幅広い言説分析を慎重に進めなければならないのはこのためなのです。

## 2 モザイク化枠組みの始原分析を問う

### ●——モザイク化枠組みとは何か

　マイネル教授が鋳型化，構築化と並んで取り上げたのはモザイク化ないし要素化と名づけた思考枠組みです。それは全体を部分の算術的総和以上だとするホーリズムに対峙する没価値覚的な枠組みであり，原子論ないし要素論に基づく運動指導の始原的な枠組みを意味しています。この習練指導の原理は，習練形態の発生を指導するときに部分動作を別々に訓練して，それらをモザイクづくりのように，全体像に組み立てていくという考え方です。このような段階指導の運動認識そのものが形態形成を支配するモザイク化枠組みを構成していることをマイネルは厳密な言説分析に基づいて指摘します。マイネルの言説分析の起点はフィートの『身体習練事典』(1795)におかれています。フィートは文化史的な習練形態のなかで，騎士(ナイト)としての身体習練とギリシア的身体習練(ギュムナスティク)（歩，走，跳，投など）を重視し，現代の運動学的認識を思わせる習練体系を展開しています。しかし同時に，一方では解剖学的な体部分動作の反復訓練を挙げているのです。頭部，胴体，四肢のそれぞれについて，さらに顎の動きや手指の動作に至るまで，細切れにされた解剖学的部分の絶縁的なエクササイズが全身運動に同居しているのをマイネルは見逃していません。

　絶縁的に分解するというフィートのこのような運動認識は，やがてその 10

年後にペスタロッチによる『要素的身体習練(ギュムナスティク)』(1806)の体系に現れることになります。ペスタロッチはグーツムーツやヤーンのような走る，跳ぶ，投げる，よじ登るなどの全身運動だけでは，身体教育を階層的に組み立るのに十分でないと考えるようになります。こうして，この世界的に有名な教育者は身体活動のＡＢＣを追い求め始めます。生き生きした身体の動きを要素的なアルファベットにまで還元できれば，それを順序よく段階的に訓練して身体の動きを組み立てることができるとして，そこにこそ身体教育の始原(アルケー)があると考えたのです。こうして，ペスタロッチが形式化された運動可能性を追い求め，中身のない単なる仮象動作へと急速に傾斜していくのをマイネルは鋭く指摘することになります。しかし，グロールは著名なペスタロッチの名誉挽回のために，それらの細切れ動作をモザイクのように組み立てる動作訓練は単なる穴埋めや一時的な手段として使用したに過ぎないと弁護しています。しかしマイネルは，この要素主義的なモザイク化枠組みが後年のシュピースによって本格的に構築され，現代に至るまで大きな影響を及ぼしていくことを見逃してはいません。

　マイネルの言説分析によると，ペスタロッチが解剖的に可能なモザイク動作を起点にしたのに対し，シュピースは身体運動を物理時空系における延長性に基づいて科学的にとらえようとするのを対比的に考察しています。そこでは，外部視点から見られた物質身体が延長的な物理時空間のなかでどのように動けるのかが問題にされるのです。そこにはあらゆる運動可能性が絶縁的に追求されて，可能なモザイク動作がすべて取り出されます。それらの考えられた運動は習練形態の要素となり，科学主義的な身体習練論の理論体系が謳い上げられます。個々の動作を別々に訓練し，それから全体に組み立てていくというモザイク化枠組み構造は通時的な動感価値覚の作用に食い込みながら，現代の私たちにも息づいている要素主義的な運動認識をマイネルは厳しく問い直そうとするのです。

●――モザイク化始原分析のねらいは何か
　すでに述べているように，ペスタロッチが身体運動をモザイク化しようとしたのは全身運動を一気に習練対象にするより，より段階的に指導できるという方法論的認識を優先させているからです。このような段階指導を優先する枠組みはわが国の芸道にも古くから取り入れられています。現代の体育方法学とし

ても当然の指導原理としてよく知られていますから，別に異とするには当たりません。しかしそのときには，当然ながら「どうなれば〈よし〉とするのか」という指導の目標像が前提として確認されていなければなりません。ですから，モザイク化枠組みの最初の分析対象は，生徒に目指させるべき習練目標像ないし教師のもつ具体的な指導目標像ということになります。

　ところが，この目標像は歴史の厚みのなかにいつのまにか匿名化され，社会的には正統な理想像としてだれも異を唱える人がいないことも珍しくないのです。跳び越すための跳び箱は低いほうがやさしいと理解しているところでは，段階的に障害物の高さを上げていくという考え方が前提になっています。しかし，基本形態としての支え跳びとしての手でジャンプするという運動認識はまったく欠落しているのに気づきません。生理学的な正常歩を正統な目標像にしているところには，ナンバ歩きは奇妙な歩きかたとして排除され，習練対象に取り上げられるはずもないのです。私たちはモザイク化枠組み分析の起点に目標像の始原分析を取り上げなければならない根拠はここにあるのです。目標像のなかに潜む匿名の没価値覚的な枠組みを取り出す分析こそモザイク化始原分析の起点にならなければなりません。

　このようにして，私たちは目標像の起点分析に次いで，以下の関係分析を取り上げていくことになります。

①指導に入るときに，その最初の段階として位置づけられるもっとも基本的な習練形態を分析対象に取り上げます。それが抽象化され，形式化された絶縁的な部分的モザイク動作になっていないかどうかを分析の対象にします。しかも，他の絶縁的な部分的モザイク動作との関係がどうなっているのかという関係分析も同時に行われなければならないことはいうまでもありません。

②最初に位置づけられた基本的な習練形態の動作とその次に指示される習練形態との関係分析が取り上げられます。つまり，習練形態の段階性を規定している原理は何に基づいているかを始原分析の対象にするのです。第一段階の習練形態と第二段階に設定されている習練形態のあいだに，動感類縁性が認められるのかどうか，それが単なる慣習的な難易判断によっていないか，複雑さによる形式的な段階づけを基準にしていないかなどの始原構造をその分析に取り上げていきます。

③段階指導のそれぞれに取り上げられている個々の習練形態は最終的な目標像

との関係はどのような構造をもっているのかを分析しなければなりません。いわば部分と全体の関係分析，つまり習練方法論における分習と全習との関係を始原分析として取り上げます。分習によってその習熟が高められても，それが演技全体のなかで，あるいはゲーム全体のなかでどのような関わり合いをもっているのかの関係分析が不可欠の内容であるのはいうまでもありません。ある段階における一つの習練形態が全体の目標像のなかに生かされるのでなければ，その全体の習練体系の形態形成は成功したとはいえないからです。

④しかも，その個々の習練形態が順序よく段階づけられているとしても，それは後段で講義する構造化形態の体系分析を経て，さらに統一的習練体系のなかで関係分析が取り上げられなければなりません。つまり，他の関係系との連関を無視した単なる段階系統性が絶縁的に示されるのではなく，さらに体系分析と連携して始原分析を深めていくのでなければなりません。その意味において，モザイク化始原分析の最後には，どうしても体系論的な構造分析との接点領域のなかで関係分析が取り上げられることになります。

## ●──モナドメロディーの習練形態を探る

マイネルによって取り出されたモザイク化枠組みという否定的な運動認識は，ペスタロッチからシュピースに至るまで半世紀のあいだにしっかりと根を下ろしてしまいます。マイネル教授がその運動問題史のなかであばき出した不幸なモザイク化への道は，現代の学校体育においても競技スポーツにおいてもまさに匿名のまま私たちの運動指導や形態形成に入り込んでいるのは具体的な例証を挙げるまでもないことです。20世紀に入ってガウルホーファーやシュトライヒャーらが唱道した自然体育の指導者たちがこの不幸な運動認識に反旗を翻しましたが，その執拗な没価値覚的な枠組みはどうしても破壊できず，現在に至るまでも私たちの指導原理として生き延びています。それでは，このモザイク化された枠組み構造の認識から脱却するにはどうしたらよいのでしょうか。

まず私たちはボイテンデイクの運動体系論にならって，習練形態に取り上げられる身体運動をその運動器ごとの部分動作に還元することから解放されなければなりません。つまり，ペスタロッチ的なモザイク動作に分けることは，ボイテンデイクの機能概念に基づく身体運動の分類原理[2]に反することになる

---

2) Buytendijk, F. J. J. : op. cit. 1956, S.60.

からです。歩くという動感形態は決して足だけの動作ではないし、手の機能的分析法は眼球運動との関係を抜きには考えられないとボイテンデイクは指摘します。それでは、習練対象として最小のメロディーをもつ動感形態は存在するのでしょうか。すでに『身体知の形成』（講義21：349~351頁）で、身体運動の発生始原を論じたときにこの問題に言及しています。たとえば、仰向けに寝ていて、それから起き上がるのに足の反動を使うという日常的な習慣的動作はもっとも原初的な動感形態であり、一般にその即興存在に気づかないものです。それは受動的な動感メロディーであって、私たちの動感意識の表層に出てくることはほとんどありません。しかし、先人称的な装いをもって受動的な動感地平に姿を隠しているこの含意潜在態は、いわば、でんぐりかえしのモナドコツなのであり、モナド的な動感メロディーをもつ習練形態としてマットの前転指導に生かされているのです。

　そのようなモナド的動感メロディー、スローガン的に約言すればモナドメロディーになりますが、それは日常生活における習慣身体に息づいている本原的な動感メロディーです。それはさらに細分化を試みれば、その動感メロディーが破壊されてしまうのです。こうして、私たちは何気なく習慣化している動きかたのなかに、原初即興としての隠れた意味核を探し求めることが不可欠になります。おおよそ、パトス的な身体運動における形態発生というものは、ロボット工学における動作の組み立てとは混同できない本質的な異種性をもっていることを確認しておかなければなりません。このモナドメロディーの存在は早くから分析の対象になっています。かつての拙論「運動観察のモルフォロギー」(1987)[3]において、位相ゲシュタルトと名づけていたのは、このモナド的な動感メロディーを言い当てようとしていたものです。しかし、この原初的なモナドメロディーがモザイク化枠組みから解放される拠点として認識され、組織的に分析対象に取り上げられるのにはまだまだ時間がかかるようです。とはいっても、このモナドメロディーは単なる形而上学的な概念などではなく、現場に息づいている実践知として現に存在しているものです。それは競技スポーツの基礎技能としてすでに体系化されている例証も少なくありません。すぐれたコーチや老練な体育教師によって、すでにこのモナドメロディーを奏でる習

---

[3] 金子明友：「運動観察のモルフォロギー」、121頁、『筑波大学体育科学系紀要』10巻、1987.

練形態を統一的トレーニング体系の一環として現実に取り上げられていることを見逃してはなりません。むしろ立ち遅れているのは，モザイク化という匿名的な枠組みのなかにどっぷり浸かって，形式的に単純形態から複雑形態へ，やさしい動きかたからよりむずかしい動きかたへと機械的に段階指導を繰り返して，モザイク化始原分析に気づかない運動認識そのものなのです。

● ──モザイク化始原分析の手順を問う

　先に述べた鋳型化始原分析においては，匿名の鋳型に押し込められた習練形態を分析の対象にしますが，このモザイク化始原分析においては，絶縁的な細切れ動作に形式化された習練形態の没価値覚的な枠組みを取り出すことをねらいにします。したがって，その分析の手順はすでに分析のねらいとして述べた道筋にしたがって行われます。モザイク化枠組みの匿名性をあばくための分析には，その手はじめに教師の構成している指導目標像ないし生徒や選手が取り組む習練目標像が取り上げられます。もちろん，ここでいう目標像は抽象的に形式化された単なる理想像，つまり言い換えれば，理念的目標像ではありません。もちろん，動感力が働いていない単なる空想像でもないことも多言を要しません。そこには，道しるべとしての具体的な目当て形態がしっかりと構成されているのでなければなりません。ここでは，目標像の分析に次いで段階的に行われる五つの手順を図表としてまとめておきます。その詳しい内容については前段のモザイク化分析のねらいを見てください。

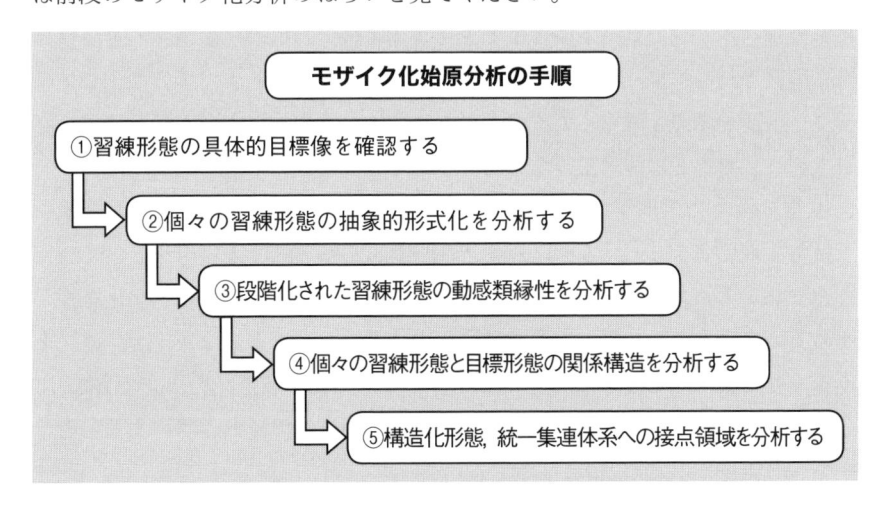

**モザイク化始原分析の手順**

① 習練形態の具体的目標像を確認する
② 個々の習練形態の抽象的形式化を分析する
③ 段階化された習練形態の動感類縁性を分析する
④ 個々の習練形態と目標形態の関係構造を分析する
⑤ 構造化形態，統一集連体系への接点領域を分析する

## 3 構築化枠組みの始原分析を問う

●──構築化枠組みとは何か

　構築化認識とは，マイネル教授が通時的，共時的な運動認識の枠組みとして鋳型化，モザイク化と並んで歴史の厚みのなかから取り上げた枠組みの一つが意味されています。この構築化という表現は，超越論的な動感形態の統覚化という意味で用いられる構成化と区別されることはいうまでもありません。ですから，無用な混乱を避けるために，ここで主題化される構築化という思考枠組みは，動感志向体験における形態統覚化という構成化の問題圏ではなく，自然科学的な形式化の思考枠組みに属していることをしっかり確認しておくことが必要です。この科学的な構築化という思考枠組みが運動指導の方法論に取り上げられるのは，マイネルの言説分析によると，中世から続く身体習練の鋳型化枠組みとペスタロッチに始まるモザイク化認識に対する批判として，19世紀後半からのことです[4]。これまで述べてきた鋳型化とモザイク化の運動認識のもとでは，あらゆる動きかたは「数え切れないほどの勝手な姿勢や形態の規則によってがんじがらめになっている」ことをマイネルは指摘し，「それに対する批判は，新しい運動認識から生み出されたのではなくて，医学の領域から起こったことは示唆的である」と指摘しています。ちなみに，身体習練を医科学的に合理化しようとして，解剖学や生理学を身体習練に導入したのは，スウェーデン体操の創始者リングであることはよく知られています。そのリングの流れを汲むベルリンのロートシュタインは身体習練の目的が「生理学的な身体効果に直結されるべき」ことを主張します。その結果，それまでの鋳型化やモザイク化の運動認識と激しく対立することになり，歴史的に有名な平行棒論争を引き起こしたことは体育史から知ることができます。

　19世紀後半に生理学的機械論を唱道し，電気生理学の分野で著名な業績を上げた生理学者デュ・ボワ＝レーモンの理論的，思想的な後ろ盾をもっていたロートシュタインは，その生理学的合理性に基づいて身体習練の科学化を押し進めていきます。しかし，その身体習練の体系はリングのスウェーデン体操をそっくり踏襲するに止まっているとマイネルは指摘します。いうまでもなく，今日の科学的スポーツトレーニング論の基礎を築いたのはドイツの生理学者シ

---

4) Meinel, K. : Bewegungslehre. 1960, S.37 / 26~27頁.

ュミットの業績であり，後世への影響は『身体習練はその習練価値に示される』(1893) という長たらしい題名の著作によって始められることになります。そこでは，「身体習練のために，どんな運動を取り上げるべきか」という問題に対して，生理学的習練効果こそ決定的な判断基準にしなければならないことが明確に宣言されます。ロートシュタインと違って，自らが生理学者であったシュミットの身体習練体系は科学的な合理性によって貫かれていることはその大著『我々の身体』5) 第3部「身体習練の運動学」のなかに明らかにされています。

　シュミットはその習練体系のなかで，身体習練の具体的な目的に，①筋達成力，②呼吸循環達成力，③神経支配達成力という三つの要素を生理学的な身体達成力として取り上げます。それは今日でも体力の三要素，すなわち，筋力，持久力，調整力に置き換えることができます。現代においては，高度なテクノロジーに支えられた大脳生理学や筋生理学の発達によって体力研究はますます科学的な精度を高めていることは喋々するまでもありません。しかしながら，マイネルは生理学的体力理論に異論を唱えているのではありません。マイネルが指摘しているのは，生理学的体力の三要素を構築化できるという思考枠組みに対する始原論的な問題性なのです。そのような体力要素の構築化認識が自然科学的な分析・総合の原理に支配されているのはいうまでもありません。たとえば，筋力トレーニングは一定の筋群に限られて絶縁的，集中的にその筋に生理学的効果が保証されるトレーニング負荷がかけられることになります。こうして，物質としての筋群は絶縁的にトレーニングすれば，筋力そのものを合理的に高めることができるという構築化の思考枠組みが成立します。その部分的な筋の効果をモザイク的に組み立てていけば，要求される筋力向上の目的に合致すると考えます。この構築化枠組みは通時的，共時的に承認されて今日に至っていることは周知の通りです。その限りでは，その生理学的なトレーニング効果そのものにマイネルは何の異を唱える必要もないのです。その構築化枠組みのなかでは，その習練形態は「生理学的な目的に合致すれば，勝手に思いのままに変形させてもよい」という運動認識にマイネルが注目しているのです。その運動認識における価値判断の基準は物質身体に生理学的な効果が生み出せるかどうかの一点だけに集約されます。それは身体習練の目的が生理学的なト

---

5) Schmidt, F. A. : Bewegungslehre der Leibesübungen, In : Unser Körper, 1899, 6. Auflage 1923.

レーニング効果こそすべてであるというシュミットの有名な宣言に集約されているからです。

　このような構築化枠組みにおけるトレーニング方式が生命的な身体習練の体系に導入されて以来，トレーニング対象にされる習練形態には，これまでの動感メロディーの流れる動感形態とはまったく異質な構築化形態が混在することになります。つまり，生理学的なエクササイズという習練形態と形態形成の始原に関わる動感性の習練形態との区別が曖昧になり，現代に至るまでその絡み合いは悲劇的な混乱を招くことになります。そのため，マイネルは生理学的トレーニングの構築化形態をくすりとして利用すべきであり，それが青少年の人間形成に参画する体育の習練形態における常食にしてはならないことを警告せざるをえなくなります。マイネルが危惧したことは，科学的方法論としての分析・総合の構築化枠組みに基づいて，生理学的身体の三要素をモザイクのように組み合わせて，生き生きした身体運動も生み出せると考えるその思考枠組みについてなのです。それは構築化枠組みを無批判に受け入れさせる危険性をもっているからです。この鋳型化枠組みは現在では信頼された科学的なトレーニング法として共時的に承認されていますから，マイネル教授のようにそれに異を唱えると，非科学的な妄言として侮蔑の対象になりかねないのです。しかし，そこにマイネルの指摘する構築化形態が匿名のまま価値覚的な枠組みに入り込んで機能し，動感発生に関わる形態形成の運動認識を混乱させているとしたら，始原論的構造分析によってその問題性を問い直してみる必要に迫られることになります。

## ●──体力は理念的概念を隠蔽する

　19世紀後半に習練体系を一変させた生理学的身体の価値意識の高揚は，たしかにそれまでの鋳型化枠組みやモザイク化枠組みによる運動指導の考え方に大きな転換を迫るものです。現代の科学的体力トレーニングとして，それが私たちの身近な身体習練方式にすっかり定着していることからも理解できます。とすれば，マイネル教授がその厳密な言説分析を通じて科学主義的な構築化という思考枠組みをなぜあばき出そうとしたのでしょうか。まずもって，私たちは体力という構築化枠組みの始原に立ち返って慎重に考察を進めていかなければなりません。

私たちにとって身近な概念になっている体力という表現は，身体の能力と解することに何の異存もないようです。しかし，そこで意味されている〈身体〉という概念は，私たちが主題化している今ここで動きつつある動感身体と呼ばれるものではありません。クレスゲスによれば[6]，今ここで動いている私の身体は動感力をもつ自我性を前提にしていますから，動きつつ感じ，感じながら動く私の運動を実現する身体こそが動感身体と呼ばれる概念なのです。このような動感地平性の身体論は現象学的形態学の視座のもとで展開される鍵概念になります。ところが，身体運動の地平深層に入り込んだ志向体験に気づかない人にとっては，生理学的な物質身体の概念のほうが理解しやすいようです。この動感身体は何気なく歩くときも，携帯電話でメールを打つときも，私たちの動きにいつも立ち会っている身体なのです。しかし，その動く感じをとらえる志向体験はすっかり私の身体になじんでいる習慣態ですから，その作用は動感地平の背景に隠れてしまっています。いわば，コツとかカンといわれている動感力は含意潜在態としてその地平の背景に沈んでいて気づかれない存在なのです。それよりも，現に目に見える生理学的な物質身体や物理身体の動きのほうが目立ちますから，つい動感性の志向体験に気づかないままに過ごしてしまうことになります。

　これに対して，体力トレーニングが問題になるときの身体は生理学的分析の対象になる身体，つまり，メルロ＝ポンティの意味する対象身体ないし客観身体であることはこれまでもそのつど述べています。ですから，ここで生理学の対象となる体力としての身体能力は，筋力や持久力のような物質身体の背後に潜む諸要素が意味されます。とすると，その身体は自然科学的な分析方法論として数学的形式化の原理に基づき客観的な筋力や持久力のような要素に還元して一般化することになります。この数学的形式化によって得られる要素概念は，フッサールの表現を借りれば，それは「理念的概念であり，人の〈見る〉ことのできないものを表現している[7]」ことになるのです。

　このようにして，物質的な身体能力を問題にする場合には，当然ながら運動を遂行するときの物質身体のなかで純粋に還元された要素としての能力が意味されることになります。たとえば，筋は生きものの運動器官として収縮弛緩を

---

[6] Claesges, U. : Edmund Husserls Theorie der Raumkonstitution, S.122, 1964, Martinus Nijhoff.
[7] Husserl, E. : Ideen I, op. cit. §74.

繰り返せる運動能力をもちます。もしこの筋における収縮弛緩の運動が生じなければ，その物理的な位置移動の運動も起こりません。ですから身体運動を可能にするもっとも還元された要素は筋の能力であるということになります。こうして，私たちは生理学的な体力の要素として，筋という要素の能力，運動を持続できる要素の能力，運動のスピードを保証する要素の能力を三要素として，筋力，持久力，スピード力を措定することになります。

ちなみに，わが国では筋力，持久力，調整力を体力概念に一緒にまとめているのは周知の通りです。あるいは，エネルギー系の体力とサイバネティクス系の調整力の二つに体系化することもあります。基礎体力としての運動能力の体系論については，フェッツ教授の慎重な言説分析が卓越しているのはよく知られています[8]。そこでは，運動実践の立場から，瞬発力のみならず，重量挙げのプレスや体操競技の力倒立などのスロー筋力などを措定し，あるいはスピード力には潜時を反応スピード力のみならず，卓球やフェンシングなどに見られるプロレープシスの共時化現象を含めた遂行スピード力も体系化しています。これに対して，シュナーベル教授の体系はサイバネティクス的視座から教科書的にまとめられています[9]。その基礎体力の体系論そのものの検討は私たちの始原論的構造分析の射程を超えますのでここでは立ち入りませんが，参考までに基礎体力といわれる運動能力についてその体系を挙げておきます。

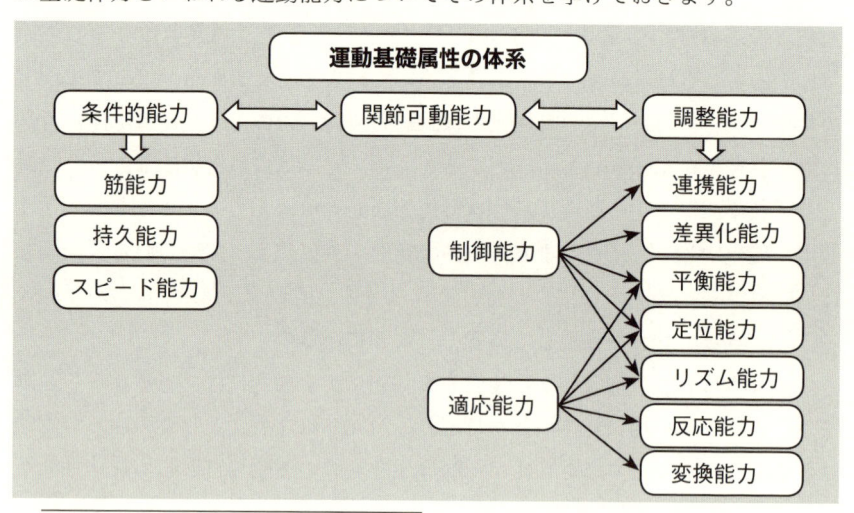

**運動基礎属性の体系**

条件的能力 ⇔ 関節可動能力 ⇔ 調整能力

条件的能力 → 筋能力／持久能力／スピード能力

調整能力 → 制御能力，適応能力

制御能力 → 連携能力／差異化能力／平衡能力／定位能力

適応能力 → リズム能力／反応能力／変換能力

---

8) Fetz, F. : op. cit. 1989, S.225-305.
9) Meinel / Schnabel : Bewegungslehre - Sportmotorik, S.206-236, 1998, Sportverlag, Berlin.

●——体力の構築化枠組みを問い直す

　ここにおいて，私たちは二つの構築化枠組みの問題に立ち入ることになります。すなわち，一つは体力における能力概念の問題圏であり，もう一つは体力の要素概念とそのトレーニング可能性をめぐる問題圏です。

①体力における能力の概念問題

　私たちはすでに体力における身体の意味は生理学的分析の対象身体に限られることを確認しています。その対象身体が身体運動を起こすときに，絶対不可欠な身体要素を能力と表現している問題にフェッツ教授が注目します。基礎体力を構成している要素ないし因子が筋力や持久力と呼ばれているのが一般的です。いわば，筋肉という固有な要素は統合されている身体運動から還元された本質的な属性を表しているのです。その要素自体が走ったり，投げたりする身体運動の達成力そのものではありません。ところが，この抽象的な概念としての筋固有性を考えるときに，その運動に示される筋肉だけによる達成力と理解し，その還元的な筋固有性という要素が運動能力をもつ具体像にすり替わってしまいます。筋線維という即自的実体からなる筋肉の生理学的機能性というものは，いわばその人のもつ筋肉だけによる運動達成力の大きさや仕事量にすり替わる可能性をもっています。「あの選手は筋力が強い」というときには，その人がたくましい筋肉をもっていて重いハンマーを投げたり，十字懸垂ができるという印象を受けるものです。そこでは，体力とか筋力とかいわれるときの〈力〉はその人が身につけている筋肉による運動達成力が意味されることになります。ですから，フェッツ教授はこの紛らわしい表現をもつ体力ないし身体能力を避けることになります。つまり，効果的な運動遂行の身体要素としての条件を表すのですから，能力という表現を避けて固有性ないし属性を端的に示して，運動の基礎属性という表現を提言しています[10]。いわば，身体運動の基礎属性ですから，体力の〈力〉を運動能力でなく，身体属性と理解するという前提に立てば，運動の基礎体力といっても誤解は起こらないことになります。

　ところが，この運動基礎属性は自然科学的な分析方法論に基づいて，筋力や持久力のような要素に還元して一般化されますから，そこに取り上げられた筋力や持久力という要素概念が即自的実体と勘違いしやすいのです。その場合の筋力や持久力は，フッサールの表現を借りれば理念的概念なのであり，人が見

---

10) Fetz, F. : op. cit. S.225, 1989.

ることのできないものを表していることになります。1960年のはじめに，この属性と徴表の区別をいち早く運動学の問題圏に取り込んだのはフェッツ教授の特筆すべき功績であり，決定的な重要さをもっているものです11)。つまり，フェッツは運動基礎属性と運動質の本質的な違いを明確に指摘して，筋力や持久力は運動者の身体の本質的属性であり，目に見えるものではないとし，局面構造やリズミカルな動きなどの運動質の属性はその徴表が運動経過に現れることを指摘しているのです。このことは現在に至ってもその運動認識は十全とはいえません。筋力という抽象的な属性が現に目に見えると考えてしまうのです。筋力を身につけた人の動きかたを身体属性にすり替えていることに気づかないのが珍しくありません。マラソンのゴールに入るときの選手の走りかたにその人の持久能力を推測することはできますが，その動きそのもののなかに持久力を目で見ることは不可能なのです。このような運動属性と運動質との差異化現象への無関心こそが次の要素加算方式という構築化枠組みを生み出していくことになります。

### ②体力の要素概念とそのトレーニング可能性

体力要素は筋力，持久力，スピード力という三要素に分けられるのが一般ですが，それらが行われる運動遂行の特徴に応じながら相互に統合されると，その人の運動基礎属性は目的的に機能することになります。とすると，それぞれの体力要素ごとにできるだけ充実して機能できるようにしておけば，その運動遂行はより効果的に機能するという論理が成立します。そこでは，それぞれの体力要素ごとに合理的に訓練して，最高の状態に高めておけば，その運動者のレディネスも最高の状態を保つことができると考えます。このように，それぞれの体力要素を絶縁的に最高の状態に高めておくという考え方は，その各要素は運動遂行に直結しているという前提の上にのみ成立しますから，抽象的な筋力や持久力をトレーニングの対象に取り上げることに何の抵抗も違和感もなくなります。とすると，そのトレーニングの対象になる習練形態はどのようにして構築すればよいかという問題に逢着します。

たとえば，筋力という基礎属性を高めるトレーニングの対象は，どんな種類の運動にでも当てはまる習練形態を構成しておけばよいことになります。たしかに，三段跳びのための筋力にも，十字懸垂のための筋力にも，さらに砲丸投

---

11) Fetz, F. : ibid. S.26.

げのための筋力にも，すべてに有効な筋力トレーニングを構成するには，生理学的身体のすべての筋群を調和的にトレーニングしておけばよいことになります。こうして，どんな競技スポーツの運動種類にも有効な筋力トレーニングのシステムが構築されることになります。しかも，その筋の機能を考慮して，瞬発力のための訓練法や筋持久力のためのトレーニング方法を確立しておけばより効果的になるはずです。ここでは，すべての筋群について，絶縁的に集中的にトレーニングすることがもっとも効果が明確に現れるという思考枠組みに支配されています。

　このようにして，筋トレーニングは生理学的身体のあらゆる筋群について，その運動遂行の機能に合致した筋力を高めるシステムが体系化されていきます。そのそれぞれの筋群の訓練は絶縁的かつ集中的に自然科学的な生理学に基づいて行われます。その対象の習練形態は必要に応じて目的的に，加算的にシステムが構築されていきます。しかし，この構築化枠組みにおいては，他の筋群との関係分析は欠落しています。つまり，ある筋群と他の筋群とのもっとも効果的なトレーニング負荷の比率はどのようにすべきかについては難問が付きまとうことになります。しかし，筋の属性を絶縁的に高めるという考え方は，マイネルも指摘しているように，けがに対するリハビリや老人の集中的な筋力回復にはくすりの役割を果たします。

　ところが，選手の競技力向上のトレーニングの場合には，この絶縁的，集中的なトレーニング方式が選手に過大な任務を強制していることに気づきません。当該の筋群が絶縁的強化によってその効果が突出すると，高めようとしている動きかたがうまく適合しません。全体のバランスや動感メロディーが崩れてしまいます。このような現実の運動遂行において，他の筋の機能との調和的機能をどのように修復するかという肝心の処方はもっぱら選手の動感創発作用に丸投げされることになります。このような科学的生理学における筋群の属性機能を絶縁的に強化するという構築化枠組みは選手にどのような創発志向体験を強要しているかという関係分析を排除してしまいます。選手が合理的に強化された筋群の属性をどのように運動遂行に生かすかという形態統覚化の処方システムはすべて選手自身が解決しなければならないという前提に立ちます。この選手の動感形態化の自主的トレーニングはコーチさえも選手自身の感覚問題として選手に丸投げするのが一般です。選手に丸投げしてよいというこのよう

な構築化枠組みは、古来の芸道における自得精神に基づいていることはもう贅言を重ねる必要はないでしょう。

こうして、運動実践の現場に生きる指導者も選手も、絶縁的な筋属性の強化トレーニングとは別に、現実の習練対象の運動遂行に関わる筋群の調和的構造を発見することが求められます。しかも、その筋群の調和的構造は単に筋属性のみならず、持久属性やスピード属性も取り込んだ動感運動のモナドメロディーが生きている習練形態を分析しなければならなくなります。いわば、モナド的な動感習練形態、約言すれば、モナド形態の発見に成功すれば、そのモナド形態の反復訓練の可能性をもてますから、科学的な生理学に基づいてその合理的な処方システムを構成することができることになります。現実の運動実践の現場では、そのようなモナド的な動感形態を習練の対象にしている実践知が生きていることも見過ごしてはならないようです。

●──調整力の構築化枠組みを問い直す

フェッツ教授によると、運動基礎属性は体力という基礎属性と調整力などの複合属性に分けられています。体力属性は筋属性、持久属性、スピード属性に端的に分けられているのに対し、運動系の複合属性は調整力属性のほかに、運動学習能力と運動創作能力も挙げられています。その調整力という基礎属性にしても詳しい言説分析を通して、体力のように単純に要素に還元できないむずかしさを指摘しています。それはエネルギー系の体力属性に対比すると、調整力は運動器と神経機能の協調に関わり、サイバネティクス的領野を巻き込んでいるからです。

サイバネティクス的運動分析に代表される運動制御システムの研究は、スポーツ科学の領域においては1960年代になって少しずつ注目されるようになります。なかでも神経生理学者ベルンシュテインの運動制御論における自由度の研究は身体運動の複雑な制御理論に大きな問題を投げかけたことは周知の通りです。サイバネティクスの制御回路は、基本的にフィードバック原理に支配されていることはいうまでもありませんが、それだけでも人間の身体運動の自由度はきわめて大きいので、単純な日常的動作のシステム分析さえ、その計算モデルの発見は多くの困難を伴うことがわかってきています。

ほんの日常的な動作、たとえば机の上にある鉛筆をとって、メモをとろうと

するような単純な動作において，閉回路の制御システムで一連の運動の流れを図式化しても，その自由度は膨大であり，その計算論的アプローチは困難をきわめることになります。それどころか，事後性を本質とするフィードバック理論の当てはまらない単純な日常動作は身近に溢れているのです。たとえば，だれかに物を投げ渡すような運動行為は，開回路制御のシステムに属しますが，投動作によって，手から放れた物を制御することはできませんから，どうしてもフィードバック原理は当てはまらなくなります。そのときの物を投げるという一連の運動行為は，その投げる人の動感力がきわめて一人称の動感世界に関わりをもっていますから，計算論的な形式化を大きく阻む要素があまりにも多すぎるのです。まして，競技スポーツのように敵と味方を問わず意味系と価値系が複雑に絡み合った運動行為の計算論的モデルを発見することは困難をきわめることになります。

　しかし，運動の制御的適応を中枢神経機能によって説明できると考える生理学的な運動協調理論というものは，それでもなお多くの問題を抱えています。たとえば，歩行における同一の反射弓が，ときには伸筋を興奮させて屈筋を抑制し，ときには，逆に伸筋を抑制して屈筋を興奮させるという場合，その切り換えは，ヴァイツゼッカーが指摘しているように12)，二重中枢というものを想定せざるをえなくなるからです。しかし，生理学者シェリントンのこの二重中枢説では，平坦でない地面での歩行のように，特殊状況が出現するたびにそれと同数の特殊反射が用意されていると仮定しなければならないとヴァイツゼッカーは指摘しています。運動の制御的適応を主題化しているはずの協調理論であるのに，その制御的適応がそのつど二重中枢における切り換えにはうまく適応していないことになります。なぜなら，適応ということは，環界が変化しても，つまり，刺激が変化しても，いつもノーマルな反射で生じる運動が出現することにほかならないからです。このような複雑なシステムを数学的形式化によって，その機械論的構造を明らかにしようとするのがこの運動系の調整力という問題圏なのです。

　現に，システム論そのものはサイバネティクス的システム論から，1960年頃から自己組織システム論に移行し始め，さらにオートポイエーシスという新しいシステム論が展開されているのは周知の通りです。しかし，運動創発問題

---

12) ヴァイツゼッカー：『ゲシュタルトクライス』，op. cit., 209~212頁参照.

を抱え込むといっても，システム論的な運動分析は相互の関係システムを数学的に形式化してその抽象性を高めていきます。運動生成に関わるからといって，動感発生論を基柢に据える運動分析論と安易な統合が図られるわけがありません。それは形式的普遍化を目的にした機械論的運動分析と，類的普遍化を求めて抽象化を進めていく超越論的運動分析とは本質的な差異をもっているからです。これまでもたびたび強調してきたことですが，ある一つの目的のために，相互に協力できるのは当然のことです。そのためにヴァイツゼッカー，ボイテンデイクやカッシーラーなどの碩学の言葉をわざわざ援用するまでもないでしょう。

調整力という運動属性について，このような本質的な差異性を確認しておけば，いろいろな運動問題の所在が浮き彫りになってきます。巧みさという一つの調整力属性を考えても，その基礎属性がさまざまな競技の巧みさに共通の能力になるはずだという幻想はもてないことが明白です。サッカー選手の人間業とは思えないようなボールさばきの巧みさは，体操選手の鮮やかな空中での身のこなしと共通の調整力に支えられているという没価値覚的な枠組み構造が成立しないのはいうまでもありません。そうなると，競技種目ごとに，さらにその動きかたの様態によって，それぞれの技術力や戦術力のエキスを抽出して，類的普遍化を求めていくしか道はなくなります。しかし指導実践の現場には，そのようなエキスを構造化した習練形態を実践知として体系化しているすぐれたコーチや監督がいることはよく知られています。いわば，体力属性のトレーニング方法論でも問題になったモナド習練形態こそ反復訓練に耐えうるすぐれた習練対象として浮かび上がってくることになります。むしろ，大切なことは体力という構築化枠組みのなかで筋力，持久力，調整力という三基礎属性を体系化の対象にするのではなく，体力属性と調整力属性の本質的な差異性を踏まえて，その上にトレーニング方法論を構築するために価値覚的な枠組みの構造分析が求められることになります。

●───構築化始原分析の手順を問う

自然科学的な生理学に基づいて，形式化された体力要素と調整力要素は純然たる理念的概念であるのにかかわらず，いつのまにか運動遂行能力との区別が曖昧になり，多くの混乱を引き起こしていることはフェッツ教授の指摘する通

りです。マイネルやフェッツによる構築化始原分析への提言は生理学的な体力や調整力のトレーニングそのものを否定しているのではありません。そこで問題に取り上げられているのは，始原論的な構造分析の次元においてです。人間の統一的な身体運動を要素還元的な構築化思考枠組みですべてを再構築できるという考え方そのものの始原分析が問われているのです。いわば，人間の身体に関する運動認識それ自体に潜んでいる問題性を掘り起こそうとしているのであって，その差異化現象に無関心であることがこの混乱を生み出しているようです。マイネルも指摘しているように，体力や調整力の要素的トレーニングはいわばくすりのような存在なのであり，だれにでも効くくすりが無批判的に適用される思考枠組みこそ始原分析の対象に取り上げられるのでなければなりません。始原分析というものは，このような体力要素を構築して新しい動きかたを発生させると考える構築化枠組みを明るみに出していくところに決定的な重要さが示されるのです。ここにその分析手順を図式化して確認しておくことにします。

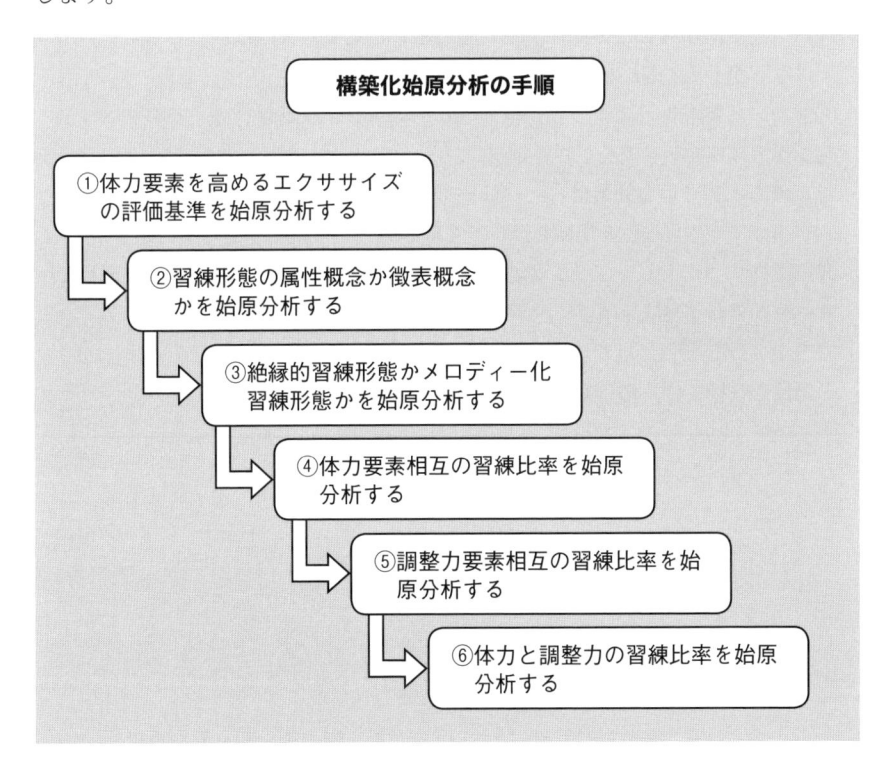

**構築化始原分析の手順**

①体力要素を高めるエクササイズの評価基準を始原分析する

②習練形態の属性概念か徴表概念かを始原分析する

③絶縁的習練形態かメロディー化習練形態かを始原分析する

④体力要素相互の習練比率を始原分析する

⑤調整力要素相互の習練比率を始原分析する

⑥体力と調整力の習練比率を始原分析する

### ゼミナールテーマ：6

①動きかたを指導するとき，鋳型化枠組みに支配されている具体的な例証を挙げて説明してください。

②鋳型化指導が正当性をもつ具体的な例証を挙げてその理由を説明してください。

③鋳型化指導が解消化能力を奪ってしまう具体的な例証を挙げてその対策の方法論を述べてください。

④道しるべの目当て形態として，一つの指導段階の具体的な到達目標像の例証を挙げて説明してください。

⑤段階指導の各段階目標像がどのような動感類縁性をもって体系化されているのかを具体的な例証で説明してください。

⑥段階指導における各段階の目標像がモナド形態としてのメロディーが存在しているかどうかを例証で説明してください。

⑦筋力要素だけが目に見える動きかたとして具体的に現れている例証は存在しないのはなぜか，その理由を説明してください。

⑧持久力要素が今ここの動きかたとして指し示せる具体的な例証をもたないのはなぜか，その理由を説明してください。

⑨体力の各要素をどのような比率でトレーニングすればよいのかを具体的な例証を挙げて説明してください。

⑩調整力という体力要素はいくつの要素に還元できるのかどうか具体的に例証を挙げてその正当性の論拠を示してください。

⑪調整力の要素トレーニングのなかから一つを選び，それがどんな競技種目にも有効である例証を挙げて説明してください。

⑫一つの競技種目のなかにいくつのモナド習練形態が数えられるのか具体的な例証を挙げて体系化してください。

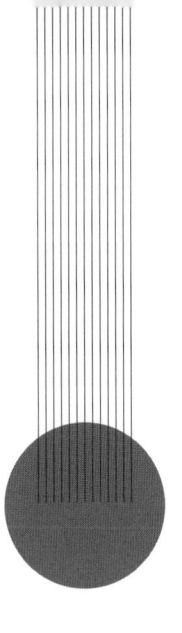

第Ⅲ章

# 体系論的構造分析の道

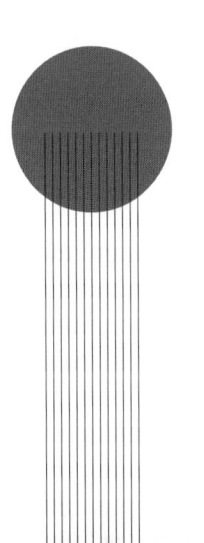

## 講義 7
## 動感言語の体系論を問う

### 1 なぜ動感言語論を主題化するのか

●——なぜ動感言語が問題になるのか

　ここで主題化される動感言語，つまり，動感形態の言語表現については，私たちはすでに『身体知の形成』（講義26）において動感言語の基本的考え方を考察しています。私の身体運動のなかでそのつど差異化される動感意識は客観化作用によって言語化のアノニュームな基礎が形づくられています。それが言語表現をとるかどうかはその動感形態に伝承志向体験が生まれるかどうかによります。その伝承作用のなかでは，動感形態がしだいに類的に普遍化され，その主語形態と述語形態として言語化される可能性をもつことになります。ここに存在論的な始原分析，地平分析と並んで，その一翼を担う体系分析は動感言語の価値体系論としてその基礎づけがまずもって明らかにされるところから始められます。動感言語論という問題圏は洋の東西を問わず，動きかたを習練する営みに関わりをもっています。つまり，習練形態が学習の対象に取り上げられるときには，その活動のなかで目標像や動きかたが伝え手と承け手のあいだに交信がもたれますから，どうしてもその言語的な表現の本質的な問題意識が活性化することになります。わが国の中世以降の芸道や武道では，新しいわ・ざ・（技，芸，態，業）の伝承問題が存在しているとはいえ，その言語表記がうまくいかず，主語的な動感形態は何とか記号化するとしても，述語的な志向形態に至っては不立文字を盾にとって以心口伝にせざるをえなくなります。それもコツやカンは先言語的特性をもっていますから，結局は不立文字として無師独悟の自得精神を謳歌せざるをえないことになります。さらに幕末から明治にかけて西洋の軍事訓練が導入されたとき，多くの日本人は手足を振り子のように交互に前に出す歩きかたができなかったといわれます。それまでの日本人は歩くという動感形態を習練の対象にしていないからです。いわばナンバ歩きが自然

発生的に成立していますから、そこにナンバという歩きかたが発生してもそれをそれ以外の歩きかたと概念的に規定する必要がないことになります。

　このような身体運動の動感形態とその言語表現をめぐる問題は、世界大戦で長らく外国との交流が中断されていたわが国の戦後の競技界にもいろいろな波紋を投げかけることになります。たとえば、第二次世界大戦後にはじめてオリンピックヘルシンキ大会に出場した日本の体操競技もこの動感形態と言語表現の不一致の渦に巻き込まれないはずもありません。宙返りや倒立などの非日常的な動きかたを競技する体操競技では、その動きかたが採点対象になるだけにその言語表現の正しい理解は不可欠になります。西欧では、ヤーン以来150年以上にわたっての独自な発展を遂げてきた運動術語に統一的な了解が成立していますから、国際間における運動表記の理解に問題はないのです。それは同時に技のトレーニング目標を決める重要な手がかりになるだけにきわめて重要になります。しかし、わが国の体操術語は学校体育と競技スポーツのあいだに大きな隔たりがあり、世界の体操競技における専門語理解にはまったく無関心でした。たとえば、ヘルシンキ大会の跳馬の規定跳躍は馬首着手の屈身跳びだったのですが、当時の日本の指導者たちはその規定課題を水平跳びと勝手に理解してしまったのです。ですから、日本代表選手の選考競技会では、着手までに正しい水平姿勢をどれほど長く保つことができるかが採点の唯一の基準にされたのです。

　当時のわが国の学校体育では、スウェーデン体操の姿勢訓練が重視されていましたから、馬首に着手する前に空中で水平姿勢をできるだけ長く保持する理想像を立てたのは当然のことになります。その水平跳びに何の疑いをもたずに規定の跳びかたを採点していたわけです。つまり、馬首着手の屈身跳びという名称によって意味される跳び越し形態は、わが国ではいわゆる水平屈身跳びしか存在しなかったのです。このような不一致は単なる情報不足という問題だけで片づけられません。その情報を知ったからといって、その跳びかたを粘土細工のようにすぐに修正できるものではありません。そこには、その言語表現で意味される動感形態の発生には、動感意識に深く絡み合った志向形態の統覚化問題が関わってくるからです。

　このような動感形態と言語表現の問題圏を運動学の研究地平に導入したのは、やはり形態学的な視座からスポーツ運動学を提唱したドイツのマイネル教

授でした。マイネルはその著で運動記述の問題圏を取り上げ、「運動を合理的に把握していく第一歩は言語の助けを借りて記述することである」といい、その言語表現が形態発生ないし指導目標像に決定的な重要性をもっていることを指摘します[1]。しかし、その生き生きした動きかたを近似的にでも言語で記述することはむずかしく、まだ不完全なままに放置されている運動記述の現状を嘆いて、質的な意味構造のカテゴリー化にその活路を求めたことはよく知られています。マイネルはことあるごとに運動の感覚や体験と結びついた言語表現の重要性を主張し、パヴロフのいう第一信号系と第二信号系とのあいだの絡み合った相互依存性に言及しながら「現実と何ら関係のない形式的な空虚な言葉が使われるのでは何の役にも立たない」といみじくも指摘しています[2]。

　実践的運動学を標榜したマイネル教授の関心が身体運動の意味構造とその言語表現との関係解明におかれていたことはいうまでもありません。私たちの体系論のなかでも、その基柢を形づくる動感言語論を欠くことができないのは多言を要しません。ここでは動感言語論そのものの体系には立ち入りませんが、形態学的構造分析の一端をなす体系分析の基礎づけとして、動感言語の価値体系論を一瞥しておかなければなりません。とりわけ、動感言語の体系論のなかで主語形態ないし主語形相を前景に立てることになります。というのは、存在論的構造分析の一環として位置づけられる体系分析は、主語形態の体系論的な縁どり分析を起点にしているからです。こうして、私たちはやっと動感形態とその言語表現の関係分析の問題圏に立ち入るところまでたどり着いたことになります。

### ●——身体運動になぜ名称をつけるのか

　私たちは歩く、投げる、踊るというように、それぞれの身体運動の一つのまとまり、つまり、動感志向形態に一つの名称をつけています。とはいっても、そのような動きかたに名前をつけなくても、私たちの日常生活は何の不便も感じません。歩くと走るとがどこで区別されるかは一般の人にとってはどうでもよいことであって、その区別の認識がないからといって別に困ることもありま

---

1) Meinel, K. : Bewegungslehre, 1960, S.143f. /『スポーツ運動学』、151~152頁、1981、大修館書店。
2) Meinel, K. : ibid. S.361 / 390頁。

せん。子どもたちは，家の中で走り回ると，母親から「家の中では走ってはいけない」とそのつど叱られるから，「こんな動きかたが走るを意味するのか」とその名称を知ることになります。その名称の承認の瞬間には，同時に走るという形態(モルフェー)を自らの身体で知ることになります。この問題には動感言語論の基柢をかたちづくる重大な認識が隠されていますが，これについては後段で改めて取り上げることになります。

　このような自然的態度のなかでは，動感形態と言語表現の対応関係は受動的な動感世界にあって，一般的には背景に沈んだままで意識されません。ところが競技スポーツや体育において，意図的に一つの動きかたを新しく発生させる運動学習の場では，その動きかたとその名称の対応関係にたびたび問題が引き起こされるのです。その名称を聞いたとき，だれもが同じ動きかたを理解できるのでなければ効果的な学習活動は成立しません。その習練形態の名称の意味が人によって，あるいは，時や場所によって違ってしまうのでは多くの混乱が引き起こされます。とりわけ，体育授業のなかで新しい動きかたを身につけさせるときには，学習内容，つまり，習練形態とその名称に食い違いがあっては生徒たちの学習活動に混乱が生じてしまいます。

　たとえば，低鉄棒でさか上がりを指導するとき，子どもが腕立てで後ろ回りをやっているのに，教師のほうがそれにまったく気づかない場合があります。教師が「これはさか上がりなのだ」と一方的に言い張っても，子どもたちは後ろ回りの動感感覚を敏感に感じとっているのですから，それは無意味なことです。そこでは，教師のさか上がりという名称の概念と，生徒のさか上がりという志向形態の意味が合致していないのです。そのためには，まず教師によってさか上がりの体系分析があらかじめ行われていなければならないのです。しかしこれまでは，この教材の体系分析はおろか発生分析さえも放置されてきたことは否めない事実です。このような素朴な運動学習の次元では，さか上がりそのものの価値論的な体系分析は不問に付されていますから，あとにはそれができるための筋力トレーニングと機械的な反復訓練しか残っていないことになります。そこではどのようにできればよいのかという評価判断の基準はどのように理解されているのでしょうか。

　このような習練形態と言語表現の不一致ということが競技の世界で起きてしまうと，勝敗そのものに関わり，競技の成立さえ危ぶまれる事態が生じてしま

います。わが国においては，これらの動感言語論的な問題意識が競技スポーツで表面化してきたのは1950~60年のころからのようです。とりわけ，世界のトップに君臨していた体操競技の世界では，そのスポーツが評定競技に属しているだけに，価値体系論的な構造分析は焦眉の急として，その解決が迫られる問題になります。体操競技には，その習練対象にしなければならない技は膨大な数に上ることはよく知られています。それだけに，複雑な技の言語表現をどう解決するかは，18世紀後半以来の関心事になっていて，ヤーンによって統一された（1816）ことは周知の通りです。それが体系論的な体操術語として国際的に承認されるのには1世紀半の歳月を要したのです（1959）[3]。このような身体運動の言語表現をめぐる問題圏に対して，マイネルの形態学的構造分析の方法論（1960）が大きな影響力をもったことはいうまでもありません。しかし，この問題意識が「運動の言語表現をめぐる諸問題」として運動学の論考（1977）に挙げられるのには，なお時を重ねなければならず，それはマイネル教授の他界の後になってしまいます[4]。

このように，習練形態と言語表現の関係分析において，それぞれの感覚構造ないし意味構造の共通理解が妨げられると，そこにいろいろな問題が生じてきます。とりわけ，習練形態がいつも，どこでも，だれにとっても，同じ意味構造をもつということはそう簡単に結論を導き出すわけにはいかない複雑な問題を伏在させているからです。たとえば,〈歩く〉はみな同じ経過を示すのだから，それに〈歩く〉という言語ラベルを貼り付ければよいと考えるのに何のためらいももたないのが一般の考え方ではないでしょうか。老若男女を問わず，どんな格好で歩いても，「みんな同じ動きかたなのだ」と理解するのは自明のことだと単純に考えるのです。

だれにとっても，いつでも同一な歩行運動であると客観的に抽象化するためには，数学的時空座標系における物理運動にどうしても変換しなければならないことになります。そこでは，身体運動の意味情況や価値意識ないし質的な意味構造がすべて取り除かれなければ，万人に共通な客観性を保証することはできないからです。このような科学的分析によってはじめて，私たちはそこに抽

---

3) Fédération internationale de gymnastique: Précis de Terminologie gymnastique, 1959.
4) 金子明友：「運動学から見たスポーツ」（263~295頁），『スポーツの科学的原理』，1977，大修館書店.

象的な歩くや走るを客観的に取り出すことができると考えます。それは形式化された身体運動であり、歩形式ないし走形式と呼ばれる精密科学的な運動概念です。しかしそれは構造存在論的な体系分析の対象になる身体運動ではありません。有意味な情況のもとでその人の意味内容をもった歩く、走るという動感形態がだれにでもいつでも当てはまるように、そこに類化された一般性を求めた歩形態や走形態というものは、前述の数学的に形式化された客観的な歩形式や走形式とは本質的に区別されていることに注目しなければなりません。

こうして、私たちは鋳型化された運動形式性に対応して単純に言語ラベルをつけることが可能だと考えます。いわゆる科学的に理想的な身体運動として、たとえば〈歩く〉に対しては、物理学的、生理学的法則性に基づいた正常歩という正統な名称が与えられます。しかしそのときには、それ以外の動きかたは目標にする学習対象からすべて排除されることになります。その科学的な運動概念のラベルが貼り付けられた習練形態は、シュピース的な運動幾何学による単一な固定像として、いつでも、だれにでも承認される客観性をもつことになります。このように数学的に形式化された固定的な身体運動に対しては、それに見合った名称ラベルを貼り付けるだけで十分です。そこに身体運動と言語表現のあいだに混乱が起きるはずもありません。しかし、このことは現象学的人間学の立場から運動学の一般理論を構築したオランダのボイテンデイクの痛烈な批判を招くことになります。

## ●――動感言語の発生に問いかける

ボイテンデイクは体育における理想的な歩きかた、つまり正常歩と呼ばれていることをなぜ批判したのでしょうか。人間学的運動学の一般理論をはじめて構築したボイテンデイクがいみじくも指摘して「体育の［歩行］理論には多くの信奉が寄せられている考え方が存在している[5]」と指摘します。「それは新陳代謝が向上することと、疲労がきわめて少ないことがもっとも合目的な歩きかたであり、しかもそれだけがもっともすぐれた歩きかただと思い込んでいる」と厳しく批判するのです。ボイテンデイクは「運動の合目的性というものはその動きかたの一つの価値規範に過ぎないのだ」と指摘します。たしかに、体育において主題化される身体ということがメルロ＝ポンティのいう生理学的な

---

[5] Buytendijk, F. J. J. : 1956, op. cit. S.127ff.

対象身体だけに限ってしまうのなら，それなりに合目的な歩きかたとして，正常歩という価値判断は成立します。しかし，身体教育の対象をさらに現象身体にまで広げて，人間のもっとも本原的な動感的深層に関わりをもつ全人教育を目標に掲げるとすれば，単に身体の生理学的効果だけによって，学習すべき動きかたの理想像を立てるのは批判されても仕方ないことになります。もっとも現象身体の，とりわけ私たちが主題化している動感身体の人間形成への価値論的構造分析が背景に沈んだままになっている現在の体育界では，正常歩だけが唯一の規範になるのは当然の成り行きかもしれません。

　競技スポーツの場合でも，生理学的，物理学的合法則性だけが動きかたの客観的な価値判断に転用されることも少なくありません。たとえば，体操競技におけるもっとも基本的な倒立という技について，かつての理想像は生理学的な緊張性頚反射の発現に求められていて，これこそが自然で美しい倒立姿勢だと信じられていたのです。その自然な生理反射に逆らってまっすぐに保持された倒立姿勢は不安定さを感じさせるとして低く評価されたのはそう遠い昔のことではないのです。しかし，技の価値体系論的な構造分析が進むにつれ，まっすぐに伸ばされた倒立姿勢が倒立の体系的発展を保証することが共時的に承認されるようになります。人間の動きかたの成否判断ないし良否判断はただ単に科学的合理性に則っているかどうかだけで決められるほど単純ではないのです。ですから人間の運動研究において，歴史的，文化社会的な厚みを背負って伝承されていく実存的な身体運動はどうしても始原論的な構造分析が必要になってきます。

　このようにして，私たちが習練形態につけるラベル的な名称もそれが等式的に動感志向形態に対応しているのではないと気づくことになります。たとえば，歩くという言語表現から私たち日本人はどんな動感形態を思い浮かべるでしょうか。そこには，生理学的な正常歩だけではありません。威張りくさったやくざ歩き，たおやかな女形歩きや海辺のそぞろ歩きなど，数えれば限りなくいろいろな歩きかたが存在していることに気づきます。さらに，年齢，性差，民族などによって，歩きかた，つまり歩行の多様な志向形態もしだいに類的に普遍化されながら，それらの類型学的な構造分析の射程も大きな広がりを見せることになります。それどころか，その多様な類化と種化のなかに現れる動感形態とそれに対応する言語表現もその人びとの言語圏ごとに，これまたラベル貼付

的な単一対応関係を阻む問題が生じてくることになるのです。

## 2 動感形態は動感言語と同時に発生する

### ●——動感形態にラベルを貼れるのか

　日本語でいう走るという言語表現も，それに対応する類化された動感形態は多様であり，小走りは広辞苑によると急いで行くことの比喩的表現であってかならずしも走形態を表しません。ラテン語に語源をもつ vault（英語），votigieren（ドイツ語），volter（フランス語）のような手で支えて跳ぶという表現は日本語にはなぜか存在しません。ですからわが国では，棒高跳びや跳馬のなかに手で支えて跳ぶという動きかたの言語表現は存在していないのです。そのため，跳び箱や跳馬ないし棒高跳びなどに見られるこの風変わりな跳形態に対して支持跳躍という類化名称はなかなか定着しにくい事情にあります。そこでは，支持跳躍という動感形態の創発分析と存在論的な体系分析は欠落したまま放置されることになります。このことが同時に意味していることは，動感形態の体系分析がその価値構造を明らかにしていれば，それは支持跳躍の命名も同時に問題として浮上してくるのです。このことは，動きかたの言語表現がその動感形態の意味構造と複雑に絡み合っている関係分析の不可欠さを示しています。

　私たちは身体運動を他のものに依存することなくそれ自体として存続するもの，つまり一つの即自的実体として理解する問題性にはすでに触れています。その即自的実体の運動そのものに，名前の書き込まれたラベルを貼り付ければ，それで動きかたと言語表現の関係は簡単に成立すると考えてしまいます。しかし，動感形態とその言語表現がこんなに複雑な関係系のなかで絡み合っている構造に気づくと，私たちはここで即自的実体としての運動とその言語表現との関係を改めて原理(アルケー)として問い直しておかなければならなくなります。事物とその言語表現の関係について，メルロ＝ポンティの巧みな表現を借りれば[6]，「事物の命名は認識の後にもたれされるのではなくて，それはまさに認識そのものである」ということになります。メルロ＝ポンティが注意していうには，薄暗がりのなかである対象物に目をとめて「これはブラシだ」というとき，まず私の心のなかにブラシの概念が先にあって，そこに私がその対象物を結びつけ，

---

[6] Mereau-Ponty : phénoménology de la perception, p.206, 1945／『知覚の現象学』1, 292 頁．

もう一方でその概念は反復される連合によってブラシという語と結びつけられると考えてはならないというのです。そうではなくて「むしろ言葉そのものが意味をその身に担っていて、それを対象に当てはめることによって、私が対象をとらえたという意識をもつのだ」と結論づけるのです。

このことはその言葉以前に最初から歩く、走る、跳ぶなどの動きかたが即自的実体として存在していて、その鋳型化された動きかたに単に名前のラベルを貼り付けると考えてはならないことを注意しているのです。最初にだれにとっても共通の歩きかた、たとえば、手足を交互に前に出して進むという歩形式が他の動きかたと関係なしに、それだけで即自的に存在しているのではないことを確認しておかなければなりません。その即自的形態に歩行という言語ラベルを貼り、あるいはその国ごとに walk や gehen zu Fuß あるいは aller à pied という言語表現を付けると考えてはならないのです。ある一つの動きかたは常に他の動きかたの関係系のなかではじめてその体系上の共存価値が認められます。この共存価値という鍵概念については次の〈講義8〉で詳しく考察しますが、他の志向形態との関係を無視して、最初から即自的実体として動きかたは存在しないのです。

しかしそうはいっても、運動の言語表現が単なる即自的運動のラベルではないという動感形態と言語表現の二重化はなかなか理解しにくいようです。いうなれば、そのときの動感言語というものは動感形態そのものなのであり、その動感言語のなかには類化ないし種化された動感形態そのものが住み込んでいるのです。メルロ＝ポンティのいう「事物に名前を付けることはその認識そのものなのだ」というのはこの意味において理解されなければなりません。動感言語の意味は同時に動感形態の表現なのであって、「一枚の紙の裏に鋏を入れないで表だけを切ることはできない」(1833)という言語学者ソシュールの譬えを援用して、この二重性を「意味であると同時に表現であり、もともと別々にある意味と表現が結びついたのではない[7]」ことを明快に述べる丸山圭三郎のソシュール講義は説得的です。このようにして、動感言語の発生原理をたずねることから出発した体系分析は、当然ながら動感形態の発生様態についても慎重な分析を私たちに要求してくることになります。

---

7) 丸山圭三郎:『ソシュールを読む』, 48~49頁, 1983, 岩波書店.

## ●──運動名称は動感形態と同時発生する

　動感創発の志向体験を通して構成化されるかたちとしての動感形態は，受動的な動感地平のなかで未規定のまま混沌としている動感素材から一つのまとまりに統合されて，はじめてそのかたちを現すことになります。そのつどの多様な動感差は，しだいに志向的形成ないし志向的意味付与として与えられ，多くの階層を通り抜けて統一され形態化されていきます。しかし，動感形態がその言語表現と同時に発生するという，両者の先も後もない働きの同時存在の運動認識は，つまりヴァイツゼッカーと軌を一にする同時発生という構造円環の考え方は因果的な科学的思考に慣れている私たちにはなかなか理解しにくいところがあります。そこでは，動感形態そのものをどのようにして同じ志向形態の反復と感じとれるのかということが決定的な重要さをもっています。これまでの講義内容を要約しながら整理しておきます。

　私の動感形態を私が直接に経験するというのは，単にその運動を概念的に知っていることではありません。その動きかたの志向体験を私自身の身体が了解していて，そのように動くことができるということなのです。この意味において，私の身体運動は，知ることと動けることが一体化していて，そこには一つの動感力という身体能力が姿を現してきます。こうして動感形態は私が動けるとして直接に経験されることになります。このことをフッサールは「自我はこの段階において原事実なのだ」といい表します[8]。フッサールがそう名づけざるをえなかったこの絶対的事実性という概念は，動きつつある自我そのものを反省によってとらえることが原理上不可能であることを意味しているのはすでに指摘した通りです。

　こうして，私の動感形態というものは〈自ら動ける〉という身体知として，私の身体の絶対ゼロ点に自我中心化されます。私が現にいるときの〈現〉は，ラントグレーベによると[9]，一つの絶対的規定であり，しかもその絶対的規定は私の身体のゼロ点に示され，私はそのゼロ点から逃げ出すことはできないのです。それは私自身がこのゼロ点そのものだから自明のことです。さらに，この動感形態は動く意欲，動けるようになりたい意欲，それに向かって努力していく意欲がその基柢を形づくっていることをフッサールはいみじくも指摘して

---

8) Husserl, E.: Zur Phänomenologie der Intesubjektivität, Hua. XV, S.386.
9) Landgrebe, L.: op. cit. S.71.

います10)。そこで「キネステーゼ（動感）そのものは単なる意欲の様態を示しているのではなくて，目標を目指しての意志の道程として構成されるのであり，何かに向けての能動的な努力のなかに習練する道程が形成され，動感力を目指して歩き続ける道になる」ことをフッサールが指摘しています。〈自ら動ける〉ために反復訓練して身につけていく原動力は，フッサールのいう原努力であることをラントグレーベも受け継ぎながら次のようにつけ加えます。「この原努力という表現によって，その志向的な働きはそれ自身のなかで目的論的に方向づけられていることが示されるのです。原努力とは常に何かに向かっての努力，何かから抜け出る努力なのであり，それは根元的な動感運動として働いているのです11)」。このようにして，動感運動の基柢に胚胎している原努力によって，フッサールのいうように，何か関心のある動きかたに向けて，能動的な努力が触発され，反復訓練して覚える努力をする道程が形成されていくことになります。

● ——動感表現は種化から類化に向かう

しかしながら，どんなに動感形態への努力志向性が生化されていても，そこで感じとれる動感形態が反復されていることをそのつど感じとれるのでなければ，その志向形態はいつになっても統一された意味を生み出すことができません。私たちは平坦な道を歩いても，スロープを上り，下りしても，それらの歩きかたの格好をどんなに変えても，歩くという志向形態は私の身体で同じあるいは似ているととらえています。それらの変形作用は，フッサールの表現を借りれば，繰り返しながら通過していくなかで自らの身体のなかに自我中心化されて感じとられるからなのです。この繰り返しと感じることは，私の動感意識に同一化作用が働いているのを確認しておかなければなりません。それはどんなに速く，急ぎ足でスピードを上げても，それは歩くという動感形態の統一を破壊することはできないのです。ですから，急ぎ足から走るに変化するときには，自らの身体が別種の運動リズムをもった移動形態として，その変化をすぐに直観できるのです。

このような動感志向性が一つのまとまった意味を生み出し，図式統覚化やシ

---

10) Husserl, E. : op. cit., S.329f. "Kinästhese als begehrendes Hinstreben und als Willensweg", 1931.
11) Landgrebe, L. : op. cit. S.78f.

ンボル化として統一されてはじめて、その動感形態は言語的な意味内容をもって他の形態と対応関係をもつことができます。ですから志向体験の形態統覚化に至るまでは、かならずしも価値体系論の次元における単位としての主語形態を示しているわけではありません。しかも、その主語形態は時間化された私の志向形態であって、そこに類的普遍性への一般化はまだ行われていないからです。そこでは〈このこれ〉として、私だけにとっての動感主語であり、他者に無条件に通じる意味構造に類化されていません。たとえば、ガッチョンとかトントンと名づけられたわけのわからない奇妙な比喩表現であったりします。しかしそこでは、新しい動感形態の出現とその言語的意味内容が同時に発生しているのに気づかなければなりません。その本人にしかわからない、あるいはそのクラブでしか通用しない言語表現は動感形態の表記論の未開さを示しているだけで同時発生はすでに成立しているのです。その言語表現がしだいに類化され、その名称に精確な対応関係が成立するには、そこに多くの縁どり作用が受動的な志向体験として働くことになります。動感形態の表記論が十分に拓かれていない次元においては、動きかたの微妙な述語形態については以下口伝とするしかないのです。

　さらに学校体育でなじみの深い足かけ上がりの例証を挙げれば、その教材の名称はきわめて比喩的な意味しか示していないのです。その習練形態の規定的表記が欠落していても、それはいつのまにか遍時間性をもって、いつでもだれにでも何となく同じような運動表象を与えているのです。その規定詞の足は片足なのか両足なのかわかりません。足をかけるといっても、膝、もも、足裏のどこをかけるのか、握った手の外にかけるのか、中にかけるのか、大外にかけるのかは何も規定されていません。しかし、その動きかたをする生徒にとっては、右膝をかけたのか、両手の外側にかけたのかは自らの身体がすべてを承認しています。そこで足かけ上がりといわれた習練形態は、まさに生徒がそう動ける身体のなかに同時に発生しているのです。

　このようにして、足かけ上がりの志向体験が働くときには、その〈右膝外かけ上がり〉という動感作用をもつ志向形態は〈足かけ上がり〉という抽象化された言語表現を同時に承認していることになります。その足かけ上がりが専門語でなく単なる約束語であることが承認されていれば、そこに習練形態と言語表現のあいだに問題は何も生じません。しかし、その両者に動きかたの理解に

食い違いが生じ、その統一が破られると、つまり、私の習練形態に別な局面化やリズム化が感じとられると、それは同時に別な主語形態がそこに発生することになります。さらに、他者の別なやりかたや変わった動きかたとの区別が取り上げられるときには、そこに縁どり分析が必然的に求められることになります。そのためには、体系構造論としての縁どり分析を施さなければ、とても地域を越え、時代を超えて他者に伝播し、伝承される動感形態を確認することはむずかしくなります。その伝承方法論の基礎づけについては次の〈講義8〉に送ることにします。

## ③ 習練形態に術語体系の道を拓く

### ●──習練形態の言語化を問い直す

　私たちはこれまで明確な定義づけもしないままに習練形態という表現を使ってきました。しかし、動感形態の体系論的構造分析を進めるには、指導対象にする習練形態と動感理論の鍵概念をなす動感形態との相互関係を明確にしておかなくてはなりません。18世紀に始まる身体習練のルネサンス期においては、動感形態に活発な分化現象が起こり、その習練教材の名称にすでに影響を与え始めています。そうすると、習練教材と習練形態との区別にも注意を向けておく必要がでてきます。たとえば、呼吸循環機能の向上のために訓練される吹奏楽器の習練や朗読の反復、あるいは軍事訓練としての行進や忍耐訓練として不眠の苦しみに耐えることなどは、身体教育として動感形態の創発志向体験に直接的に役立つわけではありません。それらの習練教材は習練対象になる動感形態、つまり習練形態ではないからです。それらはいわゆるエクササイズとしての媒介運動でしかありません。習練形態とは身体教育の教材として習練対象にされる統一的な動感形態が意味されていますから、その志向形態の発生のために反復習練されるのがそのねらいになります。

　ところが、現代でも同様な問題が起きているのにもかかわらず、習練形態とエクササイズとしての媒介運動との区別が明確に認識されていません。それが200年も前のフィラウメやグーツムーツの習練体系だからその区別が曖昧だったということではないのです。というのは、18世紀末の同じころに出版されたフィートの『身体習練事典』(1795)には、身体習練とは「目的に適った動きかたができるために反復を必要とする身体運動」（傍点引用者）と定義されて

いるからです12)。ところがそこには，解剖学的に細切れにされた体部分の絶縁的なエクササイズが同居していたのです。フィートは文化史的な習練形態として，騎士としての習練とギリシア的身体習練（歩，走，跳，投など）を重視し，現代の運動学的認識を思わせる習練体系を展開していたのに，同時に一方では解剖学的な体部分の動作訓練を挙げているのです。頭部，胴体，四肢だけでなく，顎の動作や手指の動作に至るまで絶縁的に習練対象に取り上げています。それから10年後にペスタロッチの『要素的身体習練』(1806)におけるモザイク化された部分動作の反復訓練につながるのも，この時代における運動認識をかいま見ることができます。マイネルもその運動問題史で指摘していますが，ペスタロッチの頭部の習練対象は380にも及び，腕の動作は22の基本動作から1,412に及ぶ動作を合成できるとしているのです13)。ですから，動感意識それ自体の創発作用をねらう習練形態と他の目的に働きかけるモザイク的な習練的媒介運動との認識的混乱は現代に至るまで続いていることになります。それだけに，この両概念の区別をはっきりと確認しておかなければならないのです。

　しかし，私たちはもう一つのことに注意しておかなければなりません。それは統一的な動感メロディーをもった習練形態でも，それを他の目的を達成するための手段として習練対象にする可能性があるからです。そのときには，習練目的が動感形態の形成それ自体におかれていませんから，そのような手段化された動感形態は勝手に変形してよいことになり，それによって，習練目的を達成しようとします。たとえば，立木によじ登るときに，より楽に上方に達する身体知として発生したさか上がりという動感形態が，生徒の筋力養成の手段にされると，反動をとって楽に上がってはいけないという価値意識が生まれます。とすると，反動をとるけ上がりも邪道視され，筋力向上に役立たない舞踊が軽視され，生理学的な体力こそすべての価値判断の基準にされることになります。このようにして，単に手段化された習練形態は勝手に変形してもよいとして，それが正統に許されることになるのです。このような考え方の下では，習練形態の命名はきわめて単純であり，単一な記号ないしバーコードで代替できることになります。ですから，私たちが動感言語論としてその分析の対象にする習

---

12) Vieth, G. U. A. : Versuch einer Encyklopädie der Leibesübungen, S.9 op. cit.
13) Groll, H. : op. cit. S.63ff. 1959.

練形態はあくまでも生き生きとした動感形態を示すのでなければなりません。ここにおいて，私たちはやっと習練形態の言語化を論じることができる立場に立つことができます。

## ●——習練形態にどんな名称をつけるか

　このような習練形態に名前をつけ，動く感じを何とか他者に伝えようとすることは，同じ習練の場における仲間同士で動感志向体験を交換し，動感出会いの貴重な動機づけを作ります。そこでは，自ずと動感言語への関心が生み出されることになります。動感形態の意味構造を言語で表現することは，先言語的な地平をもつためにきわめてむずかしい問題を生み出します。しかし，新しい動感形態を生み出そうとする習練の場では，仲間同士のコツやカンを交換するために，奇妙な隠語や擬声語ないし身振りでお互いにコミュニケーションを図ることはよく知られていることです。言葉の通じない外国選手との合同習練の場，つまり習練共同体が形成されるところでは，何らかの言語記号(シーニュ)によって動感経験を交換できることは珍しいことではありません。

　そのような習練共同体において，その対象になる主語的な動感形態，つまり主語という語られる当のものに共通の理解がなければ，習練における動感出会いも成立するはずもありません。その意味において，まずもって主題化されるのは主語形態の名称です。その名称はもちろん最初から表記法に則って命名されるわけではありません。よじ登りの習練形態が手足登りと手登りに分化していったように，動感形態の発生問題と切り結んでいることを見逃すわけにはいきません。ですから，身体習練のルネサンス期は運動発生への大きな動機づけになっているのです。つまり，動感形態の新しい発生は常に習練形態の分化を引き起こし，同時にそれに対応した主語形態の言語記号が成立します。こうして，私たちは主語的習練形態の命名問題に立ち入ることになります。

　生き生きした習練共同体における主語形態の名称は仲間同士ですぐにその動感形態が理解でき，動感出会いが生まれるものでなければなりません。当然ながら，その習練共同体では，いつも一緒に形態発生に取り組んでいますから，動感出会いがしやすい記号(シーニュ)が選ばれるのは当然です。比喩的な名称，たとえば，羊跳びなどの動物名や泥棒跳びのような比喩表現，あるいはシンボル的な十字架などが挙げられます。しかし，このような比喩的(シーニュ)な記号ではその共同体

の仲間たちにしか通じません。ですから，他の共同体から見れば，隠語同然の言語記号が飛び交うことになります。それがまた同じ共同体への帰属意識を高めて，いっそうの習練活動を活性化させることにもなります。しかし，その隠語的な自閉社会の形成は，結局，地域を越え，時代を超えて動感形態を伝承させるのには別の問題が生じてきます。こうして，習練形態の命名問題は共同体仲間の動感世界に息づいていて，しかも他の共同体にもコミュニケーション可能な言語記号が求められていくことになります。

● ──動感形態の乱立に戸惑う

18世紀から19世紀にかけて，次つぎに身体習練に関するすぐれた指導書が江湖に送り出されていった背景には，そのような時代的エネルギーが潜んでいたということができます。そこには，いろいろな身体習練に夢中になっていく若者たちの多くが，思うままに私の身体を駆使できる快感，いろいろな新しい動きかたを覚える楽しみ，そのような動感価値覚に心を揺さぶられていきます。ドイツ体育の父と称されるヤーンは，1811年にベルリン郊外のハーゼンハイデで野外の身体習練場を設けたことはよく知られています。ヤーンはその著書『ドイツ身体習練法(トゥルンクンスト)』（1816）の序文において，身体習練場のあったハーゼンハイデでは，そこに多くの若者が集い会い，その活気に溢れた習練活動の様子を述べています14)。そこでは，若者たちの腕比べが高じてその競技性が刺激され，次つぎに新しい動きかたを生み出し，その技はだれが最初に考え出したのか，だれがはじめてその技に成功したのか，だれがすばらしい出来映えを示す能力をもっているのかなど，いちいち正確に記録することはできないとヤーンは述懐しています。たとえば，鉄棒の名手テールは60の上がりかたに成功し，さらにそれらを132の変化技に発展させたことを特筆しています。このような習練対象の多様化は当然ながら，それらの習練形態の区別がはっきりしているのでなければなりません。その習練形態の区別を明確にするために，それに対して名称をつけるという新しい問題がもち上がってくることになります。

次つぎに新しい動感形態が生み出されていくうちに，それにはじめて成功した人は当然ながら自分の独創性を誇示してそのパテントを主張します。しかし左右対称の運動図式をもっている習練形態は，その独創性の判定が制限されま

---

14) Jahn, F. L. und Eiselen, E. : Die deutsche Turnkunst , S.Vf. 1816, Berlin, Limpert Verlag, 1961.

す。左足で踏み切る高跳びに対して，右足踏切りの高跳びにその独創性を主張する人は相手にされません。足かけ上がりで左足を外かけにし，握り幅を狭くしても，それは独立の主語形態として命名するには至らず，同じ主語形態の規定詞の変化としてとらえられることになります。ですから，独立の習練形態として命名の対象になるのには，どのような条件が必要なのかなど，その習練形態の言語記号の表記はそう簡単にいかないことがわかってきます。

　さらに，独創的な動感形態が魅力的な構造をもっているときには，多くの人の習練対象に取り上げられますから，その習練形態にその人の名前を冠して，たとえば飛込み競技のアウエルバッハ宙返りとか跳馬の山下跳びと呼ぶことが出てきます。しかし，次つぎに新しい技が生み出されていくと，新山下跳びから新々山下跳びへと際限なく分化していき，仲間同士でさえ区別がつかなくなってしまいます。つまりその習練対象の記号は意味を失って，単なる数字に置き換えるのと同じになります。習練形態を命名するという営みは，生き生きした動感の出会いを保証する言語記号であり，他の習練形態との区別をするねらいをもっていたのに，表記法の不備からいつのまにかその表記の体系が崩壊してしまうことが起こります。意味を失って単なる記号になってしまうと，それは一連の番号を発生順序にしたがってつけていくのと変わりありません。その区別を詳しく表したかったら，バーコード方式をとればよいことになります。そこでは，生き生きした習練の場での動感体験のコミュニケーションができなくなってしまい，何のために専門術語が問題になるのかわからなくなります。

　このような身体運動の言語記号をめぐる問題をヤーンは200年も前に先取りしていて，その運動言語（トゥルンシュプラッヘ）の体系を構築したことは周知のことであり，それは特筆されなければなりません。ヤーンの身体習練（トゥルネン）の体系はそれまでのグーツムーツやフィートの習練体系と同じく，歩，走，跳，投，よじ登りなどの基本形態を取り上げていますが，加えて鉄棒，平行棒，鞍馬，跳馬など現代の体操競技の原型を創り出したことは身体運動の一般術語体系を構築する動機づけになっていることを見過ごすわけにはいきません。ヤーンが歩，走，跳，投などの日常運動の習練形態に名称をつけるだけでなく，非日常的な宙返りや回転などの巧技形態の言語記号を体系化するために，どうしても新しい術語体系を構築しなければならなかったからです。ヤーンの運動言語論は，その100年後にアルノー・クナートによって，新しく体操競技の術語論として再構成され，ドイツ

が世界に先駆けて運動表記の体系化に成功しています。この詳細な研究と考察はあまりにも専門的になりますので割愛しますが15)、ドイツのヤーン以来の習練形態の言語論が現在の動感言語論の源流をなしていることに注目し、非日常的な巧技の形態記述がその問題意識を触発した事情を展望しておきます。

● ──動感言語論の源流を探る

　まずもって、私たちはヤーンの習練体系を見ていくことから、動感言語論の源流をたずねてみることにします。ヤーンの習練体系は、ハーゼンハイデの身体習練場(トゥルンプラッツ)で行われた習練体系に大きな分化が出現します。参考までに、フェンシング、水泳、スケートなど習練場で行われなかった種目を除いて、その習練形態の体系（1816）を列挙してみます。

①歩くことと登り下りすること
②走ること（直線競走、蛇行走、ジグザグ走）
③跳ぶこと（幅跳び、高跳び、高幅跳び、下跳び、下幅跳び、棒幅跳び、棒高跳び、棒高幅跳び、棒下跳び、棒下幅跳び）
④木馬運動（跳び乗り下り、跳び越し、片足回しなど）
⑤平均運動（平均歩行、すれ違い歩行、帽子拾い上げ、座る-立ち上がる、平均崩し）
⑥水平棒運動(テツボウ)（懸垂姿勢保持訓練、上がり技、回転技、下り技、中抜き技、振り跳び技）
⑦平行棒運動（支持訓練、振動技、上向き下り・下向き下りなどの下り技）
⑧よじ登ること（手足登り、手登り）
⑨投げること（弓射、反動投げ、押し出し投げ、振り投げなど）
⑩引くこと（引っ張り合いなど）
⑪押すこと（押し合いなど）
⑫持ち上げること（砂袋を持ち上げるなど）
⑬運ぶこと（物を運ぶこと、人を運ぶこと）
⑭姿勢訓練運動（まっすぐな体勢を保つ訓練）
⑮レスリング（グレコローマン、フリースタイル）
⑯フープ跳び（前から、後ろから、走りながらなど）
⑰なわ跳び（短なわ、長なわ）

---
15）金子明友：「技の表記」、『体操競技のコーチング』、29~61頁、1974、大修館書店.

ここに見られるヤーンの習練体系には，グーツムーツやフィートの体系になかった多くの習練形態とその細分化された運動名称が見られます。そこでは，歩形態はさらにスロープや階段の歩形態が区別され，鉄棒や平行棒という新しい器械運動も加わりました。もっともそのころには鉄棒はなく，直径6センチもある横木でしたから，あえて水̇平̇棒と訳してルビを付けておきました。その当時では懸垂して振り子のように振動する技はできないからです。さらに，私たちが見過ごすことができないのは，体育の習練対象に古くから人びとのあいだに伝承されてきた運動文化を積極的に取り上げ，身体習練の体系に組み込んでいったことです。ヤーンの身体習練方式には，グーツムーツやフィートのように，走，跳，投などの基本的な習練形態の他に，現在の体操競技の鉄棒や平行棒，さらに鞍馬や跳馬，平均台などの原初的形態が出現することになります。さらにヤーンは，乗馬やフェンシングなどの長いあいだ人びとに受け継がれてきた伝承的な習練対象も取り上げて，習練形態が単調に流れて習練意欲や活気が失われることのないように配慮していることは特筆されるべきです。

とくに紀元前まで遡る古い歴史をもつ宙返りのようなアクロバット跳躍形態は，わざわざイタリア人の名手チュカロの著書(1599)16)を紹介するだけでなく，その高弟テールの活躍をその著書のまえがきに特筆するなどして，多彩な習練形態を取り上げています。こうして，実に幅広い習練対象を自らの習練体系に組み込んでいったことはその名著を見れば一目瞭然です。詳細は専門書にゆずりますが，西欧における近代体育の黎明期が多くの若者たちの人気に支えられて活気を呈していたことは卓越した多くの指導者のカリスマ性を指摘するだけで片づけられないようです。ヤーンの『ドイツ身体習練法(トゥルンクンスト)』の扉には，中世の画家アルブレヒト・デューラーの「わざはいともたやすく消え去ってしまうけれども，それを再び生み出すのには長い年月を重ねるしかない」という名言を掲げています。そこでは，ヤーンが技芸の習練に深い洞察をもっていることがうかがえます。この意味において，ヤーンの身体習練は生き生きしたわ̇ざ̇(トゥルネン)の発̇生̇という肥沃な大地のなかで育まれていったことも見逃してはならないようです。

このことは，ハーゼンハイデに集う多くの若者たちがその憧れの的になる

---

16) Tuccaro, St. Archande: Paris 1599~1616 ; In: Jahn/Eiselen: Die deutsche Turnkunst, Sortverlag Berlin, 1960, S.197 u. S.234f.

習練形態の発生エネルギーを支えている創発問題を前景に立てることになります。そこで創発された動感形態が他と区別されて，独立した名称をもつことはその言語表現の問題に連携します。それだけにドイツ体育の父と謳われるヤーンは習練形態の言語表現には並々ならぬ関心を示しています。それはヤーンが自ら述べた『ドイツ身体習練法』のまえがきからもよく読みとることができます。よく知られているように，ヤーンはナポレオンによるドイツ侵略に打ちのめされた若者たちを鼓舞するため，ドイツの身体習練法はドイツ語だけで示そうとします。18世紀末では，ドイツ人は跳馬や鞍馬の習練対象をフランス語で呼ぶとき耳に快く響き，その特殊な術語を口にするのがかえって誇りにさえなっています。フィートがその著『身体習練事典』(1795)で木馬運動を解説するときには，その運動名称がフランス語であったことからも理解できます17)。フィートはそのフランス語の運動名称をいちいち解説し，それから運動経過を説明しているのです。しかし，そのような外国語の運動表記はたといそれを口にして得意になっているとしても，いわば固有名詞と同じですから，類化してその一般化を進めることができません。その習練対象の形態分化が激しくなれば，ついにはその意味を理解することができなくなります。ドイツ人にとってそのフランス語の運動名称は単なる数字記号と同じですから，いずれは仲間同士でも理解できない一連の機械的番号と一緒になってしまいます。

　ヤーンはこの習練形態の分化とその言語表現の理解しやすさという相反的問題性をすでに見据えていたようです。そのために，ねずみ算的に増えていく習練形態に記号を与えるのに，形式化された数字記号ではなく，生き生きした言語記号にこだわることになります。こうして，ヤーンは若者同士の意思の疎通を図るために，できるだけ水車，はさみ，乙女跳び，泥棒跳びなどの親しみやすい比喩語を好んで採用することになります。これによって，習練場では自分の家にいるように居心地がよく，活気に満ちて身体習練に取り組める雰囲気づくりが大切にされることになります。ヤーンはそのまえがきのなかで，身体習練の場という「自らの身体に即して生き生きとした態度が示されるところでは，どんな用語でも生き生きとしていなければならず，わかりやすく，感覚に即して，比喩的で，直観に訴えられるものでなければならない18)」ことを強調し

---

17) Vieth, G. U. A. : Versuch einer Encyklopädie der Leibesübungen, op. cit. S.108.
18) Jahn, F. L. : op.cit. 1816, Berlin, 1961, Limmpert Verlag, S.XL.

ています。このようにして、私たちは動感言語論の源流をすでにヤーンの身体習練に求め、その動感形態の言語表現のなかに、生き生きした比喩的表現と運動内容の正確な表記との相反性に抜き差しならないアポリアを見ることになります。次の講義において、私たちはいよいよ習練形態の言語体系の問題圏に立ち入っていきます。

---

**ゼミナールテーマ：7**

①学校体育において運動学習の教材名称と動きかたの目標像とのあいだにずれが生じる具体的な例証を挙げてください。

②科学的に形式化された歩きかたと現象学的に類化された歩きかたの差異を具体的に挙げてその差異を説明してください。

③正常歩とはどんな歩きかたを意味するのかその概念内容を具体的に列挙して説明してください。

④支持跳躍という類化された習練形態の名称欠落が学校体育にどんな影響を与えているかを具体的な例証を挙げて説明してください。

⑤私の〈このこれ〉としての動きかたはそこに類化名称が同時発生しているという例証を挙げて、動感形態と言語表現の構造円環性を説明してください。

⑥〈歩く〉から〈走る〉へと移り変わるときにその動感志向体験をどのように直感できるのかを説明してください。

⑦習練形態とは何かを競技スポーツの例証を挙げて具体的に説明してください。

⑧習練形態が習練的媒介運動と混同される理由を挙げて、それが習練体系にどんな影響を与えるのかを述べてください。

⑨アウエルバッハ、ヤマシタなどの個人名をつけた運動名称がなぜ問題を生み出すのかを具体的な例証を上げて説明してください。

⑩グーツムーツの習練体系とヤーンの習練体系とを比較し、その本質的な差異を具体的な例証によって説明してください。

⑪理解しやすい比喩表現が習練共同体を超えていくのには、どこに問題があるのかを具体的な例証によって説明してください。

⑫ヤーンの運動言語の基本的考え方が示される〈まえがき〉の一文のなかにどんな問題が伏在しているかを具体的に指摘してください。

## 講義 8
# 習練体系論の基礎を問い直す

## 1 習練体系論の今日的問題は何か

### ●——習練体系論とは何か

　すでに私たちは前の講義で，統一的な動感メロディーをもつ習練形態と，構築化枠組みを前提とする習練的媒介運動を区別しておきました。しかし，このことはこれまでの長いしがらみがまとわりついていて，なかなか明確な概念として納得しにくいところがあります。たとえば，走るという身体能力を高めるには，その生理学的な対象身体の筋力や持久力ないし調整力を反復訓練することが常識的な考え方になっています。それは科学的に実証された基本的な習練方法だと考えられています。そこには，だれにでもできる走るという動感形態の発生をいまさら習練対象にする必要がないという判断が潜んでいるのです。より速く走ることができるためには，物質身体の中身そのものを改良し，物理身体の力学的合理性を高めるべきなのです。そのとき，新しい上位の動感形態がゲシュタルトクライス的に発生するという人間学的な動感発生論はまったく排除され，関心すらもたれません。別言すれば，科学的に形式化された習練の仕方こそ正統な習練形式であると理解され，動感創発の志向体験につながる習練形態は自得されるべきものであり，指導者が指導する内容ではなくなります。つまり，日本語としての〈形式〉と〈形態〉の概念が混同されてしまうのです。反復訓練して筋力や持久力をモザイク的にトレーニングする形式化の方式と私たちが主題化する動感意識の形態化の方式との区別がつかなくなるのです。ちなみに，新しい動感メロディーを発生させようとする習練活動において動感感覚の志向的形態を統覚化することを端的に形態化（モルフェー）と呼ぶのです。そのときの数学的形式化と現象学的形態化とには，本質的差異がはっきりと存在していることを確認しておくことが不可欠です。

ところがこのような科学的なトレーニング形式化という運動認識は，ここで取り上げる習練体系論にも影を落としてきます。人間における生命ある運動の体系論に深い洞察を示したボイテンデイクは身体運動を生命的自然の領域のなかで機能的体系論として論じています1)。つまり，物質身体の過程という視座を捨てて，意味構造をもつ機能の視座から習練体系を改めて見直す必要を説いているのです。そこでは，自然現象のなかに隠れている因果連関を取り出せばそれからすべてを説明できるという考え方をどれほど多くの学領域の体系論が無批判に取り入れているかに改めて気づかされると述べています2)。いうまでもなく，ボイテンデイクの意味する過程という概念にはその基柢に延長性が据えられていますから，ばらばらに分割しても再び元の全体に組み立て直せることになります。これに対して，機能という概念は主体と情況との関わりのなかではじめて意味連関が発生することになりますから，過程とはまったく対極的な概念になるのです。

これまで見てきた18世紀から19世紀における習練活動における習練体系論にはまだ現象学的な身体論が現れていませんから，身体運動を過程と理解するのは仕方ないかもしれません。体育の黎明期ではまだ身体各部の部分的な媒介運動が取り上げられたり（フィート，ペスタロッチ），跳びかたを鋳型にはめて姿勢規定を強要したりすること（グーツムーツ）もまだ許していたのです。つまりボイテンデイクのいうように，習練形態の体系論を考えるときにも人間の身体運動は部分的な運動器ごとに区分できるという考え方から抜け出せないのです。そこに頭部運動，眼球運動，手指運動，上肢運動，下肢運動，胴体運動が区別されるのは当たり前のことなのです。ところが歩くという習練形態は下肢運動だけでは意味発生しません。手指の習練形態は眼球運動との共働作用なしには考えられません。ですからボイテンデイクが「機能として解釈する身体運動の本質的な徴表は，まさに実行器から解放された運動の相対性にある3)」というときには，習練体系論の新しい視座の不可欠さを同時に指摘していることになるのです。このように生命的自然における身体運動の体系論は，現象学的形態学の立場に貫かれ，身体運動の行われる情況とその主体との絡み合いの

---

1) Buytendijk, F.J.J.: op. cit. 1956, S.57ff.
2) Buytendijk, F.J.J.: op. cit. 1956, S.58.
3) Buytendijk, F.J.J.: op. cit. 1956, S.59.

なかで分析されるのでなければなりません。もちろん，そのときの形態発生は機能的な動感発生が意味され，始原分析と地平分析との絡み合いをもった形態学的な体系分析でなければならないことになります。

## ●──習練形態になぜ類化を求めるのか

　ここにおいて，私たちは習練体系論を主題化するために，まずもって習練形態の最上位に位置する類的基本形態を確認しなければなりません。ここで意味される基本形態とは，身体運動の基本的な類化形態の意味であって，身体習練の基本領域としての体操，スポーツ，ダンスなどの基本的な習練の分野が意味されているのではありません。つまり，習練対象として関心がもたれた身体運動の体系を展望するためには，その始原となる動感形態，別言すれば，類的レヴェルの高い基本形態を確認しておかなければならないのです。たとえば，坂道を登るのも，丸木橋を渡るのも，ナンバ歩きも女形歩きも，その類的一般化を高めていけば，その動感形態の本質的徴表に至り，それを歩くという表現によってその基本形態を表すことができます。この歩くという基本形態の表現は人間の身体運動の領域における基本的な類化形態なのであり，私たちはさらに習練対象への教育的関心によって，その歩くの基本形態を個々の習練形態に種化していくことになります。

　ここで，身体運動の習練体系論を主題化しようとすると，私たちはただちに競技スポーツの習練体系論に性急にも直結したくなります。サッカーの習練体系論は同じ球技でも，バスケットボールの習練体系論やバレーボールの習練体系論とまったく異なりますし，どの習練形態もその領域に特有な身体能力を身につけなければなりません。足でボールを操作する習練体系論と手でボールコントロールをする習練体系論はその習練の道筋が似ているとは考えられません。そうすると，競技スポーツのそれぞれはその種目ごとに独立した習練体系論をもち，むしろその独自性を主張するために，それぞれ絶縁的な習練体系論を意図的に浮き彫りにしていくことになります。現在のところ，一般理論としての競技論ないし比較競技論は成立していませんから，それぞれの習練体系に共通な習練対象は，すでに述べたように，生理学的な対象身体の体力トレーニングや心理学的な対象身体のメンタルトレーニングという，いわゆる科学的な習練形式化にその共通性を求めざるをえません。

しかし，物質身体の習練形式化として筋力トレーニングを取り上げても，マラソンの習練体系と体操選手の習練体系は決して同じではありません。女子体操選手がその腕力を高めようとして筋トレーニングし，丸太のように太い上腕と力士のように肩帯が逞しくもり上がってしまったら，選手生命が絶たれます。さらに，ラグビー選手の習練体系と柔道選手の習練体系は格闘場面の共通項があるといっても，その習練目標が異なりますから，それぞれ一般化されることを嫌って独自な習練体系を主張するのは当然なのです。一般理論としての競技論が成立しにくい原因はそこに種的特殊化だけを前景に立てて，身体運動の類的普遍化を遮断しているところにあるようです。それぞれの独自性を主張するのは重要ですが，それぞれの習練体系に類化への努力志向性が欠落していては，身体運動の形態学的体系論が成立するはずもありません。

　さらに，それぞれの競技種目の名称問題を取り上げる段になると，他の競技領域の人にとっては，その習練形態の名称もまったく理解できない隠語になってしまいます。いかに競技スポーツといっても，人間の身体運動である以上そこに類的普遍化を求めることはどうしてできないのでしょうか。ここに習練形態の体系問題と表記問題を主題化するにあたって，人間の身体運動として類化可能性を検討する必要に迫られることになります。

　私たちはすでに身体運動の種化と類化のさまざまな階層構造を考察しています。私が歩くというとき，それは〈このこれ〉(トデ・ティ)として，もっとも種化された動感形態が示されますが，それは客観化作用によって類化への営みが始まっているのです。このことは私という個体にだけ起こるのではなくて，私一般の身体運動として感じとられるのはいうまでもありません。私たちは平坦な道を歩いても，スロープを上り下りしても，横向きに歩いても，あるいは階段を上り下りしても，それらの歩行形態の条件をどんなに変えても，歩くという動感形態は私の動感意識のなかに同じだとか，あるいは似ていると感じられます。それらは，繰り返しながら通過していくなかで自らの動感身体のなかに自我中心化されて感じとられるからです。この繰り返しというなかには，動感意識の同一化作用が働いていますから，どんなに速く急ぎ足でスピードを上げても，それは歩行という動感形態の統一性を破壊することはできません。このようにして，私たちはトデ・ティとしての種化から一般的な類化に向けて，その類的普遍化を高めていくことになります。私たちは改めて習練対象として主題化され

る身体運動について，その基本形態とは何かに問いかけ，それが言語表現との絡み合いのなかでどのような体系をもつのかに考察を進めていきます。

● ――基本形態の体系に問いかける

　すでに見てきたように，習練形態を言語化するというときその表現にはすでに類化作用が働いています。たとえば，足かけ上がりという習練形態の表記はすでに類的普遍性をもっているのです。その表現が曖昧だからといって，足のどこをかけるのかを指示して膝かけ上がりと種化を進めても，そこには両膝なのか片膝なのか，左右どちらの膝か，両手の中にかけるのか，外にかけるのかなどはいぜんとして明示されていません。動感形態の言語表記それ自体が何らかの抽象化のレヴェルにあることがわかります。しかし，現実に私が足かけ上がりをすれば，それはこのこれ(トデ・ティ)として，一気にすべてを表す動感形態を身体中心化作用によってじかに感じとってそれを実存運動に実現しているのです。私自身が今ここで足かけ上がりをするときには，このこれ(トデ・ティ)の動感形態は言語的な抽象化レヴェルをそのまま呈示することは不可能なのです。ですから，習練形態を言語化するときには，その習練対象のねらいにあったレヴェルにおける基本形態を対象化し，その類化階層の名称を改めて確認することが求められることになります。ここでは身体運動の基本形態を体系化してその言語表現との関係構造に立ち入ろうとしますが，基本形態の体系論的な厳密な類化形態分析そのものは射程から外さざるをえません。ここでは，完全な縁どり分析を求めないまま，私たちはとりあえず以下の基本形態について，その言語表現と習練形態ついて問題性を掘り起こしてみることにします。これによって，後段に主題化される体系論的な縁どり分析の基礎が示されることになります。

　しかし，ここに基本形態の体系論として，一つのコメントをつけ加えておくことを忘れるわけにはいきません。それは特殊な環境条件に支配されざるをえないスキーやスケートによる滑る基本形態と，水の環境と関わる泳ぐ基本形態はここで取り上げていません。身体習練の一般的条件のもとで可能な習練体系からこれらの滑る形態と泳ぐ形態を別立てにするのはグーツムーツやヤーンの時代における習練の基本形態の体系と同じ事情です。つまり，身体習練の施設の関係で，雪や氷の環境条件を前提とする滑る基本形態と，水の環境条件を前提とする泳ぐ基本形態の習練体系は別扱いにせざるをえません。滑る形態を外

形的に歩く形態に類化し，あるいは，這う形態がクロールと同じ言語表現をもつからといったところで，それは牽強付会の批判を免れることはできないからです。むしろ，滑る，泳ぐの習練形態は，他の基本形態に比べて，きわめて独立性をもち，現代のそれらの競技形態も球技や巧技ないし舞踊の動感形態と絡み合い構造を示しながらも類的普遍性をもっています。これをその環境条件に縛られている活動形態を無理に分割しても効果的な習練体系を構築できるとは考えられません。むしろ，滑る基本形態と泳ぐ基本形態のそれぞれにおいて，独自な習練体系を構築するほうが効果的なようです。こうして私たちはこのような特殊な習練条件をもたない一般的な身体運動に関わる基本形態を以下のように取り上げることになります。

①這う・転がる基本形態
②歩く・よじ登る基本形態
③走る基本形態
④跳ぶ基本形態
⑤投げる・捕る基本形態
⑥押す・引く基本形態
⑦打つ・突く基本形態

● ──現代における習練体系を問い直す

これまでの習練体系の基本形態は体系論的な立場から見ると，そこに体系化された類化形態はかならずしも厳密な体系論的縁どり分析を経たものばかりではありませんが，しかしそれは次の〈講義9〉における体系論的に厳密な縁どり分析論への関心を触発する役割をもっているといえます。しかし学校体育，競技スポーツを問わずに，習練対象の基本形態への関心はなぜか敬遠されています。そこには，19世紀後半に起こった生理学的・力学的な要素主義の影響が顕著に見られるからかもしれません。つまり学校体育では，生理学的な物質身体の習練が主題化されて身体教育の主流を形づくっていったことはすでに始原分析の示す通りなのです。さらに，競技スポーツでもこの要素主義的トレーニング方式の影響は強く，とりわけ測定競技では体力トレーニング一辺倒に流れやすい一面をもっています。

たしかに，身体運動は物質身体なしには成立するはずもありません。しかし，

物質としての「身体だけが自ら動き，道を歩いていくなどということは実に奇妙なことになる4)」とフッサールはいみじくも批判しています。生命ある身体運動には，かならず物質身体と動感身体が共属していることを私たちは経験から先反省的に知っているのです。物質としての身体をもたない幽霊がヘディングシュートをみごとに決め，ツカハラ宙返りを鮮やかに演じるわけはないからです。フッサールによれば，幽霊身体は物質的な特性をまったくもっていなくて，純粋な空間的幻像でしかないと述べます5)。そうすると，物質身体だけを強化しても時間化された動感身体が発生していないところに驚異的なわざの世界は成立するはずもないことを確認せざるをえなくなります。

こうして，生化された動感身体から絶縁された物質身体だけの筋トレーニングがどんな動きかたにも有効に働くはずだという素朴な考えから解放されなくてはなりません。バレリーナが筋トレーニングで隆々たる筋肉がついてしまっては，どんな優雅な動きかたも人を魅了するような踊りを演じることもできません。物質身体と動感身体は本質的に身体物体としての共属性をもっていることはすでに『身体知の形成』（講義26）で詳しく検討しています。そうするとここでは動感身体の習練体系論として，どんな動きかたを習練対象にするのか，その類化された習練形態が動感地平にどのように働きかけるのか，どうなればその習練形態は共存価値を発生するのかなどが関心事になってきます。私たちは習練対象にする基本形態の体系化拠点をここに確認することができることになります。

すでに前段で検討してきた習練体系の基本形態は，主として青少年の身体教育の一環として各種の習練領域や競技スポーツのなかに取り上げられるべき習練の類化形態を探り出そうとしています。それによって，各競技や習練領域の狭間に落ちこぼれてしまった大切な基本形態が明るみに出されることになります。たとえば，手足支えの習練形態は個体発生的認識からその関心が薄れ，下跳びという奇妙な名称をもった跳び下り形態はいつのまにか教材から消えてしまっているのに気づかされます。よじ登り形態は教材の分化がなぜか頭打ちになり，幼児体育の枠に止まったままなのはどうしてなのでしょうか。鉄棒は小学校低学年から教材化されてはいても，伸身懸垂系の習練形態はまったく排除

---

4) Husserl, E. : Ideen II. Hua.IV. S.32 / 38 頁.

5) Husserl, E. : Ideen II. ibid. S.95 / 110 頁.

され，それは高度な競技形態だからと敬遠されます。無批判に低鉄棒が普及し事故回避のために高鉄棒が敬遠されていることが子どもたちから懸垂能力の習練を奪っていることをどのように考えるべきなのでしょうか。そこには存在論的な共存価値に貫かれた厳密な体系分析の欠落に気づかされます。

一方，競技スポーツにおいてもニュースポーツを含めてその種目数はどんどん増えてきています。それぞれに独自性を謳いあげながらその競技だけの発展を望みますから，そこに共通に習練できるトレーニング対象は要素主義的な体力トレーニングしかなくなります。多くの異なる体系をもった競技スポーツはそこに横断する類的普遍性を求める厳密な存在論的な体系分析が敬遠され，そこに比較論的な分析研究が端に追いやられているのをどのように考えるべきなのでしょうか。私たちがここで取り上げた習練基本形態の体系論は比較競技論の構築に共通の基盤を提供する可能性をもちます。そのためには，一般競技論に先立って，それぞれの個別競技論が検討されるのが前提になります。他の種目と本質的に異なる特徴的な習練体系論とその基本的類化形態にまずもって関心がもたれるのでなければ一般競技論への道は決して拓かれません。そのためには，各競技論の体系構造論的な縁どり分析が厳密に行われることから始めなければならないことになります。

## ② 体系論的分析の理論的基礎を問う

### ●——動感形態は即自的実体ではない

〈講義3〉ですでに先取り的に少し触れていますが，私たちが主題化する存在論的な体系分析において，その対象になる身体運動の動感形態が即自としての実体ではないことをまずもって確認しておかなければなりません。ここで意味される即自的実体というのは，すでに述べたように，他のものに何ら依存することなくそれ自体として存続するものが意味されます。ところが歩く，走る，跳ぶといった動感形態はそれ自体として存続していると考え，さらに足かけ上がりや背負い投げ，あるいはヘディングシュートなどの習練対象はそれ自体としてだれにとっても客観的な実体と考えるのに何の抵抗もないのです。日常の歩く，跳ぶの基本形態も，競技の習練形態も即自的実体と勘違いしますから，客観的に計量化できると考えることになります。しかし，私たちの生命ある身体運動の成立はその形態発生に関わる多様な動感素材が意味付与の作用によっ

て統一的な志向形態に統覚されることは再三確認してあります。

　ところが，この動感形態の意味は志向体験としてはっきり了解しにくいところがあります。というのは，私の身体はいつも駆使できる身体として沈黙していますから，思うように動かない事情に出会うと戸惑ってしまうのです。たとえば，痺れた足は自分の足なのに，自分の命令に反逆する物体に変身します。それは原因がはっきりわかっていますからとくに心配しません。しかし，新しい動きかたを学習するときに，私の身体が突然に物体化した身体に変わって，どうにも私の命令を聞かない反逆身体に変身します。もちろん，この物体化した身体は，フッサールのいう身体化された肉体としての身体物体という概念とは区別されます。ですから，学校体育において，いつも反逆身体の体験を伏在させた運動学習が主題化されるのは当然のことなのです。それは反逆身体の志向体験を通してはじめて身体教育が本原的な動感地平のなかで人間形成に深く関わっていくことができるからなのです。

　それにもかかわらず，私たちはどうして身体運動を即自的実体と安易に理解しようとするのでしょうか。私たちは歩く，走る，投げるなどの身体運動も時間とともに位置変化する物体運動と同じだと考え，それ自体が実体として計測できる延長として考えるのに日常的に慣れています。そうすると，歩くという身体運動をキネマトグラフィー（映像分析法）やディナモグラフィー（力量分析法）によって定量的に分析し，その部分と全体の構造を明らかにできると考えるのに何の抵抗もなくなります。ですから，私たちは運動という概念を物理学的座標系における空間位置の変化とその時間経過でとらえることが日常的な習慣態になってなじみの地平を構成しているのです。たとい犬や鳥の生きものの運動もスポーツ選手の運動であっても，外部視点から客観的に計測できる運動という点では物体運動と同じなのに，それは生きた人間のスポーツ運動であると頑なに言い張ります。そこでは，私の身体運動，自我運動ないし自己運動といわれる動きつつある主体の今ここの身体運動が分析の対象に取り上げられていないことに気づいていないのです。しかし，そんな私的な主観的運動は単なる個人的な感覚による動きだから，そんなものは客観的に信用できないと一蹴してしまう人が少なくないのです。私たちの運動分析は動感形態の発生論的地平においてその形態発生を明らかにするねらいをもっているのです。人間の形をしたロボットの物体運動のメカニズムを解明する機械論的分析論との本質

的な異質性をここでもう一度確認しておかなければなりません。

　生命ある身体運動の発生は私の身体が生み出すのであって，ロボットに運動をさせるのとは本質的に異なるのです。私たちのスポーツ運動理論が動感発生論の視座をもつ人間学的運動学に属するのは，イマージュという私の身体（ベルクソン），動感志向性の自我運動（フッサール），直観される主体性の自己運動（ヴァイツゼッカー，ボイテンデイク）にその起点をおいているからです。ですから，ここで構造分析の対象にされる身体運動とは私の身体運動のことであって，すべては私自身の動感形態の分析から始まるのです。もちろん，自我運動の動感形態を起点にして，類的普遍化を高め，生徒の動感運動，ゲームにおける敵の動きかた，さらに生命ある身体運動一般へとその抽象化を進めていくことになるのは多言を要しません。

　ところが，生命をもっていないロボットに運動発生をさせることができるという精密科学的な運動認識がしつこく私たちに絡みつき，果てはサイボーグの運動発生論に至ります。しかし，即自的な実体論に基づくサイボーグの身体運動はすべて物質的要素の組み立てによって実現可能になるのですから，生きた人間の身体運動との違いをしっかり確認しておかなければなりません。身体の運動器が脳中枢からそれに命令を出す前に勝手に動いてしまったら，それはソフトのミスとしてチェックされることになります。「体が覚えていて勝手に動くのです」という力士の言葉は「それは非科学的な妄言でしかない」と一笑に付されますが，運動器が勝手に恣意的に動いてしまうロボットは故障以外の何ものでもないのです。さらに，ソフトの命令通りに動かないときにはハードの故障と理解されます。そのときには，その故障の原因を突きとめて，それを除去すれば再び正常に作動するはずだという考えは現代医学の治療法と軌を一にしています。しかし，物質身体が正常なのに，〈そう動きたい〉のに〈そう動けない〉ところにこそ動感性の新しい身体発生の分析が求められることに注目しなければなりません。目標を自ら探すミサイルやサイボーグの因果的な自己運動は人間の私の運動とは本質的に異なることはいうまでもありません。ヴァイツゼッカーが「生きものの運動形態の発生をゲシュタルトクライスと呼ぶ[6]」といって，そこに因果法則が成立しない運動発生論を主題化したのはこの意味においてなのです。

---

　　6) Weizsäcker, V. v. : Gestaltkreis, S.254, Gesammelte Sschriften Bd.4. 1997 / 221 頁.

しかし，ロボットが命令通りに動くには，その運動器に組み込まれている精密なメカニズムを確認しているのでなければなりません。よりすぐれた運動器をより精密なソフトによって動かしていくという機械論的な科学的思考はその身体運動そのものの内在的な動感発生の問題圏をいつも素通りしてしまい，卵と鶏の堂々巡りに陥っていきます。生命ある動感力の発生は自我の参与を拒む受動世界の匿名性をもっているだけに，外部視点からの科学的思考ではどうにもならないというメルロ＝ポンティの指摘はすでに〈講義1〉において確認してあります。こうして，私たちは構造存在論的な体系分析に入る前に，縁どり志向体験の対象になる身体運動の即自的実体という認識について，そのしつこい絡みつきを遮断しておかなければならないのです。

## ●──動感形態の共存価値とは何か

ここでは，構造存在論的な体系分析が主題化されることになりますので，まず体系という概念の考察から講義に入っていくことにします。体系の概念を個々の要素が相互に関わり合っている総体，ないし密接な関係をもっている諸部分からなる全体と一般的に定義してみても，動感形態をもつ身体運動の体系論の本質に迫ることはむずかしいようです。身体化された私の運動は即自的実体としての物体運動ではないことを確認していますから，固定的な要素ないし部分から体系の総体を機械的に組み立てていくことはできません。しかし，個々の部分のあいだに相互の関わりをもつのが体系なのですから，その体系の単位となるまとまりはどのように理解されるべきなのでしょうか。体系の単位となる動感形態が即自的実体としての物体運動ではないとしたら，私たちの習練体系を成立させる単位性をもつ統一的な動感形態はいったいどんな意味構造をもっているのかをまず明らかにしなければなりません。

この問題に立ち入る前に，私たちは慎重に動感形態の価値認識論を確認しておくことを忘れるわけにはいきません。というのは，私たちは学校体育では，生理学的な身体習練の効果そのものを身体運動に内在する価値として認めているからです。競技スポーツでも同様であり，媒介運動をエクササイズとしてトレーニング対象に組み込んでいます。そこでは，身体運動の実利的な習練手段のみが優先的に取り上げられ，動感形態そのものに内在する本質的な動感価値意識の分析は放置されたままになっています。この問題圏はすでに動感形態の

歴史的・社会的な価値認識を始原論的な枠組み構造の分析として立ち入っています。

ここにおいて，私たちは動感形態の体系論的な価値問題に入ることができます。動感形態が体系上に存在価値をもつことができるためには，それが他の動感形態では置き換えることができない独自な志向形態をもっていなければなりません。一つの体系のなかに位置づけられるためには，一つの動感形態は常に他との差異性をもつ必要があります。つまり「〜ではない」という否定性が確認される動感形態でないと，体系化する価値を失うことになります。この点では，ソシュール言語学における価値体系としてのラングと軌を一にしています[7]。「ネガティヴというのは，〈〜ではない〉という規定しかできず，〈〜である〉という規定ができない存在に対して用いられる」のであり，「言語のなかには〈差異しかない〉というテーゼと深く関わっている」のが価値体系になるのです。私たちが主題化する動感形態もすべてはこれらの差異を浮き彫りにする動く主体の意図とその動感意識から検討することになります。

今ここでその事実をわが身でじかに感じとれる動感形態は，それだけで独立して存続し続けるものではなく，他の動感形態との差異化関係でのみ価値が認められ，体系上で共存できる価値が生じることになります。このことは，どれほど強調しても足りないほど決定的な重要さを示します。この体系としての共存価値が発生するということは，他の動感形態との関係系のなかでしかその形態形成が認められないということです。ですから，即自的実体の科学的運動分析論は，生き生きした身体運動の発生分析や構造分析に通用しないことはいうまでもないことになります。歩くという動感形態は走るや跳ぶの動感形態とは動感差異性が直観的に把握できますから，それらの移動形態から否定的にのみ成立するのです。つまり，否定性のなかにしか歩行形態の単位性は姿を現しません。こうして出現した一つの動感形態はそこに種化－類化の動感形態のほかに，類型化形態の成立を許し，そこにそぞろ歩きややくざ歩き，あるいは歴史的な，文化社会的な産物としてのナンバ歩きやオニオイ歩きが姿を現してくるのです。

さらに，足かけ上がりはさか上がりとの関係のなかに共存価値をもつのではなく，け上がりとの縁どり分析によってその共存価値が成立します。さらに，

---

[7) 丸山圭三郎：『ソシュールの思想』，97頁，1981，岩波書店.

体育教材として優勢化身体知の形成を視野に入れるときには、足かけ上がりで左膝をかけるのも、右膝をかけるのも一つの相互否定的な共存価値が生まれます。左右の側性に意味を認めなければ、それは左右対称の同一形態として理解され、そこに差異性が発生しないし共存価値も成立しません。この意味において、動感形態の共存価値は相対的な、恣意的な作用に関わりをもっています。このように、動感形態の成立は決して即自的実体とは考えられないので、常に関係する体系のなかに限って共存価値が認められることを確認しておく必要があります。この否定関係をもつ体系における動感形態の共存価値に基づいてはじめて、体系構造論としての縁どり分析が成立することになるのです。

## ●──競技スポーツの習練体系を問い直す

　ここでは、19世紀以降に新たに身体習練に参画してきたスポーツ運動の習練体系を取り上げることになります。このスポーツ運動という表現は、とくにわが国ではスポーツと運動は同義と解釈されることが少なくないですから、それが類語反復と理解する可能性が生まれてしまいます。しかし、健康スポーツでも、リフレッシュスポーツでも、そこに動感形態の発生問題が基柢に据えられ、常にその動感力への気づきが主題化されるところには、常に習練形態への関心が浮かび上がってきます。この動感力のなかには、動く意欲、動けるようになりたい意欲、それに向かって努力していく意欲が常に働いていることをフッサールが論じている[8] ことは折に触れて述べています。「動感そのもの（キネステーゼ）は単なる意欲の様態を示しているのではなくて、目標を目指しての意志の道として構成されるのであり、何かに向けての能動的な努力のなかに習練する道が形成され、動感力を目指して歩き続ける道になる」ことをフッサールはいみじくも指摘しているのです。ですから、単に気晴らしのゲートボールでも、健康のためのエアロビクスでも、その地平構造のなかで動感力に気づくときには、フッサールのいう習練する道という含意潜在態が隠されていることになります。スポーツ運動のなかでも、とりわけ競技方式をもったスポーツは、その競技に勝利するために目的的に習練を重ねることになりますから、その習練体系が前景に立てられ、それが関心事になるのは当然のことです。

---

8) Husserl, E. : op. cit., S.329f. "Kinästhese als begehrendes Hinstreben und als Willensweg", 1931.

しかし19世紀後半からは，その習練体系を構築する原理が自然科学者の関心を呼ぶことになります。自然科学者が習練体系を研究するのですから，当然ながらその方法論は数学的形式化の道をたどることになります。ベルネットによれば9)，20世紀初めには，〈三つのT〉として，つまりTraining, Technik（技術），Taktik（戦術）の頭文字をとった競技力の習練方式が理念的に体系化されることになります。もちろん，この場合のTrainingは条件的な体力トレーニングであり，統合された競技力トレーニングの意味ではありません。このような要素主義的な習練体系の基本的考え方は現代のスポーツ科学にまで大きな影響を及ぼしていることは周知の通りです。しかしそこに主題化された競技力の習練体系の構築原理は，当然ながら競技力を不可欠な諸要素に還元し，それを合理的にトレーニングして加算すれば，さらに大きな競技力を生み出すことができると考えるのです。こうして，競技力の基礎に物質身体の反復トレーニングをおき，それを競技に効果的に運用できる手段として技術と戦術を理解します。ですから，体力は生理学的な対象身体であり，技術は物理学的な運動法則を基柢に据え，戦術は数学的時空系における確率論的行動予測を基礎におくことになるのは当然のことです。

ところが，競技スポーツの指導現場では，そう単純に割り切ることができず方法論的に混乱が生じることになります。体力の裏づけのない形だけの技術は現実に通用するはずもなく競技実践に生かされません。抽象的な体力要素だけトレーニングしてその生理学的効果を上げても，それは技術にうまく適合しなければ意味をなしません。それをモザイク的に組み立てるにはもう一度その技術を再構成し直さなくてはなりません。生理学的身体の変化とそれに適合する技術の変化をパズル合わせのように再構成しなければならないとすれば，そこには動感性の新しい形態発生が意味されているのは多言を要しません。競技実践の現場では，その要素主義的な科学的トレーニングの習練体系とゲシュタルトクライス的に発生する競技力の習練実践のあいだに大きな断層が生じています。同様にして，数学的確率による戦術の構想とゲーム中に千変万化する動感志向形態の多彩さのあいだに隔靴掻痒のもどかしさを感じる指導者は少なくありません。こうして，競技力向上における従来の習練体系の基本的考え方を支配してきた体力，技術，戦術の三項関係に対して，私たちは価値体系論の立場

---

9) Bernett, H. : Terminologie der Leibeserziehung, S.122, 3.Aufl. 1967.

から改めて問い直してみる必要に迫られます。そこには，差異的反転性をもった相補的二項関係の絡み合い構造が姿を現してくることになります。

　このようにして，物質身体の生理学的改善，技術のサイバネティクス的修正，さらに戦術の確率論的分析は果たして競技力の改善向上にどのような相互関係をもつのかに改めて問いかけてみなければなりません。しかし，この問題圏はすでに『身体知の形成』（講義14~15）においてある程度の考察は進められていますから，ここではむしろ，競技力向上のための習練体系が構造存在論の立場から価値体系論として問い直してみることにします。20世紀初頭にベルネットが指摘した体力，技術，戦術という三項関係は競技力形成の原理として私たちに異論なく容認されているのが現状です。そこでは体力が競技力の不可欠な基礎に位置づけられ，その生理学的体力を現実の競技に生かす手段として技術と戦術が取り上げられるという図式的理解が一般的です。

　しかし，多くの競技スポーツのなかにはきわめて異質な意味構造をもった競技種目が多く，同じ陸上競技でも，マラソンと短距離走，ハンマー投げと棒高跳びが同じ技術を使うとは考えられませんし，その競技力を効果的に発揮する戦術もまったく別種な方法をとります。サッカーとバレーボールに同じ技術や戦術が通用するはずもありません。ですから，それぞれの種目ごとには，専門家のコーチがいて，技術や戦術のトレーニングを指導することになります。しかし独立した種目の現場コーチは，競技で勝利するためには技術や戦術の基礎をなす体力が絶対必要だと考えるのにやぶさかではありません。体力の伴わない技術が競技では生きませんし，体力に裏づけられていない戦術は絵に描いた餅として何の役にも立たないことも十分に承知しているのです。そこでは，体力が基礎であり，その上に技術と戦術が生かされるという三項関係の図式からはなかなか抜け出せません。技術や戦術のコーチングに入る前には基礎となる体力をトレーニングすると考えるのは自明のことと考えます。しかし，その体力トレーニングがどの種目にも，どんな動きかたにも役立つ基礎を提供してくれるとは思っていないはずなのに，その種目特有な専門的技術や戦術には基礎的な体力トレーニングが不可欠だと信じています。それでもなお，「基礎体力とはいったい何であるか」を問い返すことをしないのはどうしてなのでしょうか。

　どの競技にも不可欠な基礎体力トレーニングの体系が存在するという呪縛は

どうして生まれるのでしょうか。スプリンターの体力と体操選手の体力が同じはずはありません。ゲーム終了間際になってみごとなヘディングシュートを決めるのはどのような身体能力の構造形成が関わっているのかは問題になりません。単純に体力・技術・戦術の三項図式のもとで解決する問題ではないはずなのにそのまま放置されてしまいます。そこに三項図式の関係分析やその体系論的な縁どり分析が欠落しているのは明白なことです。むしろ体力と技術力、体力と戦術力、技術力と戦術力という相互関係の縁どり分析こそ緊急に取り上げられなければなりません。その体系論的な縁どり分析は競技力の形成に直結的に収斂していくのでなければ意味はありません。競技力向上のためというとき、体操選手の競技力、マラソン選手の競技力を考えずに、無色透明な体力トレーニングや競技力向上が語られても、それは競技の実践現場からあまりにも遊離した問題意識です。どの競技者にでも必要だといわれる基礎体力のトレーニングはいったいどの競技種目のどんな身体能力に役立つというのでしょうか。このような構造存在論的な問題意識の下に、どんな競技種目にも不可欠な身体能力とはいったい何なのかを解明することは緊急の問題であることは明らかです。これまでの体力・技術・戦術の三項関係は改めて比較競技論的視座のもとで分析対象にされるのでなければなりません。少なくともそこでは、始原分析、体系分析、地平分析による慎重な存在論的な構造分析がその前提にならざるをえないのは喋々するまでもありません。

## ③ 競技空間の方位表現を問う

### ●──人間学的な運動空間とは何か

私たちは次の〈講義9〉から体系分析の具体的な方法論に入ることになりますが、その前に体系構造論の基礎となる運動空間の方位問題を問い直しておかなければなりません。というのは、日常の運動生活でもスポーツの運動生活でも、私たちがあるところから動いてどこかへ行くときには、そこに位置感覚と方向感覚に関わりをもつのはいうまでもありません。しかし、このような日常の空間意識における方位づけの問題はあまりにも当たり前のことですから、ことさらにその概念や言語表現は関心を呼びません。ところが、ここにわざわざ独立の項目として取り上げるのにはそれなりの理由があります。人間学的運動学をはじめて体系化したオランダのボイテンデイクは、その方位づけ問題圏と

その言語表現の確認を抜きに運動体系論を厳密に分析するのはむずかしくなることを指摘しているのです。ボイテンデイクは「空間における方位づけがなければ、どんな動物でも、人間でもその生存することさえできなくなる」として、その方位づけの重要さを指摘しいるほどです10)。

ところが、人間が動くときの空間を考えるとき、つまり、私たちが運動空間について反省的に考察するときには、気づかないうちに物理学的な運動空間の概念が忍び込んでしまいます。人間学的な運動概念と物理学的な運動概念の差異については、これまでの講義で再三にわたって論じていますから反復を避けます。ボイテンデイクもいうように11)、実存する身体運動を〈自ら＝動くことが＝できる〉の実現として、つまり、自己運動として理解するときには、それを成し遂げる空間、成し遂げる時間として考えることが求められます。念のため一言つけ加えておけば、ボイテンデイクが成し遂げる空間・時間というとき、成し遂げられた結果の空間や時間が意味されているのでもなく、その完了態の計量化できる空間や時間が問題になっているのでもありません。今ここで成し遂げつつある空間・時間の方位づけが問われているのであり、今ここで感じつつ、動きつつある位置感覚や方向感覚がどのように私の身体で理解できるのかをここで問い直そうとしているのです。

ですから、ボイテンデイクが運動空間とか運動時間というとき、その運動の概念を物理学的座標系で数学的に規定できる等質的な物理空間や物理時間と考えてはいけないことになります。とはいっても、私たちは物理学的な時空概念で日常生活の運動を考える習慣態をもっていますから、それによって問題が生じるとは考えませんし、取り立てて問題にする必要もないのです。私たちは物差しで距離を測り、時計でその所要時間を知り、動くスピードを理解するのに何の疑念もわきません。時速150キロメートルの直球を投げるピッチャーのわざに驚嘆するのですから、物理学的な運動概念は私たちの日常的な習慣態になってすっかり血肉化しているのです。

それだけに物理運動の理解と人間の自己運動の理解との混乱をボイテンデイクは次のように浮き彫りにして見せます。「学問として受け継がれてきた伝

---

10) Buytendijk, F. J. J. : Mensch und Tier, S.62ff. Rowohlt, 1958 /『人間と動物』、濱中淑彦訳、117頁以降、1970、みすず書房.
11) Buytendijk, F. J. J. : op. cit. 1956, S.43.

統というものは，それを進めていく努力のなかで，あらゆる出来事を［物理的な］過程とみなすようにしつこく誘い込むのであり，自己運動というカテゴリーさえも一つの隠された〈力〉から説明し，まだ発見されていない〈メカニズム〉から説明しようとする，いわば，物理学的意味として説明することに好んで傾くのだ」とその執拗な学問的伝統の根深さに言及します。人間学的な運動空間の認識と物理学的な運動空間の認識はまったく異質な方法論に支えられていて，一方に還元できる性質のものではないことを確認しておかなければなりません。

　それではボイテンデイクが主題化しようとする人間学的な運動空間とは何を意味しようとしているのでしょうか。主体が自己運動を実現していく生命空間を研究していくためには，まずもって主体がその周界に対する関係系のなかでその生命空間というものが一義的に理解される必要があります。そこでは世界内存在として，まったく具体的な生き生きした実存から出発することになるのです。それによって，数学的形式化の原理をもつ物理空間から明確に区別される新たな生命空間という出発点に立つことができ，そのなかで改めて方向感覚や位置感覚の機能的関係を探ることが可能になるのです。さらに「その生命空間は即自として与えられているのではなくて，感覚と運動によって形成され，変形されるのであり，それは再び感覚と運動の機能に回帰する」ことをボイテンデイクは注意します。このようにして，私たちは数学的座標系のもとで形式化される物理空間や心理空間，あるいはカントの純粋な直観空間からも区別された生き生きした実存の生命空間を拠点にすることができます。その世界内存在としての生命的な交流空間とボイテンデイクが名づける運動空間の世界が拓かれ，そこにこそ上下・左右・前後といった意味づけをもった方位づけ問題が身体運動のなかに取り上げることができるのです。

● ── 方位表現をなぜ問い直すのか

　ボルノーは数学的空間の決定的な特性として等質性を挙げています。私たち人間が関わる生命的な運動空間というものは，決して等質な数学的運動空間のなかで動いているのではありません。私たちが〈自ら動くことができる〉という動感形態に関わりをもつとき，そこで体験されている運動空間には，他に優越する方向が存在します。そこには，それぞれの方向を勝手に交換できない

価値意識で満たされているからです。それにもかかわらず，私たちが端的に運動空間を考えるときに，人間学的な運動空間でしか取り上げられないはずの上下，前後，左右という三つの対立項を物理学的な等質空間として測定可能だと信じ込んでしまいます。そのような科学主義の執拗なしがらみに辟易しているのはボイテンデイクだけではないのです。すでに述べているように，そこにはもっと本質的な動感身体の絶対ゼロ点に関わる定位感の問題が潜んでいるのです。

　人間学的な方位づけとしての上下，前後，左右という三つの対立項は，私たちの空間表現としてあまりにも慣れ親しんでいて，その方位づけに混乱が起こることは決してないと考えてしまいます。ところが日常生活のなかでも，ふとしたときに左右の方向に取り違いが起こったりすることは少なくないのです。たとえば，ネジを締めるときに，テーブルの表面のネジを締めるときに左右方向の混乱がないのに，テーブルの裏側のネジを上から手を回して締めるときには反対に回してしまうことが少なくありません。テーブルの下に潜ってネジを締めれば混乱しないのは，天地を変えずに，上と前を確認できるからなのです。もう一例を挙げれば，仰向けに寝た人に「手を上に挙げなさい」というと，その上下と前後の対立項に混乱が生じます。自己受容性感覚としての重力覚の働く天地空間と理解する場合と，自己の身体空間の上と理解した場合では別な空間意識が働くからです。つまり，鉛直軸に沿って手を天のほうに挙げる人と，手を頭のほうに挙げる人とに分かれます。天地空間では，前者は鉛直軸の上に挙げ，後者は水平に挙げたことになり，他方の身体空間では，前者は前に手を挙げていますし，後者は上に手を挙げているのです。このような方位づけの問題圏は，とりわけ習練が要求される競技スポーツの運動空間ではきわめて重要な意味をもつことになります。それは改めて後段の競技空間の講義で詳しく取り上げることにします。

　さらに，左右の空間意識が日常的に混乱するのは，動きかたを模倣するときに起こります。たとえば，先生が生徒に「このように動くのです」と動きかたを示範して見せると，生徒は左右を取り違えてまねることがよくあります。先生の右手の動きは私の動きでも右手でまねなければならないのに，先生の動きかたをその鏡像のように見てしまい，そのまま左手を動かしてしまうのです。現代の運動指導でも，動きかたをまねさせるときに，向かい合って動きかたを

見せるのではなく、後ろ姿の動きをまねさせる指導法が残っているほどです。そこでは、動感メロディーの発生指導はまったく無視されて、単に物理空間における鏡像的図形をなぞるという指導が生き残っています。しかも、そのときには左右という生命的な運動空間の方位づけが消滅していることにも気づかないほどなのです。しかし、わが国の芸道にはこの鏡像的な動きの模倣問題が〈鏡稽古〉の是非として主題化され、私の目で見るのでなく、私の動きを自ら対象化して私が見るという世阿弥の〈離見の見〉はすでに現代における動感世界の方位づけ問題の深層に立ち入っているのに一驚させられます[12]。

　ボルノーは左右の対立項を「幾何学的に見れば、この左右両側のいずれも他方に対して優越するものではない」のに「人間はこの両者のあいだにはっきりとした価値区別を感じとっている」ことを指摘します[13]。そこには、フッサールの意味する心情領域における価値覚の存在がとらえられ、自己運動における動感性の評価作用が有意味に機能しているのです。さらに、学校体育における運動学習にしても、競技スポーツの技の創発トレーニングにしても、動感形態が習練対象に取り上げられるところでは、左右の方位づけは生徒にとっても、選手にとっても、決定的な重要さをもってきます。それは決して等質的な客観的空間のなかには存在しないはずなのに、うかつにも左右の方位づけを等質化した物理空間のなかで考えることに慣れてしまうのです。こうして、私たちは上下、前後、左右という人間学的な生命空間のなかではじめて動感価値覚が働き、評価作用が前景に浮かび上がってくることを確認することによって競技空間の問題に入ることができます。

● ── 競技空間とは何か

　私たちはここで競技空間という聞き慣れない表現について説明しておかなければなりません。競技空間とは、わざの出来映えを競い合う生命的な運動空間が意味されているのです。それは単純に競技スポーツの運動空間と同義だというわけにはいきません。一般的に競技スポーツのカテゴリーに入らない舞踊でもその表現のわざや出来映えの優劣に関わる志向体験の存在が認められますか

---

12) 世阿弥：「花鏡」、88頁、『芸の思想・道の思想1』、日本思想体系新装版、1995、岩波書店．
13) Bollnouw, O. F.: Mensch und Raum, S.54　8.Aufl. 1997 /『人間と空間』、54頁、池川健司他訳、1978、せりか書房．

ら，その意味では舞踊空間もこの競技空間において動いているといえることになります。さらに，競技しない健康のためのスポーツでも，ゲートボールの秘密練習が示すように，そこにわざの習練を内在させることもありますから，いちがいに気晴らしのスポーツは競技空間をもたないと断じてしまうわけにもいきません。また，本来は呼吸循環の生理学的機能を高めるために行われるエアロビクスでも，すでに国際的な競技スポーツとして発展していますから，そこでは動きかたの表現を競い合う運動空間が成立することになります。とはいっても，スクワットの筋力トレーニングそのものは反復の運動経過が見られても，そこには動感形態の発生を志向した技（わざ），芸（わざ），態（わざ），業（わざ）といった動きかたへの努力志向性が弾き出されていますから，そこに生命的な競技空間をとらえることはできません。

　私たちは前もって，ボルノーの人間学的空間論を援用して，体験される運動空間が数学的な運動空間から截然と区別されることをすでに確認しています。その体験される運動空間のなかでは，身近な日常生活でも上下と前後の取り違いや左右の空間意識の混乱は具体的な例証によって確かめられています。ボイテンデイクが意味する・生・命・的・な運動空間は，私たちの運動と感覚を制御しながら，さらにその運動と感覚が生命的空間の意味構造を生み出していくという・絡・み・合・い構造をその本質的特性としているのです。このことをボイテンデイクは「運動空間の構造」としてメルロ＝ポンティのサッカー競技の運動空間を援用してその重要さを強調しています 14)。その生命的な運動空間としてのサッカー競技空間について，なぜボイテンデイクがメルロ＝ポンティの現象学的な空間分析に注目したのかを少し立ち入って見てみることにします。

　メルロ＝ポンティはその『行動の構造』において，サッカー競技空間における選手の動感意識を巧みにえぐり出してみせます。サッカー競技場としてのピッチというものは，そこで動き回る選手たちにとっては単なる物理空間でも対象でもありません。そのピッチはさまざまなパースペクティヴを限りなく拡げるすべての現れ方がどんなに変化しても，同じ価値を保ち続けているような・理・念・的・な目標ではないのだと注意します。ピッチにはいろいろな力線，たとえば，タッチラインやペナルティエリアを示す線が引かれています。さらにピッチは敵方の選手同士の隙間が示すいくつかのエリアに分割されています。そ

---

14) Buytendijk, F. J. J. : op.cit. 1956, S.50.

のような力線は選手本人が知らないうちに，ある一定の行動を選手から誘い出し，行動に移させ，それを実行させるのです。メルロ＝ポンティは強調して，選手にとってピッチというのは単に与えられているのではなく，選手の実践志向の内在的目標として，選手の今ここに現前していることを指摘します。選手は自らの身体にピッチを一緒に取り込んでいるのであり，たとえばゴールの方向を自我身体の天地空間と同じに直接に感じとってしまうのです。意識がこの周界に住みついているというだけでは不十分なのだといいます。選手がやってのけるあらゆる戦術は，そのつどピッチの様相を変えてそこに新しい線を引くことになりますから，今度は反対にその行動が現象野を変えながら実現されていくことになります。このようなメルロ＝ポンティによるサッカー競技空間のすぐれた現象学的な分析は，ボイテンデイクがその生命的空間論に援用するに足るものになるのです。ボイテンデイクはその生命空間のなかで運動と感覚を制御しながら，逆にその運動と感覚が生命空間の構造を新たに生み出していくという絡み合い構造を解明するのに，メルロ＝ポンティのサッカー空間の例証を援用しながら，巧みに浮き彫りにしていることを見逃してはならないようです。

　このような生命的な運動空間を内在させている競技空間というものは，単にサッカーなどの球技に現れるだけでなく，さらに先鋭的に評定スポーツにも決定的な重要さを示します。わざの出来映えを競技する評定スポーツは第１回近代オリンピックのアテネ大会（1896）以来取り上げられている体操競技を筆頭にして，フィギュアスケート，飛込み競技，トランポリンなど複雑な空間意識が求められますし，スキー競技でもモーグル，エアリアル，ハーフパイプなども高度な空間方位づけが求められます。その運動空間では，すでに述べた天地空間と身体空間とが絡み合ってきますから，しばしばその方位づけの動感力に混乱が生じることはよく知られています。それだけに，その天地空間と身体空間の方位づけ構造をここで体系化しておかなければなりません。

●──天地空間と身体空間の絡み合いを問う

　人間学的な運動空間を分析するボルノーは鉛直軸と水平面のなす天地空間を重力圏における運動空間の基柢に据えていますが，いうまでもなく，この天地空間は等質的な数学的空間を意味しているのでありません。それは上下，前後，

左右という身体空間の基柢をなす生命的な運動空間なのであり，重力が働く空間だからといって，物理学的な定量的運動分析が取り上げられる等質空間でないことは贅言を要しません。しかし，ボルノーは天地空間を直立している人間に限定しているため，私たちが主題化している競技空間の方位づけを論じるには問題が生じてきます。ボルノーは「上と下は，人間が横になっても，あるいは空間の中でその他の仕方で動いてみても，いぜんとして上は上，下は下なのだ」と天地空間の存在を認めてはいます。しかし，それはあくまでも直立した人間を前提にしていますから，体操競技やハーフパイプ競技などでの複雑な回転方向やそのときの体勢の記述には厳密に応じきれないところがあります。それだけに，競技空間の方位表現はドイツのヤーン以来，運動表記論の関心を呼んできたのです。

　まずもって天地空間と身体空間の絡み合い構造を解明する前提には，鉛直軸と水平面による天地空間の上下と身体空間の上下を区別しておかなければなりません。いうまでもなく鉛直線は，重りを垂下させてその糸の示す方向線で重力圏における方向を示す物理学概念であり，単に垂直というときの幾何学的概念から区別されています。ですから，直立位の運動空間では「鉛直軸と水平面とは一緒になって人間の具体的な空間におけるもっとも単純な図式を構成している」とボルノーは結論づけているのはもっともなことです。しかし，倒立位になると，天地空間と身体空間の上下，前後の対立項は一致しているものの左右の対立項は反対になってしまいます。同じように，直立位で上体を右にねじるときには，天地空間の方位はそのまま保持されますから，何の違和感も生じません。ところが，直立位で上体を前に曲げて頭が足のほうに下げられ，それで同じように右に上体をねじると，左にねじったように感じます。それは錯覚などではなく，左右の対立項という身体空間から，重力覚の働く天地空間に乗り移ってしまうからです。身体空間の右にねじる動作は直立位でも，頭を下げた前屈位でも同一の動感意識で動いているのに，逆位になった瞬間に天地空間に乗り換えますから，左右の対立項は反対になるのです。このことは競技空間におけるトレーニング場面ではきわめて重大な意味をもつことになります。

　ところが，仰臥位や伏臥位になると，天地空間は不変のままですが，身体空間の左右の対立項は不変のままで，前後の対立項だけが反対になります。つまり，仰向けに寝た体勢のときには，天の方向は前になり，頭の方向は上になり，

足の方向は下になります。体操競技の片足水平立ちにおいて，水平という体勢は天地空間の水平面に沿って身体が保持され，腕を上に挙げるポーズは天地空間の水平面に沿って上挙されているのです。このような複雑な方位づけの絡み合い構造はその言語表現を混乱させます。体操競技に規定演技が廃止されてからは，そのような混乱は過去の遺物と一笑に付してしまうにしても，地球上で動く人間の天地空間の方位づけと，絶対ゼロ点から放射される身体空間の方位づけとの絡み合い構造がすべて氷解し，その執拗な運動と感覚の混乱が解消したわけではないのです。こうして私たちは，競技空間における移動方向と回転方向を体系化しておく必要に迫られることになります。

## ●──移動と回転の方向づけを問う

　ここで問題にする移動は数学的空間の等質的な位置変化としての移動ではありません。それはあくまでも人間学的な運動空間における水平面移動が意味されています。しかも，自我身体を取りまいている空間に対して，何が前にあり，何が横にあり，何が後ろにあるのかという方向づけが問題になるのは，私たちが何かある仕事に立ち向かっているとき，はじめてそのような取りまき空間に前後ないし左右の方向づけが〈図〉として浮かび上がってくるというボルノーの主張は正鵠を射ています。

　私たちは天地空間における水平面移動から検討を始めることにします。まず，前に進むことと引き返すことの対立項は方向づけとしては目方という同一方向をとっているのは多言を要しませんが，その意味構造がまったく異質であることに注意しなければなりません。幾何学的空間としては，たしかに行った道を引き返すのですから，それは同じ道ですが，私たちの体験的な運動空間はまったく異なるパースペクティヴが広がり，今ここの身体を取りまく空間では新しい体験流をもつことになります。まして，バスケットボールやサッカーなどの競技スポーツでは，そのゲームの方向づけが幾何学的方向の軌跡をたどっても，ゲームの意味構造は姿を現してくれるはずもないのです。

　さらに，前や左右に進むことと後ずさりすることは常に前を向いて，つまり，目方の方向に移動してはいますが，その意味構造は対極的な差異を示すことになります。ボールゲームではこのような方向づけが決定的な重要さをもっていることはよく知られています。敵の選手から目を離さずに前後左右に移動

することは，いつも前を向いて左へ，あるいは右前に進むのです。そのとき，左側に向きを変えて進めば，それは前に進んだのであり，幾何学的には左に移動しても，それは人間学的な左に移動したのではありません。むしろ，敵に対応して前後左右に移動する動感形態としての走りかたはいつも主題化されずに端に追いやられ，合理的な幾何学的空間の移動スピードだけに関心が集中してしまいます。もちろん，先読みの身体知によって移動位置を確認できるときには，この調節走形態は取り上げられる必要はないのです。後ずさりする移動形態は，いわば背後空間という意味構造と関わりをもちます。メルロ゠ポンティも指摘しているように，背後にあるゴールや視線から外れている敵方の動きを自らの身体知で感じとることができるのは生命的な動感空間に住み込んでいるのかどうかによるのです。

　左右の方向づけは幾何学的空間として差異が成立しません。そこには，他に優越する方向が存在しないのですから，それは原則上同じ価値をもっていると考えるのです。しかし，人間学的な左右の方向づけは，ボルノーのいうように，右側が優先されるといった始原的な価値意識が存在するだけでなく，動感力としてはそこに明らかに優勢化身体能力の働きを認めざるをえません。左右の運動空間は移動空間においてよりも，回転空間においてその縁どり志向体験が浮き彫りになってきます。

　最後に私たちは運動空間における回転方向の問題圏に立ち入らなければなりません。それは体操競技やフィギュアスケートなどの特殊な競技の専門的な動きとして一般理論からは敬遠されてきたからです。しかし，今世紀に入って評定競技の種目が増加してきています。ボールゲームにおいてさえ回転運動の方向づけが問題化し，その習練形態との関わりに関心がもたれ始めているのです。まずもって，私たちは身体空間の回転軸について確認するところから始めなければなりません。19世紀初頭のヤーンによる習練形態の体系的表記論に端を発している回転方向は，とりわけ，回転方向に三つの身体軸，つまり長軸，左右軸，前後軸を指定することから成り立っています。長軸回転は頭と足を結んだ体軸の回りに左ひねりと右ひねりが行われます。左右軸回転には，左体側と右体側を結んだ体軸の回りに前方回転と後方回転があり，前後軸回転には，胸と背中を貫く体軸の回りに左側方回転，右側方回転があります。

　そのうちのスローガン的にひねりと呼ばれる長軸回転は，フィギュアの3回

転ジャンプにしても，舞踊における爪先立ちのピルエットにしても，長軸回転そのものが習練形態を形成することはありません。つまり，ひねり形態はそれだけで独立の動感形態は成立せず，直立位，倒立位やジャンプないし宙返りなどの動感形態に融合的に寄生するという属性をもっているからです。さらに直立位や倒立位で支えをもったひねりが合成されるときには，たとえば，直立で右ひねりをするときには，右足軸の右ひねりと左足軸の右ひねりが可能になります。しかし，その右ひねりは体前面先行（右正ひねり）と背面先行（右逆ひねり）の二種が成立することを知らなければなりません。習練形態の指導においては，このような回転方向の概念的な区別も理解できないのでは，指導に入ることさえもできません。それは動感力の形成における左右の優勢化指導に先立つ基本的な問題だからです。

　この回転運動の方向づけは，天地空間の天と身体空間の前を基準にして前方回転，後方回転，ないし左方回転，右方回転が決められます。ここで確認しておかなければならないのは，位置としての前後・左右と回転方向の前方・後方・側方との区別です。たとえば，よく知られたアウエルバッハ宙返りは前に走って後方に回転するのですから，位置の前と回転方向の後方の区別を見過ごしてはなりません。さらに，直立位で腕を前方に回すときには，天と前を基準にするので，頭の上に腕を上挙した姿勢から回転方向を決めます。かつてわが国では，直立位を基本姿勢として手を下に下げた姿勢から回転方向を決めたことがありましたが，回転方向の動感意識とちぐはぐになって混乱が起こります。その混乱は国際的にも見られる現象ですが，動感論的運動学の表記論に無関心であったことの残滓かもしれません。鉄棒の順手車輪は後方車輪と国際的に承認されているのに，静止した懸垂姿勢を基本として回転方向を規定し，前に向かって振り始めるのだから前方車輪だと言い張っても，人間学的な動感空間論からの批判に耐えることはできません。それは，幾何学的な等質的運動空間論の呪縛から解放されていないからです。生命的空間における回転運動は，さらに鞍馬に見られる旋回形態やフィギュアスケートやゆか運動などに見られる水平面の転向形態など，きわめて複雑な方向構造をもっていますが，それらはそれぞれの競技スポーツの回転方向の体系論的構造分析に委ねるしかないようです。

## ●──姿勢や体位をなぜ規定するのか

　これまでは，天地空間と身体空間の移動や回転方向を取り上げてきましたが，それらはいわば動感形態の自我身体を取りまく空間的な枠組み構造の問題圏に属します。しかし，私たちの習練形態の概念を確実に規定するには，動きつつある身体がその取りまき空間にどのように関わるのかを規定しておかなければなりません。つまり，ハンドボールのみごとなジャンプシュートでも，床に対して，どのような空間体位のときに，前面姿勢なのか，側面姿勢なのか，あるいは背面姿勢なのかは選手にとっても魅力的な関心事の一つになります。習練目標との関わりのなかで，動きつつある身体姿勢と空間体位をどのように規定するかは決しておろそかにできない問題圏を構成します。とりわけ，評定競技において習練対象となる技が空間的，姿勢的に規定されている場合には，つまり，かかえ込みの宙返りを覚えようとするのか，伸身姿勢のダブル宙返りを習得しようとするのかはそこに決定的な意味をもってくるのは当然のことになります。私たちはこのような姿勢や空間体位の規定が特殊な評定競技に限られるからといっても，少なくとも運動表記論の鼻祖ヤーンが取り上げたように，以下の姿勢ないし空間体位の規定を理解する拠点をもつことを怠るわけにはいかないようです。さらに詳しい規定詞の表記は伝統ある体操術語の専門書にゆずらざるをえません。

　姿勢の規定においては，かかえ込み姿勢，屈身姿勢，伸身姿勢の三つの基本姿勢を区別します。ちなみに，よく用いられる体勢という表現は天地空間と身体空間の体位や姿勢をともに意味されるときに用いられることがあります。この三つの姿勢規定は歴史的な背景を背負っています。たとえば，屈身姿勢といっても，ダイビングの屈身姿勢と体操競技のそれとはその目的規定によって差異が認められ，通時的，共時的な始原分析がどうしても必要になります。さらに，水平面に対する体位のとりかたとして，直立，倒立，水平立ち，体前倒＝立ち，水平支持，十字懸垂などを区別することができます。体面の規定とは器械・器具に対して体面が向き合っている体位の規定で，正面，背面，側面の規定詞を付けて表します。たとえば，高跳びのフォスベリージャンプは背中がバーに面しているので背面跳びと呼ばれています。ベリーロールは体前面がバーに面して跳び越しますから，いわば正面跳びになりますが，正面跳びでははさ・・み跳びと混同しますから避けられることになります。体操競技では，背面車輪，

正面水平支持などたくさんの技名に規定詞として用いられています。向きの規定は，器械・器具の長軸に対して，身体の左右軸がどのように向き合っているかを示すもので，横向き，縦向き，斜め向きが区別されます。高跳びにおける背面跳びはバーと左右軸が平行になっているので，横向きとなり，平均台を前に歩くときには，縦向きと表現されます。

　これらの身体空間における姿勢や天地空間における体位の表現は多彩な運動空間をもつ評定競技のなかで発展してきたのは当然のことですが，測定競技や判定競技でもその習練形態を厳密に確認するには欠くことができません。それらを体系論的構造分析の一環として運動表記論の研究領野をなしていることは確認されなければなりません。相撲や柔道のような判定競技では，どんな技で勝ったかは決定的ではありません。上手出し投げで倒したのか，上手投げで勝ったのかはどちらでもよいのであって，要は相手を投げ飛ばして勝てばよいのです。しかしその習練形態の厳密な体系論的分析を怠っていては，どんな技を指導するのか，どのように指導すべきかを厳密に区別することがむずかしくなります。ここで取り上げられた天地空間と身体空間のより詳しい姿勢や体位の規定は，単に言語表現の問題だけではなく，運動指導の核心に触れる問題圏であることを確認しておかなければなりません。こうして，私たちは構造存在論的な体系分析の基礎をその要点だけでも確認することができ，やっと具体的な体系分析に入るところまでたどり着くことになるのです。

## ゼミナールテーマ：8

①身体運動の習練方式における数学的な形式化と現象学的な形態化の具体的な例証を挙げ，その本質的な区別を説明してください。

②競技スポーツのトレーニング対象になる習練形態に，なぜ類化形態を確認するのかを具体的な例証によってその必要性を説明してください。

③身体運動を即自的実体と理解することがなぜ存在論的な体系分析を妨げるのか具体的な例証を挙げて説明してください。

④動感形態において体系的な共存価値が否定されている具体的な例証を挙げて，その共存価値の基準を確認してください。

⑤体力・技術・戦術という三項関係のトレーニング認識がなぜ問題になるのか具体的な例証を挙げてその混乱を説明してください。

⑥直立位の身体空間の左右感覚は天地が逆になると，なぜ左右が反対に感じられるのか具体的な例証を挙げて説明してください。

⑦身体運動の移動と回転の方向づけにおいて，場所の前後・左右と回転方向の前方・後方・側方をなぜ区別しなければならないのか具体的な例証で説明してください。

⑧前後・左右の回転における方向づけの基準が生命的運動空間ではなぜ〈天〉と〈前〉でなければならないのかを具体的な例証で説明してください。

⑨競技スポーツや舞踊の運動空間のなかで，天地空間と身体空間が絡み合っている例証を挙げて，その混乱の有無を具体的に説明してください。

⑩運動空間における姿勢と体位の言語表現が曖昧に放置されると，どのような混乱が起こるのかを具体的な例証によって説明してください。

## 講義 9
## 体系論の縁どり分析を問う

### 1 体系分析のねらいは何か

●──なぜ存在論的体系分析を問うのか

　私たちはすでに前の講義で，体系論の問題意識を先取り的に導入しておきました。身体運動の体系論における基本的な考え方はボイテンデイクによる生命ある身体運動の機能的体系論に起点をもっています。体系という概念は，ボイテンデイクにならって，分節化された構造部分が相互に関連し，一つの全体を構成している組織であると理解することができます。この体系を片仮名のシステムと理解すると，部分に還元できない相互依存的な諸要素の全体が意味され，そのようなシステム理論が機械論的な身体運動の分析に介入している様相は，すでに『身体知の形成』（講義12）で述べています。私たちがここで主題化しようとしているのは，システム論としての体系理論ではありません。しかし，私たちはシステム論的な運動体系論と対比しながらその対極にある人間学的な存在論的な体系論，つまり価値体系論を基柢に据えて機能的な習練体系論の検討に入ることになります。

　ボイテンデイクの機能視座をもつ運動体系論によれば[1]，身体運動の体系は動感形態の価値と意味を起点にすることが求められます。それによって，その膨大な動感形態をまさに機能的な秩序可能性としてとらえることができ，実践的な習練体系化の道を拓くことができることになります。「ある一つの運動の意味というものは，その運動を行うとき（さらに，その運動の史的な発生のとき）の周囲の事情や情況に対して，可能な限り完全に洞察を深めることによってしか把握できない」とボイテンデイクはそのむずかしさを指摘しています。こうして，生命ある身体運動のすべての体系論においては，不可欠な三重の見方，

---

1) Buytendijk, F. J. J. : op.cit. 1956, S.59 f.

つまり，どんな動きかたをするのか，どんな動機をもち，どんな意味をもっているのかという三項関係の人間学的な考察を欠くことができないことになります。その拠点に立ってはじめて，ヴァイツゼッカーの意味する相補的統一性に基づいた習練体系論が展開される可能性をもつことができます。

　私たちはすでに〈講義3〉のまとめとして，先取り的に存在論的な構造分析の三領域に言及しています。つまり，動感形態の時代的な枠組み構造を解明する始原分析と動感深層の地平分析と並んで，その構造分析の一環として共存価値に基づいた体系分析が取り上げられています。私たちの運動文化の伝承理論において，この縁どり分析に代表される構造存在論的な体系分析のねらいは，いったいどこにおかれているのでしょうか。私たちはこの講義で主題化する体系分析が他の二つの構造分析と並んでどのようなねらいをもっているのかをまずもって確認することから始める必要があります。つまり，創発分析と促発分析をもつ発生分析はここで取り上げられる三つの構造分析の前提なしには成立しないことをまず確認しなければなりません。ですから，指導者はこの三つの構造分析によって，形成を高める習練形態ないし習練体系を確認するのでなければなりません。それなしに生徒や選手の指導実践に入っても，結局は再び習練形態の価値体系を再確認せざるをえないことになるからです。

　人間の運動文化を伝承するには，まずもってその習練形態が伝承に値する価値をもっているのかどうかを確認しなければなりません。いったい，世代を超えて伝承されるべき価値をもつ動感形態とはどんなものなのでしょうか。それは努力志向性の対象として，習練すべき動感形態の資格をもつのかどうかをどのようにして確かめることができるのでしょうか。憧れのわざに出会い，それを身につけたいと願う承け手と，そのわざを伝えたいとする伝え手のあいだの恣意的な営みが運動伝承の起点をなしていることは確かです。しかし，その伝承志向性は単に個人間の恣意的な伝承に止まらず，社会的，歴史的な文化的意味にまで敷衍されていきますから，その運動文化の価値内容ないし意味構造を厳密に始原分析しなければならなくなります。しかし，それだけでなく運動文化伝承の中心に位置づけられる習練形態とその習練体系がどのような価値体系をもつかが改めて分析の対象として取り上げられなければなりません。こうして，どんな習練形態や習練体系が果たして時代を超えて伝承するに値する体系的な共存価値をもつのかを解明するのがここで主題化される体系分析のねらい

になります。

## ●——体系分析の対象は何か

すでに体系という概念をボイテンデイクにならって，それが分節化された構造部分をもちながら相互に関連し，一つの全体を構成している組織とまとめています。とすると，体系分析の対象は個々の習練形態と習練体系になり，それらをヴァイツゼッカーの意味する相補的統一性を踏まえて分析していくことになります。実践現場の指導者はいつもそうせざるをえないのですが，どんな習練形態を指導対象にするのか，それをどんな習練体系のもとに取り上げていくのかという問題に向き合います。しかし，その指導内容と手順は伝え手が卓越した技能をもち，そのわざをいつでも呈示できる実力をもっているときには，古来の芸道方法論が効果的に機能します。そこでは，わざは本来的に盗むべきものであり，道しるべも含めてすべて自得させるということが動感伝承の基本になります。それは動感発生の始原として本来的に首肯できるものです。しかし，伝承すべき習練形態が指導者の身体知にしっかりと刻印されていても，迫りくる老化には勝てず，権威を示す最後の砦になる成否判断もおぼつかないようになると，芸道の方法論はその伝承効果を保証できなくなります。

このようにして学校体育の教師としても，競技スポーツのコーチや監督としても，あるいは舞踊の師匠としても，どのような習練形態を伝え手にやらせるのかはもっとも現実的な切迫した問題になります。その習練のための動感形態は，すでに考察したように即自的実体としてすでに固定的に存在しているのではなく，常に他の習練形態との関係のなかでしかその存在が承認されません。その場合の伝承価値はだれによってどのようにして査定され確認されるのでしょうか。伝統的な古典芸能のように，伝承されるべき動きかたが型として形態価値が安定している場合でも，そこには守破離という伝承原理のなかで，その動きかたが一義的に鋳型化されたものでないことは周知の通りです。私たちが主題化している運動文化の伝承世界においては，伝承価値をもつ習練形態の存在論に立ち入るのはそう単純ではないようです。

ここでは，学校体育と競技スポーツの二つの領域における習練形態と習練体系の関わりに焦点を絞りながら，その対象領域の問題性について考察を進めることにします。

## ●――体育の体系分析はなぜ放置されるか

　学校体育の習練形態とその体系に関する構造分析がこれまでのわが国では主題的に取り上げられていません。そこには，きわめて根深い運動認識の問題が伏在していますから，慎重に始原分析をしなければなりませんが，ここでは体育における習練体系の存在論に焦点を絞って問いかけます。学校体育において習練されるべき動感形態を慣用的に運動教材と呼んでもよいのですが，それは生徒が授業のなかで反復訓練する動きかたです。しかしそこで問題になるのは，その習練形態が目的のための手段という認識に貫かれていることです。わが国における学校体育のねらいが青少年の身体の発育発達の育成にあるというのには何の異論もないのです。ところが，そこで意味されている身体は生理学的な対象身体であることは一義的に承認されています。とはいっても，単に物質身体の改善のみが目指されているわけではありません。スポーツや舞踊の習練活動ないし自然環境の野外活動も人間形成の大切な契機として取り上げられているからです。しかし，いろいろなスポーツの運動体験や舞踊の表現豊かな動きかたを習練すべき対象に取り上げても，そこでは生理学的な身体習練という基本的認識がすべてに優先される考え方になります。つまり，どんなにサッカーにのめり込んで楽しくゲームをしても，表現豊かな舞踊の動きをしても，常に生理学的な発育発達を損ねることは許されるはずもありません。どんなにスポーツを楽しむ態度を育成するといっても，学校体育としてそこには自ずと本来の発育発達に資するという目的を無視することはできないのです。

　このような考え方はすでに始原論的な構造分析でも取り上げられていますが，そこには19世紀後半からの体育における生理学的な身体思想が伏在していて，習練形態はすべてその上位目的のための手段としてしか認められていないのです。その教材は単なる手段ですから上位目的に合うように勝手に変形してもよいことになります。鉄棒の懸垂姿勢の基本は胸を張って肩帯を緊張させた短懸垂にあり，それに違反することは体育の目的に合わないことになります。ですから，自然な上方移動の技術として体系化された巧技としての習練形態と激しく対立することになります。鉄棒運動は上体の筋力養成と姿勢訓練を至上目的にしたため，肩帯を脱力してぶら下がるのは長懸垂と呼ばれ，無気力でだらしのない姿勢の烙印を押されていたのです。このように，体育の目的が体力向上に一義的に収斂されるべき授業展開においては，ダンスにおける情感豊か

な表現運動さえも体力向上に役立たないとして批判されることになります。そのような体力向上一辺倒の運動認識は今でも指導者のなかにしぶとく生き続けているのです。

　このような事情では，すでに講義した動感力を育てる新しい身体発生の思想は学校体育にはなじむはずもありません。いろいろなスポーツのむずかしい動きかたを覚えることが主題化されるはずの学習活動は，いつのまにか再び生理学的な体力向上が学校体育の中核として主題化されていきます。生き生きした動感身体の発生は背景に沈められ，学校体育が体力向上一辺倒の習練体系論にのめり込んでいったのはそう遠い昔のことではないのです。このようにして，私たちは学校体育においても新しい身体教育の視座のもとに，改めて習練形態の価値論的な体系分析に注目してみなければなりません。しかしわが国の学校体育では，どんな運動教材を取り上げるのかは文部科学省の体育指導要領によってその枠組みが規定されていますから，このような本格的な体系論的な構造分析に関心がもたれにくい事情にあります。しかし国が決めようが，その学校の体育教師が独自に教材をプログラムしようが，習練すべき動感形態は運動伝承の価値論的な分析によってその基本構造が検討されているのでなければなりません。体育の目的が新しい意味の身体発生の教育に目を開き，動感発生の契機が人間形成のもっとも根元的な深層地平を形づくっていることを理解するところにこそ，ここで主題化する存在論的な体系分析への道が拓かれていくことになります。

● ──競技の体系分析はなぜ秘伝化するか

　ここで意味される競技という表現は，すでに述べたように，個人ないしチームのもつ達成力の出来映えを競い合うという意味ですから，競技スポーツのみならず，舞踊などの時空芸術も含まれることはいうまでもありません。このようなわざを競い合うという意味の競技領域においては，その指導者の重大な関心事になるのは，選手ないし踊り手やチームの出来映えが他に抜きん出るにはどうすればよいのかということです。競技スポーツの場合には，その競技力の優劣は試合終了時に勝敗という形式で明確に示されます。この点では，舞踊のように観衆を魅了する演技を披露できるかどうかは即座の評価がむずかしいとしても，体育領域の教育成果に比べれば，舞踊も含めた競技領域における優劣

判定は直接的に示されることになります。

　競技の優劣を決めるのは競技規則によって行われ，それは測定競技，判定競技，評定競技のそれぞれの特性に応じて，厳密な優位判定の公式規則として勝者決定に決定的な役割を果たします。測定競技はデジタルテクノロジーによる精密な時間・空間の測定に支えられて，優劣判定の決定的な基準をもちます。判定競技はレフリーによる二者択一の正否判定を基礎にしますが，結果される得点によって優位を競い合うことはいうまでもありません。そのわざの出来映えを審判員の評価によって優劣を決める評定競技は，その採点規則もきわめて複雑になり，技の良し悪しを評価できる審判員の観察能力に一義的に依存することになります。その点では舞踊のようなコンクール方式でも同じであり，審査員が舞踊という時空芸術に対してすぐれた価値判断能力をもっていなければ，その審査員の数をいくら増やしても適正な審査はできませんし，数学的形式化はまったく無意味になります。こうして，勝敗決定の基準となる競技規則ないし採点基準の策定はその競技領域に決定的な意味をもつことになります。したがって，競技規則の厳密な分析研究は，競技論の中心的な位置を占めるのは当然ですが，現在のところこの分析領域は独立していません。もっぱら競技スポーツのそれぞれの国際連盟に一任され，アカデミックな批判にさらされることは少ないようです。それだけに，新しい競技論の分析論に期待するところが大きいといわざるをえません。

　こうして，競技領域における現場の指導者たちはいつも勝敗ということに向き合って指導せざるをえないことになります。その競技結果に示される優位判定は，直截的に指導者自身の専門能力の評価にはね返ってきます。ですから，どうしても何をどのような体系に沿って指導するのかという習練形態と習練体系については，独自な工夫を重ねたオリジナルな方法論をもっていなければなりません。それだけに，その独創的な習練体系はライバルに知られるのは自らの指導者としての権威が脅かされる可能性を否定できません。工夫に工夫を重ねて築き上げた自分なりの習練体系の方法論は他に知られないように，どうしても秘伝化されざるをえません。しかし，競技領域の指導者たちは，いずれにしても，少なくとも以下の三つの指導能力が要求されていることを確認しておく必要があります。

①その競技領域の指導を始める前提として，始原論的な構造分析をしておかな

ければなりません。それは世界の競技動向を通時的に精査し，その運動認識が共時的に有効であるかどうかを解明する始原分析力に依存しているからです。それに沿って，現在手がけている選手ないしチームの指導方向をデザインできる的確な構想力を働かせる可能性が出てくることになります。

②選手やチームをどのような手順で何から指導をしていくのかという独自な習練体系をもっていなければなりません。それは始原分析によって得られた基本的な運動認識を踏まえて，詳細な道しるべを構成できなければ指導を開始できないからです。いうまでもなく，その道しるべには安直なマニュアルは成立せず，レディーメイドのような習練体系では何の役にも立ちません。どうしても，その選手，そのチームの特性とさまざまな前提条件を知悉した指導者がオリジナルな習練体系を新しく構築できるのでなければなりません。もちろん，その習練体系を構築しても，それを実現できるトレーニングのマネジメント能力をもち合わせていなければ，その体系が画餅に堕してしまうことはいうまでもありません。

③最後に，それらの習練体系に沿って，みごとな競技力の発生にこぎつけなければなりませんが，そのための動感促発能力，つまり，選手やチームが新しい技術力ないし戦術力の発生を促す身体知が指導者に備わっていなければなりません。このことはすでに『身体知の形成』の講義で十分に説明してありますのでここでは省略できます。

　現場の指導者はその指導能力に多少の差はあっても，少なくともこの三つの分析能力をもっているはずなのです。しかし，その経験的な習練体系は試行錯誤による当座の体系であることが多く，そこに確たる普遍妥当性を主張できるところまでは固まりません。習練形態の順序づけにしても，単純な形態から複雑な形態へ，やさしいものからむずかしいものへ，あるいは基本的なものから応用的なものへときわめて安易に体系化がなされるのが一般です。単純形態とは何を意味するのか，やさしい動きかたとは何を基準にして決めるのか，基本的な習練形態とはいったい何に対して基本的であるのかなどの厳密な体系分析は何一つ行われているわけではありません。しかし，その経験的に踏み固められた道しるべは決して蔑まれるような恣意的な産物ではありません。むしろ，それを起点にしてこそ，厳密な現象学的な体系分析に取りかかることができるからです。それをひたすら秘伝的な道にしがみついて，その類的普遍化を求め

## 2 体系論の縁どり分析を問う

### ●——縁どり分析のねらいは何か

　ここに主題化される体系論としての縁どり分析についての講義を理解するには、その前提として、私たちが分析の対象にしようとする習練形態についてその概念を確認しておくことから始めなければなりません。いうまでもなく、縁をとるという表現はある物の外縁に枠をつけてその境界をはっきりさせる意味ですが、この表現を身体運動に用いると誤解を生む可能性がありますから、まずもってそれを排除しておかなければなりません。それは歩くや跳ぶなどの身体運動がそれだけで独りで存続し続けるものという即自的実体として理解してならないことはこれまで何度も繰り返しています。しかし、ある物の縁をとるという表現が身体運動を物化された実体と考えてしまい、その実体的な形の外縁を確定するために精密に計測する科学的分析と誤解してしまう危険のあることを否定できないからなのです。

　私たちは流れつつある動感運動が何となくとらえどころがなくて、その不安定さに苛立って、ついうかつにも、計測できる物体運動に置き換えて考えることに慣れているものです。静止が運動ではないことは三歳の童子も理解できるのに、私たちは流れる身体運動のなかに止まった瞬間をとらえ、その静止像の連続こそ運動の実体だと考えたくなります。メルロ＝ポンティのいう運動志向性という動感意識の志向形態よりも、いつでも客観的に計量化できる物理的な身体運動を分析の対象にすれば、だれにとっても客観的な共通認識が保証された体系論を構築できると考えるのに何の抵抗も感じなくなっています。私たちがここで価値体系論として意味しようとしている縁どり分析は、現象学的な形態学分析が意味されています。その対極に位置している精密科学的分析とは截然とはっきりと区別されていなければなりません。一つの身体運動の外形を幾何学的な立体図形と考えて、その三次元的図形の縁をなぞって計量的に客観化する分析法とは本質的に異なるのです。いわば、ゲーテ形態学における揺らぐゲシュタルトという基本的な運動認識のなかで、このこれの動感形態はその類的普遍化の段階が高められることによって、だれにとっても、いつでも他の動感形態から区別されることになります。

私たちはさらにここで，価値体系という新しい概念を導入しておかなければなりません。ここで取り上げられている縁どり分析の対象となる習練すべき動感形態は，価値体系論の拠点から取り上げられているからです。その価値体系論は，ソシュール言語学の価値体系を起点にしているのはいうまでもありません[2]。私たちは走るや跳ぶといった身体運動を即自的実体と考えるのに慣れていますから，この価値体系論の考え方もすぐに理解できない憾みがあります。それは身体運動の価値という概念を生理学的エクササイズ効果や物理学的合法則性に結びついた成果としての価値と考えやすいからです。ここで意味される価値体系論においては，一つの習練形態が他の習練形態から明確に区別され，一つの体系上に共存可能な価値性が確認されるために，改めて厳密な縁どり分析が施されるのです。

　生き生きとした身体知が住んでいる習練形態の体系論を取り上げるためには，どうしてもこの実体論的な運動認識を排除し，即自的実体の呪縛から解放されなければなりません。私たちが価値論的な新しい体系分析に入っていくには，どうしても実体論的な運動認識から，関係論的な運動認識へと脱皮し，その価値体系論の意味をしっかり確認する必要に迫られます。人間の身体運動というのは，決してそれだけで独りで存続し続ける実体などではなく，他の動感形態との関係のなかでのみその存在価値が認められ，体系的に共存価値が生じてくるのです。人間の身体運動は歴史的，文化社会的な産物なのであり，他の動感形態との縁どり志向体験を前景に立てることによってのみ，習練すべき動感形態の体系論に入っていくことができます。このことは，どれほど強調しても足りないほど決定的な重要さを示しています。その体系のなかでしか共存価値が発生しないということ，つまり，否定的な対立化現象のなかでしか動感形態は習練対象としてその姿を現さないことをしっかり理解しておかなければなりません。

## ●──類化形態の分析対象は何か

　このようにして，私たちは縁どり分析の対象領域を確認した上でやっと習練形態の体系化にとりかかることができます。ここに縁どり分析の対象領域を習練対象にする動感志向形態とその体系化された統一習練体系に区別しておきま

---

[2] 丸山圭三郎：『ソシュールの思想』，92頁以降参照，岩波書店．

す。
　①習練志向形態
　　　類化形態
　　　類型化形態
　　　構造化形態
　②統一習練体系

　具体的な例証による詳しい説明は後段にゆずりますが，ここでは縁どり分析の対象領域の全体を一望に収めておきます。この類化形態という簡略化された表現は，いうまでもなく習練すべき動感形態のなかで，このこれの内在的に実的な動感形態から，その類的普遍化を進めて，だれにとっても，いつでも他の動感形態からはっきりと区別できる類的一般性をもつ習練形態が意味されています。そのような種化－類化のもろもろの習練形態が縁どり分析の対象に取り上げられて，実践的な習練形態の目標像をはっきりと確認することができます。こうして，その形態形成が目指される習練活動のなかにおいて，習練開始の動感形態が体系のなかでどのような起点的位置づけをもつのか，具体的にどんな動感形態を目指して習練すべきなのか，さらにその習練形態を取りまく多くの他の類似形態から当該の習練像をどのように区別できるのかなど，私たちはこの縁どり分析によって体系論上の共存価値を確定することができることになります。

　この体系分析を厳密に保証するのが縁どり分析の役割になるのですが，すでに指摘してあるように，学校体育では習練すべき体系はその大枠を国が決めますから，その体系分析そのものにあまり関心が寄せられません。さらに，その優位を決める技の形態が明確な体操競技やフィギュアスケートも，ともに規定演技を廃止してしまいましたから，ますます体系論的な縁どり分析の存在価値は薄れているようです。規定演技が課せられていたころには，その指定された課題演技に違反すると，大きく減点されて勝負になりませんから，どうしてもその課題技がどのような構造をもっているのか，どうなれば規定演技の解説違反としてペナルティを科せられるかは切迫した関心事でした。ですから，どうしても厳密な縁どり分析を通して，規定違反のペナルティを取られないようにする必要に迫られていたのです。しかし，これは規定演技の廃止とは無関係に，優位を勝ちとるために欠かすことのできない構造分析であることを見過ごして

はなりません。つまり，新しい技術を生み出すときの技の限界を見きわめるには，どうしても縁どり分析が厳密に行われなければならないからです。さらに，自由演技の魅力的な技の極限に向けて習練するときの理想像を保証するのも，この縁どり分析であることに多言を重ねる必要もないでしょう。

さらに，この縁どり分析の対象になる類化された習練形態そのものは，その動感構造化に着目すると，精密分析の基礎になる形式化された数学的単位性とはまったく異質な意味構造をもっていることに気づかざるをえません。後段で取り上げられる構造化形態や統一習練体系の分節的単位をなす類化形態というものはいったいどんな意味構造をもっているのでしょうか。私たちはまずその類化形態に単一形態と複合形態を区別し，その複合の仕方によって，さらに融合形態，組合せ形態，接合形態の基本的な差異構造を区別しておく必要に迫られます。以下，順を追ってその全体を一望に収めておくことにします。

①単一形態

この習練形態はそれ以上に細分化しようとすると，一連の動感メロディーが消失し，志向形態（モルフェー）という統一性が破壊されてしまいます。ですから，この類化形態はもっとも始原的で単一な習練形態であり，それを端的に単一形態と呼んでおきます。ボイテンデイクがその類型学的分析を論じるときに，運動分割の可能性について，人体の運動器ごとに，腕の運動や足の運動といった部分運動に分けることを機能運動学の立場から鋭く批判しています。情況を内在させている機能概念としてはじめて解釈可能になる身体運動の本質というのは，その「運動器からの相対的な解放性にある」と述べます。たとえば歩くという類化形態は決して足の動きを分析してもその歩く形態（モルフェー）を解明できないことを指摘します[3]。スポーツの形態学分析を提唱したマイネルも脚の振り子運動として分析したヴェバー兄弟の歩行研究をまっ先に批判したのも同じことなのです[4]。

バイオメカニクスやサイバネティクスによる運動分析とここで主題化されている現象学的形態学による運動分析との区別は，近年になってやっと認識されるようになりましたが，いざ実践的な習練形態を確認する段になると，どうしてもシュピースの運動幾何学の思想が首をもたげてきます。ですから，これまでは習練形態を恣意的に分割することに何の疑念もないのです。習練の対象に

---

3) Buytendijk, F. J. J.: op. cit. 1956, S.59f.
4) Meinel, K.: 1960, S.68／63 頁.

する動感形態は習練の目的に応じて，勝手気ままに変形しても構わないという考え方が今でもまかり通っています。姿勢訓練のためには，懸垂の基本姿勢は肩帯を緊張させた短懸垂でなければならないとしたのはそんなに昔のことではないのです。類的な単一形態には，他のものでは置き換えられない動感メロディーが流れていますから，その統一的な志向形態のまとまりを分割してはそれ自体が存在しなくなります。

このようにして，どんな類化形態を習練対象に取り上げるべきかという厳密な縁どり分析をしないで習練活動に入ってしまうと，そこでいろいろな混乱が引き起こされてきます。たとえば，ボールゲームにおけるシュートという類化形態は，バスケットボールのフリースロー以外はすべて敵方の妨害のない習練形態として取り上げるのでは実践的な意味をもちません。着地のない下り技は存在しない体操競技であるのに，勝負は「着地によってのみ決まる」などの無邪気な発言が少なくありません。そこでは安定した着地が下り技の意味構造から弾き出されているのに気づかないのです。このように，厳密な縁どり分析が不可欠である存在理由は枚挙にいとまがないほどです。

②複合形態

複数の単一形態がつなぎ合わされて，そこに統一的な意味構造が成立している習練形態を端的に複合形態と呼びます。しかし，それは元の単一形態に分割してしまえば，この複合形態の意味構造も破壊されます。いわば，複合形態はあくまでも統一的な動感メロディーが流れている単独の習練形態なのです。この複合的な単独の習練形態を取り上げるのには，厳密な縁どり分析によって他と区別される外縁を確認できなければなりません。以下に，その複合の仕方から三つの複合形態を区別することができます。

### A. 融合形態

融合形態とは，ジャンプシュートやスパイクに見られるように，二つの単一形態が複合的に交差する融合局面に習練対象として不可欠な意味核を内在させている習練形態です。その意味核の共存価値が習練体系上に認められていますから，指導現場でも習練形態に取り上げるのにあまり混乱はありません。ジャンプシュートは跳ぶ形態と投げる形態の複合形態であり，スパイクは跳ぶ形態と振り打つ形態の融合局面が独立した意味核をもつので，習練体系上の共存価値をとらえやすいことになります。しかし，すでに指摘してあ

るように，たとえば，スパイクという融合形態はセッターとの連係とブロックとの関わりを無視したのでは習練形態の構造が破壊されることを確認しなければなりません。そのような意味構造の縁どり分析を現場のコーチは当たり前のこととして受動的にやっているのです。ところが，習練体系の分節的単位として，融合形態を体系論的に位置づけようとするとき，往々にして見過ごされる可能性があります。

### B. 組合せ形態

組合せ形態は，たとえば走って跳ぶや走って投げるという複合形態に現れます。融合形態に比べると，二つの単一形態の中間局面はそれほど重複しないのですが，そこには習練対象として不可欠な融合的な動感構造の存在をとらえることができます。そのような単一形態の組合せに有意味な中間局面の融合志向体験を確認するには，縁どり分析が必要です。その縁どり分析に基づいて習練対象に取り上げる共存価値を確認して習練体系に位置づけることになります。走ると跳ぶは個々の習練形態に取り上げられるのは当然としても，その中間に存在する組み合わせられた複合形態を動感性の共存価値として習練体系に位置づけることはつい見過ごされてしまいます。つまり，踏切り足の伸長能力や踏切り位置の先読み能力は現場の指導実践においては当然ながら習練対象に取り上げられているのですが，意図的なトレーニング計画のなかに組合せ複合形態として体系に組み込む段になると，体系論上の共存価値の確認が曖昧になってしまうことが珍しくないのです。

### C. 接合形態

前段の組合せ形態に比較すると，この接合形態は中間局面が消滅して，二つの類化形態がじかにつなぎ合わされる接点に成立し，そこに動感性の共存価値が発生するのです。たとえば，飛んできたボールを捕ると同時に蹴るといった動きかたにこの接合形態が典型的に示されます。サッカーのワンタッチのパス回しがそのわかりやすい例証になります。つまり，捕る働きは先読みのなかに姿を消し，じかに蹴りが現れますが，それは一見して単に方向を変える働きしか見えてきません。ゆか運動では後方宙返りからじかに前方宙返りに入る技などに見られ，ボールゲームではヴォレーによく現れます。しかし，動感性の志向分析によれば，前の形態と後の形態はぴったりとつなぎ合わされて，そこに可視的な余分な動きは挿入されませんが，その捕る形態

の伸長作用と蹴る形態の先読み作用の働きなしには，この接合形態は成立するはずもないのです。いわば，動感志向性の生き生きとした働きがその接合局面の意味核を形成しているのは多言を要しません。

このような動感縁どり分析によらずに，捕る形態と蹴るや投げるの形態をシュピースのいうように運動幾何学的に接着しても，複合形態における接合機能はその姿を見せません。前後する二つの単一形態を別々に習練して，後から原子論的につなぎ合わせたとしても，この動感性の接合形態は習練対象から弾き出されているのです。このような動感構造を知悉している現場のコーチたちが実戦的トレーニングを重視するのは，それなりに正鵠を射ているメニューなのです。この種の接合形態はとりわけ競技体操などの評点競技に高度な接合技として共存価値を示していることは周知の通りです。鉄棒の車輪や鞍馬の旋回のような循環形態の技はそれ自体としての体系論上の共存価値を失いつつあります。高度な技をたて続けに，すべての中間局面を消し去って演技するトップレヴェルの習練体系には，この接合技が高度な必修技として体系化されるのは多言を要しません。

## ●──類型化形態の分析対象は何か

次いで，そこに類型が認められた動感形態を習練対象に取り上げる類型化形態を分析対象にします。その類型化形態に縁どり分析をするためには，まず前段で取り上げた類化形態とここで取り上げる類型化形態を区別することから始めなければなりません。ここでは規範論的な類型学の視座から，意味系と価値系に関わる動感形態の類型化を主題化することになりますが，そこにはややこしい問題が伏在しています。それは前段で考察した類化形態における用語上の問題にも関わりが出てくるからです。フッサールは『経験と判断』(1939)のなかで，類縁性ないし類似性に基づく連合的発生現象によって一つの類型が形成されることを論じています。さらに「経験的・類型的な一般性」(§83)とその「一般性の段階」(§84)を取り上げて，そこでいくつかの類似の対象が経験されると，連合によって共通な意味が一つの類型として経験的に見出されることを述べているのです。

私たちの動感形態に引き寄せた例を挙げれば，いくつかの似たような足かけ上がりを見るとき，右膝を両手の外にかけても，両手のあいだにかけても，同

じような類の動きかたとして理解されます。つまり、フッサールはそれを類型と名づけますから、それらを足かけ上がりの類型と呼ぶこともできることになってしまいます。とすると、フッサールの意味での類型は類化形態の変形であり、それは単に類似の動感形態が連合的発生現象として取り上げられ本質的でないものも含まれることになります。それをすべて習練形態として体系化するのには問題が出てしまいます。むしろ、そのような類(たぐい)の習練形態は類化形態の縁どり分析で明らかにされるべきものです。いわば、フッサールが具体物と名づける反復による一般者は最低次の一般性ですから、フッサールのいう類型は種化－類化の類的普遍性に関わる類化形態の問題圏に入ることになります。

これに対して、私たちが同一体系に共存価値をもつ類型化形態と呼ぶ習練形態は、オランダのボイテンデイクの規範論的類型学に基づいた概念であることをまず確認しておかなければなりません。ボイテンデイクは規範的なるものの概念に言及し、「規範的という表現は適合的ないし目的的と似たような意味をもっていますが、この概念がどんなに曖昧であったとしても、それは一つの評価作用をもっていることは確かなのだ」と述べています5)。私たちは先に挙げた論理学的な類化形態の一般性の縁どり分析の他に、類型的な視点からもう一つの現出形態を取り上げることができます。そこで生み出される動感形態の価値判断はきわめて大きな実践的な意味をもつことをボイテンデイクは指摘し、その価値判断によって身体教育の方向づけとその体系化、ならびに感性に志向する基礎を提供できるといいます。さらに動感形態の価値判断は、それによって単純な日常の動作の身振りや相互の交流形態さえも特徴づけることになります。こうしてボイテンデイクは「それゆえにこそ身体運動の規範論的類型学を論じる」可能性に言及し、「その規範論的な類型学は個々の人間の運動形象を同時に規定する」ことを指摘するに至ります6)。

このようにして、私たちは類化形態の縁どり分析の他に、類型化形態という規範論的な習練形態を体系的な共存価値として縁どり分析の対象に取り上げることができます。ボイテンデイクが強調しているように、この類型化形態はとりわけ学校体育における動感身体の習練には欠くことのできない意味をもっていることを確認しておかなければなりません。有機体を最良の状態に保ち、す

---

5) Buytendijk, F. J. J. : op. cit. 1956, S.346.
6) Buytendijk, F. J. J. : op. cit. 1956, S.345.

べてを有機体に還元するような生物学的規範だけにのめり込んでいった19世紀以来の身体教育思想をボイテンデイクが厳しく批判するのはこの意味においてなのです[7]。ですから，私たちが身体教育に問いかけるとき，文化的，社会的な諸条件をその価値判断の基準からすべて排除してしまうわけにはいかないのです。さらに身体運動の習練形態においても，生物学的規範概念に基づいた・統・計・的・標・準・概・念から解放されることの重要さをボイテンデイクは指摘しています。これによって長いあいだ主流の座を占めてきた運動学習の図式化や鋳型化をやっと終わらせることができるというのです。こうして私たちは，・動・き・か・た・の・標・準・化の呪縛から解放され，個人的な動きかたに大きな自由が許されるようになります。しかし学校体育の指導実践では，いまだに歩く習練形態は正常歩と称する生物学的規範の類型が根強く残っていますし，わが国古来のナンバ歩行の類型化形態が体系論として習練対象に位置づけられるのにはまだまだ時間がかかるのかもしれません。

　競技スポーツにおいて，とりわけ体操競技やフィギュアスケートのような評定競技においては，習練体系を構築するにはこの類型化形態が不可欠な分析対象になることはいうまでもありません。鉄棒のけ上がりが反動をとれば邪道だとする考え方はもうすっかり消えていますが，その反動類型化形態と振上げ類型化形態を習練体系に位置づけるのにはまだ価値体系論としての未熟さが残っているようです。採点規則に大きく支配される評点競技においては，その類型化形態に大きな美意識をもったとしても，それが演技の評価にまったく機能しないのであれば，この類型化形態の縁どり分析にもいろいろと問題が出てくることになります。フィギュアスケートの荒川静香選手が評価対象にならないイナバウアーに固執しても金メダルを獲得したのは単に個人的な美意識へのこだわりだけなのでしょうか。

● ──構造化形態の分析対象は何か

　ここで縁どり分析の対象に取り上げられる構造化形態は起点と終点の枠組みのもとに体系化された習練形態が意味されています。私たちが習練の対象にする動感形態は単一な類化形態ないし類型化形態だけではありません。複合的な対人関係をもつボールゲームの戦術のような場合には，単一形態と複合形態と

---

7) Buytendijk, F. J. J. : op. cit. 1956, S.349.

を問わずにいくつかの動感形態をあるねらいをもって構造化し，その一連の統一的行動が習練対象になるのは周知の通りです。この構造化形態は厳密にいえば構造化準形態とも表すことができます。シュトラウスの表現を借りれば[8]，起点と終点とを含意した枠組みをもっている準個別運動ということになります。私たちの体系論に引き寄せて表現すれば，シュトラウスの準個別運動はここでは準志向形態に置き換えることができます。準＝形態という表現は類化形態に準じている志向形態が意味され，その枠組みの外縁はそう鮮明ではないにしても，そこに一連の構造化された行動形態が認められます。この意味において，ここでは端的に構造化形態と表しても誤解を招くことはないでしょう。

　この構造化形態の起点になるのは一連の構造化形態の基本体系です。後段でこの構造化形態の基本体系を探ることになりますが，それだけで構造化習練形態を体系化するにはあまりにも体育や競技の習練対象は多様です。構造形成はそのねらいによって区々ですから，そう単純に構造化の基本体系をまとめることはできません。そこにはそれぞれの習練領域の伝統的なハビトゥスがしつこく付きまとっていますから，なかなか構造化形態そのものを構造分析の対象に取り上げることがむずかしいようです。たとえば，学校体育のさか上がりと足かけ上がりは鉄棒運動の基本的な教材として最初に取り上げられるのが一般です。しかし，そこに構造化された習練形態の体系は動感論的な構造分析の認識がすっぽり抜け落ちています。その二つの教材はまったく別な動感構造をもっていてそこに何らの動感親和性もないのですから，鉄棒の初歩段階に構造化形態として取り上げることはできないことになります。そのことは鉄棒を初歩から指導するときの体系分析に関心がもたれず，その動感論的な体系分析がまったく欠落したままになっていることを物語っています。

　とりわけ，競技スポーツで習練されるべき一連の構造化形態を体系化する問題圏もまだ十分ではありません。習練形態を単複原理や難易原理あるいは形式的類似に基づいて単に寄せ集めても効果的ではなく，指導現場からは何の役にも立たないとすぐに批判されます。この構造化という表現の意味するところは，動感構造化を含意した類縁性や系統性に基づいていることはいうまでもありません。ですから，外見上の類似性や見かけのむずかしさなどによって形式的に一連の構造化の基本体系が構築されるのではなく，あくまでも遍時間性

---

[8) Straus, E.: Vom Sinn der Sinne, 1956, S.264.

を基柢に据えた間動感形態における秩序化が求められるのでなければなりません。このような一連の構造化形態の習練体系に構造分析としての縁どり分析が施されると，他の構造化形態の習練体系との共存価値がはっきりと確認されることになります。それは同時に構造化形態の習練体系相互の関係構造も同時に分析対象になることが意味されています。

　それらの構造化形態の習練体系は指導実践の現場で確かめられ，多くの指導者によって踏み固められた道（ホドス），つまり，実践的な方法論にまとめられていくことになります。それは単に理論的な仮説によって構築される技術プログラムや戦術プログラムではありません。ですから，それらの一連の構造化形態の習練体系はたび重なる縁どり分析を経てはじめて類的普遍性を高めていくことができます。しかし，その習練形態がいつでもだれにでも通用する一般妥当性をもつためには，単にその習練体系の成功を確かめた指導者の数に左右されるのではありません。別言すれば，ボイテンデイクのいう統計的な標準概念に依存するのではなく，縁どり分析の厳密さこそが決定的な意味をもっていることを確認しておく必要があります。

## ●──統一習練体系の分析対象は何か

　最後に，統一習練体系の縁どり分析について確認しておきます。いくつかの一連の類化形態や構造化形態の習練体系は，一人の選手，一つのチームの競技力向上を目指して，さらにより有効な統一習練体系に組織化されていくことになります。すでに指摘しているように，基礎体力を鍛え，基本技術をマスターし，さらに戦術を身につけていくという一連のトレーニング体系とは本質的な違いがあります。統一習練体系は個々の体力要素，技術要素，戦術要素を形式的な単複原理，難易原理によって組み立てていくトレーニングプログラムとは本質的に区別されます。それはすべて指導実践のなかで試され，失敗を重ねながらやっとたどり着くことのできる動感身体知の結晶なのであり，その道は多くの指導者によって踏み固められて，さらに縁どり分析によってその体系の縁どりは鮮やかに浮かび上がってきます。

　これらの統一習練体系は，単に習練の系列や順序を示すだけでなく，個々の選手やチームのマネジメント方法論との縁どり分析も忘れるわけにはいきません。同時に，競技に際してのメンタルトレーニングとの関係構造の縁どり分析

も欠かすわけにはいかないのです。現在のところ，競技力の統一的習練体系は体力トレーニングやメンタルトレーニングとの関係構造が厳密に縁どり分析されないまま放置されているのが現状です。科学的なトレーニング体系がそれぞれの体力領域，メンタル領域，マネジメント領域ごとに絶縁的に指導されているとしたら，いったいだれがそれらを選手ないしチームに構造化し，生化するのでしょうか。このままでは，寄せ木細工のように選手やチームも組み立てることができるという原子論的な要素主義に拘泥しているといわれても仕方ないかもしれません。

## 3 縁どり分析の方法論を問う

### ●──縁どり分析の理論的基礎は何か

　ここにおいて私たちは，分析手段としての縁どり分析がどのような理論的基礎をもっているのかに改めて問いかけておかなければなりません。すでにここの縁どり分析が価値体系論の立場から行われることは確認しています。そこでは実体論的な運動認識から関係論的な運動認識へと脱皮して価値体系論の立場がしっかり確認されることが先決になります。人間の身体運動は歴史的，文化社会的な所産なのであり，他の動感形態との縁どり作用によってのみ習練すべき動感形態の価値体系を理解することができます。つまり，習練形態の共存価値は価値体系のなかでしか発生せず，否定的な対立化現象のなかでしか習練形態が存在価値をもてないということはいくら強調してもしきれないほどの重要さをもっています。

　私たちは走る，泳ぐ，さか上がりをする，ボールを蹴るなどの身体運動を習練する対象として体育や競技で取り上げます。それらの習練形態はどのような独自な意味構造をもち，他の習練形態に置き換えられない固有な価値をもつのかが明らかにされなければなりません。その共存価値が何も解明されていないとしたら，指導するプログラムはどんな理由で体系化できるのでしょうか。ボイテンデイクの機能運動学の視座に立てば，習練形態を体系化するには生理学的，物理学的，教育学的な合目的性を基準にするのではなく，あらゆる実利的な目的から解放されて，その習練形態そのものの機能的な共存価値によってのみ純粋な価値体系論が成立することになります。とすると，走る，投げるなどの身体運動がいつでもだれにでも承認される類的な習練形態はどのようにして

確認できるのでしょうか。私たちはこうしてフッサールの本質直観の方法論[9]の道をたどらざるをえないことになります。

たとえば、走るという習練形態を取り上げて、その体系上の共存価値を確認するために縁どり分析をしようとすると、そこに取り上げられた走る形態は私自身が今ここで構成した経験的な偶然的なものでしかありません。今ここで私はこの走る形態をジョギングのときのようなゆっくりした気持ちのよい走りかたを偶然に構成しているとします。しかし、同様にして私は短距離選手のすばらしいスプリント走を恣意的に構成することもできますし、跳び箱を跳ぶための助走形態を構成化することもできます。実在の走る形態は無限に開かれていますが、今ここで構成されたジョギングの走りかたは偶然的であり、それが比較の出発点になっています。しかしフッサールは類的普遍化を示す本質概念を獲得するには、この偶然性から解放されなければならないとして、本質直観に至るプロセスに三つの段階を示しています。

①その最初の段階は「多様な変容化作用を生み出し続けていく段階」です。たとえばジョギング走に多様な変容形態を構成するための起点として、次つぎに新しい類似形態や想像形態を生み出す変容化作用を取り上げます。この無限に続く変容化作用の過程には、フッサールの表現を借りれば「思うままに以下同様に」変容化できるという重要な意識が含まれています。それが開かれた無限の多様性を生み出し、通り過ぎるものを引き寄せては進みながら、そのなかでいつも同一性を維持していくことになります。

②次の段階として「持続的な重なり合いのなかで、対象を統一的に結合する段階」を取り上げます。このような多様な変容化作用に基づいて、一般者を形相として本来的に観て取るという働きが前景に立てられてきます。そこでは、恣意的な動感形態が類似形態から類似形態へと移りゆくなかで、その現れの順序にしたがって重層的に一致し合いながら受動的に総合的統一形態へともたらされていきます。別言すれば、同じものは同じものとして受動的に先構成されています。「形相を観て取るということは、そのように前もって構成されているものを能動的に直観しつつ把握することにほかならない」とフッサールは指摘します。こうして、多様な変容化が多数として意識されつ

---

9) Husserl, E. : Erfahrung und Urteil, S.409ff. /『経験と判断』、327頁以降、長谷川宏訳、1975、河出書房新社。

つ共通する一者が成立していきます。ここで意味される共通する一者とは，多数に共通する一者なのであり，言い換えれば，類的核をとらえる志向体験の働きが意味されています。動感意識が効果的に伝承されるためには，いうまでもなく超越論的な類的普遍性に支えられている動感的間身体性ないし間動感性の存在が確認されるのでなければなりません。しかし，この動感志向性は〈私が動ける－私はそう動けない〉という動感意識の体験固有性をもっていますから，私の身体に貼りついた有体的自己性に貫かれているのです。

③最後に「差異を比べて，合同なものを取り出して能動的に同定化する段階」に入ることになります。多様な変容化作用はそこに多数性として意識されながらも〈共通する一者〉が浮かび上がってくるのです。さまざまな変容化作用のなかで，重層的に一致し合いながら現れてくる合同は他方ではさまざまな差異と結びついています。この重なり合いのなかにおいて，一致しないではみ出してしまう形態が互いに対立的に浮かび上がってくるのです。そこで「差異概念というものは同一的に共通する一者である形相の理念との絡み合いのなかでしか理解できない」ことをフッサールは指摘しています。

こうして，差異とは多様な対象の重層構造のなかでそこに現れる合同の統一体にもち込まれないもの，つまり形相を見えなくするものということになります。その重なり合いのなかで互いに対立し，相手を弾き出そうとしていることが差異を生み出すものなのです。そのなかで，さまざまな現れの流れを貫いて持続していく同一の統一体が見出されることになります。私たちは個々のものをさまざまに変容化してその同一性を突き崩し，個々のものを他の可能な個々のものに虚構的な変容化作用を続けなければなりません。こうして私たちはその同一的なるものという統一体を能動的に確認するために，さまざまな変容化作用を進め，その統一体の縁どり志向体験を確認し，その枠組み構造を闡明にする（せんめい）ことができます。そこに価値体系論として，体系的な共存価値を確認できる縁どり分析の方法論が浮かび上がってきます。しかし，このような厳密な現象学的な基礎理論はそう理解しやすいものとはいえないようです。私たちは日常の身体運動に例証を求めて具体的に縁どり分析のやり方を確認することにします。

● ──類化分析の例証を探る

ここでは，縁どり分析のやり方を理解しやすくするために，競技スポーツの

習練形態はできるだけ避けて，日常の身体運動でもっとも基本的な走る形態のなかに縁どり分析の具体的な例証を探ってみることにします。私たちは後段で日常的な基本的構造化形態を取り上げていきますが，そこでは厳密な縁どり分析を省いてその全体系を見渡すだけになります。まず私たちは走る形態の例証によって縁どり分析の経過を確認しておくことにします。

　走るという類化形態が跳ぶ類化形態との境界領域を分析対象にすることから始めます。走るも跳ぶもともに空中に浮かび上がった局面をもっています。しかし，走る形態と外縁を接する跳ぶ形態は両足踏切りを除外して，踏切りと着地の局面を左右交互にする跳ぶ形態に外縁を狭めます。いわゆる〈ケンケン跳び〉を排除して，その分析対象を明確に措定します。そこではドイツのテェルナーのいうように，それを定量化して精密に分析し截然と区切りをつけることは不可能になります。それを確認する縁どり分析としては，走る形態をできるだけゆっくり走るように，多様に変容化していきます。そこで空中移動局面をどんどん少なくしていくと，最後はその場の駆け足形態の足踏みという移動のない走形態に変容します。そこではすでに本来的な移動形態としての走る形態ではなくなっています。それは平均台で走る形態を学習対象にするときにも同じ例証が成立します。平均台での不安定さと走る距離の制限のために，走ると跳ぶの動感形態が絡み合い現象を示し，走るの習練形態が成立しにくいことは現場ではよく知られていることです。

　このように，ゆっくり走って空中移動局面を消していくという縁どり分析に対して，今度はその反対にできるだけ速く走って，空中局面を大きくしていくという縁どり分析を試みます。ここでもどんどん変容化を進めていくと，走形態はしだいに破壊されて，三段跳びのステップージャンプの連続になり，本人の動感意識のなかに走とも跳ともとらえられる絡み合った志向形態が現れてきます。それは定量化分析の対象ではなく，動感世界の極性化のなかでしか理解できなくなります。ハードル走のとき私たちはハードルを跳び越すのですが，その跳ぶ形態の極小化に向けて努力志向性が働いているのは周知の通りです。

　こうして走るという類化形態においては，跳ぶ形態との外縁構造が志向分析されることになります。同様にして，走る形態は歩く形態との境界領域も縁どり分析の対象になるのはいうまでもありません。走る形態は歩く形態に対してその外縁を明確に規定できると一般に考えますが，現実にはそう単純に区別

できないのです。というのは、歩くは空中局面が見られずにかならずどちらかの足が地に着いているから走る形態とはっきり区別できると科学者は説明します。ところが、小走りに歩くという表現に示されるように、走るように歩くとはいったいどういうことなのでしょうか。小走りとは「小股で急いで歩くこと」（広辞苑）ですから空中局面がなく、それは本来走る形態ではありません。その小走りにいつ空中局面が出現して走る形態に移るのかは精密な科学的分析が必要です。キネマトグラフィーとディナモグラフィーを組み合わせ、さらに筋電図も併用してその微分化された運動図形を精査しなければなりません。それは科学方法論として、単位性、同一性、延長性に基づいて運動図形を分析するのですから、どうしても数学的形式化の原理を承認せざるをえません。こうしてその精密な数的差異が結果されても、それは小走りする人の意味構造ないし動感構造とはまったく関係のない物体の移動データになってしまうのです。

　ところが、急いで歩いている人が走る形態に乗り変えた瞬間に、その人はまったく別な動感メロディーを自らの身体でじかに感じとることができます。ちなみに、メルロ＝ポンティが『行動の構造』で援用する運動メロディーは自然科学的な客観運動ではなく、私たちのいう動感メロディーであって、走りながら自らの身体でリズムを感じながらのメロディーなのです。つまり、歩く形態をいろいろに変容化していくうちに、突然にそれまでとはまったく違った走る形態の動感メロディーを体験できるのです。いわば、歩く形態と走る形態の中間領域のなかで、多様な動感メロディーを変容化しながら、その縁どり志向体験を分析し確認していきます。それは数的に画然とした区分線を引く形式化の作業ではありません。そこでは類的に普遍化された共通の一者としてのメロディーが身体知で確認されていくのであり、それが縁どり分析といわれる構造分析に特徴的な分析手段なのです。

## ●───類型化分析の例証を探る

　私たちは先に論理学的な類化形態と規範論的な類型化形態を区別しています。前段の類化形態で取り上げた日常の身体運動にならって、ここでも歩く形態に限ってその類型化形態の縁どりの例証分析を試みることにします。私たちは歩く形態を学習対象に取り上げようとすると、何のためらいもなく正常歩という理想像を前景に立てたくなります。その歩きかたは頭部をまっすぐに保

ち，胸を張って手を大きく振り，振り出した前足は踵から着き，後ろ足の膝を伸ばすようにけり出して前進します。しかし，昭和40年代に学校体育の指導要領に器械運動と区別された体操領域が設定され，そこで歩，走，跳，投，押し・引きなどの全身運動が習練対象に取り上げられています。徒手体操の部分運動と区別されたこの全身運動という日常的な身体運動に当時の現場の体育教師は一斉に戸惑いを隠せませんでした。今さら，歩くというだれにでもできる日常動作を学習対象にできるのかどうかが問題になったのです。ですから，せいぜい行進の訓練でお茶をにごすしかないと考え，その行進の歩きかたは旧軍隊のものを転用するしかない状態でした。

　このことは，ボイテンデイクがその機能視座から行った歩行分析のなかで体育の理想的な歩きかたについて厳しく批判していることを裏書きしています[10]。歩くという身体運動は人間の行為として一つの表出的な意味内容をもつという基本的な運動認識が改めてボイテンデイクによって指摘されます。歩くという志向形態は歩く人の人柄とその情況のいかんによってその意味構造は区々になるのであり，そこにたった一つの理想的な歩きかただけを求めて習練対象にすること自体に疑問が投げかけられます。もっとも，始原分析論でも指摘しましたが，そこに一つの鋳型しか認めない運動認識が正統であると断じるのであれば，それは論外になります。生理学的な効果をもつ歩きかたにしか習練価値を認めないという19世紀的な偏狭さに気づかないという体育理論はあまりにも認識不足であり，新しい人間学的運動学の視座に頑なに背を向けたものというしかないとボイテンデイクは厳しく批判するのです。

　マイネル教授もその『運動学』で指摘していますが，現代の生理学的な正常歩の端緒を開いたドイツのヴェーバー兄弟の「振り子理論」が関心を呼んでいるころ，フランスの文豪バルザックはその「歩きかたの理論」(1833)で類型学的な歩行理論をパロディーとして発表し，そのなかで歩きかたの類型学的考察を終えてから，嘆いて次のような皮肉を飛ばします[11]。「人の数ほど歩き方あり！　一つ残らず描くとなれば，悪徳のありとあらゆる形態を一つひとつ探り出し，世の愚かしさをことごとく見きわめ，世のなかの全階層を上，中，下，

---

10) Buytendijk, F. J. J. : op. cit. 1956, S.128.

11) Balzac, H. d. : Théorie de la démarche, 1933, Œuvres complètes, 1962, club de l'honnête homme, p.626 /「歩きかたの理論」，135頁，『風俗のパトロジー』，山田登世子訳，1982，新評論．

限なく見て行かねばならないだろう。そんなことをしてはきりがない。こうして，歩きかたを観察した254.5人のなかで（というのも一人，片脚のない人がいたのを少数に数えているので），美しく自然な歩きかたをしていた人は一人もいなかった。私は絶望して家へ帰った。文明は一切を堕落させる！ 一切を歪める，運動さえも！ いっそ世界一周の旅に出て，野蛮人の歩きかたでもしらべてみるか」と慨嘆するのです。

　バルザックはバイオメカニクスの鼻祖といわれるイタリアのボレリによる『動物の運動』の科学主義に絶望したあげくに，類型学的な歩きかたの研究に入ったのですが，その鋭い観察眼にとらえられた歩きかたのなかに，手足を振り子のように交互に動かす歩きかたとはまったく異質な類の型を述べています。「はて，今やってきた男，あれはどういう手合だろう。右脚を動かすと左肩が動き，左脚を動かすと右肩が動く。満ちたり干いたり，何と規則的なこと。まるで交叉した二本の長い棒が服を着て歩いているようではないか。きっとこれは労働者から成り上がった男に違いない」（傍点引用者）というものです12)。ヴェバーの振り子理論によれば，右脚を前に出すと，左手が前に振られて，左肩が前に出ないのだから，いわば，生理学者のいう〈正常歩〉ではないことは明らかです。しかも，バルザックはその歩きかたの観察のなかで，公理8として，「われわれが身体を動かすときには，次つぎと滑らかに伝わっていく目に見えぬ微細な動きの一つひとつに知性が輝いているはずだ」と駄目押しをしています。ですから，自然の潮の満ち干きに示される〈サイクル〉のなかに，今ここで感じながら動き，動きながら感じることのできる動感力が働いているのです。とすると，私たちは振り子類型のほかに，もう一つの自然な歩きかたとしてのバルザックのいうねじれ類型を措定できることができます。

　ところが，手足を交互に前に出して振り子のように動かして歩く振り子型が正統であり，脚を出すときに反対の肩が前に出して歩くねじれ型は協調能力の欠落した悪い歩きかたといわれるのはどうしてでしょうか。ゲーテがその『イタリア紀行』（1786年9月17日，ヴェローナにて）のなかで気づいたこととして，「歩くときには，みな両腕を振る」と述べています。さらに「何かという折には剣を帯びる上流階級の人たちは，左腕だけはじっと動かさない習慣がついているので片腕だけ振っている」こともあるといいます。とすると，まったく腕

---

12) Balzac, H. d. : ibid. p.622 / 128頁.

の振りが意識に上らない歩きかた，つまり，ねじれ型の歩きかたもあったことをうかがわせるに十分です。こうなると，世界中で手足を交互に前に出す振り子型だけが正統で，手を振らないで歩く人もたくさんいたことになりますし，バルザックが「労働者から成り上がった男に違いない」といったのは両手で何かしながら歩かなければならない手合いの類型化を認めていたことになります。

ちなみに，両手を交互に大きく振って，大股で闊歩する振り子型の歩きかたは，stride や march と表現されますが，手をあまり振らずに肩を前後に揺する歩きかた，つまり，ねじれ型は，amble といわれ，それらの表現はラテン語の ambulāre という語源をもち，当てもなくあちこち歩くことを意味します。こうなると，何もバルザックの鋭い観察眼を待たなくてもラテン世界まで遡れることになります。ラクダや熊が側体歩で歩くのは今に始まったことではないのですし，人間もこのような動物の側体歩と同じ類の歩きかたをしていても何の不思議もないわけです。竹馬の経験をもっている人はこの側体歩という同じ側の手足を前に出す歩きかたの動感意識を甦らせることができるでしょう。そのとき，反対側の竹馬は下に押さえるように倒されています。こうして考えてくると，私たち日本人がナンバと呼ばれる変な歩きかたを昔からしていたことはよく知られています。日本人は歩きかたが下手だとか，背を丸めて，膝を曲げたまま靴を引きずって歩くとか，とにかく評判が悪いようです。この一見だらしないような歩きかたといわれるねじれ型の歩く形態は，動感類型論の立場からも，西洋の振り子型の歩形態から截然と区別されて不器用な歩きかたという烙印を押されてしまうのでしょうか。

## ●──ナンバ歩きを縁どり分析する

こうして私たちは動感類型論の視座にたって，古来のナンバ歩きと西欧の振り子型歩きとを縁どり分析によってその志向構造を明らかにすることにします。近年，このナンバ歩きが世人の多くの関心を呼んでいますが，そこでは文化人類学的な考察や科学的分析が大勢を占め，ナンバ歩きの存在論的な構造分析は前景に立てられていません。私たちはこのナンバ歩きのなかに共存価値を区別できる類型化形態を取り出すことができるのかどうかに問いかけることになります。そのためには，古来のナンバ歩きがどのように理解されているのか，それは西欧の振り子型とどのように区別できるのか，この二つの問題を縁どり

分析によって明らかにしていきます。

　第一に，わが国古来のナンバ歩きがどのような構造をもっていると理解されているのかに問いかけていきます。ここではナンバという表現そのもののアルケオロジー的考察は文化人類学にゆずるとして，私たちはその歩きかた，つまり，歩く形態の意味構造それ自体に焦点を絞って問いかけていくことにします。一般に，ナンバという歩きかたは，右足が前に出るときには右手が前に出ると理解され，正確にいえば右半身がそろって前に出ると理解されているのが一般です13)。それは古典芸能の伝統的な歩きかたに受け継がれ，あるいは武道や相撲にもこの動きかたが基本になっていると説明されます。しかし実際に歩いてみると，つまり，右足を前に出すときに，同時に右手も前に振ると，こんな歩きかたではとても長い距離を歩くことはできません。それはバルザックの表現を借りれば，「そのようなサイクルを乱すようなことがあれば，機械仕掛けのようなぎこちない動きになってしまう」(公理8) ことになります。現代のロボットでももっとましに歩けるようになっているのです。いくら昔の日本人が歩き下手だといっても，そんなロボットまがいの歩きかたで東海道を往復していたとはとても考えられません。そこには振り子型の歩きかたを基準にしてナンバ歩きの動きかたを図形的になぞって理解しているとしか考えられません。ましてナンバ走りをやろうとしても，現実に右手と右足を同時に前に出すフォームで速く走れるわけはありません。そこで右足を前に出すときには右足を振り子のように前に振り出していく動きかたが表象されています。

　しかし一方では，ナンバで歩くときには前に乗り出すようにして足を前に出すから，後ろ足は足裏が見えるように返されるとも指摘されています。とすると西欧の振り子型のように勢いよく脚を伸ばして前に振り出す動きはしていないはずなのです。さらに，右手を前に出すといっても，肩関節を支点にして振り子のように右腕を伸ばして前に振るのではなく，肘関節で曲げた手だけが前に出ているのです。ですから，上腕は振り子状に動いていないし，反対の左腕は伸ばされて回内されるのであり，つまり左手の甲は左体側に向けられているのです。右足と右腕を伸ばして前に振り出す歩きかたでは大変な負担を強いられますから，そのときには左肩を前に出して，体幹部をねじってバランスをとっているのです。このようなことをバルザックは「きちんとしたサイクルから

---

13) 多田道太郎：『しぐさの日本文化』，161頁，1972，筑摩書房.

成り立っている」と表現し、目に見えない動きに内在した知性が輝きを放つのだと言い当てているのです。そこで、バルザックがいう動きの一つひとつに輝く知性とは、論理抽象の知識などではなく、身体運動の知恵、つまり、私たちのいう動感性の身体知が意味されていることはいうまでもないのです。

　第二の縁どり分析に入ります。ここでは、振り子型とねじれ型の区別を動感力によってどのように覚知できるのかを取り上げます。まず、生理学的に勧められているウォーキングのフォームで歩きます。次いで歩きながら、曲げた腕を振る方向を少しずつ下におろしていきます。そのうち、腕は前後に振っているのではなく、腕を曲げ伸ばししながら、上げ下ろししている動きかたに変わっていきます。その曲げられた腕が前斜め下にくるころには、反対の肩が前後に揺れ出すのに気づきます。曲げ伸ばしする腕が垂直になるころ、つまり、体側で腕が曲げ伸ばしされるようになると、そこには伸ばされた腕の回内としてのねじりとその肩の前出しによる胴体のねじれが感じとれるようになります。それはすでにねじり型のナンバ歩きにいつのまにか変化していることになります。そのとき最初に感じていた振り子型の動きかたとの差異は動感意識に明確にとらえられます。しかし、それは極性原理に支配されていて、数学的形式化の操作によってその瞬間を幾何学的に特定することはできません。それは動感意識の形態統覚化の領域に属しているからです。

　振り子型とねじれ型という二つの歩き形態の類型化分析は、このような縁どり分析によって、その枠組み構造をとらえることができます。同様にして、前述の縁どり分析を反対の極から始めることもできます。つまり、両手を体側にしっかりつけて、腕の振り子状の動きを制限してしまうと、出した足の反対の肩が前に出て、動きのバランスをとるようになります。もちろん、その肩の動きを意図的に制限することもできますが、それは特殊な目的があるときであって、バルザックのいう動きの知性に支えられたサイクルが無理に押さえられると、ぎこちない不自然な動きかたになってしまいます。そのようなねじれ型の歩きかたはその人の身体的特性と動く情況によって、いろいろな類型を生み出します。たとえば、女形の歩きかたはナンバ歩きを原型にしていますし、肩で風を切るやくざ歩きも任侠の日本の風土が生み出したナンバ歩きの類型化形態といえます。

　さらに、競技スポーツの世界でも、たとえば、鉄棒のけ上がりの類化形態の

なかに，反動型と振上げ型の類型化形態を措定することができるのはよく知られていることです。多くの競技スポーツないし舞踊においても，一つの類化形態のなかに多くの共存価値をもつ類型化形態を見出すことができることになりますので，次の一連の構造化形態ないし統一習練体系の分析には，この類化分析と類型化分析が不可欠な基礎を提供することを見逃してはなりません。

## ④ 構造化形態の体系化を探る

### ●──構造化形態の体系化を問う

　すでに先取り的に触れていますが，構造化形態とはいろいろな類化形態が起点と終点の枠組みをもって構造化された一連の習練形態です。別言すれば，そこでは個々のねらいに沿って構造化された習練形態の体系化が主題化されています。しかし，単純に類化形態や類型化形態が単複原理や難易原理あるいは図形的類似にしたがって機械的に体系化された一連の習練形態が意味されているのではありません。そのような形式化されたシステムではなく，多くの実践を踏まえたよりダイナミックな動感的な構造化に基づいた一連の準形態なのです。あくまでもそこでは，遍時間性を基柢に据えた間動感形態における秩序化が目指されているのでなければなりません。しかし，その構造化された一連の習練形態がいつでもだれにでも通用する一般妥当性を獲得するには，単にそれに成功した指導者の数だけに左右されるのではありません。いわば，厳しい実践的検証を経て，ボイテンデイクのいう統計的標準概念に依存せずに厳密な縁どり分析を重ねることこそが決定的な意味をもつことはすでに述べた通りです。

　それでは，基本的構造化形態はどのように体系化されるのでしょうか。競技スポーツの習練すべき一連の構造化形態は，そこに起点と終点のある枠組みをもちますから，そのねらいによって千変万化の様態を示します。しかも，評定競技や判定競技のような複雑な競技構造をもっているスポーツでは，どんな技術を取り入れた演技を構成するのか，どんな戦術をどこで取り上げるのかによって，その構造化対象になる習練形態はいくつかの準志向形態に変容されているのが一般です。それらの構造化形態という一連の習練体系はそれぞれの競技論にゆずらざるをえません。それは個々の競技論における体系構造論で主題的に取り上げられることになります。この一般体系論としては，それらの基柢をなす基本的な構造化形態の体系化が試みられることになります。たとえば，歩

く形態とよじ登る形態には，縁どり分析によってその関係がどのように構造化されるべきかが問われることになります。直立歩行を常とするヒトは，一見して歩く形態に無関係なよじ登る形態が関わりをもつには，情況の変容化という縁どり分析によって明らかにされます。詳しくはその例証のなかで述べますが，物理的な運動図形の類似や形態発生の順序だけにその体系化を求めることはできないことを確認しておかなければなりません。

たとえば，走るという類化形態そのものは多彩な構造化形態の分節に取り上げられますが，走る形態のねじり型という類型化形態も構造化形態の体系化対象に取り上げられることになります。古来のナンバ歩きやナンバ走りというねじり型の類型化形態も習練の対象になることはこの構造化形態の縁どり分析によってはじめてその独特な動感構造化が確認されるからなのです。したがって，この基本的な構造化形態の体系化原理はその核に動感構造化があり，構造化形態の体系相互の統合原理もその体系に動感親和的な構造化が成立するのでなければなりません。具体的な例証は，多くの人に共通する対象である日常的な身体運動の基本体系だけを取り上げることになりますが，多様な競技における技術的構造化形態ないし戦術的構造化形態や舞踊におけるフレーズ的構造化形態などについては，それぞれの習練領域においてその体系分析が緊急の課題になることを確認しておくにとどめます。

● ── 這う・転がる形態の体系化を探る

ここに取り上げられる基本的構造化形態の一つとしての這う・転がる形態は，それらが個体発生における動感形態の順序性から最初に取り上げられるのではありません。つまり，寝返り形態が転がりの起点として，あるいはその伏臥形態からの移動がヒトの移動運動の起点として基本形態に取り上げられるべきだと主張しているのではないのです。たしかに，マイネルが述べている「スポーツ運動の基本形態[14]」は個体発生的視点から考察が進められていますが，そこでは人間の動感形態における基本的な構造化形態の体系化が意味されているのです。這う形態や転がる形態はヒトの誕生後にまっ先に出現する動感形態ではありますが，それらの構造化形態の習練は幼少の時期に限られていて，手足で支える動きかたは幼稚園の習練形態に運動遊びとして取り上げられるのに止

---

[14] Meinel, K.: Bewegungslehre, op. cit. S.277ff. / 299頁以降.

まっています。その後は足による移動運動に収斂され，あるいはマット運動や器械運動の初歩的な遊戯形態に移されてしまい，基本的な構造化形態の体系から弾き出されていきます。ですから，手足支えからなる一連の構造化形態は私たちの習練体系から姿を消していることに注意しなければならないのです。

　ここにおいて，私たちは這う・転がるという基本的な手足支え構造化形態を改めて縁どり分析する必要性に迫られます。まず這う・転がる形態の開始形態を伏臥体勢と仰臥体勢に求めます。もちろん，これらの体勢は日常的な寝返り形態によって出現します。しかし，この寝返り形態はめまいを楽しむマット遊びの〈丸太転がり〉や〈焼き芋ごろごろ〉といった幼児向けの習練形態に発展していくに止まります。この長軸の接触回転を特徴とする習練形態はさらなる形態分化につながらず，意図的な習練努力の志向対象になりにくいところから，この基本形態は這う形態と転がる形態のなかに収斂されていきます。しかし，この長軸回転は付帯的な動きかたとして，高度な習練形態に発展する可能性をもっていることを理解しておく必要があります。たとえば，跳び形態や宙返り形態に融合して，フィギュアスケートや体操競技あるいは舞踊における高度な技にメタモルフォーゼしていくのです。

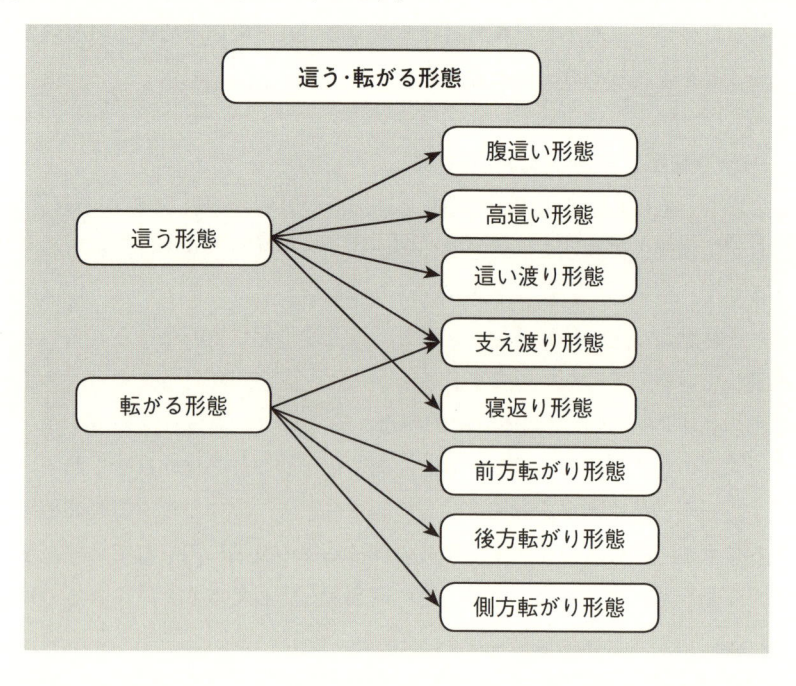

```
                ┌─────────────┐
                │ 這う・転がる形態 │
                └─────────────┘

                          ┌─────────┐
                       ┌─→│ 腹這い形態 │
                       │  └─────────┘
                       │  ┌─────────┐
                       ├─→│ 高這い形態 │
   ┌─────────┐         │  └─────────┘
   │ 這う形態 │─────────┤  ┌───────────┐
   └─────────┘         ├─→│ 這い渡り形態 │
                       │  └───────────┘
                       │  ┌───────────┐
                       └─→│ 支え渡り形態 │
                          └───────────┘
                          ┌─────────┐
                       ┌─→│ 寝返り形態 │
                       │  └─────────┘
                       │  ┌───────────┐
                       ├─→│ 前方転がり形態│
   ┌─────────┐         │  └───────────┘
   │ 転がる形態│─────────┤  ┌───────────┐
   └─────────┘         ├─→│ 後方転がり形態│
                       │  └───────────┘
                       │  ┌───────────┐
                       └─→│ 側方転がり形態│
                          └───────────┘
```

これに対して這う形態の移動運動は這いかたの分化とどのような場所でそれを行うかによってその習練形態は分化を重ねていきます。さらに，転がる形態もその接触回転の方向やどんな動きかたから転がるのか，転がってからどんな動きかたにつながるかによって，そこに多彩な形態分化が示されます。こうして，這う・転がる形態という基本的な構造化形態はその形態分化の可能性と，ゆか運動や平均台における手足支え技群のなかに多彩な変形技に発展しますから，習練対象に体系化する必要があります。

　腹這い形態は伏臥体勢から，つまり，腹這いになってから肘や膝を使って移動する習練形態ですが，匍匐前進といった軍隊用語を覚えている人もいるかもしれません。このような特殊な状況で求められる腹這い形態は習練対象として取り上げられるのは珍しいようです。高這い形態は手と足ないし膝で支えて移動する習練形態ですが，現代では腹這い形態とともにほとんど構造化形態としては無視されています。この這う形態の上肢と下肢の協調動作の習練を放棄して，一気に歩行器による立位移動に急ぐ現代人は基本的な構造化形態の重要さを認識していないというマイネル教授の指摘に注目する必要があります15)。

　このような這う形態は手足支えの構造化形態へと発展し，グーツムーツやヤーンの習練体系で本格的に取り上げられていきます。その後，ヤーンの創始による器械運動が独立し，ゆか運動や平均台，ないし跳馬の技に収斂されます。そのころは，鞍馬でも平行棒でも，さらには鉄棒でも手足支えの構造化形態は重視されていましたが，技術の進歩に伴ってそれらの技群は足の支えを排除し，現在のように腕立支持のみによる多彩な技群に発展しています。

　しかし，手だけの支持形態は突然出現したのではなく，手足支えがその基本形態として，ヤーン時代における這い渡るから支え渡るへの形態分化を誘うことになります。それらは，やがて鉄棒や平行棒の手足支持回転技群（足かけ上がりや足かけ回転など）から腕立支持回転技群（浮支持回転，浮腰支持回転など）へと多彩な形態分化につながります。手足支えの基本形態が競技スポーツのなかで，とりわけ体操競技として技の体系論は専門書にゆずるしかありません16)。後段でさらに分析するように，手だけで懸垂して移動し，回転する形態も歩く・よじ登る形態の発展となることを考え合わせれば，基本的な構造化形

---

15) Meinel, K. : Bewegungslehre, op. cit. S.269ff. / 291〜299 頁.
16) 金子明友：「技の体系」，『体操競技のコーチング』，299 頁以降，1974, 大修館書店.

態の体系分析に改めて注目する必要があるようです。

　もう一つの転がる形態は仰臥体勢から発展しますが，ここでも日常生活の身近な動作との絡み合いが示されています。図に見られる前方転がりや後方転がりの表記はただちにマットの前転や後転という一定の鋳型化された技を連想しがちです。しかし仰向けに寝ていて，足で反動をとって上体を起こす動きかたは日常生活のなかで気づかないまま使っている前方転がりの受動的身体知なのです。そのような日常的な単純な動作がゆか運動における前転の意味核をなしていることには気づかないものです。それは前転という技はボールのようになるという鋳型化が正統化され，それ以外の動きかたはすべて排除されてきたからです。同じことは後方転がりの場合も同じなのです。仰臥体勢から足を頭越しに引き寄せて肩越しに後ろに転がる動きかたはきわめて日常的な身のこなしなのです。それが後転というマット運動の技の起点をなしていることに気づかないほどこの非日常的な動きかたは最初から鋳型化されてしまったようです。

　側方転がりもバレーボールの回転レシーブに似ていて，そこには側転の原型が息づいているのです。こうして，いろいろな頭越しの技はすでに19世紀初めにヤーンによって取り上げられていた習練形態であることはすでに触れていますが，それらの手足支えの巧技形態が時代とともに競技スポーツとして発展し，まったく非日常的な技として，多彩な形態分化を遂げることになります。それらが日常生活によく現れている手足支え形態に始まっているという本質的な始原(アルケー)が忘れ去られ，習練するべき基本的な構造化形態に体系化されないまま見過ごされてしまうのです。基本的構造化形態の体系化のねらいは，人間の動感運動の習練すべき基本形態を明るみに出すことに改めて注目しなければなりません。

●───歩く・よじ登る形態の体系化を探る

　ヒトのもつ特徴的な動感形態である歩く形態がここに取り上げられるのは当然としても，まったく異質とも思われるよじ登る形態が同時に基本的構造化形態に取り上げられているのは奇異な感じを免れないかもしれません。〈講義7〉ではヤーンの習練体系を取り上げて検討してあります。そこでは歩く形態では登る・下りるが区別され，さらによじ登る形態は手足登り・下りと手登り・下りに区別されているのです。ヤーンが歩くの習練体系を登り・下り，よじ登

り・下りへ,さらに手登り・下りから手渡りへと発展させていったことが同時に,鉄棒や平行棒のような器械運動における懸垂技群に膨大な形態分化を誘ったことは容易に理解できるものです。ところが,歩く形態は這う形態や転がる形態と類的に区別される一方で,手足支えのよじ登り下り形態として構造化される可能性をもちます。さらに,歩く形態のなかで,あでやかな歩きかたやナンバ歩きのような規範論的な類型化形態も縁どり分析のなかでは大きな領野を占めることになります。

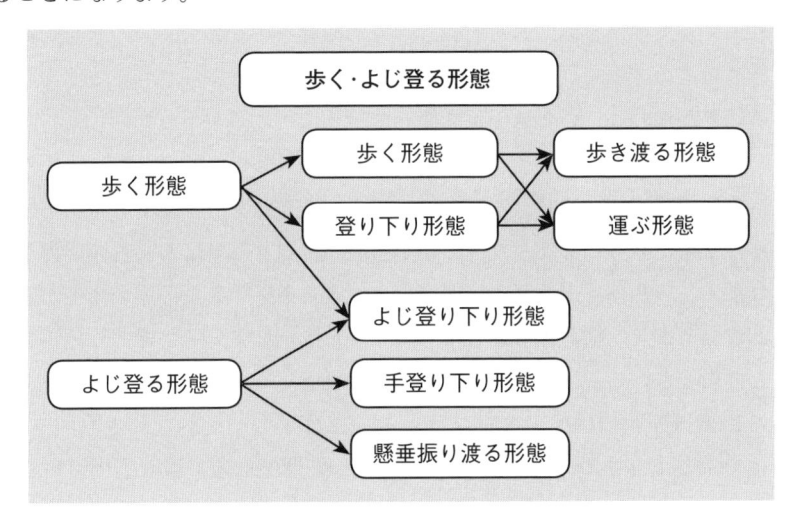

```
                    ┌──────────────────┐
                    │ 歩く・よじ登る形態 │
                    └──────────────────┘
                              │
              ┌───────────────┤
              │       ┌──────────┐──→┌──────────────┐
              │       │ 歩く形態 │   │ 歩き渡る形態 │
  ┌──────────┐│       └──────────┘ ╳ └──────────────┘
  │ 歩く形態 │┤                    ╳
  └──────────┘│       ┌──────────────┐→┌──────────┐
              │       │ 登り下り形態 │  │ 運ぶ形態 │
              │       └──────────────┘  └──────────┘
              │
              │       ┌────────────────┐
              │────→  │ よじ登り下り形態 │
  ┌──────────────┐    └────────────────┘
  │ よじ登る形態 │──→┌────────────────┐
  └──────────────┘   │ 手登り下り形態 │
              │      └────────────────┘
              │      ┌──────────────────┐
              └────→ │ 懸垂振り渡る形態 │
                     └──────────────────┘
```

ここではさらに,歩くという単一形態にも複雑な問題がつきまとうことに注目しておかなければなりません。それはすでに触れていますが,私たちが歩いて前後左右に移動する場合に,その歩きかたとの関わりによってさらにややこしいことが生じるからです。つまり,私がどのような歩く方向をとるかということと,そのときにどのような歩く形態をとるかということとのあいだには動感志向性の問題が絡んでくるからです。すなわち,歩行における私の移動方向の動感意識とそのなかの私の動きかたの動感意識とは区別されなければなりません。たとえば,歩きはじめに90度だけ右に向きを変えて,〈ここ〉にいる私自身の右手のほうに正対して歩き始めたとき,視線の方向に,つまり目方に歩いたのですから,それは前に歩いたことになり,右に歩いたという意識は背景に沈んでしまいます。しかし,歩きはじめから目方を変えずに,カニのように右に歩いて移動したら,その歩きかたは前に歩いたときとすっかり変わってし

まうのです。この問題は走る形態でよりはっきりと顕在化しますのでそこで詳しく立ち入ります。

　さらに，歩く形態のなかでは，そのときに物の持ち運びがつけ加えられれば，当然ながら押す・引く基本形態に関わりをもって運ぶ形態になります。さらに歩く場所が丸木橋のように制限されたところではバランスをとって歩くという能力が要求され，それに適した動きかたが選ばれ，渡る形態が成立します。歩く場所がスロープになればその傾斜度に応じて動感形態は変化を余儀なくされますが，手が自由であるという歩く形態はそのままです。しかし，その歩く形態はそのスロープや階段の傾斜が急になると，どうしても手で体を引き寄せる働きが加わり，いわば手足を使って這うように登り下りすることになります。私たちはそれをよじ登ると表現しますが，〈攀じる〉の〈攀〉という漢字は〈樊〉が〈坂〉に通じ，手で引っぱるという意味をもちます。手足を使って登るにせよ下りるにせよ，両手で体を腹這いに引き寄せておく身体能力が求められます。いわば，這う基本形態に引き寄せるという懸垂形態の発生が現れることになります。構造化形態を単一形態から区別して，その縁どり分析をすることの重要さはここにも見出すことができます。

　さらに器械運動の創始者ヤーンは，その上に足の補助的な働きも消して，手だけで上り下りするのを Klimmen と命名して習練対象に取り上げています[17]。このことがドイツのヤーン習練体系の特徴を作り上げることになるのです。このようなドイツ語の表現が〈登り下り Steigen〉〈よじ登り下り Klettern〉〈手登り下り Klimmen〉という習練形態の言語上の区別を通して歩く形態の分化に大きく関わっていることを見逃すわけにはいきません。ですから，フランス語の gravir や英語の climb では，その動きかたを規定する言葉をつける煩わしさがあり，わが国の表記問題と同じ事情にあるようです。

　こうして，歩く形態はよじ登り下り形態に発展し，さらには器械運動の懸垂回転形態へとメタモルフォーゼしていくことになります。歩くという動きかたが足という運動器だけに絶縁的に依存していると考える人は，手だけによる懸垂体勢の動きかたを歩く形態と同じ構造化形態にまとめることを牽強付会と批判したくなるようです。しかし習練形態の体系分析ではそれを主題化せざるをえないのであって，運動する主体とその情況との絡み合い構造の発生こそ関

17) Jahn, F. L., Eiselen, E. : Die deutsche Turnkunst, 1816, S.84 Sportverlag Berlin, 1960.

心事なのです。いうまでもなく，手だけで懸垂して登り下りし，前後左右に移動するときには振り子状の懸垂振動が誘い出され，さらに浮腰支持回転や車輪のような懸垂回転を伴う多様な技群へとメタモルフォーゼする可能性をもちます。こうして，体操競技における鉄棒，平行棒，吊り輪などの伸身懸垂ないし屈身懸垂の回転技群，上がり技群，下り技群という膨大な技の体系を生み出すことになります。同様に，すでに述べた這う・転がる基本形態の手足支持の回転技群やゆかや平均台の接転技群，翻転技群などの発展技を合わせ考えると，体操競技の多彩な技もわずかな基本的な構造化形態に収斂される可能性をもちます。このことは競技スポーツのトレーニング体系に少なからず変革をもたらす可能性があるようです。

## ●──走る形態の体系化を探る

まず走る形態を体系化するには，私たちはその類化形態の考察から入らなければなりません。走る形態が前段の歩く形態から区別されるのは，物理時空系においてではなく，動感時空系において直接に動感差として先反省的に感じとられるからです。これに対して，走ると跳ぶとはテェルナーの指摘[18]を待つまでもなく，それを定量的に分析することは困難であり，動感世界の極性化のなかで理解せざるをえません。たとえば，ハードル走のときには，ハードルを跳び越しますが，その跳ぶ形態の極小化に向けて努力志向性が働いていることになります。さらに，スプリント走とかストライド走などの類型化分析はここではその区別の存在を確認するだけに止めておきます。

ここに直進走という蛇足的な名称を取り上げましたが，走るという表現は〈目方=前〉に向かってまっすぐに走るのが一般ですから，わざわざ直進とか前進とかの表現をつけ加えることはまさに蛇足かもしれません。しかし，いろいろな競技スポーツの走形態はきわめて多彩なのです。倒立位の走形態を射程から外しておけば天地空間の枠組み構造も省くことができますが，そこではゼロ点の定位感から前と天を不変として移動方向を変化すると，そこに直進走形態と調節走形態が大別されます。

直進走形態とは，絶対のここを起点として，地球上の天地空間の枠内で上（=天）と前を不変にして目標の〈そこ〉を目がけてまっすぐに走る志向形態です。

---

18) Thörner, W. : Biologische Grundlagen der Leieserziehung, S.463, Dümmlers Verlag 1966(3.Aufl.)

それは倒立位で歩いても，走っても，重力の働く地球上では，天を上とし前を不変にしておけば，目方という視線は意味をもたなくなります[19]。直進走形態のうちの疾走形態は走形態の代表的な走りかたであることに異論はないでしょう。もちろん，この疾走という表現がスプリントによる短距離走だけを意味しているのではありません。走るという動感形態が生命ある人間の運動行為である限り，シュトラウスのすぐれた表現を借りれば「生化されている運動は〈ここ〉から〈そこ〉へ，ある起点から目標に向かっての変化であり，移り変わり」なのですから，「生きものは自ら動くことができ，〈ここ〉から〈そこ〉への移り変わりのなかで生成しつつあるものとして生きている」（傍点引用者）ことを感じとることができます[20]。私たちは自己運動のなかでこそその移り変わりのなかに自我を体験できるのですから，〈ここ〉から〈そこ〉へと走って移動するうちにも目標志向性は自らの動きかたに直接的に関わってくることになります。

しかし直進走の場合には，できるだけ速く目当ての〈そこ〉に到達する行為が志向されますから，〈そこ〉へのスピード志向がそれに適した走りかたを生み出します。ですから，短距離走のときにはスプリント走が選ばれ，マラソンではその長い距離をできるだけ速く走破できる走法，たとえば，ピッチ走法が

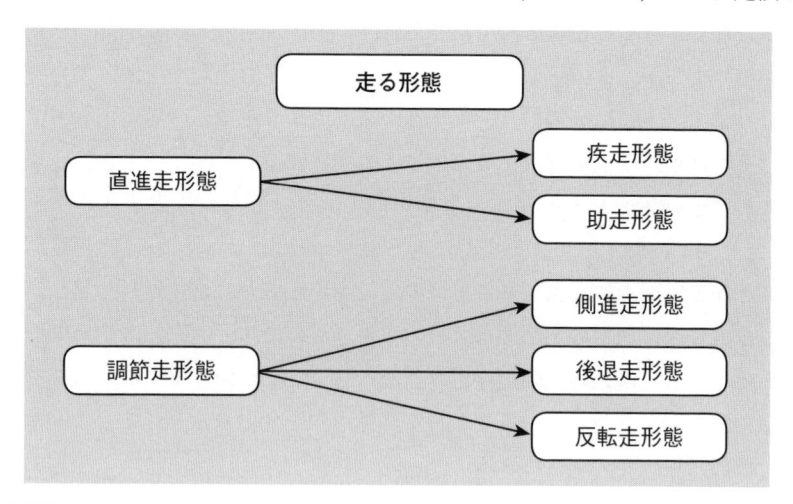

---

19) 金子明友：「体操術語における運動方向に関する研究」，『東京教育大学体育学部紀要』第4巻，127~136頁，1964.
20) Straus, E. : Vom Sinn der Sinne, S.275, Springer-Verlag, 1956.

取り上げられることになります。いずれにしてもそれはできるだけ速く走るという意味の疾走形態です。マラソンではスプリント走が選ばれませんから，それは疾走形態には入らないと反論する人がいるとすれば，そこでは短距離走だけが疾走と考えるからです。長距離走やマラソンでも，決められた長い距離をできるだけ速く走るという意味では相対的な疾走形態なのです。これに対して競技スポーツに入らない健康スポーツとして走るときは，その長い距離を速く走らなくてもよいのですから，疾走形態に属さないことはいうまでもありません。

　直進走形態のもう一つの助走形態とは，目的に応じて相対的な疾走形態としての構造化形態ということになります。しかしその距離に応じた最高スピードが求められる疾走形態に対比すると，助走形態は次に行われる他の動感形態にとって最適スピードが求められ，その組合せ局面では走形態そのものの変容が現れることになります。たしかに同じ助走でも，走り幅跳びと走り高跳びの走りかたは違いますし，跳馬の助走は次にくる両足踏切りと手のジャンプという風変わりな跳びかたに備えて，短距離選手の疾走形態を導入できるはずもありません。しかし，組合せ局面にマイナスにならない限りでは最高のスピードが志向されますから，助走形態は構造化形態の縁どり分析を経て体系化できることになります。

　次に考察する調節走形態という風変わりな表現では，〈ここ〉から〈そこ〉に至るまで常に行為目的に向かって走りかたを調節できる構造化形態が意味されます。ボールを捕るという行為はその目的に合致するように調節できる走形態が求められます。どんなに速く直進走でボールの落下点に到達しても，ボールを捕る行為に入るためにこの調節走形態を欠かすわけにはいかないのです。そこでは情況投射化できるカンの動感力に支えられた走形態が意味されていますから，単一な類化形態に位置づけられずに構造化という準志向形態に体系化されることになります。そこに出現する走形態は前と上を不変として左方ないし右方に走る側進走，同じようにそのまま後ずさりして走る後退走，さらに前後左右の方向を一気に反転して走る反転走を区別することができます。それらの走形態はサッカーやバスケットボールのようなゲームのなかに見られる通りです。もちろん，左方に走るか右方に走るかはその走りかたは動感差によって区別されますし，左前方や右後方などの移動方向はまさに無限といえます。し

かし、そこには調節走として類化できる特徴的な走形態を認めることができます。それはいわゆるナンバ走法がその基柢を支えていますが、この調節走は基本的な習練対象として現場では受動的形態発生に委ねています。しかし、それが受動的習練体系から能動的に計画的なトレーニング体系に組み込まれるにはまだ時間がかかるかもしれません。

　これらの調節走形態は長いあいだそれ自体に独立した習練形態が認められず、それは単なる直進走の変形ないし応用と理解され、それ自体の動感地平構造が分析の対象に取り上げられていません。そこには情況投射化のカン動力が自我中心化のコツ動感力に支えられていなければ、この調節走という構造化形態は成立しないのです。この構造化された走形態の志向分析が進められるようになって、はじめて独立した調節走という構造化形態が浮かび上がってくることになります。もっとも、競技スポーツの実践現場では、この調節走形態を習練形態として体系化し、基礎トレーリングのメニューに入れている現場のコーチは珍しくないかもしれません。しかし、体系論に基づく縁どり分析によってその構造化形態が確認できれば、さらにきめの細かいより実践的な習練形態が生み出されていく可能性をもっていることをよく認識しておかなくてはなりません。

● ──跳ぶ形態の体系化を探る

　この跳ぶ形態は走る形態と同様に空中局面をもちますから、これらを定量的に区別するにはややこしい問題が生じてきます。片足跳びを左右交互に行う跳ぶ形態を走る形態から科学的に截然と区別できるのでしょうか。その区別の最終的な決定には、動く人の動感作用も絡み合ってきますから、走る形態の縁どり分析は極性問題に関わらざるをえなくなります。ですから単一な走る形態が習練対象に取り上げられるときには、習練目標が明確に確認されていなければなりません。この跳ぶ形態もそれらを体系化するにあたっては、そこに志向される明確な習練意図や具体的な習練目標像を確認しておくことが前提になります。跳び箱を跳び越すときに、跳び箱を一つの障害物としてその克服だけに習練目的をおけば、わざわざ回転方向の切り返しが意味される反転形態を示す必要は消えてしまいます。まして回転して跳び越すという非日常的な跳び越しかたはまったく意味を失ってしまうことになります。そこでは反転跳び越しや回

転跳び越しの類化形態は成立しなくなってしまうのです。このようにして，18世紀以来その最初の習練体系のなかで走る形態とともに主座を占めてきた跳ぶ形態は，多くの始原分析のみならず体系分析を必要とする問題が山積していることを見過ごしにはできません。

　跳ぶという習練形態は跳び形態と支え跳び形態に大別されます。跳び形態は徒手で両足ないし片足で踏み切り，両足で着地する習練形態であり，支え跳び形態は両足ないし片足で踏み切り，手で支え，あるいは，手でジャンプして足から着地します。跳び形態では，高跳び，幅跳びは習練形態としてよく知られていますが，それは競技スポーツの走り高跳びと走り幅跳びによる鋳型化された運動認識に支配されているからです。高幅跳びとか下幅跳びというグーツムーツやヤーン以来の習練形態は歴史の厚みのなかにいつのまにか奇妙な名称だと思われて取り上げられなくなり，現代ではすっかり姿を消してしまいました。とくに下跳びという私たちにはなじみのない習練形態は，敗戦後のわが国ではまったく教材から消えてしまいました。それは高いところから跳び下りる形態であり，何も生命の危機場面を想定した訓練を標榜しなくても，基本的な習練形態であることには変わりありません。それが身体教育の場において，あるいは競技トレーニングにおいて，探りや先読みの動感力，弾力化の動感力には不可欠な習練形態であるのはだれの目にも明らかなのです。それは学校体育の教

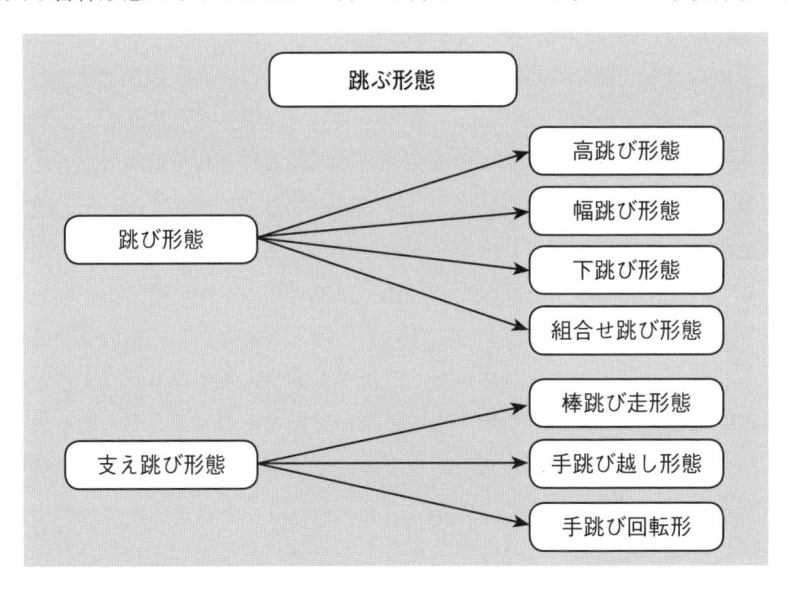

材論に始原分析や体系分析が欠落しているのがその一因をなしています。

さらに組合せ跳び形態は，ジャンプしてから投げるや捕る，ないし打つなどに組み合わせられた習練形態です。さらに，ジャンプのあと空中で回転する宙返りといった多彩な技がこれに属します。これらはみごとなダンクシュートや鋭いスパイクなど，私たちの憧れの的になる組合せ跳び形態など多くの習練形態が存在しますが，それらを基本的構造化形態として構造分析の対象に取り上げることが立ち後れているのです。それぞれの競技スポーツの必須の習練形態ではあっても，比較競技論としての体系分析が未開発のために，初心者の入門的な習練形態はそれぞれの競技種目の枠組み構造から抜け出すことができません。この立ち後れが絶縁的な体力トレーニングに走らせることになり，そこには類的普遍化を踏まえた習練形態の体系分析論の立ち後れに連動していることを認めざるをえないようです。

次の支え跳び形態は，棒跳び，手跳び越し，手跳び回転の三つの習練形態をもちます。すでに指摘したように，わが国には支え跳びという類化的な言語表現が欠落しています。そのために，習練対象としての構造化形態に体系化されず，ばらばらに競技種目のなかに散在してしまう結果になります。グーツムーツもヤーンもその習練体系に棒跳びを重視し，棒高跳びのほか棒幅跳び，棒下跳び，さらには棒高幅跳びと棒下幅跳びを分化させているのは見てきた通りです。現代では，競技スポーツの棒高跳び一つだけが生き残り，それも特殊な技能が求められる高度な種目になっていて，学校体育の枠内に取り上げられるはずもありません。

さらに跳び箱や跳馬という体操器械を一つの障害物として理解したため，手跳び越しはその意味構造を言語表現にもち込めない憾みがありました。跳び箱を跳び越すときには両手でジャンプする手跳びという本質的な働きが表現されていないため，跳び越すときの両腕の働きは単なるつっかい棒でしかないことになります。それがまたぎ越しという珍しい考え方に発展し，事故多発の危険教材としてしだいに敬遠されていくことになります。手でジャンプするという非日常的な動きかたを習練対象にするとき，そのための導入をどうするのかをまっ先に取り上げなくてはならないはずなのですが，体育の教材論では動感地平分析が完全に欠落し，肝心の体系分析も行われないまま，もっぱら障害克服をねらった跳び箱教材になっていったことを見逃してはなりません。

最後の手跳び回転は手跳び越し形態と類似の経過をもちますが，その開始局面に決定的な差異が現れています。つまり，手跳び越しは台上に着手するために両足踏切りに限定されます。それがロンダートのあと背面で踏み切っても，片足で踏み切る形態はかつての仰向け跳びというヤーン時代の遺物（こそ泥跳び）以外は現在のところ成立していません。しかし，手跳び回転形態におけるジャンプに入る変化は両足踏切りだけでなく，片足踏切り形態の多彩な変化が現れます。この習練形態はほとんど体操競技のゆか運動と平均台運動において示されますが，その基本的な構造化形態の体系化を通して新しい基礎トレーニングの開発も期待されることになります。もちろん，そこでは手によるジャンプだけでなく，補助的に頭や首も参加する多様なメタモルフォーゼの可能性をもっていることはいうまでもありません。

## ●──投げる・捕る形態の体系化を探る

ここに取り上げられる投げる形態と捕る形態は日常生活のなかで何気なく受動的な志向形態として現れています。ところが，競技スポーツでも，健康スポーツでも，その動きかたはきわめて多岐多様に分化していますから，意図的な習練対象として体系化された基本的な構造化形態を導き出すことはむずかしい問題が潜みます。グーツムーツやヤーンの身体習練の黎明期におけるような素朴な状態にあれば，投げるや捕るの形態は基本的構造化形態の一つとして体系化できるのかもしれません。しかし，ものを投げる，飛んでくるものを捕るという志向形態は動感構造化が複雑に絡み合っているのです。その動きかたを外部視点から物理時空系のなかで単純に対象化できないほど，投げる人や捕る人とその情況との絡み合い構造は複雑をきわめます。ですから，18世紀末における身体習練体系には，改革者たちがその体系化に苦慮していることがうかがわれるのです。

すでに見てきたように，グーツムーツは何を投げさせるかを前景に立てて，古代ギリシアの身体習練(ギュムナスティケー・テクネー)にならって槍，円盤などを投げる習練形態を挙げています。その反面，どのように投げるかという投げる形態として振出し投げも同列に取り上げてしまい，その体系分析に混乱が見てとれます。ヤーンになると，反動投げ，押出し投げなどのように，投げかたの習練形態が目立ってきます。たしかに，どんなものを投げるのか，またその人がどんな意図で投げる

か，どのように投げようかという投げる人の動感作用が投げかたの分化に関わってくるのです。

このようにして，投げる形態を取り上げるには，まずもって投げる意図をはっきりしておかなければならなくなります。つまり，目標投げとして，ある目標に向かってものを投げるのか，あるいは，距離投げとして，できるだけ遠くまで投げようとしているのかを区別しなければなりません。ここでいう目標投げは，ゴールや標的，ないし捕る人を目がけて投げることが意味されています。それらの目標投げの動感形態はハンドボールやバスケットボールのシュートやパスとしてメタモルフォーゼしているのは周知の通りです。競技ではシュートするときも味方にパスするときも，それを妨害しようとする敵方がいるのですから，その情況との関わりも投げかたの形態分化に影響することになります。これに対して，距離投げの動感形態は陸上競技の槍投げ，円盤投げ，ハンマー投げとしてできるだけ遠くに投げることが意図されているのは多言を要しません。しかし，その後の競技スポーツの発展のなかで，プレーヤーの意図とそのときの動感情況に即応しながら多様な投げる形態が現れてきます。身体習練の黎明期のなかでは，片手で投げるか，両手で投げるかは投げる物との関わりだけでしたが，とりわけ複雑な競技形式をもつ現代のボールゲームのなかでは，敵方の妨害を避けるために走る形態や跳ぶ形態との組合せによる多彩な投げかたの

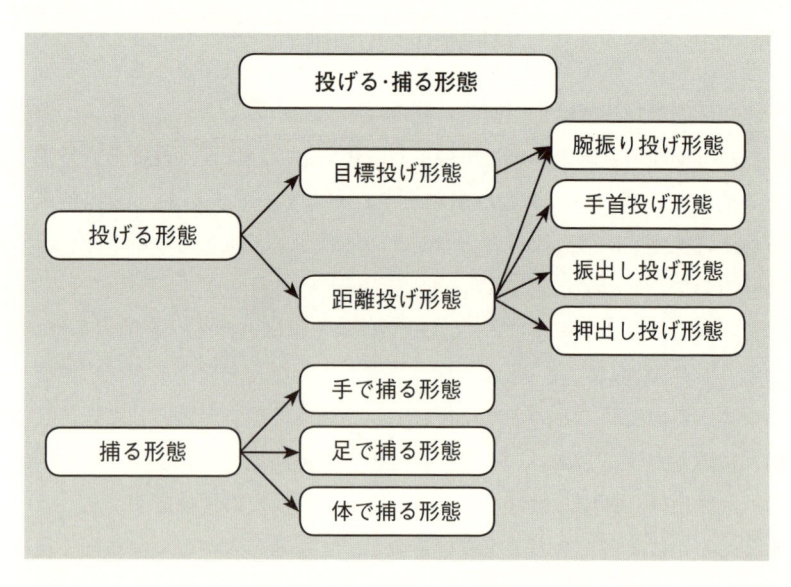

```
                         投げる・捕る形態
                              │
         ┌────────────────────┴────────────────┐
         │                                     │
      投げる形態                              捕る形態
         │                                     │
    ┌────┴────┐                    ┌──────────┼──────────┐
 目標投げ形態  距離投げ形態        手で捕る形態 足で捕る形態 体で捕る形態
    │              │
    ├─ 腕振り投げ形態
    ├─ 手首投げ形態
    ├─ 振出し投げ形態
    └─ 押出し投げ形態
```

構造化形態が生み出されます。さらに利き手の反対で投げる優勢化能力の習練が志向されるに至っては単純な形式的体系ではとても対応しきれません。しかも，それぞれの競技種目が独自な投げ形態を分化させて，類似の他の競技種目とは関わりなくその投げかたを命名しようとしますから，そこに統一的な投げ形態とその名称の体系化を妨げることになります。しかし，この投げ形態と捕る形態の基本構造化形態への一般化は，数学的形式だけに頼るわけにはいきません。そこでは構造化形態の中身が消えてしまいますから，実践に役立ちません。このような複雑な絡み合い構造と多様な形態分化をもつ投げる・捕るの構造化形態の基本体系は，動感作用とその言語表現をともに満足できる類的普遍化の道のなかで構築していくしかありません。

　こうして，私たちはその基本体系のなかで，腕振り投げ形態，手首投げ形態，振出し投げ形態，押出し投げ形態の四つにまとめることができます。腕振り投げはもっとも一般的な片手投げの類化形態で，ヤーンが当時でも小石やボールをオーバーハンドやアンダーハンドで投げることを指示しているほどですから，現代ではその情況に即応して両手でも左右どちらの手でも投げることが習練対象にされています。手首投げという習練形態は腕の振りを使わずに，手首のスナップによって素早くシュートしたり，パスしたりします。ダンクシュートや倒れ込みシュートのようなすさまじい手首投げもよく知られています。ヤーンが重量物を投げる形態として命名したSchockenという表現は，いまでは敵に覚られない不意打ちのパスを意味するようになっているのも動感形態と言語表現の相関関係の推移を示して余りあります。

　この手首投げ形態の対極に位置するのが振出し投げの類化形態です。この投げかたは遠心力を利用して，できるだけ遠くに届くようにするねらいをもちます。円盤投げやハンマー投げのような投形態になります。しかし，球技でも遠投が要求されれば，当然この振出し投げ形態を使う人も出てきます。たとえば，サッカーのキーパーが片手で振出し投げをするのは珍しいことではありません。最後の押出し投げの習練形態はすでにヤーンの習練体系にも位置づけられていて，重い石や丸太などの重量物を遠くに飛ばす投げかたとして，力自慢の競技形態として今でも親しまれています。しかし，ヤーンはこの腕の屈伸による押出し投げと重量物の振出し投げを区別していますが，ヤーンがSchockenというときの意味内容は，たとえば，スイカを投げ渡すときのような動感形態

は私たちのいう振出し投げ形態に類化することができることになります。

　これらの投げる形態と絡み合い構造をもつ捕る形態は捕る対象物が何であるのか，あるいは，手で捕るのか足で捕るのかなどによって，その捕る形態が変化してきます。ですから，ここでは手で捕る形態，足で捕る形態，体で捕る形態に類化しておきますが，手で捕るときには，胸に抱え込むようにして捕る形態を排除しません。さらに，足や体幹部でトラッピングするという表現のほうがなじめるかもしれません。トラップというのは〈わな〉の意味であって，ボールをその〈わな〉に入れるように体を操作することになります。そこではサッカーにおけるように，手の使用を禁じられているときに発生する特殊な捕る形態といえますし，新体操においてクラブやボールを足や体で受け止める形態も知られています。

　さらに，捕る形態に入る前に，どのような形態変化が求められるかによって，この捕る形態はメタモルフォーゼすることになります。ボールをジャンプして捕り，また走って行って捕るのはよく見られますが，野球でフェンスによじ登りながらフライボールをキャッチする驚異的な捕る形態もあれば，背面で二つのクラブを同時に捕るという信じられない新体操の美技も見られるのです。そうなると，対象物を捕るという志向形態は，対象物と身体の物理学的出合いではなくて，現象学的出会いでなければならなくなります。そこでは，コツの身体知のみならず，カンの身体知も同時に習練対象に取り上げられなければなりません。それは単に物質身体の体力トレーニングだけを習練対象にするのでは捕る形態が習練体系に入ってこないことを知らなければなりません。そこでは時間化された動感形態の厳密な地平分析が取り上げられ，それらの動感力そのものも習練体系に組み込んでいかなければならないことが示唆されています。

● ─── 押す・引く形態の体系化を探る

　ここで取り上げられる押す・引く形態は身体習練の指導書をはじめて発表したフィラウメの体系に始まって，ヤーンの習練体系でも重視されてきた習練形態です。もっともヤーンの意味した押すは，何か重い物を押しずらすという表現がぴったりしますが，対象物の移動をひき起こさずに圧すという表現とは少し意味構造が違ってきます。同じように，引くという表現は腕を曲げて引き寄せる意味をもちますが，綱引きのときのように腕を曲げないで引き寄せるのも

同じく引くと表現されます。しかし，鉄棒のけ上がりの指導で，鉄棒を引き寄せるように指示すると，腕を曲げて引くと理解し，致命的な欠点を生み出してしまうものです。これは日本語の引くという表現の二義的解釈に由来する混乱ですが，動感形態の言語表現はまだ検討されていないことがあまりにも多いことに注意しなければなりません。

ヤーンが重視した押す，引く，持ち上げる，運ぶなどの基本的な構造化形態は現代ではいろいろな競技スポーツのなかにメタモルフォーゼしたためその当時の単一の習練形態は消えてしまうことになります。しかし，古代ギリシアの身体習練を復興させようとしたグーツムーツの身体習練(ギュムナスティク)においても，ドイツ青少年の志気を鼓舞しようとしたヤーンの身体習練(トゥルネン)でも，ともに古代から伝承されてきた格闘技としてのレスリングを取り上げているのは，そのなかにこの押す・引くという構造化形態の多様な変化形態がすべて取り込まれていることに気づいていたからかもしれません。こうして，私たちはレスリングのみならず，柔道，相撲，ラグビーさらにはフィギュアスケートのリフトや体操競技の力技に至るまで，いろいろな競技に分散している押すと引くという基本的な構造化形態を体系分析していくことになります。

最初のずらす形態は押しずらす形態と引いてずらす形態をもつことになりますが，押す形態は棒押しに，引く形態は綱引きに代表されます。綱引き競技は国際競技としては20世紀初めにオリンピックの公式種目に取り上げられますが（1900パリ大会～1920アントワープ大会），その後は祭礼的行事や学校の運動会種目として残っている程度で，積極的な身体習練の体系からは消えています。しかし，グーツムーツやヤーンの時代以来取り上げられてきたこの基本的な習

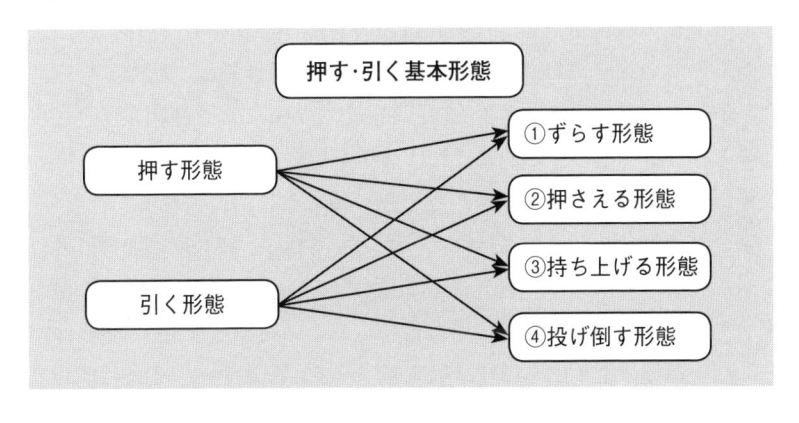

練形態はさらに縁どり分析を進めて，身体習練の構造化形態として体系分析を進める必要があるようです。

次の押さえる形態はレスリングや柔道の決定的な技として取り上げられているのは周知の通りですが，この志向形態は押すと引くの働きが動感作用のなかに渾然未分になっているのが特徴です。たとえば，柔道の袈裟固めは引き手と押さえが同時に働いています。しかし，引くと押さえは相手の動きかたに応じてその働きが即応するのですから，いちがいにこの二つの動感作用を絶縁的に分けることはできません。むしろ，相手の身体との接点において，フッサールの意味する再帰感覚を敏感に感じとる価値覚の動感力を習練する構造化形態として，さらに厳密な縁どり分析が進められることが肝要です。

さらに持ち上げる形態は日常生活のなかで頻繁に現れる動きかたですが，それがグーツムーツの習練形態として体系化されたのは運ぶ形態と関連づけられています。つまり重量物を運ぶのには，まず持ち上げるために引き上げと押し上げないし保持の動感作用が歩く，走るなどの移動形態と絡み合います。運ぶ形態については，私たちはすでに歩く形態の構造化形態で取り上げてありますが，ここでは歩く形態を背景に沈めて，重い物を持ち上げる働きが習練意図の前景に立てられることになります。この持ち上げる形態が競技として典型的に現れるのはウエイトリフティング競技であることは多言を要しません。しかし，重量物を持ち上げ保持する動きかたは，たとえば，フィギュアスケートのペア競技やアイスダンスにも見られますし，それは重量挙げとはまったく異質の構造化形態を示します。そこでは，単に筋力誇示の意味構造はすっかり背景に沈められます。さらに，体操競技の吊り輪に示される引上げ技や押上げ技はそこに力ずくの表現を消すところに技の美意識が働くのも特徴的なことです。ですから，この押す・引く基本的構造化形態の習練体系は，筋力トレーニングという単純な反復形式とは本質的に区別されていることを認識して，さらに厳密な縁どり分析を進めていかなければなりません。

最後の投げ倒す形態は柔道や相撲の投げ技に典型的に現れます。もちろん，レスリングのギリシア風のグレコローマン競技でも下肢の攻撃は禁じられていますから，この投げ倒す形態が前面に出てくるのは当然です。それは相手を投げ倒すために，引く形態と押すが渾然未分になっている構造化形態なのです。たとえば，相撲の上手出し投げは引く形態が表に出ますが，そこに押しと引く

の反転化作用が働いているのは周知の通りです。

　このような考察は，一般に押す・引くという構造化形態の習練が一気に科学的な筋トレーニングだけに傾斜することに問題を提起していることになります。つまり，このような筋力だけが競技力のほとんどを占めると考えられる競技種目でも，その構造化形態の習練は動感構造化をふまえた体系分析によってその縁どりが分析され，動感親和性を踏まえて体系化する必要を示しているのです。力士の稽古が四股踏みと突き押しの鉄砲が基本だといわれるのはそれなりに長い伝統から生まれた習練体系であるといえます。それだけに，この構造化形態でも厳密な縁どり分析を進めて，類的普遍化をもつ体系化に進めていくことに注目しなければなりません。

● ——打つ・突く形態の体系化を探る

　ここに取り上げられる打つ・突く形態はそれぞれを機械的に区分するわけではありません。つまり，木を伐るときには，大きな導入動作によって斧を振り上げてから勢いよく振り下ろしますが，このような打ち下ろす形態もあれば，小太鼓を叩くときや母親が躾として手で尻を叩くときのようにたて続けに打つ形態もあるからです。振り打つ形態は，競技スポーツではメタモルフォーゼが激しく，野球のバッティング，卓球やテニスのストロークなど多岐にわたっています。次の叩く形態はボクシングのジャブや空手の打ち技に代表されるように，導入動作は抑制され，不意打ちの効果をもつ特徴が示されます。

　さらに，突きとばす形態には，人を突きとばすときのように直線的な動作

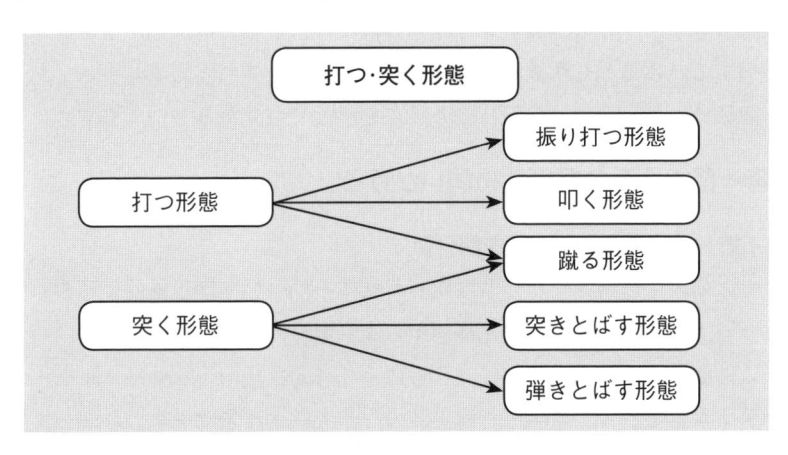

が特徴的に見られます。相撲の突き手の技に代表されるように，相手を土俵から突き出すために，導入動作が融合局面に吸収されて，激しい連続を可能にするのもあれば，空手の当て技のように一発で技を決める非循環性を特徴にするのもあります。さらに突く形態の主要局面が抑制された弾きとばす形態はバレーボールのレシーブに典型的に見られますし，サッカーのヘディングにも同様な動感作用が見られます。ところが，このヘディングはドイツ語では Kopfstoß と表記しますが，直訳すれば頭で蹴るという奇妙な表現になってしまうのです。むしろ，それらの打つ，蹴る，突くなどの日常の動作はスポーツの動きかたを含めて，渾然一体な表現を示しており，そこには構造化形態の極性原理に基づいて理解することに注意しなければなりません。とりわけ，表記上に問題視された蹴る形態はその動感構造化に応じて，対象を蹴とばすときには，振り打つ形態の大げさな導入動作をすることもあれば，爪先でボールを突くような蹴りかたもあり，それらを画然と区別することはできません。このような理解のもとに私たちはこの基本的構造化形態を打つ・突く形態と表すことになるのです。

　ここにおいて打つ形態には，多少なりとも振り子状の腕振りを特徴とし，突く形態には多少なりとも直線的な導入動作を指標にして，それが足で行われる蹴る形態をその中間に位置づけることになります。蹴るの言語表現は日本語のように足に限定している表記を英語にも見出されますが，ドイツ語やフランス語では足で蹴るだけでなく，手で打つ・突くも表せることはこの構造化形態の絡み合いを伏在させていることを示しています。これらの多様な現れをもつ打つ・突くの構造化形態は，それぞれの競技スポーツごとに絶縁的に習練体系が組まれています。その基礎トレーニングのために基本的構造化形態を習練体系に構築する試みはなぜか敬遠されてしまい，物質身体の体力トレーニング一辺倒に流れてしまうのは比較競技論の不在を示して余りあるといえます。

## 5 統一習練体系の問題性に問いかける

### ●──統一習練体系の秘伝性を問い直す

　すでに前段において，私たちは統一習練体系については予備的に考察しています。いくつかの一連の構造化形態からなる習練体系は，一人の選手，一つのチームの競技力向上を目指して，さらにより有効な統一習練体系に組織化されていきます。それは，すべて指導実践のなかで試され失敗を重ねながら，やっ

とたどり着くことのできる動感身体知の結晶体系なのであり，その道は多くの指導者によって踏み固められていきます。それだけに，その貴重な実践知としての私の統一習練体系はどうしても秘伝化される傾向をもつことになります。多くの実戦経験と輝かしい戦績をもった一流のコーチないし監督といわれる人は，門外不出の秘伝的な習練体系を例外なくもっています。それを公開してほしいと願う人が多いからといって，そのすべての手の内の情報を残らず公開することはなかなかできません。そのすべてを公開すれば，本人のコーチ生命ないし監督生命が絶たれることも珍しくないからです。すべて引退してからその秘伝的な習練体系を発表することは少なくありません。しかし，息詰まるような激しい競争にしのぎを削っている最中に工夫を重ねて練り上げた秘伝的習練体系は，引退時にはもう色褪せて単なる過去の遺物に化してしまうものです。

しかも，その習練体系は単なる指導手順やマネジメントの方法といった形骸化したシステムとしてしか記録に留めることができません。その手順にしても，そのときの選手の情況やチームの構成メンバーの違いによって，その公開された習練体系がマニュアルとして生かされるとは限らないのです。こうして，ここに主題化される統一習練体系というものは，いわば生命ある有機体と同じで，その形式的な合理性を検証したからといって，いつでもだれにでも通用するというものではないだけに問題はややこしくなります。とはいっても，いつまでも秘伝として門外不出にしておいては，その運動文化は伝承の生命を絶たれてしまいます。いわば動感形態が運動文化伝承の意味核をなすとしたら，この実践知の結晶である統一習練体系も運動文化伝承には不可欠な基礎をなしていることは喋々を要しません。

そうすると，公開できる生きた習練体系はどうしても制限されざるをえません。こうして一般的な基礎体力を鍛え，基本技術をマスターし，実戦に必要な戦術を身につけていくという一連の形式化されたトレーニング体系しか分析の対象にならなくなってしまいます。個々の体力要素，技術要素，戦術要素を形式的な単複原理，難易原理によって組み立てていく一般的なマニュアルでは，生き生きした習練体系の生命力が消えていますから実戦に役立ちません。私たちは一方では，多様な習練対象と選手やチームの類的普遍化を求めて，その縁どり分析をして他の体系との本質的な差異を浮き彫りにする営みを欠かすことができないのは多言を要しません。また他方では，多様な習練対象に苦しむ選

手やチームメンバーの動感深層に地平分析をしていかなければ，苦労して構造化した実践的な習練体系も現実の選手やチームの動感力に生かされる手立てがありません。選手やチームの地平深層の分析に裏づけられてない習練体系は単に統一化された指導順序のマニュアルでしかなくなってしまうのです。

● ──統一習練体系の分析問題を探る

　すでに指摘してありますが，わが国においては学校体育の習練体系の例証分析を探ることはできません。というのは，それが文科省の主導でその大枠が体系化されることになっていますので，生徒に示す統一的な習練体系そのものの存在論的な体系分析はほとんど行われていないといってもよい状態にあります。そのための本質的な例証分析は審議会で検討されて，指導要領に示されますから，習練体系の存在論そのものは分析対象になりません。現場の教師に許されている習練体系の分析対象は習練体系そのもの存在論的分析ではなく，せいぜい構造化形態の一部の体系化，ないし単に指定された教材の指導段階を創り出す程度に止まっています。

　それでは，文科省はどのような原則に則って習練体系を構築しているのでしょうか。そこではまずもって体育の目標論が問われ，体力向上と健康の維持増進，スポーツの体験学習などが体育方法学的な主題として前景に立てられます。そのこと自体は何も異とすることはありません。そこでは児童・生徒の生理学的身体の発育発達に沿って教材が体系化されるのは当然のことになります。運動遊びに始まって，基本の運動が問われ，それに競技スポーツや舞踊の種目，あるいは野外の身体活動など体育方法学的な原理に則って教材が配列されます。学校体育は身体教育を主題化するのですから当然のことです。その身体教育では生理学的な物質身体の発育発達が体育の本義的核心をなすと考えられますから，そこで取り上げられる身体運動はその体育目標を達成する手段となり，その運動教材はその枠組みのなかで選ばれることになります。そこでは人間の身体運動そのものの価値体系論をすべて排除していることに気づかないままに放置されることになります。

　こうして，生理学的身体論に収斂される体育方法学的な習練体系の統一は，それ以外の習練体系との縁どり分析を遮断しています。統一的な習練体系そのものの存在論的構造分析は除外されていますから，その習練体系と習練形態の

正否判断ないし良否判断は統一された体育方法学的な判断基準にすべて依存することになります。こうして現場の教師の関心は指導段階の開発や授業展開の工夫に制限され，運動教材の体系そのものの厳密な体系論的分析はすべて国に依存するしかありません。このような事情のもとでは，統一習練体系の縁どり分析は成立するはずもありませんし意味も生まれません。しかし，少なくとも習練体系に関する価値論に基づいた構造分析は取り上げられる運動教材そのものの存在論に改めて注目する必要があります。そうでないと，足かけ上がりとさか上がりがなぜ器械運動の基本として位置づけられているのかという体系論的な問題意識は意味をもたなくなります。歩くや走る習練体系がその構造化形態の縁どり分析を排除されていては，歩く形態は行進訓練かウォーキングの実習に制限されても何の不思議も感じなくなります。ここで主題化されている構造化形態の習練体系や統一的な習練体系の自由な構成が体育教師の動感促発知に委ねられるようになるのはまだ時間がかかるのかもしれません。

　この学校体育の問題性に対比して，舞踊や競技スポーツの統一習練体系やトレーニング体系はきわめて大きな意味をもってきます。指導者は，独自な習練体系を構成するのを第一義としているからです。とはいっても，それがすぐれた習練体系であればそれだけ秘伝化の傾向を強め，ここにも大きな障害が立ちはだかっています。そうすると，体系分析のできない指導者はしだいに画一的なマニュアルを欲しがり，今日的な情報化時代では指導体系のノウハウを入手することはそうむずかしいことではありません。こうして独創的な習練体系を構成する体系分析を支える動感力は疲弊し，その体系化への意欲はしだいに消えていきます。ここにおいて，その門外不出の貴重な習練体系が比較論的な縁どり分析の対象として提供されるには，何が障害になっているのかを模索する必要に迫られることになります。

　最後に，これらの統一的な習練体系は，単に習練の系列や順序を示すだけでなく，個々の選手やチームのマネジメント方法論との縁どり分析も忘れるわけにはいかないことはすでに指摘しています。同時に，競技に際してのメンタルトレーニングとの関係構造の縁どり分析も欠かすわけにはいかないのです。競技力の習練体系が体力トレーニングやメンタルトレーニングとの関係構造が本格的に縁どり分析されないまま絶縁的に指導されているとしたら，寄せ木細工のように選手やチームも組み立てることができるという原子論的な要素主義に

拘泥しているといわれても仕方ないかもしれません。

## ●——始原分析との相補統一性を確認する

　こうして，私たちはいろいろな困難を抱えていても，その統一習練体系を厳密な縁どり分析によって明らかにするためには，私たちはすでに述べた〈講義5~6〉の始原分析との相補関係を確認しておかなければなりません。いうまでもなく，個々の類化形態や類型化形態を指定するにしても，そこに一連の構造化特性を発見するにしても，それらが動感伝承を支えるに十分な運動認識に支えられていなければ，どんなに精緻な統一習練体系を構成しても，それが現実の習練活動に生かされないことはいうまでもありません。つまり，どんな習練形態を取り上げ，どんな構造化形態を体系化しようとしても，それらの習練形態や習練体系が厳密な始原論的な構造分析に支えられていないのでは，習練の具体的な目標像を確認できません。少しでも早く競技力を高めようと合理的な習練体系を呈示しても，その習練目標を支えている始原的な枠組み構造から逸脱しているのでは無意味になってしまうからです。たとえば，機械的な反復訓練を課して効果を上げようとしても，それが実践の現場で臨機に対応できない鋳型化を誘っているのではほんとうの生きた競技力になるはずもありません。

　こうして，私たちは習練体系の構成にあたっては，始原論的な構造分析を慎重に確認しておかなければならなくなります。統一習練体系を構成するときには，同時に始原分析によってその体系構想が本原的な動感構造化の認識に支えられているかどうかを確認しておかなければならないのです。私たちは長いあいだ生理学的な体力トレーニングの思想に慣れて，競技力の不足はただちに体力の不足に原因を求めることに異を唱えることをしません。ボールゲームの試合で，その後半に機敏な対応が影を潜め，必要な速攻チャンスに気づいていても，体が動かないとその原因を持久力の不足に直結し，機敏に動ける調整力トレーニングの欠落のせいにします。そこには，物質身体の改善が直接に競技力につながるという要素主義の思想が私たちにへばりついて離れません。もちろん，物質身体の改善が不可欠であるのに何の異を唱える必要もありません。それを競技力の不足に直結する運動認識に問題が伏在しているのです。そうすると，私たちは常に統一的な習練体系を構成するためには，構造存在論的な体系分析を進めることになりますが，そのときには同時に厳密な始原分析を相補的

に行う必要に迫られていることになります。それぞれの習練形態やその統一的な習練体系は例外なしに通時的,共時的な認識論的枠組みの上に構成されるのですから,体系分析と始原分析とは相互に相補的に関係し合うことになり,ヴァイツゼッカーの意味の相補的統一性を基柢に据えていなければならないことになります。

　このようにして,統一的な習練体系を構成するには,ここで主題化された体系論における縁どり分析と始原論的な枠組み分析との相補的統一性を基柢に据えなければなりません。この二つの構造分析に相補的関係を確認し,常に相互の関係分析に気をつけて,その統一性をはかる努力の上にはじめて次の地平論的な動感深層の志向分析に入ることができるのです。指導実践における選手やチームないし生徒たちの創発分析や促発分析に入るには,このような構造存在論的な始原分析,体系分析,地平分析の諸前提を確認しておくことはどうしても不可欠になります。いうまでもなく,この構造分析と発生分析もヴァイツゼッカーのいう相補的統一原理に支配されていることも同時に確認しておくことを忘れるわけにはいきません。

---

**ゼミナールテーマ：9**

①学校体育の運動教材が変形可能と考えられている具体的な例証を挙げて,なぜ動きかたを勝手に変えてもよいとするのかを説明してください。

②競技スポーツないし舞踊で自分流の習練体系を構成するとしたら,どんな考え方をとるのか一つの習練領域の具体的な例証を挙げて説明してください。

③体系論的な共存価値の概念を具体的な例証によって,それが体系的にどうして共存できないかを説明してください。

④新しい技術や戦術を生み出すとき,体系論的な縁どり分析によってその存在

理由を確認することが不可欠である理由を具体的な例証で説明してください。
⑤単一形態の例証を挙げて，その類似の単一形態との縁どり分析の仕方を具体的に述べてください。
⑥複合形態における融合形態，組合せ形態，接合形態の具体的な競技例証を一つずつ挙げて，それぞれに縁どり分析をして説明してください。
⑦類型化形態と類化形態の区別について具体的な体育の例証を挙げてその違いを明らかにしてください。
⑧類型化形態の縁どり分析について，身近な日常動作から具体的な例証を挙げて説明してください。
⑨競技スポーツないし舞踊領域における基本的構造化形態の体系化について具体的な例証を挙げ，その動感類縁性との相互関係を説明してください。
⑩這う・転がる形態はどのような競技スポーツや舞踊の構造化形態に発展していくのか具体的な例証を一つ挙げて説明してください。
⑪歩く・よじ登る形態はどのような競技スポーツや舞踊の構造化形態に発展していくのか具体的な例証を一つ挙げて説明してください。
⑫走る形態はどのような競技スポーツや舞踊の構造化形態に発展していくのか具体的な例証を一つ挙げて説明してください。
⑬ボールゲームにおける調節走の具体的な例証を一つの競技領域から挙げて，その構造化形態を体系化してください。
⑭跳ぶ形態はどのような競技スポーツや舞踊の構造化形態に発展していくのか具体的な例証を一つ挙げて説明してください。
⑮投げる・捕る形態はどのような競技スポーツや舞踊の構造化形態に発展していくのか具体的な例証を一つ挙げて説明してください。
⑯押す・引く形態はどのような競技スポーツや舞踊の構造化形態に発展していくのか具体的な例証を一つ挙げて説明してください。
⑰打つ・突く形態はどのような競技スポーツや舞踊の構造化形態に発展していくのか具体的な例証を一つ挙げて説明してください。
⑱私自身の統一的な習練体系の秘伝化を防ぐには，どのような手だてが考えられるかを具体的な例証を挙げて意見を述べてください。
⑲学校における体育目標と動感身体知のあいだに相互補完性が構造化されていないのはなぜなのか，具体的な例証を挙げて建設的な意見を述べてください。
⑳体系論的な縁どり分析は始原分析を前提にしていないとどのような問題が起きるのか，具体的な例証を一つだけ挙げて説明してください。

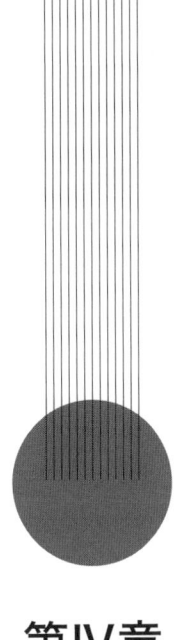

第IV章

# 地平論的構造分析の道

## 講義 10
## 動感深層の地平に問いかける

### 1 動感深層の地平性とは何か

●──地平分析のねらいは何か

　私たちはすでに〈講義3〉において，動感深層の地平分析について先取り的にその大要に触れています。ここでは自我身体の運動，端的にいえば，動感運動になりますが，そのなかに匿名的に働いている地平志向性を明るみに出そうとします。いわば，前段の始原分析が通時態，共時態な幅広さを特徴として身体運動の意味構造に問いかけるとするならば，その動感形態の主語的な解明基体の共存価値を解明する体系分析と並んで，動感深層の述語的な解明項としてこの地平分析はもう一方の極を形づくります。フッサールのいう原努力を胚胎させている動感志向性は限りなく習練が続けられて至芸への深みに至りますが，その意味核をなす含意潜在態は動感地平の構造分析によってはじめて明るみに出されることになります。

　すでに述べているように，動感形成位相におけるその形態発生は，ロムバッハのいう構造発生と同じ意味になります。それぞれの形成位相のなかで発生する形態は志向的含蓄をもった地平構造を伏在させていますから，その地平志向性の分析が注目されるのは当然のことになります。動感形態の形成位相というものは不可逆的な単なる階層性を示すだけではありません。それぞれの形成位相には，受動的な動感深層の地平のなかに複雑に絡み合った含意態が隠されていて，その姿をなかなか見せてくれないのです。すでに前もって指摘しているように，私たちは動感深層の地平分析として形態化，修正化，自在化の三つの地平構造にまとめていますが，ここではそのいずれにも基柢をなしている原生成の地平構造を別立てにして講義しなければなりませんから，次のような四つの分析領域を区別することになります。

①原生成の地平分析
②形態統覚化の地平分析
③修正化の地平分析
④自在化の地平分析

　すべての地平分析の基柢をなす原生成の動感地平をもつ最初の分析領域は，原志向位相から探索位相，偶発位相に次ぐ図式化位相や自在化位相のそれぞれのなかで，形成に関わる動感作用の絡み合い構造として分析対象に取り込まれています。しかし，それは外部視点に立つ自然的態度のなかではその地平構造ははっきりと姿を見せません。統一的な動感メロディーがまだ流れていないときでも，新しい動きを覚えようとする努力が原志向として芽生え，おずおずと手探りで受動的な試行錯誤を続けています。そこに同時に与えられている含意潜在態が動感メロディーの地平志向性のなかに息づいているのを見逃すわけにはいかないのです。それは学習者にとってもっとも苦しい習練期にあたることになります。これまではまぐれ当たりが偶然に発生すれば，その後はひたすら機械的な反復を続けてその確率を上げるといった機械論的方法に頼るしかなかったからなのです。

　さらに，図式統覚化やシンボル化という意味発生を支える形態統覚化地平では，コツやカンという身体知の志向体験が多層的な深層構造をもっていることを『身体知の形成』（講義23）ですでに詳しく検討しています。これまでは，身体中心化の志向体験も情況投射化の志向体験も，単純にコツやカンとして「すべて自得すべきものだ」と一方的に考えられていましたから，これらの反転可能性をもつ深層の動感地平構造はほとんど厳密な分析対象として取り上げられていません。それだけに，この潜在的な含意態が働く形態統覚化の地平構造はこれまで分析されずに放置されたままなのです。ところが，生徒や選手たちはその地平の背景に隠れている含意態を何の支援もなしに自得せざるをえないのです。ですから，実践現場のコーチは選手たちに形態統覚化に働く動感力を身につけさせるのに大変な苦労を強いられます。その身体知の構造や含意態は当然のこととして，コーチ自身で分析せざるをえなかったのであり，それを避けては新しい動きかたを身につけさせることは不可能だったのです。

　次の動感修正化の地平は本質的には形態統覚化と同じ動感地平にありますが，その意味構造が複雑でそこには豊かな動感地平性が伏在していますから，

分析対象として別立てにせざるをえません。しかし，すでに繰り返し指摘しているように，修正化や洗練化の形成方法論としては，これまでは粘土細工方式しか取り上げられていません。しかし，現場の指導者も選手もその解消化や動感分化の動感深層の地平分析こそ決定的な重要性をもっていることを知悉しているのです。単なる体力トレーニングやメンタルトレーニングだけで解決のつくほど単純な問題ではないことはその経験から身にしみてよく知っているからです。

　最後の自在化の地平分析では，習練の極致としての安定化地平，内的・外的負担の軽減化地平，動感価値の質を求める冴えの地平や〈それ〉が動くという非人称的な自在化地平構造が分析の対象に取り上げられます。しかし，この至芸としての自在化地平はすべて名人，達人の至芸の境地のみが意味されているのではありません。能動的な動感力の極にある自在化の動感深層は，日常のハビトゥス的な動作や動感情況になじむ居心地のよさなどと見分けられないことが珍しくないのです。自転車に乗りながら片手でメールを打つというだれにでもできる動感形態は自在化地平にあるのかハビトゥス地平なのか区別しにくいものです。しかし，自然的態度に生きる私たちの運動生活はいつのまにか自動化する匿名の自在化身体知の存在に気づかないままになります。それが体育や競技スポーツで新しい動感形態を身につけなければならない羽目に追い込まれると，そこに動感力への地平志向性が姿を現すのです。そこにこそ体育やスポーツが人間形成に深く関わることのできる貴重な動機を与えていることに注目しなければなりません。

　こうして，私たちは始原分析の幅広い枠組み分析との対極に位置する地平分析として，この動感深層の厳密な分析に入っていくことになります。しかしこれまでは，この地平分析という動感志向分析は正統な運動分析論として位置づけられていません。それは身体運動を即自的な実体としてとらえ，それを外部視点から客観的に精密分析する以外は認めようとしなかったからです。いわば，動感形態学における構造存在論的な地平分析は科学主義的な客観分析の下では徹底的に排除されてきた歴史があまりにも長かったのです。生き生きした今ここにある身体運動の動感深層とはいつもその人にしか理解できないコツやカンのような私的な意識世界のことだから，そこに計量的な客観法則を抽出できないと考えているのです。それかといって，すでに終わってしまった物理運

動を客観的に分析しても，動感形態を統覚する時間化された今ここの地平構造は分析されませんから，創発志向体験の直接的な支えにはならないことを現場の指導者はよく知っています。現実の指導実践や競技の世界では，すでに動感深層の地平分析が曲がりなりにも行われていることを現場に生きる指導者や選手はよく知っています。マイネル教授が指摘するように，動感深層に潜む含意態は人から人へと脈々と受け継がれて，地域を越え，時代を超えて伝承されてきたことを私たちは忘れてはならないようです。

● ──なぜ動感深層に問いかけるのか

それでは，本人にもよくとらえにくい動感志向体験の深層に向かって，指導者はどうして問いかけておかなければならないのでしょうか。そのためには，これまで特段の説明もなしに動感深層という表現をここで改めて問い直しておかなければならないようです。というのは，ボールを投げたり，泳いだり，シュートするといった単純な身体運動でも，それを指導するときには，生徒や選手の今ここの動感志向体験に向き合うことがどうしても要求されるからです。もっとも運動を指導するときに，物理的，心理的，生理的な運動のメカニズムを単に説明し，その有効な学習段階さえ呈示しておけばあとは生徒本人の努力しだいだと割り切ってしまう素朴な指導者にとっては，このような本原的な固有領域に潜むややこしい動感深層に入り込む必要などないのかもしれません。しかし，私たちはそのように動きたいと願う生徒や選手たちの動感意識世界に立ち会い，その地平志向性を共有できることによってのみ，はじめて動感発生の指導に入れることを確認しておかなければなりません。

ここでまずもって確認しておかなければならないことは，動感志向体験が内在している身体運動は即自的実体として物質的次元にある身体運動ではないという大前提です。私たちが身体運動というときには，動感力に支えられた身体運動，別言すれば，動感性の自己運動が意味されています。自ら動くことは絶対ゼロ点に身体中心化されて起こりますから，「私を動かす私の能力性に気づいていること」とラントグレーベが自己運動を定義するのはこの意味においてです[1]。つまり，自ら動くことができる動感運動というのは先反省性をもちますから，動いてから後で反省して了解するのではありません。こうして，私の

---

1) Landgrebe, L. : 1980, op. cit. S.71f.

やる身体運動は自我身体の運動として，代替不可能なのであり，私の身体は私の最初の所有物になるのです。このことはこれまでの講義でたびたび繰り返していることですからこれ以上の重複は避けます。

　私は動くことができるという身体運動の動感志向体験は私の身体でしかとらえられませんから，その人がまったく体験していない動きかたはどんな意味構造をもっているのか見当もつきません。ですから，指導者養成機関では，できるだけ幅広く，しかもできるだけ深くその身体運動の体験実習を求めることになります。しかし，これはとても不可能なことなのです。身体運動の志向体験は無限の幅と深さをもっているからです。サッカーの名選手のもつ情況感のすばらしい動感力の深層意識を体操の名選手に求めるのは酷ですし，体操選手の空間の素早い身のこなしをマラソンの強豪選手に要求しても無意味です。

　さらにややこしくなるのは，その競技に高い技能をもっている選手が深い動感志向体験をもちその深層地平を知り尽くしているのかというと，そうでないことが珍しくないからなのです。そのように動くことができることは多様な動感素材(ヒュレー)がその統一的な志向形態(モルフェー)に統覚化されていくのですが，それはかならずしもそのつどの厳密な志向分析によってすべて本人に了解されて分明になっているとは限りません。志向した動感形態が一気に発生しても，その志向体験は空虚な地平のままでいっこうにその志向形態の意味核がとらえられていないことも珍しくないからです。ですから，その選手は高度なわざをやってみせることはできますが，そのコツやカンは一度も志向分析の対象にされることがなく，その意味核の把握も背景のぼんやりした志向体験も空虚なままに放置されていることもあります。それでもそのわざはいつでもやってみせることはできるのです。しかし，突然その動感構造に破綻が起こり，いわゆるわざが狂うという事態になると，それを修正しあるいは改めて洗練化する営みはうまくいきません。これは実践現場ではあまりにも当たり前の出来事なのです。このようなことは，動感深層の志向分析ないし地平分析に無関心のままその解明と処方が放置されているところに問題が潜んでいることになります。

　このように複雑な動感深層の地平構造が明るみに出されると，多様な身体運動を教えなければならない体育教師は大きな障害にぶつかります。体育の先生にとって，どうしても未経験の教材は出てきますし，あるいは薄っぺらな動感体験しかもち合わせていないのにその動感的な動きかたを教えなければならな

いことも起こります。いったい，何を頼りに生身に即した動きかたを指導できるというのでしょうか。このような事情の下では，生徒たちのそれぞれの動感作用に関わり合って，その志向形態の発生を指導することなどできるはずがありません。当然の成り行きとして，先生は生徒たちの学習活動の合理的な管理や励ましの教育方法に限定せざるをえないことになります。しかしその先生は生徒たちの運動を見ても，物質の固まりである肉体の位置移動の変化としてしか関心をもちませんし，まして動感メロディーによる交信など夢物語でしかありません。生徒の動感深層に潜む本原的身体性という身体教育の本質を見過ごして，どのようにして体育を通して人間形成に参画していこうとするのでしょうか。

　ここにおいて，「私たちは運動そのものを見てなくて，いつも動かされている身体だけを見ている」というマイネルの指摘が重みをもってきます。つまり，走っている生徒の動き自体を見ないで肉体という物質の塊しか見ていないというのはいったい何を意味しているのでしょうか。跳んでいる選手のからだがどのように物理空間で位置変化をしたかを観察して，「腕や足が上がっていない」とか，「スピードがない」などという物理的な運動観察をして生徒に何を気づかせようとしているのでしょうか。そこでは，フッサールのいう志向体験の意味発生という本質は分析対象に取り上げられず，その身体運動の評価はいつも運動の完了したあとの定量的な記録だけに集約されることになります。今ここで動きながら感じ，同時に感じながら動いている生徒たちの生き生きした動感作用を解明することには決して踏み込もうとしません。ですから，体育教師は科学的に身体運動を客観分析しようとしますが，生徒たちの動感世界に共生することを嫌い，外部視点からいつも客観的なデータを集めたがります。これでは，これまでの講義でたびたび引用してきたように，無責任な野次馬の根性しかもち合わせていないとヴァイツゼッカーに皮肉られても仕方のないことになります。

● ───動感志向体験の地平とは何か

　こうして私たちは，動感深層の地平構造のもつ志向体験に問いかけていかなければならなくなります。まずもって，ここで使われている地平という表現は何が意味されているのでしょうか。フッサールは『デカルト的省察』（第19節）

で，すべての志向体験は地平をもっているといいます。「地平とは，あらかじめ描かれた潜在性のことである」ともいって，そのつどの顕在的な志向体験のほかに，自我によって実現される可能性としての潜在的な背景も同時にとらえられていることを指摘します。この志向体験の地平をラントグレーベは，動感の地平意識に引き寄せて次のように説明します2)。「地平とは根元的な動感自己運動に向かわせる道しるべのすべてを意味している」といい，動感志向体験におけるすべての生き生きした現在は，今ここの動感身体のなかに時間的地平という深層をもっていることを指摘しています。

こうして，動感志向体験の地平は来るべき動きかたに向けて予持され，今ここに起きている動感意識は把持されながらしだいに過ぎ去って沈んでいきます。そのつどの現在にある地平構造は自ら動くことができるという動感自己運動の作動する空間をもつことになります。地平というものは達成可能なことと達成不可能なことの絶えざる変動の境界にあって，「私ができる自己運動のすべての可能性」であるとラントグレーベは定義づけをします。ですから，その後継者であるクレスゲスは，動感作用が動く人の何かについての意識である限りにおいてのみ，その動感志向性は時空的な動感地平意識をもつことになると指摘します3)。その動感地平意識の時間や空間は私たちが物差しで測定し，時計で確認できる物理的な等質時空性を意味しているのではありません。それは現象学的な生世界の時空性であることを駄目押しして，その動感地平は動感世界を構成することを浮き彫りにしてくれます。このようにして，地平意識の始原的な発生は先言語的となり，生き生きした現在の地平構造は動感先反省性を胚胎しています。それは反省の超越論を可能にする拠点になるとラントグレーベは宣言することになるのです。

ここにおいて私たちは動感深層の時間化された地平構造の力動性に注目して，動感作用が原努力性に支えられて無限の広がりと深みを示すことを前景に立てることになります。フッサールの表現によると「地平とはあらゆる不規定性を伴いながらも，一緒に妥当し，先取り的に働く錯綜した志向性を指す名称」なのです。ですから，私たちの主題化する生き生きと流れる動感地平のなかには，自己移入地平，間主観地平が働いて，他我があらかじめ志向的に含意され

---

2) Landgrebe, L. : 1980, op. cit. S.75ff.

3) Claesges, U. : Edmund Husserls Theorie der Raumkonstitution, S.119ff. 1964.

織り込まれていることになります。動感志向体験のなかでは，今はまったく働いていないコツやカンも覚起や触発の様態とともに能動的な統覚化作用へと移行していきます。動感地平のなかには，それに関わっている主題的な関心のまわりに，常に沈黙したままその姿を隠している生き生きとした地平，つまり「いつも絶えることなく流れている地平性」が存在していることに注目しなければならないのです。

● ── 動感地平は形成位相を胚胎する

しかし，動感世界のなかに生き生きと流れている地平性が存在するとはいっても，そのなかに主題化関心がいっこうに働かないのでは，動感地平が沈黙を守り続けるのはいうまでもありません。せっかくの地平性への気づきも何の役にも立ちません。動感志向対象の〈何か〉に関心をもち，それに入り込もうと努力し，動感対象が豊かに差異化していくのに満足するときに，そこにはじめて関心，つまり自我が対象のもとにあるという意味での主題化された関心が問題になるのです。その主題化関心はどのようにして発生し，どのような目標をもっているのでしょうか。私たちは主題化関心を支える動感力の自我のまなざしにさらに注目していく必要に迫られます。

フッサールの原努力の考え方についてはこれまでも折に触れて説明しています。とりわけフッサールが「キネステーゼそのものは単なる意欲の様態を示しているのではなくて，目標を目指しての意志の道程として構成されるのであり，何かに向けての能動的な努力のなかに習練する道程が形成され，動感力の習得を目指して歩き続ける道になる」ことを指摘しています。私は動くことができるという動感力を身につけていくために，倦まずに反復できる原動力になっているのがフッサールのいう原努力なのです。その直弟子であるラントグレーベもそれを受け継ぎながら次のようにつけ加えています。「そのような志向的な働きはこの原努力という表現によって，それ自身のなかに目的論的に方向づけられていることが示されているのです。原努力は常に〈～へ向かっての努力〉〈～から抜け出る努力〉であり，それは根源的な動感自己運動として働いているのです」[4]。このようにして動感運動の基柢に内在している原努力という根源的なエネルギーによって，フッサールが指摘するように，何か関心のある動

---

4) Landgrebe, L. : 1980, op. cit. S.78f.

きかたに向けて，能動的な努力が触発されるのです。そこに，反復習練して覚えようとする道程がはじめて形成されることになります。

しかし，機械的に反復訓練して習慣態を生み出していく営みはいつのまにか動けるようになる可能性をもちますが，より高次なしなやかな動きかたを追求する努力志向性をすべて遮断してしまうのではありません。フッサールは「習慣と自由な動機づけは絡み合っている」といい，習慣的なことと経験的なことはそこに志向的情況関連性をもっていることを指摘します[5]。ですから，人格的自我が主体的情況を踏まえた自己運動として，その体験流をもつ身体運動の生成に関わるときには，その能動性と受動性が絡み合って反転可能性を示し，ある時は受動的に，ある時は能動的に動感地平性に関わっていくことになります。そこでは，覚起，触発，触手としての動感的な私のまなざしが向けられて，動感形成位相を移りわたることになります。こうして，受動的，能動的な動感志向性が絡み合いながら動感地平の深層構造が形成されていることに私たちの関心が向けられていくことになります。

## ② 動感深層の地平構造を探る

### ●——マイネルの位相構造を問い直す

マイネルが動感地平の深層のなかに位相構造を見出しているのは受動的，能動的な動感志向性が絡み合う動感力の習得過程においてであることは周知の通りです。すでにたびたび指摘しているように，マイネル教授が『スポーツ運動学』(1960)において，身体運動の形成過程に次のような三つの不可逆的な位相を区別しています。

　①粗形態での基礎図式の獲得
　②修正，洗練，分化
　③安定と変化条件への適応

マイネルのいう粗形態とは，身体のなかに基礎的な運動協調が生み出され，そこに新しい動きかたの基礎図式が成立することが意味されています。私たちの表現を使えば，その基礎図式の成立はいろいろな動感素材のなかに一つのまとまったメロディーが流れ，その動きかたに意味が発生し，統一的な志向形態が現れることです。ですから，マイネルの基礎図式は私たちのいう図式統覚化

---

5) Husserl, E.: Ideen, II. Hua.3 S.255f.

や情況シンボル化に向けて動感素材が志向形態化される過程にいくつかの位相構造を端的に表していると理解することができます．しかし，そこでは動感形態における原生成の始原的な発生問題は取り上げられていません．つまり，基礎図式が発生するまでの受動的な動感世界と能動的な動感世界への重層的な移行位相は新しい運動習得の前提的諸条件として簡単に言及されているに止まっています．動感形態の発生前提として，わずかにパヴロフ生理学の詮索反射と目標反射を手がかりに，さらにはまぐれの現象もその成功体験における励ましの教育学として指摘しているだけです．いわば，マイネルは体育教師やコーチが理解しておかなければならない教育方法学的な運動理論として，身体運動の能動的な学習過程の分析から始めていることになります．

　さらにマイネルが挙げた第二の形成位相は基礎図式としての粗形態が修正され，洗練され，さらに分化を深めるという修正化位相になります．しかし，さすがにマイネルは学習し直しが習慣化された動きかたの解消化を前提にせざるをえないことを鋭く指摘しています．修正化や洗練化は新しい習得と同じだと注意しているのはまさに卓見といえます．マイネルの第二位相には，運動指導における貴重な実践知が数多く述べられていますが，そのなかでも感覚言語の重要性を主張しているくだりは多くの示唆に富んでいます．こうして，動きかたを修正するときには，学習者の感覚や体験に結びつかない空虚な言葉を使うのは何の役にも立たないというマイネル運動学の核心を表す箴言を掲げることになります．

　最終の第三位相として，マイネルが挙げた動きかたの定着と適応化の問題圏は熟練段階とも言い換えられています．ところが，マイネルはこの熟練という表現に学習の完了が意味されるのを恐れて，運動習熟の表現のほうがよいとつけ加えます．ドイツ語の Bewegungsfertigkeit という表現は，一般に運動習熟や技能と訳されますが，それではドイツ語のもつわざの無限性への意味内容が日本語に移せない憾みがつきまといます．マイネルは運動質の問題圏の冒頭でも述べているのですが，この fertig という単語は，語源として färtig に由来し，出発や移動のために常に構えているという意味をもっていますから，そこに変化発展への絶えざるエネルギーが息づいているのです．むしろ，私たちのいう自在化位相におけるわざの無限性への思想をすでに伏在させていたとも考えられます．

マイネルはこの第三の形成位相のなかで免疫性や自動化という形態発生の鍵概念を実践的な例証によって説明しています。しかしマイネル自身はこの位相における定着と適応をめぐる矛盾性に苦しめられていたようです。マイネルは結論的に「自動化は機械化ではない」と定義しながら、「常に変化に即して動き、適応できる身体」の存在を確認し、志向体験に内在する運動知能にその矛盾の統一を託すことになります。しかし1950年代においては、身体運動の理論は精密科学的な運動分析と現象学的な運動分析のあいだに混乱があり、不毛な批判の応酬が続いています。マイネルも当時影響力をもっていたロシアの運動生理学者パヴロフやクレストフニコフを踏襲せざるをえないとしても、サイバネティクスに傾斜する生理学者ベルンシュテインとの狭間で苦悩に満ちた思索を強いられているようです。

### ●――地平分析は形成位相に絡み合う

このようなマイネルによる形成位相に関する形態学的分析は身体運動が学習を通して統一的な志向形態に統覚化されていく位相のなかに、生徒の動感志向性が複雑に絡み合っている深層構造を示す様態をはじめてあばき出しています。実践現場に生きる指導者は生徒や選手たちが自らの動感を形成していく過程に外部視点からはうかがい知れない動感作用の深層が潜んでいることを知悉しています。しかしそのすばらしい洞察は客観性に乏しい単なる私的な観察に過ぎないとして、その有意味な深層構造を分析研究の対象に取り上げる研究者はだれもいない時代です。それにもかかわらずマイネルがそれぞれの形成位相に潜む動感志向性が形態発生ないしその指導には欠かせない意味構造をもっていることを示したのです。それはまさにマイネルの特筆されるべき画期的な業績といえます。それまでは物質の塊としての肉体が物理的に動く様態を外から計測して、これこそ信頼できる客観的な科学的分析だと自負していたからです。そのような計量的な科学的運動分析は生徒や選手の志向体験に潜む動感性の意味発生に何一つ関心をもつはずもないのです。それは科学的分析の本質的属性がそうさせるのであって、その分析に動感志向分析までも期待するほうが本来的に無理なことです。マイネルは、そのような科学的運動分析が選手の動感発生に直接に参与していないことを明るみに出して見せたのです。

このような動感作用を運動分析の対象にして、学習者の形成位相に形態学

的な志向分析の不可欠性を宣言したマイネル教授の功績はいくら強調してもし過ぎにはなりません。これまでのように外部視点から客観的な位置変化を測定していたのは生理学的な物質身体の物理的な運動でしかなく，学習する者の動感形態の統覚化に何一つ指導の手がかりを与えることができないのです。こうして指導者は今ここの学習者の動感地平を分析する拠点をもつことができますが，この動感深層の地平分析はこれまで自得の美意識に阻まれ放置されてきたのです。この意味においてマイネルの位相構造の分析は本格的な動感深層の地平分析への道を切り拓いてくれたことになり，その功績はまさに運動分析のパラダイムの転換を迫るものなのです。しかし，当時のスポーツ運動学は形態学的分析とサイバネティクス的分析の区別さえもつかず，マイネルの存命中にその画期的な地平分析論の評価は決して特筆されることはなかったようです。

　こうして私たちは動感深層の地平分析が何を対象に取り上げることができるのかに問いかけていくことになります。すでに述べているように，マイネルの形成位相では自我意識の参与しない，いわゆる受動的な動感地平についてその志向構造の分析はなされていません。しかし，生徒や選手が自らの動感意識を統覚化していくときに，どんな動感素材に関心をもち，何に向かって動感志向を投射しているのかという地平構造の重要さは現場の指導者は感じとっています。生徒が動感統覚化のとき何に思い悩んで迷っているのか見当もつかない体育教師は学習者との動感共感も交信チャンネルも通じないことになります。そのとき，生徒や選手の志向構造を分析する導きの糸として，その地平分析の対象が構造化されていればその指導実践に役立つことは明白です。

　私たちはすでに原生成の地平構造を基柢に据えた形態化地平分析，修正化地平分析，自在化地平分析のそれぞれの地平志向性がすでに述べている動感形成位相の不可逆的階層性と絡み合っていることを指摘しています。最初の原生成地平分析という領域は原志向，探索，偶発の形成位相のみならず，形態化位相や自在化位相のそれぞれの動感作用の芽生えを取り出すねらいをもちます。たとえば，さぐりの地平にあって動感差にコントラストも出てこないのに，まぐれ当たりが出たからといって機械的な反復を指示するコーチは原生成地平のなかに潜む含意態に気づいていないことになります。何となくできそうな感じをもっている生徒のまぐれの出現はその志向形態がまだなじみ地平にあることもあれば，その好ましくない習慣態の発生を読んでもう修正指導に入らないとい

けないこともあるのです。だからこそ，いろいろな形成位相にある動感力の含意的な潜在態を地平分析によって絡み合った深層構造を解き明かしておかなければならないことになります。まぐれ当たりが出ればすぐに機械的な反復によってその確率を上げるといった機械論的指導の危うさを知らなければならないのです。

　さらに形態化地平分析の領域では，コツやカンといった身体知の意味発生が主題的関心になってきます。これまではすべて生徒や選手に丸投げしてきた形態統覚化の地平構造に私たちは正面から立ち向かわなければならないのです。本義的には，修正化を含む洗練化の動感作用は形態統覚化の一環ではありますが，その膨大な内容のため別立てとして修正化地平分析を取り上げることにします。スローガン的にかたち仕上げといわれるこの修正化地平分析には，動感作用の定着化と解消化のアポリアや調和化の志向体験を改めて分析対象に取り上げられなければなりません。その調和化や解消化などの動感深層は単なる体力トレーニングやメンタルトレーニングで解決のつく問題ではないことを現場の指導者も選手もさすがにわきまえています。しかしその地平分析の方法論が科学的な運動分析とまったく異質な分析法であることに気づかないスポーツ科学者も少なくないのです。今ここの動感時空系における地平構造の分析なしに，現場の指導者は何を拠り所として動感発生を指導できるというのでしょうか。客観的な科学分析データを呈示するだけでは動感形態の統覚化の営みに何一つ関わり合うことができないはずです。それとも動感作用の統覚化は生徒や選手の自得に丸投げするだけで，あとは応援席で拱手傍観を決め込んでいればコツやカンがひとりでに生まれると考えているのでしょうか。

　最後の自在化地平分析では，習練の極致としてのしなやかな安定化地平，わざ幅による軽減化地平，冴えに至る動感質地平，あるいは非人称の〈それ〉による自在化地平が分析対象に取り上げられます。それらは微妙な絡み合い構造を示していますから，単純に外部視点から区別することなどとても不可能なことです。その自在化の動感深層に隠れている含意潜在態はその地平深層に深く立ち入って志向分析することによってのみその意味核を明るみに出すことができます。もちろん，習練の極致として示される自在化地平でも，その動感形態が手探りの探索位相に低迷していることもあり，あるいは左右の使い分けの優勢化身体知の深みで苦悩していることもあります。ですから，この至芸として

の自在化地平がすべて名人, 達人の至芸の境地のみを意味するものではありません。こうして, 私たちは歴史的, 文化的な幅広さをもつ動感始原分析とは対照的に, この動感地平分析における匿名的な深層意識に切り込んでいく厳密な構造分析のなかに, 体育教師あるいは競技コーチの独自な専門領域が形成されているのを確認することができます。この動感地平分析力こそ, 体育教師やコーチの独壇場であり, 動感身体の深層構造分析に独特の専門性を見出すことができるのです。

## ●──動感深層の匿名性を問い直す

　私たちはすでに『身体知の形成』(講義25) において「伝承を阻む動感匿名性とは何か」と題して志向形態に潜む先自我の受動的な動感作用に立ち入って考察しています。ここで地平分析として動感作用を対象化するには, その匿名性の本質を改めて確認しておかなければなりません。原生成地平はいうに及ばず, 形態化, 修正化, 自在化の地平分析を取り上げるとき, そのいずれの対象領域にも動感匿名性が潜んでいるからです。たとえば動感情況のなじみのなかでまぐれの形態が発生するときも, その発生の瞬間はいつも匿名的なのです。さらに, 動感価値覚がいつどのようにして働き出すかは匿名のままですし, そこには先自我の受動志向性が隠れて機能しています。たしかに動感深層の地平を分析することが生徒や選手の促発指導に大きな手引きを与えますが, その分析起点をどこに求めるかは指導者がそのつど決断を迫られます。どんな形態発生の瞬間でも, 先反省的にしかその動感作用は現れてきません。もろもろの動感素材が統一されて一つの志向形態が突然生まれるときでも, その志向形態が不意に崩壊して消えてしまうときでも, その動感志向性を反省的に今こことしてとらえることは決してできません。私たちはせめてできそうな感じが迫ってくるのを動感力でとらえ, わざができなくなる予感を身体で感じとれるように私の動感感覚を鋭く構えておくしかないのです。

　このようなせっぱ詰まった緊張感こそ私たちを動感深層の地平分析に駆り立てていくことになります。ですからここでわざわざ動感匿名性の本質的特性を確認するのは, どんな地平分析の対象領域においても, 動感形態の発生そのものは常に私たちに知られないことを確認しておかなければならないからです。ヴァイツゼッカーのいうように, その動感発生の〈今ここ〉はいつも秘密な

のです。このような形態発生という「この行為がなぜ他ならぬ今，他ならぬここで起こったかを私たちはふつう知らないことなのだ」とヴァイツゼッカーが断言してはばからないのはこのことを言い当てようとしているのです6)。この「今はこうなのだ」という偶発性は常に秘密なのであり，そこでは偶然と秩序が背中合わせになっています。動く人本人ばかりでなく，観察者のなかでも期待と不意打ちが絡み合っているのが動感作用の地平世界なのです。

## 3 地平分析力は専門性の核になる

### ●――地平分析力のトレーニングを問い直す

　これまで主観的なコツやカンというものは，単なる個人的な運動意識でしかないから信頼できないといわれて，いわば科学者はそれを歯牙にもかけませんから，動感地平の深層意識を運動分析の対象にするなど考えられないことです。ところが新しい動きかたを身につけようとする学習者の動感促発をしようと思えば，生徒や選手の動感意識世界に共生し，その動感意識に共感できない限りその指導に入れません。そうしなければとても選手や生徒の動感形態の発生を促すことは不可能だからです。とすると，指導者は動感地平を分析できる能力がなくては動きかたの指導ができないことになりますから，地平分析力を高めるためのトレーニングを必修単位としてカリキュラムに位置づけなければなりません。実技実習が指導者養成のカリキュラムに不可欠な地位を占めてきたのはそのためだと考えます。こうして，私たちは実技実習という必修単位を設定するのに何の異議もないことになります。

　ところが現実には，実技実習という必修単位の授業内容は学生にその技能をできるようにさせる技能指導ないしはその技能の指導手順の体験的実習によって構成されています。そこで動感志向構造の地平分析が取り上げられることはめったにありません。仮にそのような動感深層に関わるコツやカンの形成が問題になっても，それは学生たち自身の動感志向体験の深層に関わることなので，その意味核は本人の自得に丸投げされたままで，教授の指導プログラムに予定されていません。マイネル教授の形態学分析によって，これらのコツやカンといった動感地平の構造が学問的な形成位相論として理論的基礎づけへの道が拓かれたとはいっても，その階層は単に習熟形成の単なる情報として理解できれ

---

6) Weizsäcker, V. v. : Gestaltkreis, op. cit. S.302.

ばよいと考えられています。しかし，マイネルが動感意識の形成位相を実技ゼ
ミナールとして提唱していることから考えると，それはマイネルの意図に反し
ていることになります。

　このようにして，私たちはその動感発生の匿名的な様態を実技として実習す
ることを提唱することになります。その具体的な分析方法論は次の講義に送り
ますが，それに先だって私たちはこの動感地平分析の意義とその地平分析力の
養成プログラムのあり方を改めて確認しておかなければなりません。これまで
でも，指導者養成機関のカリキュラムには，指導者としての実技能力を向上さ
せる意義は重視されてきました。その運動種目の幅広さとその習練の深さがむ
ずかしい矛盾性を伏在させているとはいえ，実技実習はスポーツ指導者に不可
欠なカリキュラムとして重視されています。

　しかし現実には，一般的な実技実習は単なる上滑りの体験実習でしかあり
ません。学生たちは基本的な技能を習得するのが精一杯で，その技能に潜む地
平志向性に絡み合う深層構造を体験する時間的な余裕などあるはずもありませ
ん。ですから，動感地平の志向分析的な実習は課外活動としての競技部活動に
依存するしかないようです。とはいっても，競技部に属すかどうかは自由意志
ですから，本格的なトレーニングに入る者は年々減少していることを考えると，
部員以外の一般の指導者候補生は地平分析力を支える動感深層意識をほとんど
知る由もありません。実技実習を担当する教授もその運動領域の基本的な習練
を体験できれば単位を与えるしかないようです。そこに技能や記録の単位合格
の基準を設けてもなかなかうまくいきません。サッカーの名選手に鉄棒のけ上
がりのノルマはどうしても無理なようです。こうして私たちは動感地平の深層
意識を分析する能力を高めるという地平分析力のトレーニングを放棄してしま
います。

　ここにおいて私たちは体育教師ないし競技コーチの専門性とは何か，その専
門の指導者にしかできない代替不可能な専門能力とは何か，さらにその専門能
力はどのようにして養成されるのかを問い直してみる必要に迫られます。体育
教師が教育学的な原理と方法を理解しているのは当然ですが，それは学習者の
動感発生そのものを指導できるための十分な専門能力ではないのです。数学教
師が数学の問題を解くことができず，英語の先生が英語そのものの実力がない
のでは専門家とはいえません。これに対して，体育教師はかつて若いときにで

きたかもしれないけれど，今はもうできない運動教材を教えるのです。そこでは生徒ができるようになる学習内容や練習手順を教えるけれども，その動きかたのコツやカンは生徒に丸投げすることが許されます。それどころか，その動感意識を教えることはむしろタブー視され，それは自ら工夫してコツやカンを掴む自主的な体験を損なわないようにするためだといいます。いわゆる自得の美意識を掲げて，そこにこそ運動学習の独自性を謳い上げます。しかし，教師がその動感作用の地平志向性を知り抜いていて，その自得を促すのであれば何の問題もありません。運動教材の学習手順を呈示するだけなら，他教科の素人の先生でもマニュアルに沿って教えることができます。問題の解けない数学教師は成立しないし，英語がわからない英語教師は失格なのに，体育教師は運動教材の動感構造が何一つ理解できなくてもよいというのでしょうか。動感深層における地平分析力をまったくもち合わせていない体育教師も専門家として教師が務まるのでしょうか。

　こうして，コツやカンのような動感発生に関しては古来の芸道にならって自ら習得するものであって，先生から教えてもらえるものではないという自得の美意識が正統に承認されるのです。それを隠れ蓑にする体育教師も珍しくありません。数学の教師がこの問題はかつて解いたことがあるけれども，今はもうわからないという隠れ蓑は許されません。古来の芸道師匠のように，その動感深層の機微を知悉していてもなお「今は自得を待つのだ」と判断する体育教師や競技コーチは珍しい存在になりつつあります。専門の指導者として，他の専門家に代替できない専門能力が動感力であり，地平分析力であるとすれば，いったいどのようにしてこの動感分析力を養成できるというのでしょうか。私たちはこれまで実技実習のねらいとして「その技能ができればすべて教えられる」と素朴に考えてきた運動認識を問い直すことを迫られているのです。こうして，身体知としての動感能力や地平分析力は改めて新しいカリキュラム問題として浮かび上がってくることになります。

●―――地平分析力は相補統一性を本質とする

　私たちはすでに動感深層の地平分析力を構成している原生成地平を含めた三領域を設定しています。しかし，その動感地平は絡み合い構造を示し，なかなかうまく体系化できません。たとえば学習情況のなかにあって，なじみ地平が

いつ姿を見せ始めるのかはなかなか見きわめるのはむずかしいし，まったく予期していないときに突然まぐれの形態発生が成立しますから，その発生の瞬間はいつも偶然でしかないのです。生徒本人さえ動感感覚がいつ統覚化されるのかはわからないのに，先生がいくら生徒の身になって観察しても外部から見抜けるはずがありません。そんな非科学的な訳のわからないカンに頼った指導力はとても信頼できる客観性をもっているはずもないと考えてしまいます。ところが生徒の主観性を直観できる動感力をもった先生が現にいて，他人である生徒の主観的な動感作用に入り込んでコツやカンを指導できるのです。その教師の動感志向体験のなかには教えている生徒の動感地平になじみが生じ，生徒と似たような動感メロディーが流れるのです。その生徒と教師は共通の間動感世界に一緒に住み込んでいることがわかります。こうして伝える指導者と承ける学習者のあいだに共通の動感伝承の大地が創り出されます。この出来事に対してヴァイツゼッカーは機械論的な因果法則から区別するために出会いという表現を用い，伝える人と承ける人の根拠関係として直観される主体性という原理をもち出していることはよく知られた運動発生の理論です。

　さらにさぐりの地平においては，動感触手をおずおずと伸ばして自らのぼんやりした動感価値覚を比較しますが，「こっちのコツのほうがいい」と感じる今ここも匿名のままなのです。そこには先自我の受動志向性が機能して動感差が発生するとしても，それを本人が因果法則的にとらえるわけにはいきません。しかし本人にはコツの足音がかすかに聞こえているのであり，指導者も物理的には外部にいるのに，その足音に聞き耳を立てることができるのです。こんな馬鹿げた言いぐさは非科学的で荒唐無稽なことだと考える人にはこのコツの足音は決して聞こえません。このようなコツの近づく足音を聞きとり，カンの先読みができるコーチが現にいるのは周知の事実なのです。

　しかし，そのような鋭い動感力と地平分析力をもった教師やコーチに向かって，「どのようにしてその分析力を身につけることができるのか」をたずねても，それは長年の経験による知恵であり「どのようにして，いつできるようになったのかはわからない」という答えしか返ってきません。それは『荘子』に述べられているせむし老人の〈蟬とり〉という話と同じようです。それにしても，その動感地平分析の起点をどこに求めるかは指導者がその現場の情況のなかでそのつど決断しなければなりません。やっとまぐれ当たりが散発的に発生

し始めているときに、それが安定した動感図式化の予兆と判断するような分析力では、とても専門家として認められません。しかし私たちができそうな感じの迫ってくるのを自らの動感力でとらえ、わざが分裂しそうな予感を少しでも感じとれるように私の動感感覚を鋭く構えておく習練をせめて対象化しなければなりません。このような切迫性をもった緊張感こそ私たちを動感深層の地平分析に駆り立てていくことになるのです。

このような動感作用の地平分析力は、いわば職人気質の名人芸になぞらえられることもあります。しかし体育教師や競技コーチとして専門家であるためには、この動感地平分析力だけで指導がうまくいくとは限りません。それは指導内容がすでに述べた始原分析と体系分析によって厳密にその意味構造が明るみに出されていなければならないからです。私たちはすでに体系分析を進めるときには、同時に始原分析を相補的に行う必要を指摘しておきました。それぞれの習練形態や統一的な習練体系は例外なしにその本質的な運動認識の上に構成されるのですから、体系分析と始原分析とは相互に相補的に関係し合うことになり、ヴァイツゼッカーの意味の相補的統一性を基柢に据えていなければなりません。この二つの構造分析に相補的関係を確認し、常に相互の関係分析のチェックに気をつけて、その統一性をはかる努力の上に、はじめてここで主題化されている動感深層の地平分析に着手することができるのです。指導実践における発生分析、とりわけ、選手やチームないし生徒たちの促発分析に入るには、このような構造分析の前提を確認しておくことが不可欠であり、この構造分析と発生分析の関係もヴァイツゼッカーのいう相補的統一原理に支配されていることも同時に確認しておかなければなりません。

## ●―― 動感地平分析の全体系を展望する

ここにおいて、私たちは地平論的構造分析の全体系をあらかじめ見渡しておくことにします。その個々の立ち入った地平分析は次の〈講義11〉から取り上げますが、ここではまず地平分析に入る前に、その基礎的な関係分析を確認しておかなければなりません。それはどんなに動感深層の地平分析が厳密に行われても、その分析対象になった動感形態そのものが歴史的、文化社会的に承認されないものであっては、せっかくの地平分析も徒労に帰してしまうからです。ですから、まずもって動感始原分析によってその地平分析の対象を確認し

ておかなければなりません。さらにその動感形態が価値体系論的に分析して，独立の体系に位置づけられないものであってはこれまた地平分析は意味をなしません。地平分析の対象はそれぞれの動感形態に潜んでいる動感作用の地平志向構造を分析するわけですから，その動感形態そのものが共存価値をもっていないのでは，その地平に隠れた含意潜在態を取り出してもまた意味をもちません。

　最後に地平分析の対象になる生徒や選手たちの動感力の背景をなしている動感生活史ないし動感創発のレディネスをあらかじめ分析しておくことを忘れるわけにはいきません。学校体育でも競技スポーツでも，これらの予備調査のデータは物質身体に関わるものがほとんどです。体格計測や体力診断ないし基礎的運動能力のテストは生徒や選手の当然の基礎資料として採用されます。しかしこの地平分析では，物質身体の能力データよりも動感能力の査定のほうが貴重な基礎資料になります。その詳細はすでに『身体知の形成』（講義30）に述べられています。ここでは地平分析における前提条件となる基礎分析として以下の三領域を確認しておきます。

　①始原論として枠組み構造分析による運動認識の査定
　②体系論として共存価値の縁どり分析による動感力の査定
　③地平分析の対象になる動感創発レディネスの査定

　動感地平分析の全体系を次頁の体系図に示しますが，それぞれの地平分析の対象に取り上げられるのはもろもろの動感力としての身体知になります。その動感力の含意潜在態を背景に隠している地平志向構造を明るみに出すのが地平分析のねらいになります。いうまでもなくその動感地平においては，創発動感力のみならず，指導者に不可欠な促発動感力にも含意潜在態が隠されています。その促発動感力の地平分析が指導者養成機関には不可欠な訓練内容になることはいうまでもありません。

　しかし動感促発の地平分析はその根源を創発動感力に遡及しますから，ここではさしあたって動感創発の地平分析に限定して講義していくことになります。動感創発作用の地平分析は次頁の体系図のようにまとめることができます。そこでは対象になる身体知も地平構造の内容も理解を助けるためにスローガン的な表現が同時に取り上げられています。

## 動感創発の地平分析体系

### 動感形態化（かたちつくり）の地平分析
①原生成（同時発生）の地平分析
　①原志向（なじみ）の地平分析
　②探索（さぐり）の地平分析
　③偶発（まぐれ）の地平分析
②自我中心化（コツつくり）の地平分析
　①コツ統覚化（コツまとめ）の地平分析
　　触発化（コツ誘い）の地平分析
　　価値覚比較（コツ比較）の地平分析
　　共鳴化（コツメロディー化）地平分析
　②コツ図式化（かたちまとめ）の地平分析
　　身体化（コツつかみ）地平分析
　　縁どり（コツ確かめ）地平分析
　③動感作用反転化（回転ドア）の地平分析
③情況投射化（カンづくり）の地平分析
　①伸長作用（伸びるカン）の地平分析
　②先読み作用（先読みカン）の地平分析
　③シンボル化（シンボル読み）の地平分析

⇩

### 動感修正化（かたち仕上げ）の地平分析
①修正起点化（起点づくり）の地平分析
　調和化作用（調和の感じとり）の地平分析
　解消化作用（更地つくり）の地平分析
　分化作用（動感差感じとり）の地平分析
②時空修正化（時空仕上げ）の地平分析
　局面化作用（局面感じとり）の地平分析
　優勢化作用（片側感じとり）の地平分析
　再認化作用（感じ呼び戻し）の地平分析
③力動修正化（力動仕上げ）の地平分析
　リズム化作用（リズム感じ）の地平分析
　伝動化作用（勢い伝え）の地平分析
　弾力化作用（反動とり）の地平分析

⇩

### 動感自在化（自ずから）の地平分析
①安定化（しなやか）の地平分析
②軽減化（わざ幅）の地平分析
③動感質（冴え）の地平分析
④自在化（それ）の地平分析

## 4 原生成の含意潜在態を探る

### ●──原生成の動感地平とは何か

　すでに動感地平分析の全体系に示されているように，ここで主題化される原生成の動感地平分析の位置づけに注目してください。原初的な生成が出現する地盤としての原生成地平性はコツやカンの形態統覚化に先立って分析対象に取り上げられる最初の地平志向性になります。コツやカンの動感形態の成立を意図的にねらって動感素材を統覚化する以前に，自我が関与しない受動性と意図的に形態統覚化をねらう能動性とが絡み合った動感作用の働く原初的な発生地盤として，原生成地平をまとめて分析対象にとらえることになります。私たちは生成始原を伏在させている基盤地平を原生成地平と呼びます。

　しかし，原志向，探索，偶発の三形成位相を統合した原生成という表現は単に形態統覚化の前座的ないし前段階的な位相を意味しているのではありません。たしかに，形成位相における原志向位相，探索位相，偶発位相を地平分析の対象にしますが，そこでは単に動感形成位相における階層の位置づけだけが解明されるものではないからです。それらの形成位相の動感地平のなかには，その背景に多くの含意潜在態が隠れています。その根源的な動感志向体験のなかには本質的な動感の意味核が隠されていることを見逃すわけにはいきません。そこでは反論理的生成という始原的な動感作用が私の生身に有体的自己性として生き生きと機能していることを理解しておかなければならないからです。もちろん，動感形態の統覚化・図式化や修正・洗練化の地平でも，動感作用がその統一的な志向形態の発生問題に関わる限りこの生成原理に支配されていることはいうまでもありません。とりわけ，この原生成地平では反論理的生成という特異な志向体験が見過ごされてしまうだけに，このことを改めて確認しておかなければならないのです。その認識が欠けていると，原生成の動感地平は形態化や自在化における動感志向体験の単なる前座的な意味づけしか与えられないことになります。この原生成の厳密な地平分析は運動指導の教育学的方法論として単なる学習手順に置き換えられる可能性が少なくないので，とくにこの原生成志向体験の地平分析に注目しなければなりません。

　ここにおいて，誤解や不毛な議論を避けるために，あえて蛇足を恐れずに〈生成〉という特殊な表現の意味を少し説明しておきます。生成という概念はヴァ

イツゼッカーにならって消滅との関係系のなかで理解されることになります。ですから，それは単なる変化ではないし，前後関係のなかで成立する発展ないし発生とも区別されます。ヴァイツゼッカーの表現を借りれば，「生成というのは本質的な規定なのであり，そこには何かが〈ある〉のでもなく〈ない〉のでもなく，一つの存在はまさに失われると同時に一つの存在がまさに得られるのであり，生成はいつもこのような論理矛盾を胚胎している[7]」ことになります。

　この生成概念の定義は一見わかりにくいようですが，競技や体育の現場になじんでいる人にとってはしごく当たり前のこととして理解できるはずです。それどころか日常の運動生活のなかでも気づかずにこの論理矛盾をわが身で了解していることが少なくないのです。たとえば水たまりを跳び越そうとするとき，足が地面をいつ離れるかの動感作用は消滅していますが，同時に跳び上がりつつあるわが身の存在は今ここの体感として，フッサールのいう原事実として絶対に疑えない事実であり，否応なしにその生成を同時に承認していることになります。つまり，踏み切るときには足の志向体験が消滅しないと跳ぶという志向形態は生成できないのです。ヴァイツゼッカーの謎めいた表現である「一つの存在はまさに失われると同時に一つの存在がまさに得られる」という論理矛盾は当たり前のこととして受け入れられます。しかし，地面の反力なしに跳び上がることは不可能だという科学的思考に慣れている私たちには，それは非論理的な出来事として誤った認識であることになってしまいます。このような生命的な論理に対して，ヴァイツゼッカーは反論理的と名づけざるをえなかったことはよく知られています。こうして私たちは始原身体における今ここの動感力が働く原生成地平のなかに，いったいどのような含意潜在態が隠されているのかに問いかけていくことになります。

● ──始原身体知の原生成地平を探る

　今ここの原身体に胚胎している動感力，つまり，始原身体知というものは生成と消滅を繰り返す原生成地平のなかにどのような様態を示すのでしょうか。すでに始原身体知については『身体知の形成』（講義22）で詳しく考察していますが，ここではそれらを原生成という地平構造に焦点を絞り込みながら要約

---

[7) Weizsäcker, V. v.: Anonyma (1946) Gesammelte Schriften Bd.7, S.50, 1987／『生命と主体』, 95~96頁, 1995, みすず書房.

しておくことにします。動感身体の始原に据えられる能力は体感身体知と時間化身体知に分けられますが、この始原的な空間性と時間性は生き生きした動感性の身体運動として実現されますから相補的統一性の原理に支えられ、反転可能性が働きます。それはここを感じとれる体感身体知と今を感じとれる時間化身体知に分節化されますが、スローガン的表現で端的にわかりやすくまとめれば次のようになります。

**ここを感じる身体知**（ゼロ点／体感身体知）
　①ここの身体知（定位感身体知）
　②隔たりの身体知（遠近感身体知）
　③気配の身体知（気配感身体知）
**今を感じる身体知**（時間化身体知）
　①今の身体知（直感化身体知）
　②触手の身体知（予感化身体知）
　③反転できる身体知（差異化身体知）

　フッサールも注意しているのですが、私の動感身体の原点、すなわち今ここに動きつつある自我身体の絶対ゼロ点は目に見えるようなものではありませんからその位置を計測して算出できるものではありません。それは私の身体に直接に居合わせている運動意識です。私は〈今ここ〉から前に歩いていくとします。そのとき〈ここ〉から〈そこ〉へ移動しますが、私の身体の〈今〉は過去に沈むことなく〈今〉のまま私自身に留まっていることになります。私は歩きながらいつも〈ここ〉を感じとっていて、いつも〈今－今－今〉として、私は歩きつつある自我身体を直接に感じとっているのです。ですから、移動する前にとらえた〈そこ〉は私の〈ここ〉になるのであり、その〈ここ〉は絶対のここになり〈今〉は絶対の今になります。このようなことは当たり前のことであって、わざわざ念を押さなくてもよいはずなのですが、ごく普通の一般な自然的態度ではそんなことをとくに考えることもしません。ところがこのような自然的態度は私たちの背景に沈んでしまって、反対に自然主義的態度が当たり前な考え方として意識の前面に出てきますからやっかいなのです。現代の私たちは一般的にこの自然主義になじんでいますから、私自身が歩くときでもあたかもだれか別な人が私の歩行を見ているように〈ここ〉から〈そこへ〉と物理学的空間のなかで位置を変化させながら歩いているのだと考えてしまいます。

「そんな気がする」とか「何となくそんな気配を感じる」などと表現される感覚意識は埒もない単なる主観的な戯言(ざれごと)でしかないといわれます。そんな非科学的なことをいう選手やコーチは科学主義を信奉するスポーツ科学者の冷笑に甘んじるしかありません。ところが競技スポーツの現場では，そのような実践的な体感能力の分析がどれほど決定的な重要さをもっているかは，いわばあまりにも当たり前のことだから運動分析の対象にしようとは考えません。身体中心化によってコツをどのようにして掴むかも，情況を肌身で感じとるカンを身につける方法もすべて自得すべきことですから，分析研究の対象にする必要はないのです。それらの不可欠な体感身体知はその習得の動機づけもそのトレーニング法もすべて現場の教師やコーチに丸投げされます。現役の競技選手たちはこのようなぼんやりした未規定の体感身体知が競技の勝敗を決する重大さをもっているのを肌身で感じとっているのです。しかし，これまでは科学的な運動分析の対象にするにはあまりにも計量化しにくい事柄であるため敬遠されたのでしょうか。これはむしろ物質的自然の運動分析に属する事柄ではなく，現象学的な超越論的運動分析の対象に取り上げられるべき事柄なのです。その区別に気づき，それが生命的自然に属する動感身体の現象にほかならないと気づくには歴史的，社会的しがらみがあまりにも大きかったようです。始原論的構造分析の存在理由はここにあることを確認しておかなければなりません。

すでに『身体知の形成』（講義22）で，時間化身体知という聞き慣れない表現を詳しく説明してあります。それは私が動いているときに今ここの私の身体に直接に与えられる時間性が意味されているのです。この場合の時間化されるという表現はすでに過ぎ去った動感意識とこれから起こる未来の動感意識とをともに今ここの私の身体意識に引き寄せるという働きを表します。ですから動きつつある自らの動きをとらえる基柢には，根源的な今把握としての現前化能力と，過去と未来の動感意識を引き寄せる時間化能力というものは，受動的な地平構造をもつ原連合のなかに，能動的な動感志向性としてそれが息づいています。私たちがここで時間化身体知と呼んでいる動感力は，端的にいえば今を感じとる始原身体知の基柢に据えられ，その発生根源に関わるものなのです。こうして私たちは，ここで主題化される時間化身体知を「今を把握する現前に融合している機能的共同性のなかで，生命的想像力を引き寄せて自我身体の今ここに統握する時間性の動感力である」とまとめることができます。

時間化される始原身体知では，直感化能力と予感化能力が区別されます。それらは現実の運動が行われるなかでは動機づけによって現れと隠れを相互隠蔽的に交替させる差異化能力も同時に求められることになります。ここに示されている時間化能力は三つの作用契機をもってそれぞれ相互に絡み合って複雑な力動構造を示すことになります。とくに，直感化能力と予感化能力は現実に動きつつあるなかで，現れと隠れの反転的な差異化現象を引き起こすことは，日常の受動的な運動生活に随所に現れています。しかし，それは自然的な態度になじんでいる私たちにとってその反転化現象に気づくことはめったにありません。この時間化をとらえる動感力はいったん習練的な態度に入ると，様相は一変して私たちの動感力に問題を投げかけてきます。それは新しい動きかたを身につける体育活動や競技に打ち込むスポーツ習練に深く関わっていて，自らの動感力を知る動機づけにきわめて重大な意味を生み出すことに注目する必要が生まれてきます。

## ●――なじみ地平の含意潜在態を探る

　このような今ここを感じとる始原身体知の働きは動感形態の形成位相のなかでしだいに姿を現してきます。とはいっても，このような始原的な動感力は日常生活で単に動くときにはなかなか気づきません。原生成の地平に最初に現れるなじみ地平の志向体験はまだ顕在化されずに暗い背景に沈んだままになっているからです。このなじみ地平の動感作用は動感受動世界のなかに含意潜在態を潜ませているのです。空虚でまだぼんやりしたなじみ地平は私たちの普段の日常生活で「何となく嫌な気分はしない」などその動感世界を心情的に嫌わないという意味で受動的な共感が息づいていることを見逃すわけにはいきません。もし，その動感世界に心情的ななじみも生まれず，何となく嫌な気分に襲われる人なら，最初からその地平を忌み嫌って近づかないことになります。そこには，すでに全身感覚や身体状態感などの体感身体知の芽生えが自然的態度のなかに伏在していることを知ることができます。いうまでもなく，サルトルの身体論における全身感覚(セネステジー)[8]では全体としての身体性そのものから生じる気分が意味されています。疲れてだるい感じ，何となくおっくうで気が進まない

---

8) Sartre, J. P. : l'être et néant. p.377-387, 1943, Gallimard /『存在と無』，松波信三郎訳，654～670 頁，1999, 人文書院.

感じ，あるいは生気漲る感じ，不快な吐き気などと言い表されています。それらは生理学的な筋疲労や嘔吐の単なる比喩的表現と理解されてはなりません。同じようにシュミッツのいう身体状態感[9]においても，狭さと広さの基本的カテゴリーは一対として意味をなし，それは私的な身体性として理解されることになります。それは科学的な生理学的身体現象でもなければ視覚印象からのみ理解されるものでもないのです。私たちはいつも自らの身体を狭くあるいは広く感じたりします。その両極のあいだで全身的な状態感に応じて変化し，広さと狭さとのあいだを行ったり来たりする振り子運動が起こるとシュミッツはいいます。狭まりが優勢になるのは不安や苦痛のとき，注意力を集中するとき，失敗による暗い気分のときなどが挙げられます。その例証は競技スポーツのときには容易に見出すことができますが，日常の身体感としては匿名のままで顕在化してきません。これらのとらえどころのない方向不定な全身感覚や身体状態感というものはこれまでの科学的な運動分析では射程から外されてしまうのです。

　しかし運動の行われる場の雰囲気や自らの身体状態感のありようによっては動きたくない気分に陥ることも，動きたくてたまらない感じをもつこともあります。このような何となく感じられる雰囲気としての気分や全身で感じとる状態感が含意潜在態として取り出されるのでなければなりません。このような生気づけられた場づくりをする教育方法学的な実践知の重要さを現場の指導者たちはよく了解しています。しかしこのなじみ地平における動感作用は超越論的な地平分析として主題化されないまま放置されていることが少なくないのです。いわば場づくりの教育方法論だけが前景に立てられ，肝心の子どもたちの動感地平構造とそこで芽生えつつある動感作用の含意潜在態は背景に沈められたままになっています。ですからなじみ地平の存在に気づいても，その地平の背景に隠れている含意態を顕在態に取り出す地平分析が行われないのでは何にもなりません。

## ●——さぐり地平の含意潜在態を探る

　ところがまだ空虚なままぼんやりしたなじみ地平は何らかの動機づけによっ

---

[9] Schmtz, H. : Phänomenologie der Leiblichkeit, In: Petzold, H.(Hrsg.) Leiblichkeit S.82ff. 1986/『身体と感情の現象学』，小川侃編，53頁以降，1986，産業図書．

て自らの動感作用が触発されてきます。自我の関与しない受動的な動感作用のなかに形態統覚化への胎動が現れ始めるのです。一見して矛盾的な表現に思われる能動的受動性という動感作用が一つの意味形成に向けて総合作用に入り始めます。つまり学習者自らの動感のまなざしが一つの形態統覚化に向けられ始めると、そこにさぐり地平が姿を現してくるのです。身体知に方向づけられてあることを意味する動感志向性がその志向形態の統覚化に向けて、たといおぼろげながらでもそれまでもっている動感アナロゴンを駆使して探り入れをしていくことになります。いわばまだ頼りない動感触手であっても、それを伸ばして雑多な動感素材を統一するために探索の道をおずおずと歩き出します。

このように学習者が自らの動感作用とはじめて向き合うさぐり地平にどんな含意態が潜んでいるのかについては、私たちはこれまで関心をもたないことが多いようです。そこで主題化されるのが含意潜在態であり、それは匿名的に織り込まれたまま背景に隠れている動感意味核の存在様態なのです。この含意的という表現は大切な意味が内に織り込まれていると語源的に理解されますから、ここでの意味は動感意味核を表すことになります。このような背景に沈んだままの含意潜在態の分析が無視されてきたのは指導者が古来の自得精神を標榜して学習者自身のやる気と努力に丸投げしてよいと考えてきたからです。学習者が唯一頼りにしている動感触手がどの程度のレヴェルにあるのか、その予感的探り入れがまったく的外れなのか、もう少しでうまくとらえられそうなのか、そのような動感触手の含意潜在態は分析対象にされていないのです。それがどれほど動感発生に不可欠であるかは現場の体育教師や競技コーチはよく理解しているはずです。しかし、学習者が能動的動感志向性に目覚め始めるこの重要な時期に指導者はどれほどさぐり地平分析に注目しているでしょうか。

動感運動の形態発生にやっと目当てをもって、おずおずと触手を伸ばそうとしている生徒にとって先生の動感発生の指導は決定的な意味をもっています。このさぐり地平で悩んでいる生徒や選手たちが指導者の目当て道しるべを欲しがっていることはだれの目にも明らかなのです。生徒がそう動きたいと思ってもやり方がわからなくてさぐり地平でさまよい続けているのに、先生は試行錯誤を繰り返せば「そのうち自ずとコツがわかる」とのんきに考えていてよいのでしょうか。さぐり地平はまさに動感作用方向づけが指導者に強く求められている学習場面になります。その五里霧中の学習者と交信する指導者はこのさぐ

り地平にどんな含意潜在態が潜んでいるのかも知らないのでは生徒の悩みに動感共振できるはずもないのです。生徒に近づいているコツの足音を敏感に聞き取ることができるのか、生徒のなかにカンの働きが芽生えつつある予兆を読めるのか、指導者はそのような含意潜在態を見つけ出す動感力を身につけているのでしょうか。この含意態を知悉していてなお「今はさぐりを続けなさい」という先生であれば、その生徒に動感発生の動機づけを与えることはできます。さぐり地平分析の存在も知らず、その地平分析力も身につけていない先生は専門の指導者といえるのでしょうか。さぐり地平分析の存在理由はまさにここにあるのです。

　ここにおいて、なじみ地平からさぐり地平に移っていくときの匿名的な含意態を少し立ち入って探ってみます。なじみ地平を注意深く探ってみると、「動きたい感じがする」というぼんやりした動感志向性の息吹を感じとることができます。探り入れが息づくときには、その地平で自らの動感作用を誘う何らかの呼び起こしに気づくのです。そこでは動こうとする自我の触発ないし覚起が受動発生し、それによってある動感統覚化へと立ち向かう自我の対向の働きが背景のなかで潜在的に息づいてきます。このような場合、フッサールが重ねて注意しているのは 10)、発生分析においては受容する作用以前に触発という志向体験が常に先行しているということです。つまりなじみの地平は密かに自らの動感作用を触発し、その志向体験の能動的受動性が一つの意味形成の総合作用に移っていきます。私の動感まなざしが一つの動きかたに向けられるところに動感構成化の営みが姿を現してくるのです。こうして方向未規定ななじみ地平から動感構成化に方向づけられるという志向体験が生み出されることになります。そこでは、たといおぼろげながらでもこれまでの私の動感素材を総動員して探り入れをしていくのです。

　こうして触発された動感力はまだきわめて頼りないレヴェルにありますから、探り入れを漫然と反復しても私の動感力はそのように動けないことに気づかざるをえません。動けない自我が動けない動感身体に向き合ってはじめて「動けるようになりたい」というパトス世界にも気づくことになるのです。そのようなときに教育方法学の不備を補い、より効率的なマネジメントをプログ

---

10) Husserl, E.: Analysis zur passiven Synthesis, Hua. Bd.XI. S.84 /『受動的総合の分析』、山口一郎・田村京子訳、127頁、1997、国文社。

ラムしても，それは的外れであっていっこうに動感地平の含意潜在態に関わりのない周辺的な対応に止まらざるをえません。その動感地平を構成している時空系は物理学的な時空概念ではなく，もっぱら人間学的な時空概念なのです。ところが前後・左右・上下という概念をつい自然科学でも取り扱えると錯覚を起こしてしまいます。私が動く空間はフッサールのいう絶対ゼロ点を中心として上下が広がり，前は目方に，後ろは身尻に由来し，背後は私に見えない暗い空間になります。遠い・近いという隔たりの概念が私の身体との関わりにおいてそのつど変動するのは身近な志向体験にも日常的に姿を現します。こうして学習者は動感触手をおずおずと伸ばしながら，私の動感作用の統覚化を試み，やがて志向形態の素描がぼんやりと図式化されて，何となく動く感じがわかるような気がするようになります。いわば動感感覚の連合化が起こり始めるのです。

## ●——まぐれ地平の志向的含蓄性を探る

このようにして学習者はさぐり地平のなかで頼りない動感触手をおずおずと伸ばしながらその動感作用の統覚化を試みていきます。そのうちに，まだ一度もうまくいったことはないけれども，何となく動く感じがわかるような気がすると直感できるようになります。ところが学習者も，それどころか指導者さえも，何の前触れもなく突然に出現するまぐれの動感形態にびっくりさせられるものです。まぐれとは紛れるの意ですから，どこかに紛れ込んで隠れているコツやカンに偶然に出会いを果たして，いわゆるまぐれ当たりの成功になります。このようなまぐれ当たりが科学的運動分析の対象に取り上げられると，そのまぐれ当たりの結果だけが問題になり，その確率論的考察が始まります。ヴァイツゼッカーのすぐれた表現を借りれば，Kontingenz（偶発性）という表現はラテン語の contingere に遡り，触れる，掴む，当たるなどの意をもちますから，それに「コツに偶然に触れる」「コツを掴む」「カンがまぐれ当たりする」などという意を担わせることができます。しかしコツやカンが私の外側に存在していて，それに偶然に物理的に出合うという意味ではありません。私の動感志向性がコツやカンという含意潜在態と超越論的に出会うのです。

さぐり地平においては一見背理とさえ思われる能動的受動性という志向体験が芽生え始めます。それに対してこのまぐれ地平における志向体験では偶然に

まぐれ当たりがまさに匿名的に発生するのです。そこには因果論的な法則原理が通じるわけもありません。とすると，まぐれが出るまで辛抱強く機械的に反復して待つしかないのでしょうか。指導者も機械的反復にくじけないように生徒を励ますだけで，まぐれ当たりが偶然に出現するまで拱手傍観するしかないのでしょうか。もし自我の関与のない受動地平のなかで，このような機械的反復にまぐれ当たりの出現を期待することが許されるならば，マネジメントに長けた教師だけでコツやカンの動感指導もすべてできることになります。何もコツやカンのような動感志向体験をもたない科学分析者でも統計的データを駆使して形態発生に成功させることができるはずです。しかしながら，その機械的反復のあいだに力動ステレオタイプがそのまま定着してしまうと体感の修正やコツやカンの再統覚はまったく絶望的になります。すでに繰り返し述べているように，コツやカンの定着化とその解消化という宿命的なせめぎ合いは動感指導の最大の難問なのです。

　このアポリアに直面したとき，私たちはこのようなまぐれ地平に潜む含意潜在態を明るみに引き出すことはできないのでしょうか。このまぐれ地平の偶然の悪戯に私たちは翻弄されるしかないのでしょうか。その偶然の確率論的対策しか私たちには方法が残されていないのでしょうか。ところが，コツやカンがわが身に近づきつつあるのを動感力で何となく感じとることを私たちは経験的に知っています。何となくできそうな感じがするという気配感能力の存在論に私たちはすでに注目しています。習練過程のなかで以前の動感価値覚のアナロゴンに気づくことはよく知られています。同じ動きかたを何回か反復しているうちに，前にやった動く感じとよく似たものに出会うことがあるのです。そこでとらえた以前の動感価値覚は単なる動いた結果の記憶痕跡ではありません。それは過ぎ去った動感価値覚を今ここの直感に引き寄せて，フッサールのいう把持の把持として，生き生きとした生身の動感メロディーが想起されるのです。このことは同時に，類似してない異質な動感価値覚を切り捨てることができなければなりません。このことは自分の動感情況のなかにいる学習者との動感交信を誘ってくれます。指導者は生徒の身体知に近づいてくるまぐれの足音を聞き取れるようになり，どんな動きかたがまぐれになるのか，またまぐれにならないのかを見分けられるようになります。このような地平分析力を身につけた体育教師やコーチを見出すのに私たちはそう苦労しません。このような専門家

としての地平分析力をもった指導者によってはじめてまぐれが機械的反復の呪縛から解放され，正統な形態統覚化への道を拓くことができるのです。

　さらに，まぐれの地平分析で重要なことは指導者がまぐれの質を評価できる観察能力をもっていなければならないことです。そのまぐれ評価力は動感価値覚によって形成されるのはいうまでもありません。さらに学習者自身も価値覚アナロゴンを取捨選択して統覚化するとき，学習者本人の価値覚がまだ充実していないと誤った類似結合，つまり悪いまぐれを生み出してしまいます。その悪いまぐれがそのまま定着してしまうと，後からの修正がきわめてむずかしくなりますから，指導者はそれを見逃すわけにはいきません。古い動感形態が鋳型化してしまうとその解消化が大きく妨げられるからです。学習者ができるような気がすると感じて価値覚アナロゴンを取捨選択していくとき，まぐれの成功に小躍りするのを糠喜びにさせないためにも指導者は学習者のまぐれの動感作用を見分ける地平分析力を磨かなければならないのです。

## ●──原生成地平の分析体系を問う

　私たちは原生成の地平構造として，なじみ地平，さぐり地平，まぐれ地平のなかで匿名的な含意潜在態の存在にすでに注目しています。しかしこの始原身体知の原生成地平のなかでは，その反論理的な生成と消滅の現象がごく普通の日常生活ではなかなかとらえにくいことになります。それはフッサールのいう絶対ゼロ点を原点とする始原身体知が日常的には自然科学主義に覆われているからです。しかしそう動きたいのに動くことができないと感じるときには，日常的な単純な動作でも原生成の志向体験が浮かび上がってきます。つまり原生成地平におけるなじみ地平，さぐり地平，まぐれ地平の動感作用がパトス的な動感世界に入っていくと，その匿名的な含意態は少しずつ顕在態へと姿を露わにしてきます。始原的な身体能力についての原生成地平分析を体系化すれば，次頁の図のようにまとめることができます。

　たしかに原生成の地平構造においては，ゼロ点に中心化される体感地平においても時間化地平においても，その動感志向体験はそれぞれの地平でおぼろげながらその姿を現すことはあります。しかしそれらは自然的態度では容易に実感できる出来事にはなりません。それどころか，その動感志向体験そのものに習慣態が生まれると，いつのまにか原生成の地平構造そのものも背景に退い

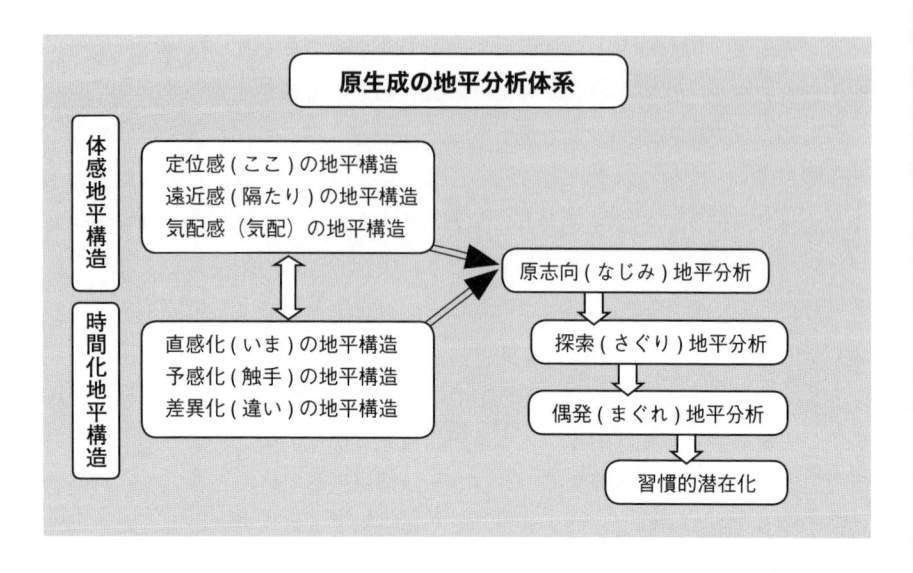

```
         原生成の地平分析体系

体感地平構造  ┌─────────────────┐
              │ 定位感(ここ)の地平構造  │
              │ 遠近感(隔たり)の地平構造 │──→ 原志向(なじみ)地平分析
              │ 気配感(気配)の地平構造  │           ↓
              └─────────────────┘      探索(さぐり)地平分析
時間化地平構造 ┌─────────────────┐           ↓
              │ 直感化(いま)の地平構造  │      偶発(まぐれ)地平分析
              │ 予感化(触手)の地平構造  │           ↓
              │ 差異化(違い)の地平構造  │       習慣的潜在化
              └─────────────────┘
```

てしまいます。できそうな感じを探り当てようとしても，漫然と手探りを機械的に続けてはその含意潜在態を捕まえることができません。まぐれで突然に動感形態が出現しても，それらは鮮明な志向体験としてとらえられにくいので動感身体に保存されずに潜在態のなかに沈んでいってしまいます。そのようなぼんやりした動感志向体験は地平分析によって確認しておかない限り，いつのまにか習慣化して動感地平の背景に姿を隠してしまいます。このような動感志向体験の習慣的な潜在化は日常生活における自然的態度として自明なことですから，それらを超越論的な動感地平分析にもち込まない限りその含意潜在態を明確にとらえることはむずかしいことになります。こうして，私たちはごく普通の日常的な自然的態度の判断をいっさい停止して，習練的な動感地平のなかに厳密な超越論的な地平分析を施していかなければならなくなるのです。この原生成地平分析の上に，はじめて動感形態の自己中心化的なコツ地平分析と情況投射的なカン地平分析に立ち入る拠点をもつことができることになります。

## ゼミナールテーマ：10

①動感地平分析の領域に属している身体知の具体的な例証を一つだけ挙げて，なぜ地平分析が指導者に不可欠なのかその根拠を説明してください。

②体育教師がその運動教材の地平分析をしないとどんな問題が生じるのかその理由を具体的な例証で説明してください。

③自己運動は反省に先立っているという意味を具体的な例証によって説明し，なぜそのような動感深層に立ち入らなければならないのかを述べてください。

④今までスムーズに動けていたのに，突然その動感メロディーが消えて動けなくなったとき，どのような具体的な手立てをとるべきなのかをその根拠を挙げて説明してください。

⑤一度も経験したことのない動きかたを指導するときどうするのか，その手立てを述べ，そのとき何が決定的な重要さをもつのか具体的な例証で説明してください。

⑥動感力のたゆまない習得過程を支える原努力の働きを具体的な例証を挙げて説明してください。

⑦マイネル運動学の自動化と機械化の概念の違いを具体的な例証で対比的に説明してください。

⑧動感地平分析が不可逆的な階層性を示す形成位相に絡み合っている具体的な例証を一つだけ挙げて説明してください。

⑨動感発生の瞬間はいつも秘密だという偶発性が期待と不意打ちの絡み合い構造を示している例証を挙げて説明してください。

⑩必修単位としての実技実習の要求はどんなねらいをもっているのか具体的な例証で説明してください。

⑪他の教科教師に比べて体育教師がもっている独自な専門能力は何かを列挙してください。

⑫動感地平分析力だけを身につけた教師が職人的と批判されるのはどんな専門能力が欠落しているのか具体的な例証で説明してください。

⑬体育の運動学習におけるなじみ地平に潜む含意潜在態を具体的な例証によって説明してください。

⑭競技の技術トレーニングないし戦術トレーニングにおける探りの地平構造に潜む含意潜在態を具体的な例証を一つだけ挙げて説明してください。

⑮体育の運動学習におけるまぐれ評価力という指導者の専門能力がなぜ不可欠なのか具体的な例証を挙げて説明してください。

# 講義 11
# コツ地平の分析方法論を問う

## 1 コツ地平構造の含意潜在態に問いかける

● ──コツの反論理性は反復を誘う

　コツという日常的になじみをもった表現はいろいろな誤解を生み出すことが少なくありません。コツの概念や特性，その発生分析の概略については『わざの伝承』(220~284頁/481~499頁)と『身体知の形成』〈講義23~24〉で詳しく論じてあります。ここではコツの概念を自我身体への中心化的志向体験と規定してその理論的基礎を整理しておくことにします。

　私の身体が今ここで動きながら直感メロディーをとらえ，同時に来るべき動きかたの予感メロディーを奏でる原生成の動感地平は動感形態の発生に不可欠な大地を形づくっています。しかし，それだけである動きかたのコツがひとりでに出現してくるわけではありません。私たちが動きかたのコツを掴むためには，私はそのように動けるという動感作用に基づいて志向形態の統覚化を生化しなければなりません。コツを生み出すためには，多様な動感素材を自我身体に統覚化し，それに意味づけをする志向形態化がまずもって前景に立てられることになります。いろいろな動きかたに胚胎している動感素材を統覚化し連合化していくときに，その形成を支配する規則性に現象学的分析を加えたフッサールは，その統覚化作用を次のように説明します。「統覚とは一つの志向体験なのであり，そこには完全に自己に与えられていない何かを知覚されたものとして意識する志向体験が存在している」と述べます[1]。ですから私たちがコツの発生始原に遡及してその動感志向性を問うとき，自我身体にまだ顕在化していない動感意識を志向的に体験するための統覚化の働きが大切になってきます。自我身体に意味づけを与え，統一的に志向形態を構成できる能力を形態統（モルフェー）

---

[1] Husserl, E. : Analysen zur passiven Synthesis, Hua. XI. S.336ff. / 319頁以降.

覚化能力と理解することができます。さらに，目的論的にコツ発生に関わっていくこの統覚化志向体験というものは「私の身体のなかに何かを動機づけるものとして意識されている」とフッサールはつけ加えます。ここにおいて，コツ統覚化の志向体験を動感地平構造に引き寄せながら，その特性を反論理性，習慣性，地平性の三つに絞って順次考察しておくことにします。

　私たちは原生成の地平構造のなかに，生成と消滅が同時に成立する動感作用の反論理性をすでに取り上げています。コツ統覚化の志向体験のなかには動感力の生成原理が本原的に，つまり有体的な自己性として機能しています。生成という概念は，ヴァイツゼッカーにならって消滅との関係系のなかで理解されますから，それは単なる変化ではないし，前後関係のなかで成立する発生とも区別されるのはいうまでもありません。コツ志向体験には因果論的な法則原理が成立しませんから，どうしてもそのコツに確信がもてずに，コツが身についたのかどうかわからないままいつも不安に苛まれることになります。ですからコツはまさに本来的に頼りない存在なのです。

　しかし，このような頼りないコツを直観して，その形態発生に成功した人のコツそのものは不可疑性をもった絶対的な存在であることは多言を要しません。もしそのコツが掴めなかったら志向されたその動きかたは成立していないからです。とはいっても，直観されたコツそのものが私の身体にとって絶対的存在であると肩肘を張ってみても，そのコツが確実に身体化されているという確信をもてるものではありません。コツは気まぐれに姿を見せはしても次の試みのときにも確実に機能してくれるとは限らないからです。コツはその姿を見せたと思うと，次は意地悪にもそのかたちを消してしまうのです。そのつどに起こるコツの生成と消滅の同時交替は私たちに反復習練を執拗に迫ることになります。せっかく出会えたコツを逃すまいと夢中になって練習に打ち込むことは技芸の習練や競技スポーツのトレーニングにおいてよく経験される出来事です。それどころか，幼い子どもが単純な動作を飽きずに反復する姿にも，このコツを確認したいという匿名的な原努力が読みとれるのではないでしょうか。

　このような希望に満ちた動きかたの反復訓練はたしかにコツの定着化を促しますが，同時に鋳型化現象も影のように付きまとってきます。ですから前にも触れていますが，マイネルは機械的に反復して鋳型にはめることを拒みます。寸分の狂いもない等質運動を再現できるロボットのように動けることにマイネ

ルは無機質な危険をとらえて厳しく指摘することになります。そのように頼りないコツを確かなものにしようと反復訓練すれば，機械的反復によってそのコツは定着化しますが，その定着が進めば進むほどマイネルのいうロボット化も進むことになるのです。

　こうして完全に定着化したコツはその人の血となり肉となって身体化しているので，それはすでに習慣態として地平意識の背景に沈んでしまいます。その定着したコツを改めて解消しようとするのは並大抵のことではありません。ロボットにまったく別な動作をさせるには，古いシステムを解消し新しいソフトをインプットすればよいだけです。ところが，ひたすらロボット化を目指してトレーニングしてきた動感作用のステレオタイプは新しいコツを生み出すときに最大の障害になります。スポーツ指導の現場はこの事例を枚挙にいとまないほど知っています。生きものの運動が生成と消滅を同時に起こすというヴァイツゼッカーの反論理性はコツ統覚化の地平分析に基本的な問題を投げかけているのです。

### ●──コツの習慣化は潜在態を生む

　私たちは日常の生活で驚くほどいろいろな動作を何気なく何の意識ももたずに行っています。ある場所に行こうとして歩くときに，その行為の目的に沿った動きかたが原意識のメロディーとしてすでに先取りされます。そのとき手をどう振って歩くとか，足をどのように運ぶかを意識して動くことはまずありません。頭がかゆいと感じれば，ただちにその位置を特定し，きわめて的確に手が動き，指も適切に動きます。それは自らの身体そのものが動きかたのコツを先反省的に了解しているからです。つまりその動きかたが一つの習慣を形成して，私の世界へと身体化されているのです。この場合の原意識としての運動メロディーは生理学的な無意識的反射動作などではありません。その人の現象身体が一つの新しい意味核を「私の身体（からだ）がわかっているのだ」といえるときに，はじめてそのコツは習慣態に入ることになります 2)。

　私の身体が了解してすっかり習慣化されている日常の動作は「何をするか」を志向すれば，後の動きかたがすべて保証されているのです。そこには沈黙する身体しか存在していません。もちろん，身体化された動きかたがいったん

---

2) Merleau-Ponty, M. : Phénoménologie de la perception, op. cit. p.167／240 頁.

獲得されれば，いつもコツが勝手に働いてその動きはすべて自動化されるというわけではありません。けがや病気，あるいは疲労のために，身体が反逆するときには，その地平に沈んでいたコツが動感意識の表層に浮かび上がってきます。このことは日常の習慣態になっている動きかただけにいえるのではありません。厳しいトレーニングによって自動化され，意識しなくても的確に身体が動く競技スポーツの場合も同じことです。これらの身体化された習慣形成というものが人間のもつ動感性の負担免除原理に基づいていることはいうまでもありません。これによって人間の運動形態が無限に分化し，発展を続けることを指摘したのはまさにゲーレンの達見といえるのです3)。

ここにおいて私たちはコツの習慣化を支えている動感性の負担免除原理と動感メロディーとの関係に立ち入らなければなりません。頭のどこかがかゆいと，私の手は何のためらいもなくそこを掻くことができます。どんなコースを通って，どのくらいの速さでどの指で何回掻くのかなどの動きかたの具体的な意図はまったく地平意識の背景に沈んでしまっています。頭を掻くという動作意図は，強い力動性に支えられた運動投企なのであり，ギョームのいう「運動メロディー」を含意していることになります4)。このことはいくら強調してもし過ぎないほどの重要さをもっています。しかしそのコツも習慣化されしっかり身体化されてしまうと，そこでは運動メロディーを投企する負担も免除されることになり，動感地平意識の深層に沈んでしまいますから問題はややこしくなるのです。

「生きものが自分の適応する空間のなかで動くときには，さまざまな感覚領野で演奏される特徴的なメロディーがたえず流れている」ことを指摘したボイテンデイクの巧みな表現を借りて，メルロ＝ポンティはこれを運動志向性と名づけています5)。その運動志向性にわざわざ脚注まで付して，それはBewegungsentwurf(運動投企)というドイツの現象学的概念のことだと念を押し，それが「まずはじめに核として与えられ，次にそこから運動全体が分化してゆく」ことをいみじくも指摘しているのです。別言すれば，運動を企投するとは，

---

3) Gehlen, A. : Der Mensch, seine Natur und seine Stellung in der Welt, 1986, 13. Aufl. S.196f; 62ff. AULA-Verlag /『人間』，平野具男訳，15~16頁，67~79頁，1985，法政大学出版局.

4) Guillaume, P. : La formation des habitudes, p.87, 1947, Presses Universitaires de France.

5) Merleau-Ponty, M. : La structure de comportment, 1942, 8e edition, p.30, Presse Universitaires de France /『行動の構造』，滝浦静雄・木田元訳，30頁，1964，みすず書房.

いわば生き生きとした運動メロディーを奏でることであり，その力動性に裏打ちされていないのは単なる行為手順を表象する企図でしかないのです。メルロ゠ポンティはさらに続けて，生きものの運動反応は要素的な動作を寄せ集めても理解できるものではないと注意しています。それは内的統一をもった運動形態をなしていて，意味と価値に応じてそのつど変化することを指摘します。そこでメルロ゠ポンティは一つの有意味な運動メロディーが生き生きと奏でられることに注目しているのです 6)。

　私たちは日常的な例証によってコツの含意潜在態の存在論にさらに駄目押しをしておかなければなりません。たとえば私が道路を横切ろうとします。そのとき自動車が向こうから迫ってくると，私の歩きかたはひとりでに危険を避けるのに適した動きかたを選び出しています。その歩きかたはきわめて適切に，何も意識しないのにプロレープシス（先読み）されているのです。そのとき先反省的に走ってしまうこともあります。そのとき選ばれた走の志向形態は「迫ってくる自動車を見た刺激を原因とした結果ではない」とヴァイツゼッカーは念を押します 7)。この駄目押し的な指摘は因果分析を運動研究の金科玉条にしてきた研究者たちには奇異に感じられるものです。そこで受動的に選び出された走るという動きかたは，未来にやってくるであろう衝突を免れるために即興的に奏でられた動感メロディーに基づいています。それは，走ってくる車の視覚刺激が原因になっているのではないのです。ヴァイツゼッカーは「私の運動を方向づける法則的な原因はまだ全然生じていないし，それは将来のこと」なのであって，そこには動きかたを規定する原因はまだ存在していないから，精密自然科学の因果分析は必然的に成立しないと注意します 8)。そのときに走りかたの動感形態を規定しているはずの運動メロディーさえも，すべて原意識のまま先読みされているのです。ですから横切ろうと意図したときにはすでにその動感メロディーはプロレープシスされていることになります。こうして私たちがコツを確認しようと反復訓練すると，それは習慣態の陰に隠れ，その動感メロディーさえも背景に隠れてしまいますから，私たちは地平に潜む含意潜在態を改めて地平分析として明るみに出しておかなければ動感指導に入ることも

---

6) Merleau-Ponty, M. : ibid. p.140 / 194 頁.
7) Weizsäcker, V. v. : Gestalt und Zeit, 1997, op. cit. 349ff. / 25~28 頁.
8) Weizsäcker, V. v. : Gestaltkreis 1997, op. cit. S.254f. / 221~223 頁.

できないことになります。私たちはコツのもつ習慣性が地平分析を触発していることに注目しなければなりません。メルロ＝ポンティのいう運動習慣の世界はまさにコツの潜在態に導かれていることを見過ごしてはならないのです。

● ——コツの地平性に問いかける

このようにして，コツの反論理性は反復訓練を触発し，その反復による習慣化はコツを動感地平の背景に沈めてしまうことになります。ですから動感地平に隠れてしまう意味核をどうしてもあばき出し，その匿名的な含意態の構造を明らかにしておかなければなりません。そうしないと，指導者は選手や生徒たちがどんなコツの志向体験に立ち向かっているかも見当さえつかないことになります。コツの地平性が構造分析の対象に取り上げられる起点はここにあるのです。私たちは日常の運動生活のなかで「コツを掴んだ」「コツの呑み込みが早い」「コツを身につけた」などとよくいいますが，コツとは何かと正面切って問われると，なかなか明確に答えられないことが多いものです。

これまでもたびたび述べていますが，コツは私の身体という固有領域に住んでいますから，共通化や一般化を極端に嫌います。それは偏屈なまでに俺のやり方のコツに固執する職人気質にその典型を見ることができるように，他人との共通化を頑なに拒否するのです。競技スポーツの一流選手におけるコツの言表にもきわめて個性的な，謎に満ちた言い回しが聞かれるものです。偉大な打者にとって，「どんな速球でも止まって見える」とか，サッカー選手にとって「ボールはヘディングシュートをして欲しいと，私をめがけて飛んでくるのだ」という奇妙な発言も珍しくありません。そのバッティングのコツやシュートのコツが語られるときに，スポーツ科学者たちはそれを「埒もない戯言」と嘲いながら「ほんとうはこうなのだ」とその錯覚を科学的に説明して見せたがることしきりです。

コツのもつ私的な固有性や他人からうかがい知れない秘密性は，コツの伝承に大きな影を落とすことになるのはこれまでも折に触れて述べています。コツは他人には踏み込めない本原的な動感性の固有領域に属しますから，そのコツに支えられる高度な技能は世人に高く評価されると，それだけに貴重なコツとなり，その固有財産の流出を警戒することになります。わが国の中世から見られる芸道の家元制度や武道の流派のなかにそれが如実に示されているのは周知

の通りです。しかし私の身体にのみ住むコツは超越論的な地平分析を経ないままに、一方では閉鎖的な特殊な伝承方式を生み出し、他方ではそのコツを身につけた個人の肉体とともに墓に葬られてしまうことにもなります。卓抜な技能保持者としてその人を人間国宝として処遇しても、その貴重なコツそのものの伝承はむずかしいことになります。

　私たちが歩くとか箸を使うとか日常のありふれた動作をするときにはとくに意識してコツを感じることもありません。しかし何かの動機づけによって自分の動きかたを変えようと志向すると事情は一変します。人の目を気にしてスマートに歩きたいと思った途端に自我身体に中心化される動感意識が触発されコツとの出会いの場が姿を現すことになります。今まで包丁の使い方にまったく関心をもっていなかった人が単身赴任で包丁さばきのコツに出会うことは珍しいことではないようです。それは動感触発化という志向体験のなかでコツというものが私の地平意識のなかに浮かび上がってくるのです。こうして動感意識への気づきと関心によって地平に潜む含意潜在態に迫ることになります。

　子どもたちは、その活発な運動生活のなかで走ったり、跳んだり、よじ登ったりして、多様な動感志向体験に出会っています。しかし「そこでは、自らの世界に対してそのつど異なった関係が獲得されますから、自らの身体への可能性は同時に自らの世界への可能性に向き合っている」ことになるとグルーペは指摘します9)。子どもの運動の能力発生への営みはその子どもの世界への通路なのだと強調します。子どもは新しい動感志向形態を実現する機会が多いだけに、創発身体知としてのコツに出会う実践世界は大人よりはるかに大きく開かれています。子どもがコツという不思議な身体知に導かれて「私ができる」という動感志向体験をもつ事実そのことに異論を唱える人はいないでしょう。それまで何度やってもなわとびができなかった子どもが突然「できた!」と叫んで小躍りする姿、そのコツを逃すまいと一心不乱に反復する姿、そこに私たちは子どもがコツと出会いつつある体験流のまっただ中にいる姿を見出すことができるのです。コツ発生に関わる営みが子どもたちの人格形成に不可欠な本原的な世界体験を提供していることを見逃してはなりません。そのために、コツ

---

9) Grupe, O. : Anthropologische Grundlagen der Leibeserziehung und des Sports; Leib/Körper, Bewegung und Spiel, In: Einführung in die Theorie der Leibbeserziehung und des Sports, 1980, 5. Auflage S.96f. Verlag Karl Hofmann.

に出会っている動感志向体験の地平に匿名的に潜んでいる含意潜在態の構造を知ることが指導者に不可欠な地平分析の手引きを提供できることになります。

●——コツ地平分析の体系を展望する

こうして私たちはコツの動感発生に動機づけられた形態統覚化の志向体験は，コツ発生の中核的存在として，その地平分析に求められることになります。私たちは形態統覚化の地平分析にコツ統覚化とカン統覚化を区別してその体系を問うことにします。もちろん，コツとカンは一つの動感形態の表裏をなしていて地平のなかに統一的に現れることはいうまでもありません。しかしまずここでは，コツ統覚化の地平分析，スローガン的にいえばコツつくり地平分析の体系を見渡しておくことにします。まずコツという志向形態が現れる動感地平構造のなかに次の三つの地平分析が区別されます。

① コツ統覚化の地平分析
② コツ図式化の地平分析
③ 動感作用反転化の地平分析

このコツ統覚化地平のなかに，触発統覚化，価値覚統覚化，共鳴統覚化の地平分析，さらにコツ図式統覚化のなかに身体化分析，縁どり分析を区別しますが，ここではスローガン的表現も取り上げて理解を促すことにします。いうまでもなくコツ統覚化作用の階層はすべての前提的基礎になる触発統覚化の地平に始まります。コツを招き入れる動機づけが関心を呼ぶときに触発化志向体験が現れます。次いで，動感素材の取捨選択に決定的な意味をもつ価値覚志向体験の地平が続き，どのような動感感覚が価値をもっているのかを感じとる能力が求められます。それなしにはどのコツが生きるのか判断できないことになります。つまり，どのコツを生かしてどのコツを切り捨てるかを判断するのが価値覚統覚化の地平なのです。共鳴統覚化の地平では，評価した個々のコツ作用に統一したメロディーが流れ始める地平が分析の対象になります。メロディーの体験流が潜在態のままではコツは現実に身体化されるはずもありません。それと相補的関係をもつコツの動感メロディーを奏でる共鳴化志向体験によって，コツはおぼろげながらもマイネルのいう基礎図式に統覚され，コツの動感形態としてやっとその姿を現すことになります。その図式化地平では，そのコツが動感形態の正統な成立を保証できるのかどうかが問題になります。そこ

で，この図式化地平はさらにその志向形態が自我身体に確認される身体化志向体験と他の志向形態との動感差が確認される縁どり志向体験という二つの地平構造のなかで，そこに潜んでいる含意潜在態が引き出されていきます。

こうして，図式統覚化を通してコツはその姿を動感形態として顕在化することになりますが，そのコツ形態は情況に投射される身体知としてのカン形態とともに相互隠蔽の原理に支配されていることはいうまでもありません。つまりコツとカンは一つの統一的な動感形態の表裏をなしていて，コツの統覚化が前景にあるときにはカンは背景に隠れ，カンが情況に動感意識を投射しているときにはコツはその陰に隠れて潜在態になります。こうして私たちはコツとカンの動感作用反転化の地平分析を欠かすことができないことになりますが，このことは次の講義で取り上げるカンの地平分析のときにまとめて考察することにします。これらの全体の体系をスローガン的表現も示しながらまとめると次のような体系図になります。その詳細の分析は後段に送ることにします。

```
┌─────────────────────────────────────┐
│   自我中心化（コツづくり）地平分析の体系   │
├─────────────────────────────────────┤
│ ①コツ統覚化（コツまとめ）の地平分析        │
│   ①触発化（コツ誘い）地平分析              │
│       ▶なじみの地平分析                    │
│       ▶コントラストの地平分析              │
│   ②価値覚比較（コツ比較）の地平分析        │
│       ▶さぐりの地平分析                    │
│       ▶取捨選択の地平分析                  │
│   ③共鳴化（コツメロディー化）の地平分析    │
│       ▶メロディー化の地平分析              │
│       ▶まぐれの地平分析                    │
└─────────────────────────────────────┘
                   ↓
┌─────────────────────────────────────┐
│ ②コツ図式化（かたちまとめ）の地平分析      │
│   ①身体化（コツつかみ）地平分析            │
│       ①反逆身体の地平分析                  │
│       ②道具身体の地平分析                  │
│       ③中心化身体の地平分析                │
│   ②縁どり（コツ確かめ）地平分析            │
│       ①コツ構造化の地平分析                │
│       ②モナドコツの地平分析                │
└─────────────────────────────────────┘
                   ↓
┌─────────────────────────────────────┐
│ ③動感作用反転化（回転ドア）の地平分析      │
└─────────────────────────────────────┘
```

## 2 コツ統覚化の地平構造を探る

### ●──コツ触発化動感力の地平を探る

　コツの形態統覚化の志向体験はまず触発化動感力を最下層に据えてその上にはじめて成り立つことになります。触発化という表現はすでに説明してあるように，自らの感じや意欲が誘い出される働きと理解してもさしあたって問題はありません。しかしこの触発現象という含意潜在態を地平構造の背景から引っぱり出そうとするとなかなかやっかいなことになりますが，フッサールの発生現象学が私たちの運動分析に貴重な示唆を与えてくれます。フッサールによれば，自我への誘いの働きは触発と呼ばれていますが10)，それは「対象に向けられた志向の目覚め」なのであり，「対象をより詳しく考察して知ろうと努力する」志向体験を触発化という動感力のなかにとらえています。私たちの日常の運動生活においても何気なく動いているときには，このような触発現象がいたるところに蔵されているのはいうまでもありません。そのような触発化という動感力はいつも自我身体に中心化されるのですが，それはコツ地平の背景に隠れていて何かのきっかけのない限り，それに気づかずになじみ地平のなかに安住して過ごしていることになります。

　ところが「そのように動きたい」とか「そう動けないと困る」とかいう事態に出会うと私たちは改めて私の身体の動きかたが気になり出します。つまり「そのように動きたいのにできない」とか「今の動きかたよりもっとうまく動きたい」といった動きかたへの関心や動機づけが現れてくるといきおい自分の動く感じを知ろうとするようになります。いわばコツを招き入れる動機づけが関心を呼ぶときに触発化志向体験が胎動を始めるのです。その雰囲気が何となく心地よく感じていたなじみ地平から脱出する徴候がぼんやりと浮かび上がってきます。このようなコツのなじみ地平分析の含意態の未規定性は原生成地平分析で考察してあります。なじみの地平のなかでは，コツの含意態も背景に隠れたままですから前の運動と後の運動の動感比較は成立するはずもありません。

　しかしそこに動感差への何らかの動機づけが触発されると，かならず一回ごとの動感意識の違いが気になり始めることになります。そこには動感触発化の志向体験のなかにぼんやりしたコントラストが浮かび上がってきます。つまり

---

10) Husserl, E. : Analysen zur passiven Synthesis, Hua.XI. S.148ff. / 215 頁以降.

触発化志向体験のなかに程度差というものが生まれてくるのです。フッサールによれば「触発はとくに際立ちを前提にしている」のです。その際立ちというのは内容的な融合を通してコントラストのもとで際立つことが意味されています。フッサールは「もっとも根源的な触発が印象の現在で発生すると見なされなければならない以上，コントラストというのは触発のもっとも根源的な条件として特徴づけられなければならない」といいます。こうして「触発の程度差はコントラスト程度差に関連している」ことが明確に指摘されることになります。ここにおいて，私たちは前のコツと次のコツとがそのコントラストを浮き彫りにする動感志向体験のなかで，そこに求められコントラスト地平分析が主題的関心を呼ぶことになるのです。コツのコントラスト化というのは，一回ごとのコツの動感志向性の違いをはっきりととらえることが意味されています。そこにそのつどの動感形態を区別する可能性が生まれてきます。そのつどに異なるコツに出会うときに，それらはまったく同じではないが似たようなコツという枠のなかではじめて動感形態の反復可能性をもつことになります。

　このような動感差という次元での志向形態の反復はそのつど異なる動感意識に出会うことができますから，次はどんな動感意識に出会えるのかという期待が生まれてきます。この動感形態への期待感をもった反復こそ新たな意欲を触発し飽きることなく反復にのめり込んでいくことになるのです。古来の芸道においても，傍目(はため)には信じられないような同じ動作の果てしない反復習練や芸の工夫(わざ)はすべて本原的な固有領域における微妙な動感触発化のコントラスト程度差への営みに関わっているのです。ですからそのような動感比較の志向性が触発されずに判を押したような同じ動作を機械的に反復するだけでは，それはまさに砂を噛むような苦役以外の何ものでもありません。エクササイズと呼ばれている反復習練を意味する表現は，ギリシア語の禁欲や苦行を意味するアスケーシスがラテン語に翻訳されたものですから，それは動感性の身体運動とまったく別な次元の身体習練の概念であることを確認しておかなければなりません。ここで主題化されているコツ触発化の地平においては，一回ごとに生き生きした動く感じと出会っている反復なのであり，決して苦役(アスケーシス)などではありません。そのつどの新しいコツとの出会いに感動し，その次の新しいコツへの期待に胸をふくらませる形態形成の営みなのです。傍(はた)から見ると「どうして同じ動作を飽きもせずに反復できるのか」といぶかる人はこの動感世界に生きるコツ

の志向体験をもっていないのかもしれません。幼児が何回も飽きずに同じ動作を繰り返すときに，その幼児の動感世界に共生できない大人であれば，つまりその動感コントラスト化という触発化現象に気づかなければ「もういい加減に止めてちょうだい！」と言いたくなることはこれまでの例証で何度も取り上げていることです。

　似ている動きかたは同一な動きかたではないのですから動感コントラスト化が成立するのであり，次の動きかたがどのようになるかという期待を誘うことになります。私はそう動けないからそう動きたいという動感コントラスト化への志向体験が生じるところにこそ，ここで主題化されているコツ触発化の動感地平が拓かれていきます。動感形態における一回ごとの意味づけが生き生きと動感力によって生化される次元においてはじめて反復することの意味と意欲が湧いてくるのです。こうしてコツの地平構造における最下層の大地では「私はそのように動けるようになりたい」という根源的な努力志向性が触発化の志向体験を豊かなものにしてくれることになります。

## ●──コツ価値覚動感力の地平を探る

　私たちはコツの触発化地平において一回ごとに動感差をもったコツを感じとり，その反復によって私の手元にはいろいろな異なるコツの素材(ヒュレー)が集められてきます。しかしコツの触発化地平分析を通して次つぎと出会った多くのコツ素材が雑然とそこに集められているだけでは，いつまでたっても私の統一的な志向形態はその姿を現してきません。そのために似たもの同士を比較する志向体験，つまり類比作用が機能しなければなりません。雑然と寄せ集められた個々のコツ素材に対して，そこに一つの秩序を形づくるために能動的に類比作用を機能させていくのには，どれがコツの発生に有効なコツ素材なのか，どれがコツの形成になじまない素材なのか，その動感価値を判断しなければなりません。そのためにはコツ素材のコントラスト地平分析に続いて，その比較に値するコツ素材を探り当てる評価志向体験が不可欠になります。こうして，いわゆるさぐり地平分析の階層に入ることになります。コツ統覚化の第二階層はこの動感形態の価値判断に関わってくることになるのです。

　ここで誤解を避けるために価値判断の意味を改めて確認しておかなければなりません。というのは，ここで価値判断をする対象はあくまでも今ここの動感

意識を基柢に据えた動きかたであって，先に述べた媒介運動の価値判断は括弧に入れて遮断しておかなければなりません。つまり媒介運動の価値は生理学的な体力や健康に役立つかどうかによって決められ，あるいは教育学的な陶冶価値をもつかどうかが問われるのです。ここで主題化されているコツ統覚化地平における価値は運動が完了した後の作業成果が問われているのではなくて，今ここで私が動きつつあるなかで，動きながら感じる動感メロディーの良し悪しのことなのです。動感志向性が息づいている自我運動，つまり動感価値を経験直下で感じとるコツの統覚化が主題化されることになります。私たちはこの身体知をフッサールの表現にならって動感価値覚能力と呼びます。

　私たちが何気なく恣意的に動いたり道具を使ったりするときに，その動きかたのなかに動きやすさや何となくしっくりしない気持ち悪さを感じるものです。そのような動感志向体験のなかに心情意識が浮かび上がってきます。動きつつ，感じつつあるときのこのような心情領野のなかに動感志向性が顕在化してくるのです。その領野に身をおいて私たちはよりうまく動きたいと願って類比作用を営むうちに偶然にコツに出会う可能性をもつことになります。ですから，このような快い動きやすさや気持ち悪い動きかたには，その成し遂げられた成果にかかわらず，今ここにおいて何らかの評価作用が機能していることになります。このような評価しつつある動感志向体験を頼りに私たちは動きかたの工夫をしているのです。凧揚げのときの紐の引き方は物理学的な法則を知らなくても，その心情領野の動感志向体験によって凧を天高く揚げることができます。同じことはヨーヨーのみごとな手さばきの習得にも見られます。いつヨーヨーを巻き戻すきっかけを掴むかという感じはその人の身体中心化するコツのなかにのみ拓かれているのです。それを厳密に理解するには，ハイデルベルク大学のクリスティアン教授による「行動の価値意識」という精神物理学的運動分析の批判論文[11]の例証を参考にするのがよいようです。それはすでに『身体知の形成』（講義23）に詳しく述べられています。

　このような現象学的人間学派の研究者たちによる運動分析はさらにフッサールの発生現象学に深いつながりを見出すことができるのは多言を要さないでし

---

11) Christian, P.: Vom Wertbewußtsein im Tun, Ein Beitrag zur Psychophysik der Willkürbewegung; 1948: In "Über die menschliche Bewegung als Einheit von Natur und Geist", S.19-44, 1963, Verlag Karl Hofmann.

ょう。私たちのコツ統覚化地平の第二階層に位置づけた動感価値覚の志向体験は，まさにクリスティアン教授の「鐘を振り鳴らす実験」に指摘されている動きの価値意識と軌を一にしています。ちなみにフッサールは『イデーンⅡ』の第4節において，表象や認識を目指しての努力を知覚と表すのに対し，その相関項として期待と楽しみを目指して評価する努力を価値覚と名づけているのはよく知られています。フッサールは両者の努力志向の相似性を表すために早くから価値覚という表現を用いていたことを述べています。それにもかかわらず「コツを掴む」とか「コツを身につける」とかいう単なる感覚的直観に関わることは最低段階の直観でしかないと侮蔑する人が少なくないのです。フッサールによれば，価値覚による統覚化は「一つの単なる事象をもっとも単純な仕方で理論的に把握しているだけ」であって，「この価値対象は理論的な価値把握の相関者なのであるから，それは高次な対象である」と注意を促しています。

　このようにして私たちはやっとコツ素材を取捨選択する地平構造に関心をもち，それを分析対象にすることができます。しかし価値覚能力によって不快なコツ素材を捨て，快感情を伴うコツ素材を選択し収集すること，つまり動感価値覚による取捨選択地平分析はそう単純な出来事ではありません。その地平で評価作用を正統に機能させるには，その心情意識の基柢に据えられている価値構造に注目することを忘れるわけにはいかないからです。習慣化された動きかたのなかに受動的に醸成される動感価値覚は時代背景のなかでいつのまにか姿を変えていくことに注目しなければならないのです。時代を超えて伝承されてきた動感価値覚はその正統性のなかで運動者の動感意識に忍び込み，それが快感情を誘う動感意識に変化してしまうことも珍しくないからです。日本人のナンバ歩きやマオリ族のオニオイ歩きがその典型的な例証になります。

　そこでは，このコツの価値覚による統覚化志向体験は同時に始原分析との絡み合い構造に注目しなければなりません。ですから価値覚の動感地平に含意的に潜在化している様態を慎重にあばき出しておかなければならないのです。長いあいだその社会に伝承され鋳型化された動きかたに潜む動感価値覚はそれを身体化した運動者には快感情を誘い出すのであり，正統な価値覚として機能する可能性さえありますから，その含意潜在態を改めて慎重に構造分析しなければならないことになります。このことはとくに競技スポーツにおいては深刻な問題を提起します。正統なコーチがいないままそのときどきの自我身体の心情

的な価値感知だけに頼って競技力を高めてきた選手は往々にしてどうにも修正の利かない固癖を身につけていることが少なくないのです。私たちはコツの価値覚に潜む含意潜在態を慎重にあばき出すことによって価値覚作用の地平分析の重要さを確認しておかなくてはなりません。コツ統覚化のために何を取捨選択するのか，何を選び出し，何を捨てるべきなのかという動感価値覚をめぐる取捨選択地平分析はコツの統覚化の第二階層をとりわけ特徴づけるものになります。それは正統な指導者が身につけるべき地平分析力として不可欠な必須条件に取り上げられなければなりません。

## ●──コツ共鳴化動感力の地平を探る

　コツづくりの第三階層は動感メロディーが生き生きと流れる時間化の志向体験が主題化されます。まず私たちは共鳴化動感力の現象を再確認するところから始めることにします。すでに，『身体知の形成』（講義23）でその基本的な考え方を検討していますが，ここでは地平分析の視点から整理しておきます。

　ここでコツの発生様態に直接関わる共鳴化現象というものは連合心理学のように因果論的な運動分析論に基づくのではありません。心理学的な連合概念は，たとえば「水はその温度が低いから，冷たいという感覚が生じるのだ」としてそこに連合的な因果判断をもち込みます。コツを構成するのは因果法則に基づくのではなく，ここでは動感価値覚の類似性に着目しそれらを比較考量して取捨選択しコツに出会う世界を明らかにするのです。そこでは，コツの形成に有効な動感素材を収集できるのでなければコツに出会うことはできないからです。しかしそれだけで，いつのまにか偶然にコツが発生するというわけではありません。その心情領野における快感情をもつ動感素材を雑多に集めたとしても，そのまま放置していてはコツの発生に出会うことはできません。そのコツ素材のなかに新しい動感メロディーが流れ出して，そこに統一的志向形態化の作用が顕在化してくるのでなければなりません。動感メロディーとは私が動きつつあるなかで，どんなリズム感でどのように動くのかという動く感じが統一的に時間化された流れに乗って，私の身体のなかに生き生きした現在として奏でられるメロディーのことです。それがなければ現実の動きかたに統一されるはずもありません。

　すでに原生成地平分析で時間化という身体知を説明してありますが，この場

合の時間化されるという表現はすでに過ぎ去った動感意識とこれから起こる未来の動感意識とをともに今ここの私の身体意識に引き寄せるという働きを表します。ですから動きつつある自らの動きをとらえる基柢には，根源的な今把握という現前化能力とそこに過去と未来の動感作用を引き寄せる時間化能力が受動的な地平構造のなかに原連合として能動的に息づいていることになります。このようにして共鳴化作用の地平においては，まずもってメロディー地平分析が主題化されることになります。しかし過ぎ去った動感意識とこれからの未来の動感意識を今ここの身体意識に引き寄せるとき，フッサールが指摘しているように，生き生きした現在に原印象として現れるコツ素材が強い触発傾向をもっていることに注目しなければなりません。「触発は伝播の方向に関して未来に向かっての統一的傾向をもち，その志向性は未来に方向づけられている[12]」からなのです。しかしそこでは過ぎ去ったコツ素材がしだいに不明瞭になっていき触発も弱まっていることが意味されているのではありません。そこで動感親和性をもったコツ素材が呼び戻されますから，それぞれに「触発的な過去地平」をもつことができるのです。未来のコツ志向性も経験直下の直感素材に動感親和性が働かなければ，それは単なる空虚な予測でしかないことは贅言を要しません。

　このような私の身体運動に息づいている新しい動感メロディーを生み出すのには，その雑多なコツ素材のなかに共鳴化という志向体験が働かなければなりません。その共鳴化を可能にする動感力を私たちは共鳴化能力と名づけています。その共鳴化能力にはコツを形態統覚化する連合作用が伏在していることを確認しておかなければなりません。「共鳴とは感覚的類似性と感覚的コントラスト（これはこれで類似性を前提にしている）であり，それが構成されたものすべてを基礎づけている」とフッサールも述べて「共鳴とは距離を保って分離しながらの一種の合致である」と説明します[13]。つまり類似による共鳴化は連合作用によってこそ成立するのであり，感覚的類似性は相互に距離を保って区別されつつもそこに一種の統一的な合致が成立するのです。ですからコツ素材のなかで動感親和性に基づいて共鳴化した動感メロディーというものはその統一として単数になれる複数として現出することをフッサールも指摘するので

---

[12] Husserl, E. : Analysen zur passiven Synthesis, Hua.XI. 1966, S.156 / 225 頁.
[13] Husserl, E. : Analysen zur passiven Synthesis, Hua.XI. 1966, S.406 / 349 頁.

す。こうして親和的に収斂された調和的な動感メロディーは相互に距離をもちながらも合一としての共鳴化統一になり，その調和そのものにはそこに程度差を認めることになります。しかしまったく不調和な動感メロディーとして，コツ意味核の親和的な志向体験を完全に妨げるような動感メロディーもあることに注意しなければなりません。これははっきりと区別して排除する必要があります。それは単なる程度差の問題ではなく，動感メロディーの統一を阻むものです。それが機械的反復で習慣態になってしまうと，そこになじみ地平さえ現れてきますから問題はさらにややこしくなります。そのためには始原分析に加えて，次の図式化地平の縁どり分析がその含意潜在態を明るみに出してくれることになるのです。

　このようにして，私たちはやっとまぐれ地平分析に入ることができます。まぐれという動感意識は単なる機械的な反復によってその確率さえ上がればまぐれが消失するのではありません。まぐれの自然的態度をまずもって括弧に入れなければならない理由はここにあります。そこでは，まぐれを判断する対象が何であるかをまず確認しなければなりません。そのためには，コツがうまく機能したときに成立する動きかたの目標像が分析される必要があります。どのように動ければ「よし」とするのかという達成目標像は何を意味することになるのでしょうか。もちろん，それは習練目標によって区々であることはいうまでもありません。ですから達成の目標が達成しえた結果におかれる場合と，達成における動感力そのものにおかれる場合とは区別されなければならないのです。結果の目標像がたとえば競技会の順位，測定記録，ゴールの数などにおかれれば，それは数学的形式化によって客観的に示されますから確率論的な予測が可能になります。ところが動感像そのものが達成の目標に挙げられると，たとい優勝してもその投企した動感像に合致しないと目標像は達成されたことにはなりません。表彰台に立つ優勝者の複雑な表情はこの動感程度差の問題圏にあることを示しています。

　ここにおいて私たちはフェッツ教授がその運動学で取り上げている運動的確さと運動精確さという問題圏との区別を取り上げないわけにはいきません[14]。たしかにフェッツのいう運動的確さは目標に的中する意味の的確さであり，運

---

14) Fetz, F. : Bewegungslehre der Leibesübungen, S.369f. 3. Auflage 1989, Österreichischer Bundesverlag.

動精確さは反復のばらつきが主題化されています。しかしその目標的確さ，目標精確さや経過的確さ，経過精確さを区別する基準は物理的時空系においてとらえられることになります。ですから私たちが問題にしている動感時空系における目標像の的確さ，ないし動感像の反復精確さという問題圏とは本質的に違うことを確認しておく必要があるのです。つまり運動が的確さを示したかどうか，あるいは精確に反復できたかどうかは外部視点から計量的に確認する問題圏のなかで判断されます。それに対して私たちの超越論的な意味の的確さや精確さは動感力という身体知でとらえられる問題圏にあります。ですからまぐれの地平構造を分析しようとするときには，外部視点を放棄して動感力でとらえる訓練が要求されることになるのです。

こうしてまぐれに成功した志向体験のなかで意味核を含んだコツメロディーであるのか，それとも反復して出現しても無意味なコツ価値覚なのか，それらを私たちは地平分析のなかで評価し，良否判断ができるのでなければなりません。そのような地平分析の志向体験を何一つ経験していない指導者はどうしても外部視点から数学的な形式化に頼り，確率の向上にひたすら反復訓練を指示するしかなくなります。そのシュートが生きたまぐれなのか，死んだまぐれなのかをひと目でみごとに見分ける指導者は現にいるのです。それは実践現場ではそう珍しいことではありません。しかし，たまたままぐれで着地に成功した体操選手を見て手をたたいて喜ぶコーチは素人の観客と同じレヴェルにあるようです。ですからこのまぐれ地平分析力の習練がより体系的に指導者養成プログラムに取り上げられなければ本格的な専門家は育ちません。

このようなコツのまぐれ地平構造には貴重な含意潜在態が潜んでいますから，まずもって地平分析によって生きたまぐれを明るみに出す分析が求められます。すでにマイネルはその著『スポーツ運動学』において，無反省な反復訓練が運動形態の修正改善にマイナスになることを指摘し，その機械的反復によって欠点もまた定着し，抜き差しならない固癖を形づくってしまうと指摘しています[15]。コツのまぐれ地平分析力をもった指導者に恵まれると，この固癖の定着を防ぎ将来を見越した適切な指導が得られることになります。このようにまぐれの地平分析は抜き差しならない固癖の定着と解消というアポリアに関わりますが，他方ではまぐれの出現が次の期待を誘い楽しくて仕方ない習練情

---

15) Meinel, K. : 1960, op. cit. S.378 f. / 408~409 頁.

況も作り出すものです。そこでは傍目にもおかしいくらい単純な動作反復に夢中になります。単調な反復の苦しさも新しいコツとの出会いへの期待と感動がすべて掻き消してくれることになります。「前の感じはこんなふうだった」という動感価値覚のアナロゴンを摺り合わせるのに夢中になっていくのがこの階層です。このような動く感じの摺り合わせを通して生きたまぐれのコツとの出会いを身体知が受け止めるようになると、まぐれ位相からの脱出の予兆が現れてくることになります。

## 3 コツ図式化の地平構造を探る

### ●――図式化動感力の地平を探る

　コツが生き生きした身体運動のなかにその姿を見せ始めるのはこの図式化地平においてですが、私たちはそこに身体化地平分析と縁どり地平分析とを区別して、二つの地平に隠された含意潜在態を明るみに出すことになります。まずもって、コツ身体化の地平構造を探りますが、そこで取り上げられるコツの図式統覚化を目指して身体化される地平構造には少なくとも次の三つの身体化分析を確認することができます。

　①反逆身体の身体化地平
　②道具身体の身体化地平
　③中心化身体の身体化地平

　以下に順を追って、そのコツ図式化を成立させる身体化地平に潜んでいる含意潜在態を明るみに出していくことにします。

#### ①反逆する身体化地平を探る

　動感メロディーの志向体験のなかで、そのまぐれ発生の地平分析によって顕在化されてくるのが生きたまぐれの存在です。それを目指して反復訓練に入る志向体験のなかでは思うように動いてくれない自我身体にじかに向き合うことになります。つまり反逆する自我身体の地平意識に目覚めることからコツ図式化の志向体験が始まることになるのです。コツを身体化していく地平分析は反逆身体への気づき地平を主題化していくことになります。スローガン的な表現としての反逆身体とはいうまでもなく私のいうことを聞かない身体のことです。私の身体に潜んでいるコツというものは日常的に自然な態度をとる私たちにとって、それは常に匿名的です。ですから私の意のままにならない動きかた

は私の身体が私自身に反逆していると素朴に感じることになります。コツの共鳴化地平のなかで，動感メロディーの志向体験が生化されて偶発的にまぐれが出現するとはいっても，ヴァイツゼッカーのいうように，偶発性（コンティンゲンツ）は〈今はこうなのだ〉という現前をいつも秘密にしているのですから，そのコツ発生の今は常に匿名的なのです。

　ここにおいてボイテンデイクも指摘しているように16)，自我身体のなかに奏でられる「運動メロディーについて行けるためには，私たちの身体は能力をもっていなければならず，そうでないと私たちの手足はやろうとしたのとはまったく違って動いてしまう」といいます。つまり動感メロディーの志向体験をもっていても，コツという身体能力がなければ思うように動けるものではないことを指摘しているのです。ボイテンデイクはさらに言葉を継いで，ある一つの動きを理解しそのゲシュタルトの諸徴表を把握しても，さらに運動メロディーの流れを潜勢的に再生できたとしても，それはまだ実存の身体運動の発生には至らないのだと念を押します。そこでは自己運動によってそのいろいろな局面を生み出しながら経験する抵抗というものをまだ知らないからなのです。ですから「畳の上の水練やボート漕ぎ」ではほんとうに生きた動きかたを発生させることはできないといって動感性の抵抗体験のもつ重要さをいみじくも指摘します。

　しかし，私たちの素朴な自然的態度としては，思うように動けなければ物質身体を動かす生理学的な体力の不足と判断するか，あるいは恐怖などの心的障害があれば心理学的なメンタルリハーサルによって解決できると考えます。それでもできなければ教育学的なマネジメント処方の不備を補填していく手立てを講じます。しかしそのように動くための生理学的条件もよく，それが本人にとって怖い動きかたでもなく，それをまじめに学習しているのに，そのように動けないというとき，私たちはいったいどうすればよいのでしょうか。それは本人のやる気がないからなのでしょうか。本人は「そう動きたい」と望み「そう動くべきだ」とわかっているのに「そう動くことができない」という事態は指導実践の現場では日常茶飯事に起こることではないでしょうか。こうして私たちは反逆身体の地平に潜む含意潜在態を地平分析によって顕在化しなければならなくなります。

---

16) Buytendijk, F. J. J. : op. cit. 1956, S.288f.

このようなときボイテンデイクは外部視点に立つ分析者や野次馬的な傍観者のとる自然的態度から脱出しなければならないと強調します。すなわち「情動的な情況を体験している本人それ自身が〈そう動けない〉ことを経験しつつある」ことに気づかなければならないと指摘するのです17)。そこにはそうできるとは思えないとそう望むことができないという生々しい葛藤が潜んでいるからなのです。つまりコツの身体化をめぐる含意潜在態がそこに隠されていることをいみじくもあばき出してくれます。ヴァイツゼッカーによれば18)「そうできない」というときの純粋な意味は10トンの重量物を人には持ち上げることはできないということなのです。ですから「そう動ける」ということは「動けるようになりたい」ということが前提になっています。そこには〈そうできる〉と〈そうしたい〉の関係系が成立しているのです。しかし鉄棒の大車輪がすぐにできることはいくら望んでも考えられませんが、そこには〈そうしたい場合にはできるのだ〉ないし〈そうすべきだ〉が含意態として匿名的に前提化されているのです。ですから生徒が「そうできるとは思えない」といえば、教師は「やる気がない」と早合点してしまうことが起こります。
　もう一方のそう望むことができないについては、そこに「そうしてもよい」ないし「できることが許されている場合ならそう望んでもよい」という含意態が隠されています。ですから「そうしたいのはやまやまなのにどうしてもできない」ということがその背景に隠されていることに気づかなければなりません。しかし外部視点に立つ教師はそのような生徒を見て「やれるのになぜやらないのか」といぶかり、「動けるはずなのになぜそう動かないのか」と不信を募らせることになります。結局、生徒の無気力さや怠惰に原因を求めることになります。ボイテンデイクは動きかたを身につける習練活動のなかでは、このように地平意識の背景に沈んでいる意味核を含んだ潜在態に対してより慎重な洞察を欠かしてはならないことを強調しているのです。
　このように、コツを身体化していく地平に潜む反逆身体をめぐる含意潜在態の分析は私たちに多くの貴重な示唆を与えてくれます。学校体育における運動学習の意義はたしかに生理学的な対象身体や教育学的な人格形成におかれるのは自明のことです。しかし新しい運動を身につけようと習練するとき、その運

---

17) Buytendijk, F. J. J.: op. cit. 1956, S.273.
18) Weizsäcker, V. v.: Gestaltkreis op. cit. S.314ff. / 203頁以降.

動を成立させる条件としての体力も十分もっていて学習意欲も盛んな生徒がまじめに努力しているのに，そう動きたいのに動けないという葛藤場面が頻発するのです。そのとき指導者はその出来事を外部視点から物理的な身体運動として観察し，習練段階や手順の呈示を前面に出します。教師は生徒が渇望しているコツやカンに向き合うことを嫌い動感地平の背景に潜む含意潜在態を主題化することから逃れようとします。コツの図式化成立のなかで特徴的な反逆身体の地平分析なしには生徒のコツの動感指導に入ることもできないのです。

② 道具化する身体化地平を探る

　反逆身体の抵抗体験を通じてやっと私の実存身体のなかに動感メロディーが奏でられることになります。ボイテンデイクがいうように，その生化されたメロディーについて行くことができるために私たちの身体は〈そう動ける〉ための動感力をもっていなければなりません。しかし動感力は生理学的な物質身体のいわゆる体力ではないし教育学的な学習能力でもないのです。私たちが新しい動きかたを身につけようとするといわゆる反逆身体と向き合うことになります。そのとき思うように動かない自らの身体を運動するための手段や道具と考えて，その道具立ての条件がよければその新しい動きかたがすぐにできるようになるはずだと考えたくなるのです。さか上がりができなければ腕力と腹筋をつければよいと素朴に考え，駆けっこが遅ければ脚力のパワートレーニングをプログラムすればよいと考えます。

　ここで念のためにつけ加えておきますが，速く走れるようになるという地平構造には，そこに新しい動感形態が発生するという含意態が潜んでいるのです。それが物理時間の単なる短縮作業でないことは選手自身や現場の指導者は身をもって感じとっているはずです。とはいっても，私たちはなかなかこのような素朴な自然的態度から脱却することがむずかしいのです。なわとびがうまくできない子どもはジャンプ力が足りないからであるし，老人がつまずけばただちに筋力が衰えたからだと理解することに何の批判も出ません。こうして私たちは反逆身体に向き合うと，ただちに身体を動かす道具と考えてその道具の条件改善に乗り出すのが一般です。ところが，ボイテンデイクが指摘しているように[19]，一つの運動プログラムがどのように生命化されていくのか，同時的かつ継起的な筋の刺激伝達がどのように成立するのかについて私たち自身は何の

---

19) Buytendijk, F. J. J. : 1956, op. cit. S.285f.

表象も生み出さないのです。その出来事はまさに謎に満ちていて，そこで一緒に働かなければならない筋肉群について私たちは主体的に何一つ経験できないことを指摘しています。私たちは筋肉を動かしているのではなくて手足を動かしているというボイテンデイクの例証は重みをもちます。神経伝達される筋肉は現に存在しているのですが，そのメカニズムが合目的にどのように生起しているのかを私の身体は何一つ感じないし，知りもしないのです。

　しかしこの重大なボイテンデイクの指摘の真意はかならずしもよく理解されません。私たちは大脳からの命令を運動器の筋に伝達するから身体運動が起こるという素朴な思考枠組みに慣れています。ですから現代の高度に発達した精密科学を駆使してそのメカニズムを客観的に分析すればそこに法則原理が発見され，その自然法則に基づいて訓練すれば人間も新しい身体運動を生み出すのはたやすいことだと考えます。たしかに現代のロボティクスは長足の進歩を遂げて，サイボーグ科学に代表されるように神経支配と身体運動の関係系はそのメカニズムを明らかにし始めています。しかしそこで誤解してならないのは，指定されたソフトにしたがってロボットが一定の動きを行うことができるようになるとしても，生命ある人間がどのようにして自らの動きかたを自発的に創発できるのかという身体運動の発生論的地平が解明されたわけではないのです。サイボーグのようなロボットが物質身体を駆使して準身体運動を生成することと，生命ある動感身体を駆使して時間化された身体運動を生成することのあいだには，画然とした区別が存在することはボイテンデイクのすぐれた論考を援用するまでもありません。

　ですからここで意味される駆使身体とは物質身体の道具としての駆使性ではなく，ボイテンデイクが意味する動感身体の駆使性が取り上げられているのです。動感発生として取り上げられる駆使性，つまり意のままに動けることは「自らの身体に対して客観化の態度を捨てること以外の何ものでもない」とボイテンデイクは宣言するのはこの意味においてなのです[20]。ここにおいて道具身体の階層から私たちは中心化される身体の地平分析に入っていき，その含意潜在態を明るみに出していくことができます。このような理解に立てば，メルロ＝ポンティのいう実存運動の意味は意識の奴隷でもないし，私たちの身体が即自の領域に属さないという主張も首肯できることになります。さらにある運動

---

20) Buytendijk, F. J. J. : 1956, op. cit. S.280.

が習得されるというのは，私の身体がその運動を了解したとき，つまり身体が運動を自分の世界へと身体化することであるという指摘はまさにコツの地平意識の発生に迫っているといえます[21]。

### ③自我中心化する身体化地平を探る

身体化地平の重層構造の最後に取り上げられるのは，中心化身体の地平に隠されている含意潜在態です。中心化身体は自我身体の絶対ゼロ点に収斂される中心化作用をもち，コツ成立の意味核を形づくっています。ここではコツの発生に関連づけてその身体中心化の志向体験をまとめて整理しておきましょう。

私たちは「そう動きたい」のに「そう動けない」と感じたときに，その自我身体は反逆を起こします。それを克服するために身体を道具化しようとして，科学化の迷路に踏み込んでしまう危険も指摘されています。つまりどうしても「そう動きたい」という切迫さを感じたときに「そう動けない」ことが顕在化され思うように動けない自我に気づくのです。私たちはそのように動けない自我身体に向き合って，動感メロディーを奏でる身体の絶対ゼロ点，つまり自我身体の原点にまずもって気づくのでなければなりません。こうして私たちはコツの生成始原をなす身体中心化という含意潜在態の問題に向き合うことになります。

ラントグレーベによれば，私が動くということは「同時に私を動かす私の能力に気づいている」ことになります。そのときには「絶対ゼロ点としての身体のなかに中心化されている」ことをまずもって見逃すわけにはいかないのだと注意を喚起します。ですから今ここで動きつつある私が現に居るというときの〈現〉は絶対的規定なのです。というのは「その動いている人はそのゼロ点から逃げ出すことはできないのです。それはその人自身が絶対ゼロ点なのであり，どんな運動のときでもそのゼロ点を自我と一緒に担っているからです[22]」と駄目押しをします。たしかに，自我身体におけるゼロ点に中心化されること，つまり身体中心化ということは自我の覚醒の基礎を提供し「自我の同一化は二重の意味であらゆる〈行為〉の身体中心化以外の何ものでもない」ことをフッサール自身も指摘しています。とりわけ自我の成立は時間化される原初領域における把持こそ決定的な意味をもつと述べています[23]。とりわけ始原身体知

---

21) Merleau-Ponty, M.: Phnoménologie de la perception. 1945, p.161 /『知覚の現象学』1, 233 頁.
22) Landgrebe, L.: 1980, op. cit. S.71.

は身体運動の絶対ゼロ点から作動する定位感を投射することによって遠近感や気配感が機能し、さらにコツやカンの身体知へと広がりをもっていくのですから、この中心化身体の働きを自我の覚醒起点に位置づけることは多言を要しません。コツの形態発生はこの中心化身体の志向体験に始まって、その自我極から放射する動感志向性が生化されることによるのです。

　しかし、この中心化身体の志向体験によってコツがただちに統一された動感形態を成立させると速断してはなりません。そこには、メルロ＝ポンティの指摘する具体運動と抽象運動の地平分析を欠かすことができないからです24)。メルロ＝ポンティがシュナイダー症例によって詳細に分析した〈触る〉と〈指し示す〉の運動可能性に関する問題は私たちの運動実践の場ではその例証分析を容易にしてくれます。日常的な動作、たとえば右手で頭のかゆいところを掻く動作は場所の知によって容易にできますが、その場所を指し示すことはそうたやすいことではありません。それがある障害物を跳び越す身体運動の場合を分析するときにさらにむずかしい問題にぶつかります。走り高跳びで120cmのバーを越せた生徒に対して、バーを取り去ってその高さをクリアすることを求めるとそこに多くの困難が生じます。そのまぼろしのバーを精確にクリアできる生徒はその身体に動感時空系が姿を見せ始めているのです。そのときのコツはやっと基礎図式を獲得した階層に当たるのですが、外部視点しかもっていない野次馬的な体育教師はこのまぼろしのバーという含意潜在態を取り出す地平分析力をもち合わせていません。この先生は具体運動の指導はできてもコツの発生に立ち会える指導はできないことを示しています。指導者養成でコツの地平分析力を無視しては代替不可能な専門能力をもつ体育教師やコーチを育成することはむずかしくなるのです。

　この意味において、コツの身体中心化が地平分析によってその含意潜在態を顕在化できる階層に入れば、マイネルがヤーンにならって否定した鏡でのフェンシングも、先に述べたボイテンデイクの畳の上の水練さえも有効なトレーニング方法として蘇ることになります。あらゆる情況を想定したひとりぼっちのシュートもまた有効になり、わが国古来の武道における〈型〉の稽古はこの身体中心化作用の世界におけるレヴェルでこそ生化されることになるのです。シ

---

23) Husserl, E. : Hua. XV. S.642f.

24) Merleau-Ponty, M. : op. cit. p.120-127 / l. 181~185 頁.

ンボル的に表現されるまぼろしのバーに現れる中心化身体の地平分析はコツの図式化地平における基礎図式の成立を確認させてくれる拠点を生み出します。念のためつけ加えておきますが，私たちがコツの図式化地平というとき，そのコツは確定的にとらえられているのではありません。図式化という表現はボイテンデイクの意味において使われているからです[25]。つまりボイテンデイクはネクタイを締める手の動きにしても，キーボードを打つ手の動きかたも，それがどのように手を動かすのかを考えることはできないと指摘しているのです。棒高跳びの一連の動きかたにしてもそのいくつかのポイントを把握してはいても，全体の経過をキネグラムのように図形連続として表象することはできないとつけ加えます。つまりコツの図式化地平における志向体験は先反省的なのであって，その志向体験の全体の流れを動感メロディーとしてしかとらえていないのです。ですからそこでは動感身体に中心化されてもコツ基礎図式の成立だけしか意味されていません。

　このようにして，何度繰り返しても思うような動く感じに出会えるようになって，私のコツはやっと身体化され「私はそう動ける」といえるようになります。しかし，それもいわゆる〈できる〉といういちおうの確信がもてるようになるだけであって，そのコツは私のコツとしてすっかり身体化されたのではないのです。その私のコツを確信できるのには次の縁どり分析という階層を通過するのでなければなりません。

## ●───コツ地平構造の縁どり分析を問う

　まずもってコツに関わる縁どり地平の意味構造を明確にしておかなければなりません。私たちはすでに始原論的構造分析でも体系論的構造分析でも，ともに枠組み分析ないし縁どり分析という表現を取り上げています。始原論では，フーコーが歴史の厚みのなかに探り当てようとした差異化分析にならって枠組みと表しましたが，通時的，共時的な認識論的な外縁を画して縁どりすることに変わりはありません。ここで主題化されている動感地平論においても同じ意味で縁どりの志向体験を分析することになります。ここではコツの成立に関わる縁どり地平を分析対象にしてそこに隠れているコツの含意潜在態を明るみに出していくことになります。

---

25) Buytendijk, F. J. J.：op. cit. S.280f.

## ①コツ構造化の縁どり地平を探る

　コツを構造化する志向体験の地平構造を探るのには，まずもってそのコツの住んでいる動感形態の枠組みを確定しておく必要があります。その地平分析の対象になっている動感形態が体系論的な縁どり分析によってその類化形態がどのような構造をもっているのかを確認します。すでに考察してあるように，その動感形態は体系分析によって類化形態か構造化形態かを確定しておかなければなりません。さらに，その対象化された動感形態のコツ構造化地平を探るには，抽象度の高い類化形態からではなくて，普遍性のスペクトルを下って，最低段階の種的特殊化，つまり，種化の普遍性のレヴェルで地平分析がなされなければなりません。というのは私のコツが統一的にはじめて姿を現してくるのは，〈このこれ〉という具体者と一体化した種的普遍性の動感地平においてだからです。

　こうして種化された私のコツは当然ながら情況に応じて変化する動感形態のなかで，そのいずれの情況にも生き生きと作用するものでなければなりません。シュートする体勢や情況が変わってもそのコツはうまく機能するものでなければなりませんし，振りが小さくても大きすぎてもけ上がりが成功できるのでなければ，それはコツが成立しているとはいえないからです。一定の決まりきった情況のなかでしかそのコツが機能しないというのでは，つまり鋳型化されたコツは実存運動のなかで使いものにならないのです。しかしそれが鋳型化された条件で生まれたコツであっても，それを掴ませるのが先決であると考えたくなります。少し慣れてから，後ほどいろいろな情況変化に対応できるように修正すればよいという考え方は，一見，合理的な習練方法に思われます。しかしそれはむしろコツの本質を理解していない鋳型化された運動認識以外の何ものでもありません。コツという自我中心化的な身体知は本来的に鋳型のように決まりきった図形的変化ではないからです。

　ですから，コツが動感形態のなかでどのような構造をもっているのかをまずもって確かめなければなりません。一つの動感形態のなかに，身体化された意味核としてのコツがいくつあるのか，他のコツとの関係構造はどのようになっているのかを確かめなければなりません。単一形態でも一つのモナドコツだけとは限らないのです。こうして，コツが一つの動感形態のなかでどのように構造化されているかを明るみに出さなければなりません。そのためには，ある一

つのコツを消したときにその動感形態がどのように変容するかを分析することが求められます。すなわち，消去法によってコツの構造化地平を探ることができます。これによって私たちはその動感形態のコツの構造化地平を分析しそこに隠れているコツ構造化の潜在態をあばき出すことができることになります。鉄棒の前回りという子どもに親しまれている動感形態が，たとえば握り換えのコツを消去すると，その連続はうまく機能しなくなることは実践の現場ではよく知られていることです。

②モナドコツの縁どり地平を探る

しかしそれぞれのコツの関係構造が明るみに出ても，それでそれらのコツが種的普遍性をもっていつでもどんな条件でもうまく機能するとは限りません。そのためにはもう一度消去法によってコツの縁どり分析をしなければならないのです。コツの縁どり地平を考察する前にモナドコツと呼ばれるコツの本質を確認しておかなければなりません。動感身体に住む本原的なコツという概念においては，生理学的，物理学的な身体運動の背後に潜んでいる法則的なメカニズムと誤解される恐れのあるときはモナドコツという表現が用いられます。それはモナド的なるものの本質的特性を備えたコツという意味です。それはもはや分割できない単一なものなので，ライプニッツにならってモナドと表すしかないからです。モナドとしてのコツは，部分がないから数えられず，計測もできません。私の身体に固有なるものですから代理できませんし，発生も消滅もかならず同時に行われことになります。

このように，ライプニッツに始まるモナド論は私たちの発生論的運動学におけるコツ形態に不可欠な基礎づけを与えます。生きものの運動発生をゲシュタルトクライスと呼んだヴァイツゼッカーも，運動研究に主体の意味を導入したボイテンデイクも，身体運動の意味核をモナドと呼びます。私たちの動感形態の実現を保証してくれるコツは他人の目に見えるような物体の延長性をもっていません。しかも「コツの一部だけがわかる」というわけにもいきませんから，科学的に精密に分析されそのメカニズムが取り出されても，そのデータはコツを覚える世界，コツを生み出す動感世界に何一つ切り結ぶものはないのです。ロボットに動作をさせることと，人間がコツと出会ってわざを成し遂げることとはそこに本質的な違いがあることをこれまでも繰り返し強調しています。

このようなモナドとしてのコツの意味構造を縁どり分析でその意味核を確認

するには，故意にそのコツを消去し，動感メロディーを解体してしまう消去法をここでも取り上げることになります。その意味核を構成している動きかたを外すと，どんなにやろうとしてもその動感形態は破壊されて成立できないことを確認できます。いわば，それは失敗に成功するというパラドックス的表現としてコーチングの現場ではよく知られている方法です。わざと確実に失敗することを繰り返し確かめるというこの消去法はいわばヴァイツゼッカーのいう反論理の原理に基づいており，フッサールの本原的経験の解体消去による解釈にあたるともいえます26)。フッサールは「あらゆる経験（知覚，本原的経験統覚）をある仕方で体系的に解体することができる」といい，「私たちがある経験を発生から除外すると，知覚がその地平にしたがって，どのような状態にならざるをえないかをよく考えられ，つまり，ある一群の経験がまったく不可能になるかもしれないことを確かめることができる」と指摘しています。

　このようなことは，私たちの実践世界では当たり前のコツ確認法として経験的によく知られています。私のコツを確かめるときに「うまくいかない動きかたを順に確認していけば，最後に命綱としての身体知の意味核に出会うことができる」といわれるのはこのことなのです。ところが，少しでも早くコツを発見したいと願うあまり，わざわざ失敗を誘う動きかたを試みるのを嫌い，それは合理的でないとして排除してしまうことも少なくないのです。しかし，オリンピックや世界選手権などの大舞台で絶対に失敗が許されない情況に立つときには，この厳しい消去法で鍛え抜いた選手がその命綱として頼むのは絶対に確信できる本原的なモナドコツであることは知る人ぞ知るところです。それは単なるメンタルトレーニングによって好ましいよい状況をイメージする方法論の対極に位置する古来の厳しい芸道思想でもあります。

　こうして，私たちはモナドとしての絶対的なコツを確認することができるのですが，このことはコツがゆとりのない固定化された構造を意味しているのではありません。コツがうまく機能して動感形態が成立するにしても，そこにはコツの働きにゆとり幅が存在しているのです。そのコツのゆとり幅はそれを行う人の動感世界のなかで差異化され決して一様ではありませんが，コツの図式化地平のなかにその存在論をとらえるのが後段で取り上げる自在化地平分析においてです。コツの図式化地平はやがて修正，洗練化の地平分析を経て，しな

---

26) Husserl, E. : Zur Phänomenologie der Intesubjektivität II., Hua.XIV. S.115.

やかな安定化地平や冴えなどの動感質地平のなかにつながっていくことになります。

---

**ゼミナールテーマ：11**

①コツにおける生成と消滅が気まぐれに起こる具体的な例証を挙げ，それが反復訓練の動機づけになる意味づけを説明してください。
②習慣化した動きかたに隠されている含意潜在態の例証を挙げて反逆身体の意味発生を述べてください。
③動感メロディーをもつ投企と行動手順の投企との差異について具体的な例証を挙げて説明してください。
④コツの地平分析が身体教育の深層に関わっているという具体的な例証を挙げて学校教育に果たすべき本質的な役割について述べてください。
⑤なじみ地平からコントラスト地平に移る動機づけを具体的な例証で説明してください。
⑥さぐり地平から価値覚による取捨選択に移るときの類比作用について具体的例証を挙げて説明してください。
⑦コツの時間化志向体験を可能にする動感親和性について具体的な例証を挙げてまぐれ発生を説明してください。
⑧生きたまぐれを選別できる評価作用について具体的な例証を挙げてその不可欠さの理由を説明してください。
⑨まぐれ地平における動感的確さと動感精確さが確率論的判定と違う具体的な例証を挙げて説明してください。
⑩反逆身体の具体的な例証を挙げ，その含意潜在態の地平分析がどのように指導に生かされるのかを述べてください。
⑪「私の身体を動かす」と「私の身体が動ける」という表現がどのような違いがあるのか具体的な例証で説明してください。
⑫「絶対ゼロ点で私のコツを了解する」という意味を具体的な例証で説明してください。
⑬コツ構造化の縁どり分析における消去法を具体的な例証で説明してください。
⑭モナドコツの縁どり分析における消去法を具体的な例証で説明してください。
⑮消去法によるコツの地平分析が自在化地平への通路を拓いていく具体例を挙げてください。

# 講義 12
# カン地平の分析方法論を問う

## 1 カン地平構造の含意潜在態に問いかける

### ●——なぜカンの地平性を問うのか

　私たちはすでに『身体知の形成』（講義23）において，コツとカンの関係構造やその発生分析については考察してありますが，ここではカンの地平構造を分析するにあたってそれに焦点を絞りながらこれまでの考察を整理しておきます。コツやカンという表現は，私たちの日常生活のなかで慣れ親しんでいる表現であるだけに，厳密な構造分析のためにはその概念を分明にしておかなければなりません。これまでの講義のなかで私たちはコツというスローガン表現を自我中心化身体知とその概念を規定し，自我身体に中心化できる身体能力と理解しています。さらに，カンというスローガン表現は情況投射化身体知という概念で表され，原身体の絶対ゼロ点から投射化できる身体能力が意味されています。そのときの身体能力ないし身体知は，さらに別言すれば動感志向性を内在させている動感力が意味されていることになります。ここでは，しばしば同義語として日常的に使われるコツとカンとの関係の考察から始めることにします。

　『勘の研究』の著書でよく知られている黒田亮はこの二つの表現が一般に同義語として取り扱われやすいことを指摘しています[1]。しかしそこでは，カンという同一の表現を取り上げながらも，情況判断に関わる先読み能力としてのカンと，動きかたのコツに関わる習熟形成としてのカンとを区別します。いわば，私たちの動感論的運動学に引き寄せていえば，前者は，周界の情況に動感志向を投射していく身体能力，つまり情況投射化身体知としてのカンであり，後者は自我中心化身体知としてのコツということになります。ところが慎重にも黒田はカンとコツとをはっきりと区別することは不可能であるとも言及して

---

1) 黒田亮：『勘の研究』（初版1933 岩波書店），19~27頁，1980，講談社学術文庫．

います。ここにおいて私たちがカンの地平構造を主題化して分析するには，まずもってコツとカンのあいだにある絡み合いの意味構造を浮き彫りにすることから始めなければなりません。カンというのは「カンがいい」「カンが鈍い」「カンに頼る」「カンが働く」など日常語として使い慣れた表現であり，いろいろな意味で使われています。ここでは私の身体を取りまく情況に動く感じを投射していく志向体験が前面に出てくるカンという身体能力は自我身体に中心化されるコツと表裏一体をなしている統一的な志向体験です。ところが，これは何の抵抗もなくすんなりと了解されることではないようですから，しばらくコツとカンに関わる運動認識をめぐってその本質的な属性を浮き彫りにしておかなければなりません。

　コツ身体知は自我身体の意味核を感じとる動感力と言い換えることができますが，そのコツを漢字の〈骨〉という物質身体の一部を表すことにフッサールのいう身体物体の概念と関わりを読みとることができます。そのコツと不可分的に表裏関係をなしているカン身体知は，漢字では〈勘〉と表され，その音符の〈甘〉は，解字として〈はさむ〉の意味をもち，〈匹〉は〈並べる〉の意味をもちますから，合わせて比べ考えるの意味内容を示します。ですからこのカンという表現が動感運動の世界で使われると，いろいろと変化する動感情況に応じて，どちらの動きかたがよいかを考量し判断する意味をもつことになります。情況に適合してうまく動けたときに「よいカンが働いた」といい，その判断が悪いと「カンが働かずにどじを踏む」などの表現がよく使われます。ですから，コツとカンを対比的にまとめてとらえてみれば，コツが私の身体それ自体に居合わせていて，求心的な志向体験をもつ身体能力であるのに対し，カンは私の身体とそれを取りまく情況との関わりのなかで，動きかたを選び，決断して実行に移せる遠心的な志向体験をもつ身体能力であると理解することができます。しかも，そのコツとカンが表裏一体をなしている動感力は生き生きした実存運動のなかで，フッサールのいう二重性と統一性を本質とする志向形態を示すことになるのです[2]。

　このような実存的な動感運動に示される統一的な志向形態がなかなか理解しにくいのはコツとカンがそれぞれ即自的実体として独立的に実在している身体能力だと早合点してしまうからです。しかしその志向形態の地平には絡み合っ

---

2) Husserl, E. : Hua.III. S.192 / 93 頁（I‐2）．

た含意態が潜んでいて、私たちにその分明な姿をなかなか見せてくれません。どうしても厳密な地平分析を施さなければならない根拠はここにあります。そのような関心のもとに主題化されるのが地平分析における含意潜在態の解明なのであり、すなわち、匿名的に織り込まれたまま背景に隠れている動感意味核の存在様態を明るみに引き出すことなのです。念のためつけ加えておけば、この含意的という表現は、大切な意味が内部に織り込まれているという語源的理解に基づいています。ここで内に織り込まれる意味という表現は動感意味核を表します。私たちは多様な動感素材のなかにこのような統一的な志向形態にコツとカンという両義的な存在論をとらえることによって、はじめてカン身体能力の地平構造のなかに形態漠然性と動感投射化とを問題にし、その反転可能性へと論を進めることができるのです。こうして、私たちはカンの地平構造のなかに隠されている含意潜在態を探り出すために、カンの本質的属性をコツとの対比において、カンの漠然性、投射性、反転可能性へとさらに考察を進めていくことになります。

● ——カンは漠然性を本質とする

　カンという動感力はまずもって形態学的な漠然性をその本質的属性としていることをここでもう一度確認しておかなければなりません。もちろん、コツも形態漠然性をその本質としていて精密に測定できるはずもないことはすでに確認済みですが、カンはコツ以上にとらえどころがない漠然性を露わにしています。ですからフッサールのいう漠然とした類的本質をもつ形態概念をカンの地平分析に入る前にしっかりと確認しておく必要があります。物理学者中谷宇吉郎はその形態概念と数学的な理念概念との本質的な違いを述べ、次のような印象的な言葉で実在としての形態概念でさえも計量化できないことを警告します。それを再び引用すれば「葉の落ちた木を少し離れて見た場合、梅か桜か楓かということは、枝振りですぐにわかる。枝振りは一個所から出る小枝の数とその角度、それに次の小枝までの距離で決まる。ところが同じ梅といっても、木によっていろいろな枝の分岐状態は違う。また一本の梅の木についても、各枝によって差があり、また下から梢のほうへ行くにしたがって変化している。それで同じく梅の木といっても、枝振りは千差万別である。しかし、木全体として見ると、やはり梅は梅の枝振りをしていることをだれでも知っている通り

である。部分部分を見ると，ひどく変化があって，なんら法則らしいものは見つからない3)」といいます。まして，人間の身体運動の形態になると事情はさらに厳しくなります。そこでは動きそのものがそのつど消えてしまいますから精密に測定しようとしても不可能なのです。その運動形態を測定しようとして動きを止めれば計測することはできますが，それは動いていない形態を測るのですから，動きつつある身体運動を測ったことにはならないのは三歳の童子にも理解できることなのです。

　こうして，私たちは精密な測定によって客観的にとらえる数学的形態学と，ゲーテのいうような常に揺らぐかたちをそのままに厳密にとらえようとする現象学的形態学とのあいだには，本質的な運動認識の違いが存在していることをフッサールが厳しく注意を喚起しているのはよく知られています。繰り返して援用すれば，客観的に精密に記述する幾何学的な形態概念は理念概念なのであり，私たちが見ることのできないものを表しているというのです4)。これに対して，形態を厳密に記述する学問としての形態学的概念というものは，不精密性と漠然性とを本質としてもっているのですから，精密科学がどんなに発達しても，数学的にはどうしてもとらえられませんし，それで代わりが務まらないとフッサールは宣言します。ですから，私の身体を取りまく周界のいろいろな情況に動感力を投射して，その全体情況を遠心的にとらえようとするカンの形態統覚化は漠然としていてなかなかとらえどころがないし，その不精密さがむしろその本質をなしているのです。いわばコツの形態統覚化に起きる反復性のような志向体験はカンにはさらに起こりにくく，それは空間的に遠心的な拡散志向性をもつからです。

　この空間的な遠心拡散志向性は同時に時間的な漠然性を伴うのも自明のことです。つまり，そのぼんやりしたカンの空間的な拡散志向形態は，それがいつ発生するのかを見きわめることを妨げることになります。このことをヴァイツゼッカーが運動の形態発生を偶発性(コンティンゲンツ)5)という概念に託して言い当てているのです。ヴァイツゼッカーは「何故に他ならぬ今，他ならぬここでこの行為が生

---

3) 中谷宇吉郎：『科学の方法』，208~212頁，1958，岩波新書．

4) Husserl, E. :Ideen zu einer reinen Phänomenologie und phänomenologischen Philosophie, I. S.155, Husserliana, Bd.III, 1976 /『イデーン』I-2, 35頁以降．

5) Weizsäcker, V. v. : op. cit. S.302 / 279頁．

じたかについて私たちは知らないのだ」といって,「今はこうなのだ」はいつも秘密になることを断言してはばからないのです。フッサールによれば,身体運動をとらえるには私の動感身体でそこに一つのまとまりをもった志向形態として内的時間意識のメロディーとして感じとるのでなければなりません。生き生きした動感形態が私の身体に知覚されるときには,そのつど今として把握されるのであり,それによって動きそのものが今にアクチュアルな位相として構成されるのです。さらに,この今統握というものは,把持をいわばコメットの尾と仮定すれば,その核のようなものであり,身体運動はそのつどの〈今－今－今〉に関係づけられていると念を押します[6]。ですから,私たちが一つのまとまりをもった動感形態をとらえるのは私の動感身体そのものが感じとるしかないのです。

このようにしてカンの本質的な漠然性を理解せずに,空間的な拡散的作用と時間的な偶発的作用の確認を怠ると,私たちはカンの身体能力をとらえられず,カン発生の確率論的分析への道に迷い込んでしまうことになります。それどころか,独り善がりなコツを信じて漠然としたカンに頼るのは非科学的であり,信用できる客観性がまったく欠落していると批判し,コツやカンに頼ってトレーニングするのはナンセンスだと考えるようになっていきます。そんな非科学的な運動認識から少しでも早く脱却し,より科学的な運動法則や精密な定量分析に基づいて運動を正しく分析すべきであると考えてしまうのです。しかし精密な科学的運動分析と現象学に基柢づけられる厳密な形態学的運動分析には本質的な運動認識の違いが存在していて,そのような批判がいかに的外れであるかは決定的な重要さをもちます。いうまでもなく,カンやコツといった本原的な固有領域に属する生命的な身体能力を因果決定論に基づく精密科学によって分析しようとすることは筋違いなのです。私たちがコツやカンという生命的な動感地平構造の発生始原を分析しようとすれば,フッサールにならって,その自然科学的態度をいっさい遮断してその判断を停止し,その態度をそのままそっくり括弧に入れておくしかありません。つまり私たちはこのカンの地平分析をするには,コツのときと同様に現象学的還元を施してから分析に入ることを確認しておかなければならないのです。

---

[6] Husserl, E. : Hua.X. §11.

## ●――カンはヴェクトル構造をもたない

　すでに述べているように，カンは原身体の絶対ゼロ点から投射化できる身体能力が意味されていますから，動感志向性が投射化される情況という地平構造に注目せざるをえなくなります。その場合の情況とは，ボイテンデイクが注意しているように[7]，場のヴェクトル構造の合力ではないのですから，情況の意味構造は定量分析的に計測されるものではありません。生き生きした実存的な身体運動の意味は関係構造という視点の下におかれてはじめてその姿が露わになってきます。ボイテンデイクの巧みな表現を借りれば，「世界の構造化されている部分の意味内容との関わりのなかではじめて現れてくる」その関係こそ情況と名づけられるといいます[8]。獲物を狙う雄のライオンのしなやかな動きかたはその情況を背景においてはじめてその意味が発生するのです。タックルしようと追いすがるラグビー選手の姿を映像にとらえ，その背景をすべて消し去ってしまったら二個の物体の同一方向への移動でしかなくなります。つまりその情況のなかから忍び歩く動物の運動，追いすがる選手の運動を図形的な位置変化として情況から絶縁的に抜き出して定量的に分析しようとしたら，それはライオンが何をしつつあるのか，選手が何をしようと走っているのかを「推測することはできても，見ることはできない」とボイテンデイクは鋭く指摘します。

　ところが，ある情況のなかでカンという動感力によって一気に生み出される統一的な志向形態は改めて私たちに因果分析をしつこく誘うことになります。何はともあれカンが働いて一気に動感形態が発生したのですから，そこにはそれを生み出したカンという原因が存在するはずだと考えます。その原因さえ解明できれば，そのような同じ情況では同じようなカンが働き，その情況に的確に反応できると考えます。しかしヴァイツゼッカーは情況に機械的に反応する今の動きかたを以前の動きかたから因果的に導き出すことは不可能であると断言します。そこではカンの身体能力が新しい志向形態を偶然に突然生み出したのですから，そこに因果関係の入り込む余地はまったくないというのです。このようなヴァイツゼッカーの構造円環(ゲシュタルトクライス)いう新しい概念に基づいた運動発生論は

---

7) Buytendijk, F. J. J. : Das Menschliche der menschlichen Bewegung, In:Das Menschliche, S.179, 1958, Koehler Verlag.

8) Buytendijk, F. J. J. : Mensch und Tier, S.14, 1958 /『人間と動物』，濱中淑彦訳，30 頁，1970，みすず書房.

機械論的な因果連関の理解に慣れている私たちの耳には何か謎めいて響くことになります。しかし意外なことに，競技選手にとってそれはしごく当たり前のことでしかありません。その動感情況を感じとると同時に私のカンが働いてとっさに動けるのです。同じように，頼りにしていたカンが突然何の前触れもなく消えてしまった悔しさは競技に打ち込んだ選手ならだれでも経験していることです。そのようなカンの頼りなさ，カンのはかなさに出会うと，もがき苦しんで藁にもすがりたい気持ちになり，科学的な因果分析に望みを託したくなるものです。しかし，このカンという身体能力の危機(クリーゼ)を何度もかいくぐってきた人はむしろカンを基柢づけている動感能力の甘さに気づかされることがしばしばなのです。

「カンはヴェクトル構造をもたない」という表題はボイテンデイクによる情況の意味構造論に基づいていますが，形態とはどんな原因ももたないというマイネルのスローガン的表現にも，同一な運動認識が示されているのです9)。このようにして，カンを有意味な情況から切り離して考えることはできないことがわかってきます。しかし，カンを働かせる動感作用の働きを排除しようという考え方が私たちにしつこくまつわりついてきます。実存運動としての動感情況においても，私たちはその身体運動を客観的な時空系のなかに現れた事後的な事象の変化としてとらえ，その完了的な出来事を科学的に測定して客観的な法則原理に還元できると考える運動分析者が後を絶ちません。ロボットに入力する情況変化のデータはあらゆる可能性を予想して用意することができるためロボットがその情況を読んでそれに即応できるのは当然であり，その成功は確率問題に還元できるという考え方はロボティクスとしては首肯できるものです。

この確率論的な考え方はカンの働きが気まぐれで頼りにならないと焦っているときには，とりわけカンの科学的分析が私たちをしきりに誘惑してきます。どうしても勝たなければならない試合のときに，全責任を負わされる監督は非科学的なカン働きだけに頼るとその不安に脅えてしまうものです。こんなとき，とても高い確率で「こうなるはずだ」と精密なデータが呈示されれば，それに即座に対応できるように選手の運動をロボットのように訓練すればよいと考えるのに何のためらいもなくなります。「何もないよりましだ」と藁にもすがりたくなる監督の心情はよく理解できます。しかも，人間の生命ある身体運

---

9) マイネル：『動きの感性学』，76頁，1998，大修館書店.

動に働くカンは「情況のヴェクトル構造の合力を本質的に拒否するのだ」というボイテンデイクの主張をのんきな学者の戯言だと考えたくなります。ヴェクトル構造の合力を是認できるのはロボットの場合であって，無限の自由度をもつ動感運動の世界には通用するはずもないと駄目押しされても，勝てば官軍の考えが切迫さに苛まれる監督の心を揺さぶります。苦悩する監督が「選手をロボット化しても勝利したい」と考えたくなるのは珍しくないことです。

● ──カンは反転化地平に住む

　しかしなんといっても決定的な重要さを示すのは，そこに有意味な情況判断を可能にするカンの身体能力が自我身体に中心化されているのでなければ，つまりコツに反転化しないカンは単なる一片の情報でしかないということです。そのように動けなかったらその情況判断は何の意味もなく，それは単なる予測的な期待に過ぎないことになってしまうからです。こうして，私たちが刻々に変化する動感情況のなかに適切に動くことができるには，私のコツという身体能力に支えられているカンでなければなりません。私たちはカンがコツと相互隠蔽原理に支配されていることに目を向け，その反転化能力に論を進めなければなりません。

　このようにして，周界情況に投射するカンの実現はコツに支えられ，自我身体に中心化していくコツがカンを支えているのでなければ，そのカンは空虚な単なる予測でしかないことになります。ここにカンとコツの統一的な志向形態の二重性を確認しておかなければなりません。しかし，一つの動感形態にカンとコツの両義性を知的に理解できるだけでは，実存の身体運動として機能するはずもありません。カンが顕在的に機能するときには，コツはその地平に沈み，コツが前面に躍り出るときにはカンはその背景に沈みます。しかし地平に沈んだコツないしカンはいつでもどこでも裏打ちの志向体験が生き生きと息づいているのでなければなりません。そのように自由に反転化できる身体能力が常に生き生きと待機しているのでなければ，とっさのときに反転して同時に機能できるはずもありません。しかもそのカンとコツの交代は先反省性の原理に支配され，反論理的に同時に行われ，先も後もなくゲシュタルトクライスを示すのです。カンとコツという身体能力は本来的に反転化能力を胚胎していなければ，それは絵に描いた餅でしかないのです。ですから，この反転化能力は習

練の対象に体系化されるのでなければなりません。こうして私たちは反転化地平を構造分析の対象に取り上げることになるのです。

　私たちはすでに〈講義2〉でメルロ゠ポンティの後期の身体論に見られる反転可能性という代表的な概念を述べ、それがフッサールの『イデーンⅡ』で語られる二重感覚に端を発していることは指摘しています。その二重感覚としての触覚における反転可能性をフッサールは「触れられて触れつつあること」というよく知られた表現を用います。しかしここで注意しなければならないのは、右手も左手も同時に他の手に対して、〈触れるもの〉であり〈触れられるもの〉であるということは決してないということです。〈触れる手〉と〈触れられる手〉という機能のなかでこの両方の手が交代し合うことができるという両義的な構造、いわば触覚の反転可能性を理解することが不可欠になります。さらに駄目押しをすれば、〈触れる手〉として機能しているときには、その手が同時に〈触れられる手〉になることは決してなく、そこには反転化する可能性が内在しているのです。一方でカンが働くときには、他方のコツは背景に沈んでその姿を現すことは決してないのです。

　カンはコツとのあいだに差異化現象が成立し、現実の動感意識の現れと隠れの相互隠蔽という反転化能力が現実の身体運動に関わりをもつことになります。いかに適正な先読み作用を機能させても、その先読みのカンが自我身体の動きかたを保証するコツに支えられていなければ、ヴァイツゼッカーのいう野次馬の情況判断でしかないことになります。いわば「情況の意味をわかっていても、そう動けない」ということになるのです。反対に、私の身体それ自身にいつも居合わせているコツの身体能力がどんなに自在化の位相に達していても、多様な情況変化のなかでそのシンボル化ができないまま情況に適応しない動きかたをするならば、つまりカンに支えられていないコツは場違いの空回りと嗤われても仕方のない動きかたになってしまうのです。

　カンとコツの反転化地平を説明するときにたびたび引き合いに出される例証は人混みのなかを急いで通り抜けようとするときの〈歩きかた〉についてです。先を急ぐ歩きかたと人の視線を感じとりながらの歩きかたとでは、同じ私の歩行形態でもその動感意識に明らかな差異化現象が起こります。いわば、情況の変化に投射していくカンが作動している歩きかたのときには、自我に中心化するコツは背景に沈んで、自分がどんな変な格好で歩いているかに気がつきませ

ん。だれかに見られていることが気になると，どう歩くかのコツの働きが前面に出てきて，その緊張が高まり過ぎると，右足と右手を同時に前に出たりして動感不調和に陥ることも珍しくないのです。そこでは反転可能な動感力がはっきり現れ，その反転化能力の存在を動感身体でとらえることの重要さが示されます。

●――カン地平分析の体系を展望する

　ここにおいて私たちは実存の動感情況におけるカン身体知が機能している志向体験を少なくとも次の三つの地平構造のなかで考察を進めることができます。
　①伸長統覚化能力
　②先読み統覚化能力
　③シンボル統覚化能力
　第一地平構造における伸長統覚化能力というのは現実の動感情況という関係系のなかで，私の動感作用が皮膚表面を超え出て，さらにその対象まで伸長していく身体能力です。たとえば，日常的に使う箸に私の動感力が伸長してゆくことは経験的に知っています。そのとき伸長するカン能力はそれを自我中心化的に統覚化する私のコツに決定的に依存しているのです。目の届かない何かを箸で探るときの伸長カンの働きにその箸を使う人のコツ身体知が反映されるのは当然のことです。その人の使う箸は自らの身体の一部に変身しているのです。ですからその人のもつコツ身体知のレヴェルが高ければ，それを投射化するカンの動感作用もそれに見合った働きをすることになります。
　第二地平構造の先読み統覚化能力は，伸長能力が動感空間性を顕在化していくのに対して，その志向対象を時間化した隔たりとして顕在化していきます。もちろん時間化された先読みカンの身体能力は動感力が投射化される動感空間性に裏打ちされているのはいうまでもありません。その先読みカンの動感時間化の働きは同時にそこに動感空間化の働きが潜在態として居合わせているのです。このような先読みカンの身体能力は日常生活ではいつも背景に沈んでいてあまり意識されることもありませんが，競技スポーツの世界ではまさに中心的な関心事になります。対人競技で相手にフェイントを仕掛けるときにはこの先読みのカン身体知が主題化されてきます。さらに高度な次元として，剣道における先の先といわれる動きかたの教えはこの先読み能力の典型的な現出場面といえます。剣道の先読み能力はとりわけ竹刀に自らの動感感覚が乗り移ってい

る伸長能力との絡み合い構造をもっているのはいうまでもありません。敵の一瞬の隙を先読みして攻撃に転じるときには，付帯伸長作用と先読み作用のシンボル的融合態が示されています。そこではカン身体知の厳密な地平分析が決定的な重要さをもってくることになります。

　第三地平構造のシンボル統覚化能力は，私の身体を取りまく動感情況の流れを敏感に読み解き，そこにシンボル化原理を見出して，同時に適切に動くことができる身体能力です。刻々変化していく情況に動感力を投射して，今ここの場の情況を把握する動感力は動物に見られる場のヴェクトル構造の合力ではありません。それは，とりわけ対人的な競技では決定的意味をもち，現場のコーチも選手たちもこの情況の把握能力は不可欠な能力であることに異を唱える人はいないでしょう。このことは伸長能力と先読み能力が相互に絡み合って，相補的関係をもちます。これらの二つの身体能力は，いわばこのシンボル化能力のための素材的与件(ヒュレー)ということになります。ですからこれらの伸長・先読みというカンのヒュレー的与件は最終的にこのシンボル化能力によって動感志向的な形態(モルフェー)に統一されることになります。こうして，カンという身体能力の営みは，伸長する身体知と未来の先読みができる身体知が相補的に支え合って，シンボル的な情況意味をとらえる動感力に統一されていきます。ここで主題化されている情況のシンボル化能力という身体知は複雑に絡み合った力動的な地平構造をもっていて定量分析を拒絶するのはいうまでもありません。ここで急がれなければならないのは，この絡み合った情況シンボル化能力という複合形態の地平分析，つまりこの絡み合った動感形態に隠れている含意潜在態を取り出す地平分析なのです。

　このような伸長カン能力，先読みカン能力，シンボル化カン能力という三つの地平構造のなかに隠されている動感意味核，つまり含意潜在態を顕在化していくことは教師ないしコーチにとって動感身体知の発生を促す指導には不可欠な前提になります。動感地平に潜む含意潜在態がどんな構造をもっているのかを知らずに実存の身体運動を観察することも，促発指導の道しるべを構成することもできません。私たちは指導に先立ってその手引きを与えてくれるカンやコツという動感力の地平構造を確認しておかなければなりません。そのためには，ここで主題化されている遠心的な情況投射化のカン発生に伴う地平構造を厳密に分析しておかなければなりません。動感情況に投射していくカン身体知

はその能動的な動感作用が前景に立つことが多いために，そのカンに寄り添ってそこに居合わせているコツの含意潜在態の存在を忘れてしまうことが少なくないのです。それどころかコツやカンの基柢をなす始原身体の動感受動世界の支えを失念しやすいのです。ですからここで主題化されるカンの地平分析では，カンの発生を支えるコツや原身体の含意潜在態をカンの地平構造に含めて総合的に分析しなければなりません。始原身体知における原生成地平構造や自我中心化身体知におけるコツ地平構造のもつ諸契機はカンの地平分析に相補的に取り上げられなければならないのはこの意味においてです。このようにしてなじみ地平，さぐり地平，まぐれ地平の他に，コツの触発化地平，価値覚比較地平，共鳴化地平，図式化地平などがカンの地平分析に統合されることになります。下図にそのカン地平分析の体系全体を一望に収めておきますが，その詳細な地平分析の重層的な流れは順次に後段で詳しく立ち入ることになります。

## 情況投射化（カンつくり）地平分析の体系

**付帯伸長の地平構造**（物に伸びるカン）

**徒手伸長の地平構造**（自ら伸びるカン）

**予描先読みの地平構造**（あらかじめ読みとるカン）

**偶発先読みの地平構造**（とっさに読むカン）

**シンボル化の地平構造**（シンボル化判断のカン）

**情況感の地平構造**（シンボルを感じとるカン）

① **カン統覚化（カンまとめ）の地平分析**
　① 触発化（カン誘い）地平分析
　　▶ なじみの地平分析
　　▶ コントラストの地平分析
　② 価値覚比較（カン比較）の地平分析
　　▶ さぐりの地平分析
　　▶ 取捨選択の地平分析
　③ 共鳴化（カンメロディー化）の地平分析
　　▶ メロディー化の地平分析
　　▶ まぐれの地平分析

② **カン図式化（かたちまとめ）の地平分析**
　① 身体化（カンつかみ）の地平分析
　　① 反逆身体の地平分析
　　② 道具身体の地平分析
　　③ 中心化身体の地平分析
　② 縁どり（カン確かめ）地平分析
　　① カン構造化の地平分析
　　② モナドカンの地平分析

③ **動感作用反転化（回転ドア）の地平分析**

## 2 伸長作用の地平構造を探る

● ――伸長作用の地平構造とは何か

　伸長統覚化能力が付帯伸長と徒手伸長の動感力に分けられるのはすでに触れていますので，ここでは付帯伸長動感力が触発化される地平構造に焦点を絞りながらこれまでの要点を整理しながら講義に入ります。この伸長動感力というきわめて特徴的な身体知は日常的に現れているためか，その地平構造はあまり気づかれないままになっています。食事のときに何気なく使っている箸の動きは私が指でつまむ動きと同じであるばかりでなく，血の通っていない箸の先には鋭い触覚さえ居合わせています。単なる物質である箸の先に私の皮膚表面の触覚が働くはずはないのです。その身体知は私の皮膚表面を超え出てその対象物に移り住み，私の触覚が同時にそこで機能し「私はそう動ける」と直感できる動感力なのです。目が届かなくても棒の先で対象物の滑らかさや硬さを感じとり，あるいは狭いところを通り抜けるとき私の帽子や衣服を生身と同じに感じる志向体験はそう珍しいことではありません。それどころか，手慣れた道具に動感力が伸長し，その道具の外縁層には，種々のパトス的な知覚判断も価値覚的な評価作用の営みさえも参入してくるのです。

　このような対象物に伸びていく動感力はスローガン的に物に伸びるカンと表すことができます。ところが付帯する物やボールさえも超え出て隔たった対象に投射できる動感力の存在も確認できるのです。つまり今ここの私の身体それ自身が空中を通って遠くの対象にまで伸びていく徒手伸長動感力を確認することができます。この身に何ももたない徒手伸長の情況投射化能力は実在の皮膚からある隔たりをもちながら密度濃く漂う外縁層に始まって，果てはわが身を囲む外界情況の遠く離れた対象物や空間位置にまで及ぶ広範な現象野を構成することになります。たとえば，走っていって溝を跳び越すとき，その踏切り地点をあらかじめどこに決めるかという動感作用はこの徒手伸長の動感力によって成立します。さらに高齢者に顕著に見られる対象物との接触トラブルもその典型的な例証になります。老化のために自らの動感力が衰えているのに気づかずに，わずかな段差につまずいたり，いつも何気なく通り抜けているドアに肩をぶつけたりすることは珍しいことではありません。そこには，このような伸長志向体験の豊かな地平が広がっているのに気づかないだけなのです。

## ●──伸長触発化の地平分析を問う

　この二つの伸長動感力を統覚化する作用は投射機能をもって伸長し，遠くまで拡延していくのですから，能動志向性をもつ身体知が顕在化していることになります。しかしその発生始原は受動動感力の地平分析に入らなければなりません。このように動感情況の対象に向かって伸びていく遠心的なカンはどのような地平構造をもっているのでしょうか。そこでは，まずこの伸長カンがぼんやりした空虚ななじみ地平に安住したままその背景に沈んでいる受動地平構造に注目するところから分析を始めることになります。

　伸長動感力を統覚化する志向体験はその最下層に触発化の地平構造があります。触発化という表現はすでに説明してあるように，自らの感じや意欲が誘い出される働きと一般的に理解してよいのですが，伸長動感力の触発現象に潜む含意潜在態を地平構造の背景から引っぱりだそうとするのはなかなかやっかいなことになります。フッサールによれば触発化は「対象に向けられた志向の目覚め」であり，それは「対象をより詳しく考察して知ろうと努力する」ことが意味されます。日常の運動生活において何気なく動いているときには，このような触発現象がいたるところに蔵されていますが，それはカン地平の背景に沈んでしまって何かのきっかけのない限りそれに気づきません。私たちはなじみ地平のなかに居心地よく過ごしているだけなのです。

　ところが，鬼ごっこで「捕まらないように逃げたい」とか「ボールをシュートしたい」とかいう事態になると，私たちは改めて動感情況の意味を読んでどう動くかが気になり出します。いわば伸長カンの志向体験を招き入れる動機づけに目覚めると，伸長触発化の地平構造が姿を現し，その動感作用がかすかな胎動を始めるのです。その雰囲気が何となく居心地よく感じているところにも伸長カンのなじみ地平は存在しています。つまり何らかの動機から〈そう動きたい〉という動感力が触発されると，なじみの地平構造に気づかされるのです。そのなじみ地平構造のなかでは，伸長動感力の含意態も背景に沈んだままなので，多様に姿を変える伸長作用のなかでそれらのあいだに動感比較が成立するはずもありません。

　しかしその伸長志向体験のなかで何らかの動感差への動機づけが触発化されると，かならず一回ごとの動感意識の違いが気になり始めます。そこにはカン触発化の志向体験のなかにぼんやりしたコントラストが浮かび上がってくるか

らです。つまり触発化作用のなかにコントラスト程度差というものが生まれてきます。フッサールが「触発の程度差はコントラストの程度差に関連している」というのはこのことを言い当てているのです。こうして，今ここの伸長志向体験と次の伸長志向体験とがそのコントラストを浮き彫りにする差異化能力がしだいに息づいてくることになります。伸長触発化作用においては，はじめてコントラスト地平分析が主題的な関心を呼ぶことになるのです。伸長触発化におけるコントラストというのは，一回ごとの伸長作用の違いにはっきり気づき出すことが意味されています。このように伸長動感力が触発されるなかでそのつど の伸長作用を区別する可能性が生まれてきます。そのときの伸長作用はまったく〈同じではない〉けれども〈似たようなもの〉として，はじめて伸長動感力の触発化現象が反復可能性を生み出すことになるのです。

　このような動感差次元における伸長作用の反復では，そのつど異なる志向体験に出会えるのですから，次はどんな感じに出会えるのかという期待が生まれ始めます。このような次の新しい志向体験への期待感が反復の意欲を新たに触発し，飽くなき反復にのめり込んでいくことになるのです。ところが原身体のゼロ点に中心化されるコツに比べて，伸長カンは情況に向けられる方向が不定に拡散されるため，この反復を誘う動感差コントラストがとらえにくい憾みがあります。コツもカンも両義的に統一された志向形態の表裏をなしているのですが，コツとカンの相互隠蔽原理はなかなか理解されにくいようです。ですから判を押したような同一動作を機械的に反復するトレーニングに流れてしまいます。その反復トレーニングはまさに砂を噛むような苦役以外の何ものでもありません。エクササイズという表現が語源的に苦行を意味したのですから，それは動感力の反復習練とまったく別な次元の習練概念であることは前にも触れています。似ている動きかたは同じ動きかたではないからこそ反復に比較考量が触発されるのです。〈私はそう動けない〉から〈そう動きたい〉という伸長動感力への努力志向性が生まれるところにこそ，伸長触発化におけるコントラスト地平が拓けてくることを確認しておかなければなりません。

●――伸長価値覚比較の地平分析を問う

　すでに見てきているように，まだ空虚なままぼんやりした伸長カンは受動的な動感地平にあっても，何らかの動機づけによって自らの動感差が触発化され

講義 12 カン地平の分析方法論を問う 321

てなじみ地平からコントラスト地平に移り始めます。自我の関与しない受動地平性に形態統覚化への胎動が浮かび上がってくると，能動的受動性という両義的な志向体験が一つの意味形成に向けて総合作用に入ることになります。学習者自らの伸長作用へのまなざしが統一志向形態に向けられ始めると，そこにさぐり地平という階層が姿を現してきます。伸長作用に方向づけられてあることという伸長志向性がたといおぼろげながらでも，それまで差異化されたアナロゴンを駆使してまとまった志向形態への探り入れをしていくことになります。いわばまだ頼りない動感触手を伸ばしながら，雑多な動感素材を統一的な志向形態へと統覚化するため，伸長カン探索の道をおずおずと歩み始めることになります。しかし，伸長動力の触発化作用が現れ始めたとはいえ，まだきわめて頼りない志向体験でしかありません。統一形態化に向けての探り入れを漫然と反復しても，その探索の方向づけが不定なのですから，そのつどの伸長作用の良否判断もつきません。

　ここにおいて私たちはどの伸長志向体験がよいのか，どの伸長作用が本物でないかを見きわめる身体知の存在に気づかざるをえません。私たちはこの身体能力をフッサールの表現にならって価値覚能力と呼びます。ある動感情況のなかで何気なく動いたり道具を使ったりするときに，その動きかたのなかに動きやすさや何となくしっくりしない気持ち悪さを感じるものです。このような動きつつ感じつつあるときの心情領野のなかに伸長作用における取捨選択の動機づけが潜んでいます。その心情領野にわが身を置いてはじめて私たちはよりうまく動きたいと願うことが可能になり，類比化する志向体験を重ねるうちに偶然に伸長意味核に出会うことになります。このような快い動きやすさや気持ち悪い動きかたには，そこで成し遂げられた事後の成果に関係ないのです。今ここにおける何らかの評価作用が機能していることに注目しなくてはなりません。このような評価しつつある志向体験を頼りに私たちは動きかたを工夫することができるのです。

　私たちはこうしてやっと伸長カンの動感素材を取捨選択する地平構造に気づき始め，そのなかから含意態を取り出す分析に入ることができます。しかし価値覚能力によって不快な伸長素材を捨て，快感情を伴う伸長素材を選択し収集するという分析作業はそう単純ではありません。動感価値覚による取捨選択地平分析はそこにいくつかの難問を抱え込んでいるからです。よい伸長素材とよ

くない伸長素材を取捨選択するとき，私たちはその事後の結果に基づいて良否基準を設けることに慣れているのです。たとえば，シュートの確率が高ければその選手の伸長能力が高いと評価し，それはよいシュート力をもつ選手だと評価します。このような因果的な思考からただちに確率論にその判断基準を求めていることは明らかです。

　しかし数学的形式化に基づく評価基準がその伸長カンに内在する動感力の意味構造を排除していることに気づきません。伸長動感力の意味発生が何も分析されていないのに，そのシュートの成功数だけで伸長能力の良否判断をしてしまいます。しかしシュートの成功をとらえるとき，すぐれたコーチの目はまぐれのシュートなのか生きたシュートなのか見抜いているものです。機械的なシュート成功率がただちに選手のシュート力と判断するほどのんきなコーチは少ないでしょう。その判断基準は主観的な評価が入るのを排除するために客観的な確率論に走ってしまいます。伸長動感力そのものが変化する複雑な情況に投射化できる身体能力が分析対象にされるのでなければ，それは伸長カンの優劣の判断基準になりえないことは明らかなのです。ですから，すぐれたコーチは「まぐれシュートを成功数に入れない」という独断を主張して前時代的なコーチだと批判されます。シュートが入ったのは事実なので，それを認めないコーチは勝手な価値判断を誘い込んでいるとして，そのコーチは横暴の烙印を押されてしまいます。

　しかし，その横暴なコーチがその選手の高い確率を示す伸長作用そのものの動感地平分析をしていることに本人さえ気づかないことも珍しくないのです。それは現場に生きるコーチとしては当たり前の評価作用だからです。その選手の価値覚能力の出来映えは本人の動感差として確認されているのでなければ，そのよいカンを再びねらって発生させることはできないことをその老練なコーチは知っているのです。その取捨選択地平に潜んでいるまぐれシュートという含意潜在態を地平分析することがこれまでは正統な分析と認められていないのです。ですから，そのすぐれた分析力をもった名コーチは非科学的な横暴コーチにされてしまうのです。つまり選手自身の動感差がフッサールのいうコントラスト程度差に支えられて，どれほど細かく分化しているのかを知悉しているコーチは正統な地平分析力をもっているのです。そのコントラスト化された動感差を基準にしてそのシュート成功の分布が確かめられるのでなければ，その

伸長能力の含意態はいぜんとして取捨選択地平の背景に沈んだままであることに注意しなければなりません。この取捨選択地平の含意潜在態は評価しつつある伸長作用なのであり，そこに隠されている伸長意味核の地平構造こそ明るみに出されなければならないのです。機械的な確率論で単純に価値判断できない動感地平の存在を確認しておかなければなりません。

　ここにおいて，すでに述べた始原分析で顕在化してきた構築化認識との絡み合い構造を見過ごすことができなくなります。それは価値覚の動感地平に含意的に潜在化している伸長能力の意味核に絡み合っているからです。長いあいだその社会で常識化している因果法則による構築化という運動認識はこの伸長作用の働きのなかにも潜在化しています。それだけに伸長作用に潜む構築化認識を改めて慎重に分析しなければならないことになります。そのシュートの的確さをサイコロの確率問題と同じ次元であると思う指導者は選手の情況投射化の動感世界に共生できない人であり，ヴァイツゼッカーのいう野次馬でしかないのです。ボールが手から放れても，そのボールには私の確信に満ちた伸長能力が息づいていると信じている選手だからこそ，苛酷な反復トレーニングに堪えられることを指導者は理解しておかなければならないことになります。

● ── 伸長共鳴化の地平分析を問う

　カンづくりの第三の階層では，コツの共鳴化地平分析と同様に動感メロディーが生き生きと流れる時間化の志向体験が主題化されるのは当然のことになります。私たちはコツ統覚化の地平分析で動感志向性の共鳴化現象を確認してありますのでその基本的な考え方を繰り返す必要がありません。すでに伸長形態統覚化の第二階層として伸長価値覚の素材比較に関する地平分析の正統さが浮き彫りにされています。そこでは心情領野における評価作用によって伸長カンの形成に生かされる動感素材が収集され，その動感差をコントラスト化することによって取捨選択されます。しかしそれだけでいつのまにか偶然に統一された伸長カンが成立するというわけにはいきません。1メートル幅の溝を跳び越すときにその踏切り地点を伸長動感力でとらえるためにはそのメロディー地平構造を探らなければなりません。雑多な伸長素材が生き生きした志向形態に統一されるためには，そこに新しい動感メロディーが流れ出して統一化作用が顕在化してくるのでなければなりません。動感メロディーとは，すでに触れてい

るように，私が動きつつあるなかでどんなリズム感でどのような意味を生み出すのかが志向されるとき，私の身体のなかに奏でられる統一された時間化志向形態です。

　この場合の"時間化される"という意味は，すでに過ぎ去った動感作用とこれから起こる未来の動感作用とをともに今ここの"私の身体に引き寄せる"という働きを表します。とりわけそこでは未来の動感投射化が伸長カンのメロディー地平に潜む含意潜在態として先反省的に浮き彫りになります。それは確率論的な予測能力ではありません。助走しつつあるときには踏切り地点に動感投射を伸長し，踏切りのときには空中に飛び出す志向形態に伸長作用を投射化していきます。もし踏切りのときその直感が気になると，つまり今ここの現前意識が躍り出てしまうと，その途端に跳び上がる動作は崩壊してしまうのは自明なことです。ですから伸長カンの共鳴化地平分析においては，まずもってメロディー地平分析が主題化されることになるのです。こうして，フッサールがその「触発は伝播の方向に関して未来に向かっての統一的な傾向をもち，その志向性は未来に方向づけられている[10]」というとき，私たちは伸長カンのメロディー地平のなかにその含意潜在態を読みとることができます。

　しかしそれは過ぎ去った伸長素材がしだいに不明瞭になっていき触発も弱まっていることが意味されているのではありません。そこには動感親和性をもった伸長素材が呼び覚まされる触発的な過去地平をもっているからです。未来の伸長志向性も経験直下の直感素材に動感親和性をもたなければそれは単なる空虚な予測でしかありません。私の身体運動に息づいている新しい動感メロディーを生化させるのには，その雑多な伸長素材のなかに共鳴化という志向体験が主題化されるのでなければなりません。コツの統覚化作用でも述べているように，フッサールは「感覚的類似性と感覚的コントラストが共鳴なのであり，それは構成されるものすべてを基礎づけている」と述べて，"類似による共鳴化は連合作用によってこそ成立する"ことを指摘しています。ですから伸長素材のなかで動感親和性に基づいて共鳴化した動感メロディーというものは，その統一として「単数となりうる複数」として現出するのはさらに説明するまでもないでしょう。

　このようにして私たちはやっと伸長動感力のまぐれ地平分析に入ることが

---

10) Husserl, E. : Analysen zur passiven Synthesis, Hua.XI. 1966, S.156 / 225 頁.

できます。まぐれという動感現象は単なる機械的な反復によって，その確率さえ上がればまぐれが消えるという考え方をまず遮断しておかなければなりません。そこでは，まぐれを判断する対象が何であるかが確認されなければならないからです。どのような伸長動感力が使えれば〈よし〉と自ら承認できるのかというその判断対象を確認しようとすると，改めてその達成目標像は何を意味するかを問わねばなりません。そこでは，目標が達成しえた結果におかれる場合と，達成における今ここの志向形態そのものにおかれる場合とがはっきり区別されなければなりません。結果の目標像が金メダルなどの成績順位，目標とする記録，ゴールの数や勝率などにおかれれば，それは数学的形式化によって客観的に設定されますから確率論的予測が成立します。ところが動感性の志向形態そのものが達成目標像に挙げられていると，たとい優勝してもその投企した動感像に合致しないと目標は達成したことにはなりません。万雷の拍手につつまれる優勝者が浮かない顔をしている不思議さはこの動感形態の目標像の複雑さを示しています。

　こうして，そのまぐれに成功した伸長カンの志向形態のなかに，私たちはまぐれ評価力という含意潜在態に注目することになります。まぐれ地平分析のなかに潜んでいる含意潜在態がまぐれ良否判断の伸長能力として顕在化されなければなりません。そのようなまぐれ地平分析の伸長作用を何一つ知らない指導者はどうしても外部視点からまぐれの数学的な形式化に頼り，確率の向上にひたすら反復訓練を処方することになるのです。しかし，そのシュートが生きたまぐれなのか，死んだまぐれなのかをひと目でみごとに見分ける指導者は実践現場には現にいるものです。たまたま着地にまぐれで成功した体操選手を見て，その伸長能力のまぐれに気づかない体操コーチもまた現に少なくありません。こうなると，どうしてもまぐれ地平分析力の習練が指導者養成プログラムにより体系的に取り上げられなければなりません。このような伸長能力のまぐれ地平構造には，多くの含意潜在態が潜んでいますから，まずもって生きたまぐれの地平構造を明るみに出す分析が体系的に求められることになります。このまぐれの地平構造は抜き差しならない固癖の定着化と解消化というアポリアを隠しているのですから，指導者は生きたまぐれの地平分析をその競技領域ごとに体系化しておかなければならないのです。

## ●――伸長図式化の身体化地平分析を問う

　伸長形態がまぐれ地平を通り抜けて、いちおうその全容を見せ始めるのがここで主題化される図式化地平になります。動感情況に投射する伸長作用が統一的な志向形態として成立するのは、その動感作用がコツ能力との反転可能性への気づきが生まれるところから始まります。別言すれば、伸長カンが実存的な身体運動として曲がりなりにも図式化できるのには伸長カンを私のコツで確認する志向体験が不可欠になるのです。共鳴化作用によって動感性のメロディー地平が現れ、それがまぐれ地平を拓くことになりますが、それまでは動感空間性と動感時間性がたえず反転を繰り返して不安定な志向形態がその特徴になります。しかし統一された形態発生が主題化されるこの図式化地平では、まずもって身体化地平というコツの志向体験が前面に躍り出てきます。いうまでもなく、このようにカンとコツの反転化作用がそのつどの動感形態のなかに出現することは繰り返し言及されています。いわば伸長カンの形態発生はその伸長作用が私のコツで裏づけられなければなりません。つまり、そこに身体化作用をもつ地平分析が必然的に求められるのです。伸長カンに支えられた一つの動きかたが身につくというのは、メルロ＝ポンティのいうように[11]、私の身体がその動きかたを了解すること、つまり身体がその動きかたを自分の動感世界へと身体化することだからです。動感情況の空間性が志向体験の動機づけになっているからといって、その伸長カンの空間的な動きかただけを機械的に反復しても、その伸長形態を血肉化し、図式化することはできないことになります。こうして私たちは、伸長カンの図式化地平では自我中心化のコツ地平分析にならってその含意潜在態を探ることになります。そのことはすでにコツ統覚化地平分析で詳しく講義していますので、ここではその要点だけをまとめていくことにします。私たちは伸長カンの図式化地平分析を身体化地平分析と縁どり地平分析とに分けて、二つの地平に隠れた伸長カンの含意潜在態を探ることになります。ここでは伸長形態の図式統覚化を目指して身体化される志向体験を次の三つの地平構造のなかに探っていくことにします。

　①反逆身体の身体化地平
　②道具身体の身体化地平
　③中心化身体の身体化地平

---

[11] Merleau-Ponty, M.: Phénoménologie de la perception, 1945, p.161/『知覚の現象学』1. 233頁.

## ①反逆身体の伸長地平を探る

　動感メロディーの志向体験のなかで，そのまぐれ発生の地平分析によって顕在化されてきたのが生きたまぐれの存在です。それを身につけようと伸長動感力の反復訓練に入るところでは，思うように動いてくれない自我身体に直面することになります。つまり反逆身体の身体化地平に目覚め，伸長作用にコツ統覚化が志向されるのです。こうして伸長作用の求心的なコツ志向体験が前景に立てられ，遠心的な伸長カン習練の一歩が踏み出されます。スローガン表現としての反逆身体とは，私の身体なのに私自身に反逆する動きかたを露わにする身体意識です。情況投射化していく伸長能力の含意潜在態は反逆身体の姿を借りてその動きかたのコツ統覚化が前面に出てきます。伸長作用に動感メロディーを空虚に奏でても，コツという動感力が生化しなければ情況に即して思うように動けるはずもないからです。そこでは，自己運動によって生み出される多様な動感抵抗という志向体験そのものをまだ知りません。ですから「畳の上の水練やボート漕ぎ」では，ほんとうに実存の動きかたを発生させることはできないことをボイテンデイクが注意するのです。こうして私たちは反逆身体の地平に潜む含意潜在態を地平分析によって顕在化していきます。このようなとき，ボイテンデイクは外部視点に立つ分析者や野次馬的な傍観者のとる自然的態度から脱出しなければならないことを重ねて指摘するのです。すなわち「情動的な情況を体験している本人それ自身が〈そう動けない〉ことを経験しつつある」のに気づかなければならないというのです[12]。「そうしたいのはやまやまなのに，どうしてもできない」というパトス的な含意態がその背景に隠されていることに気づかなければなりません。

　しかし外部視点に立ちたがる体育教師や冠(かんむり)コーチはそのような生徒を見て「やれるのになぜやらないのか」といぶかり「動けるはずなのになぜそう動かないのか」と不信を募らせることがあるのです。結局，生徒の無気力さや努力不足に原因を求めることになります。動きかたを身につける習練活動のなかでは，このように地平意識の背景に沈んでいる意味核を含んだ潜在態に対してより慎重な洞察を欠かしてはならないことをボイテンデイクは強調するのです。ところが，新しい動きかたを身につけようとする生徒がその動感形態を成立させる条件としての体力も十分もっていて，練習にもまじめに努力している

---

12) Buytendijk, F. J. J. : op. cit. 1956, S.273.

のに〈そう動きたいのに動けない〉という場面が頻発するからやっかいなのです。そのとき指導者は外部視点から生徒の運動を物理学的ないし生理学的に観察することから分析を始めることになじみをもっているのです。習練段階や手順の指導を前面に掲げて、伸長カンの習練活動をさらに支援はしますが、生徒の動感地平の背景に潜む含意潜在態を地平分析によってとらえようとする指導者は多くありません。伸長作用の地平分析に入るときに、コツの図式統覚化が不可欠な意味づけをもっていることをこの反逆身体の地平分析が示しているのです。

**②道具身体の伸長地平を探る**

　反逆身体の抵抗体験を通じて、やっと伸長作用のなかに動感メロディーを奏でる意味に気づくことになります。ボイテンデイクがいうように、その生化されたメロディーについて行くことができるためには、私たちの身体は〈そう動ける〉ための能力をもっていなければなりません。しかし、ここでボイテンデイクが指摘している能力という表現は生理学的な物質身体の条件としての体力でもなく教育学的な学習能力でもありません。ここにおいて新しい動きかたを身につけようとすると、いわゆる反逆身体と正面から向き合うことになります。そのとき、思うように動かない自らの身体を動くための道具と考えて、その道具立ての条件さえよければ、その新しい動きかたがすぐにできるようになるはずだと考えます。さか上がりができなければ腕力と腹筋をつければいいし、駆けっこが遅ければ走るパワーの筋力トレーニングをプログラムするのです。ところがボイテンデイクが指摘しているように13)、ある動きかたのプログラムがどのように生命化されていくのかは動く人自身にはわからないのです。つまり筋の刺激伝達がどのように同時的ないし継起的に生起するのかについては、私たち自身にはどんな形象も生じないというのです。運動主体に起こるこのような出来事はまさに謎に満ちていることをボイテンデイクはいみじくも指摘します。私が動くとき、そこに同時に動く筋肉群の働きについて、私たちは主体的に何一つ経験できないからだというのです。私たちは筋肉を動かしているのではなくて、手足を動かしているのです。たしかに神経伝達される筋肉それ自体は現に私の〈もの〉として実在していても、そのねらいに沿った筋肉の働きを私の身体は何一つ感じないし、知りもしないからやっかいなのです。

---

13) Buytendijk, F. J. J. : 1956, op. cit. S.285f.

この重大なボイテンデイクの指摘の真意がかならずしもよく理解されるとは限りません。たしかに現代のロボティクスは長足の進歩を遂げて，サイボーグ科学に代表されるように神経支配と運動の関係系はそのメカニズムを明らかにしています。ロボットが物質身体を駆使してその運動を制御するサイボーグと，動感身体を駆使して時間化された身体運動を創発する人間とのあいだには，画然とした区別が存在することはもう繰り返し説明する必要はないでしょう。ですから，運動創発として取り上げられる駆使性，つまり意のままに動けることは「自らの身体に対して客観化の態度を捨てること以外の何ものでもない」とボイテンデイクは宣言することになります14)。ここにおいて，伸長作用の道具身体から脱して中心化身体の地平分析に入っていき，その含意潜在態を明るみに取り出していくことになります。

### ③中心化身体の伸長地平を探る

伸長作用の重層構造をもつ身体化地平のなかで，最後に取り上げられるのは中心化身体に隠されている含意潜在態です。動感情況に投射する自我身体の絶対ゼロ点に収斂される中心化作用というものはコツ成立の意味核を形づくりますが，それは同時に伸長作用を裏打ちするものでもあるのです。伸長カンの図式を統覚化しつつある今ここでの位相では，そのコツを表に出して伸長カンの裏打ち志向体験を確認するのでなければなりません。ここでは伸長作用が中心化される地平分析をすでに述べたコツの図式化地平分析に関連づけながら確認しておきましょう。

すでに述べているように，私たちが「そう動きたい」のに「そう動けない」と感じたとき自我身体は反逆を起こします。それを克服するために身体を道具化しようとして科学化の迷路に踏み込んでしまうことが少なくないのです。どうしても「そう動きたい」という切迫さを感じたときに「そう動けない」がコントラスト化され，思うように動けない自我に気づくのです。こうして，私たちはコツの生成始原をなす身体中心化という含意潜在態の問題に向き合うことになります。

ラントグレーベは私が動くということが「同時に私を動かす私の能力に気づいている」ことだといいます。そのときには「絶対ゼロ点としての身体のなかに中心化されている」ことを見逃すわけにはいかないと注意しています。で

---

14) Buytendijk, F. J. J. : 1956, op. cit. S.280f.

から，今ここで動感情況のなかに伸長作用を投射しつつある私が現に居るというときの〈現〉は，絶対的規定なのです。というのは「その動いている人はそのゼロ点から逃げ出すことはできないからです。それはその人自身が絶対ゼロ点であり，どんな運動のときでもそのゼロ点を自我と一緒に担っているから[15])」とラントグレーベは指摘します。この中心化身体の働きは自我の覚醒の起点に位置づけられます。情況投射化の作用が前景に立つ伸長動感力はこの中心化身体の志向体験のなかでその自我極から動感志向性が生き生きと投射していくことができるのです。

しかしこの中心化身体の志向体験によって，伸長作用がただちに統一された志向形態を成立させると速断してはなりません。そこにはメルロ＝ポンティの指摘する具体運動と抽象運動の地平分析を欠かすことができないからです[16)]。走り高跳びで120cmのバーを越せた生徒に対して，バーを取り去ってその高さをクリアすることを求める例証によって，まぼろしのバーが動感時空系を顕在化させることはすでに言及してあります。この意味での伸長作用における中心化身体の地平分析によって，その含意潜在態に気づける階層に入ることができれば，マイネルがヤーンにならって否定した鏡でのフェンシングも，先に述べたボイテンデイクの畳の上の水練さえも有効なトレーニング方法として生き返ることになるのです。そこでは，あらゆる動感情況を想定した単独のシュート練習も，わが国古来の武道における型の稽古も，この動感情況の身体中心化志向体験の世界に入るレヴェルにおいてはすべて生化されることになります。スローガン表現のまぼろしのバーに現れる中心化身体の地平分析は，伸長作用の図式化地平に隠れている身体化含意態を示してくれています。念のため再度つけ加えておきますが，私たちが伸長作用の図式化地平というとき，その外縁が確定的にとらえられているのではありません。図式化という表現はボイテンデイクの意味において使われているからです[17)]。重ねて説明すれば，ボイテンデイクはネクタイを締める動きかたにしても，キーボードを打つ手の動きかたも，それがどのように手を動かすのかをいちいち考えることはできないのだと指摘します。つまり伸長作用は図式化地平において先反省的であって，

---

15) Landgrebe, L. : 1980, op. cit. S.71.

16) Merleau-Ponty, M. : op. cit. p.120-127 / 1. 181~185 頁

17) Buytendijk, F. J. J. : op. cit. S.280f.

その作用全体の流れは動感メロディーとしてしかとらえられないのです。ですから伸長作用が動感身体に中心化されても，それは伸長作用の身体化という裏打ちの確認が意味されているだけなのです。それも単に・で・き・る・といういちおうの・確・信がもてるようになるだけであって，その伸長能力が私のカンとしてすっかり身体化されたのではありません。私の伸長能力がいちおう確信できるのには次の縁どり分析という階層を通過しなければなりません。

● ――伸長図式化の縁どり地平分析を問う

　まずもって，伸長志向形態に関わる縁どり地平の意味構造を確認しておきます。私たちはすでに始原論的構造分析でも，体系論的構造分析でも，ともに枠組み分析ないし縁どり分析という表現を取り上げています。ここで主題化されている動感地平構造論においても同じ意味で伸長形態の縁どり作用に隠れている含意潜在態を取り出すことになります。ここで伸長形態の成立に関わる縁どり地平を分析対象にするとき，すでに述べたコツ志向形態の縁どり分析と同様に，伸長動感力による志向形態を次のような地平分析として取り上げます。

　①伸長カン構造化の縁どり地平分析
　②伸長モナドカンの縁どり地平分析

①伸長構造化の縁どり地平を探る

　伸長形態を構造化している志向体験地平を探るのは，まずもってその動感力の住んでいる伸長形態の枠組みを確定しておく必要があります。その地平分析の対象になっている伸長形態は体系論的な縁どり分析を通してその類化形態を確認することができます。しかしすでに体系分析で考察してあるように，そこに対象化される伸長形態の構造化地平を探るには，抽象度の高い類化形態からではなくて，普遍性のスペクトルを下って今ここにおける現前段階の種的特殊化，つまり種化の普遍性のレヴェルで地平分析がなされなければなりません。というのは私のカン身体知が統一的にはじめて姿を現してくるのは〈このこれ〉（トデ・ティ）という具体者と一体化した種的普遍性においてだからです。

　ここにおいて，伸長形態の地平構造のなかで分析対象を確認するために，付帯伸長形態と徒手伸長形態を区別しておきます。このような付帯伸長能力がスローガン的に物に伸び・る・カ・ン・と表されることはすでに述べています。そこでは次のような種化形態を区別して構造化し，そのなかで含意潜在態が探られるこ

とになります。

① 私の身に付けた物（衣服や帽子ないし靴など）：しゃれた羽根付きの帽子をかぶったレディが鴨居をくぐるときに帽子を引っかけてはその上品さはいっぺんに吹き飛んでしまいます。このメルロ＝ポンティの有名な例証では，帽子の羽の先までに自らの伸長能力を充実させておくことがその貴婦人に求められているのです。新しい靴に変えたときにたびたびつまずくように，日常生活のなかにその例証を容易に見つけることができます。

② 私の手で操作できる物（杖，ラケットや竹刀など）：日常的に使い慣れた箸や手慣れた道具，けがをしたときの松葉杖などに示される身体化現象は付帯伸長能力に支えられており，野球でボールをバットの芯で捕らえて打つ伸長能力はその極致ともいえます。

③ 私の生身から離れても私の動感情況のなかで息づいている物（ボールや手具）：バスケットボールにおけるロングシュートのみごとな的確さや新体操における手具の背面キャッチの驚異的なわざは手を放れたボールや手具がその直感を胚胎しながらゴールや手元にまで伸びていく付帯伸長能力に支えられており，その地平構造には多くの含意潜在態が潜んでいます。

これらの付帯伸長能力は情況のなかで対象に投射化していく動感力ですが，それはその対象に伸びていく遠心的な動感投射化作用のみならず，同時に自我身体に中心化されている志向体験に裏打ちされていなければその伸長形態は成立しません。ここでもまた，伸長形態はコツとの反転化能力によって同時に裏打ちされている含意潜在態を忘れるわけにはいきません。さらに付帯伸長形態の志向体験が成立するためには，もう一つの含意潜在態を明るみに出して確認しておかなければなりません。それは自然科学的な時間空間における二個の物体が出合う物理現象と本質的に区別されているということです。単に二つの物体の物理的同時性の測定からではそのすばらしいわざの地平構造をとらえることはできません。それはボイテンデイクがいうように，両者の現象学的な出会いの認識なしにはどうしても分析できないのです。

これに加えて，身に着けている物，手具，投げたり蹴ったりするボールがなくても動感志向性を対象に投射できる身体能力，つまり今ここの身体それ自身が対象に伸びていく徒手伸長能力の地平を探らなければなりません。それはスローガン的には自ら伸びるカンと表すこともできます。私の身体それ自体が伸

びていく徒手伸長の情況投射化作用はわが身の皮膚からある隔たりをもちながら密度濃く漂う外縁層に始まって，果ては周界の動感情況における遠く離れた対象物にまで及ぶ動感地平性を構成することになります。たとえば走っていって溝を跳び越すとき，その踏切り地点をあらかじめどこに決めるかという決断は自らを伸長してとらえるカンの働きによって行われます。さらに高齢者に顕著に見られる対象物との接触トラブルもその典型的な例証としてすでに示してあります。とりわけ駅の混雑する人混みのなかを急いで通り抜けるときなどはこの徒手伸長能力が試されることになります。

　わが身がじかに伸びていく伸長形態の地平構造のなかにはどのような含意態が隠されているのでしょうか。幼児や高齢者に顕著に見られる対象物との接触トラブルに典型的に示される伸長能力の欠落は私が動けるという自我中心化の求心的な動感力に気づかないからです。つまり動感情況の変化に一義的に投射していくこの伸長能力はそれを支えている反転化能力が空虚なままで働かなくなっていることになかなか気づきません。この徒手伸長能力も常にコツに反転化される含意態を待機させていなければならず，その隠れた意味核をいつも生化させておく努力志向性こそが求められるのです。時間化される中心化身体へのこの回帰性が機能しなくなると，伸長能力は単に想像するだけの予期に変質してしまうことになります。

　徒手伸長形態の地平では，そのとき動感空間性が前景に立っていても，いつも動感時間性がその裏打ちに回り，そこには相互隠蔽原理が潜んでいるのですから，この伸長作用領域は未来の先読み作用領域と接していることになります。つまり徒手伸長の動機づけとしての投射化機能は動感空間性が前景に立っていて，その裏打ちとして動感時間性は隠れて機能しています。これに対して動感時間性が前景に立てられ能動的に未来の動感情況に投射していくと，それは先読み形態の身体能力に変身するのです。ですから，徒手伸長動感力と先読み動感力とは，後段で述べるようにシンボル化形態のなかに構造化されることになります。

　このようにして伸長動感力は付帯伸長でも徒手伸長でも，カンとコツ，動感空間と動感時間とが絡み合って構造化されています。私たちはこの複雑な絡み合いのなかに含意潜在態を明るみに出していくのが地平分析の任務になります。そのために付帯伸長形態と徒手伸長形態のそれぞれの構造化分節のなかで

仮に一つの分節を消去するとき，その地平構造がどのような変容を示すかを厳密に分析していきます。別言すれば，現実に伸長動感力の働く志向形態のなかでその構造化されている分節の一つを意図的に解体していくといういわゆる消去法を用いて，それぞれの伸長形態の縁どり分析を行うことになります。この縁どり分析によって伸長形態の構造化地平に潜んでいる含意潜在態を明るみに出すことができます。私たちは消去法によって複雑に絡み合った伸長形態の構造化地平を分析していきその含意潜在態をえぐり出していきます。たとえば，サッカーのゴール前のシュートを決断する選手の伸長形態はきわめて複雑な絡み合い構造を示しています。ドリブルしながら敵にフェイントをかけてその妨害を外し，キーパーや防御にまわる敵の動きを先読みしながら蹴るボールのコースにわが身の伸長志向性を投射していきます。このような複雑に構造化された伸長形態と先読み形態の絡み合いを地平分析によってそこに潜む含意潜在態を順次に顕在化し，その伸長形態の意味構造を探り出していくことになります。とはいっても，その含意潜在態は決して構築される鋳型の要素ではありません。そこにはあくまでも動感メロディーが生化された統一的な動感形態であることはもう贅言を要しないでしょう。

### ②伸長モナドカンの縁どり地平を探る

こうして，それぞれの伸長形態の関係構造が明るみに出ても，それによって伸長動感力がそれぞれに種的普遍性をもって，いつでもどんな条件でもうまく機能するとは限りません。そのためには，もう一度消去法によって伸長形態の含意潜在態の縁どりを分析しなければなりません。私たちはすでにコツの縁どり地平分析において，モナドコツと呼ばれるコツの意味核を確認しています。そこでは，動感身体に住む本原的なコツという概念が生理学的，物理学的な身体運動の背後に潜んでいる法則的なメカニズムと誤解されるのを恐れてモナドコツと呼んでいます。コツとカンは統一的な志向形態の両面ですから，同じ意味で情況投射化の動感力にもモナドカンという表現を用いることができます。それはモナド的なるものの本質的特性を備えた伸長形態の意味核を表します。それは単一で分割できず，他で置き換えられない情況投射化地平の含意態ですからライプニッツにならってモナドと表すのです。伸長モナドカンは，部分がないから数えられず計測もできません。私の身体に固有なるものですから代理できませんし，発生も消滅もかならず同時に行われことになります。

このような伸長モナドカンの意味構造を縁どりしてその意味核を確認するには，故意にその伸長モナドカンを消去し，その動感メロディーを解体してしまう消去法をここでも取り上げることになります。その伸長能力の意味核を構成しているモナドカンを外すと，ど・ん・な・に・や・ろ・う・と・し・て・も・その動感メロディーは破壊されて成立できないことが確認されます。伸長形態の実現に成功するためにはその伸長カンを反復練習しますが，そのモナドカンをわざと外して確・実・に・失・敗・することを繰り返し確かめるのです。それが動感消去法の本質的な特徴なのです。それはいわばヴァイツゼッカーのいう反論理の原理であり，フッサールの本原的経験の解体消去による解釈に当たることになります[18]。こうして，私たちは伸長モナドカンの意味核が内在している伸長作用の地平構造を確認していきます。

● ――伸長作用の反転化地平を探る

私たちはこれまで伸長能力のなじみ地平に始まって，そのさぐり地平からメロディー地平を経てまぐれの伸長作用を分析し，さらにその偶発作用を経て多様な情況に投射化する図式統覚化の地平構造を探ってきました。そこでは伸長カンとその身体中心化のコツとの絡み合い，動感空間性と動感時間性の絡み合い，さらには伸長形態と先読み形態との絡み合いなど，その錯綜した絡み合い構造をいたるところでかいま見ています。しかし，そこにカンとコツ，空間性と時間性の統一的な二重性を確認することができても，それが実存の身体運動として生きた動感情況のなかで伸長形態としての実現が保証されるのでなければ地平分析はただの空念仏になってしまいます。こうして私たちは伸長形態における図式化階層にさらに反転化能力の地平分析をまとめて考察しなければならなくなります。

ここで私たちはコツとカンの反転化地平分析に立ち入りますが，メルロ＝ポンティの意味におけ反転可能性，ないし反転化という表現についてはすでに〈講義2〉で述べてあります。ここでは，この伸長形態に内在する反転化能力が習練の対象として体系化されるためにその地平分析を取り上げようとしているのです。現場の指導者はこのような絡み合い構造そのものを実践知としてよく知ってはいます。しかしどのような体系的なトレーニングによって伸長形態の反

---

18) Husserl, E. : Zur Phänomenologie der Intesubjektivität II., Hua.XIV. S.115.

転化能力を向上させていくかはそれぞれのコーチによってまちまちです。この伸長形態の反転化能力は，これまで分析論として体系的に地平分析の対象に取り上げられないために反転化能力の貴重な実践知は類的な一般化に至らずその個人的秘伝化を誘ってきたようです。

　この反転化能力を習練対象として措定するときに，この反転化地平に潜む含意潜在態として，私たちはまずもってその志向体験の因果的時間論から解放されなければなりません。その上で〈触れる手〉と〈触れられる手〉というこの両方の手が交代し合う両義的な構造，いわば反転可能性を取り上げることができるのです。触れる手として機能しているときには，その手が同時に触れられる手になることは決してないのと同様に，情況に伸長作用を投射しているときには，同時に身体中心化のコツ作用は裏に回るのです。このことは動感情況を感じとってからその後にコツが働いて動けるという時間的因果関係を排除しています。伸長カンが働いているときには，その背景で同時にコツは生き生きと機能しているのです。伸長カンとそのコツは同時に表と裏で息づいているのであり，背景に沈んでいるコツが休止しているのではないのです。

　この反転可能性の認識に立ってはじめて私たちは反転化能力を習練対象として体系化する可能性をもつことができます。走り幅跳びのとき，助走のなかに踏切り位置に伸長作用は加速する走りかたを自己中心化していくコツと二重の統一的な志向形態を構成しているのです。それは助走を加速してから踏切り位置に投射化するのではなく，走りながら投射し，投射しながら加速するという両義的な含意潜在態こそ反転化地平に潜む意味核にほかならないことになります。ですから，この反転化地平分析によってそこに潜む不可欠な含意態を探り出し，それに基づいてはじめて伸長形態の目的的な学習段階を構成し，トレーニング計画を練ることが可能になるのです。

## 3 先読み作用の地平構造を探る

### ●──先読み作用の地平構造とは何か

　ここでは，先読み作用の地平に潜む含意潜在態をえぐり出すために必要な先読み能力の意味構造をまず確認することにします。すでに述べているように，先読み統覚化能力とは，パトス的な実存の動感世界においてこれから行う未来の動きかたを構成する身体知のことです。つまり，私の身体それ自身がどのよ

うに動けるのか，私がどのように周界の動感情況に関わって動けるのかを先読みできるカン身体知ともいえます。先読みという表現は，ヴァイツゼッカーがそれ以後の方向性，〈〜から―そこへ〉という未来への動感志向性をプロレープシスと名づけた問題圏に属しています。いうまでもなくプロレープシスというギリシア語は一般に先取りと訳されることが多いのですが，ここでは未来の動感時間性を前景に立てて先読みできる身体能力として取り上げることになります。つまり，マイネルのいう先取り動作として位置移動を伴わなくても，未来の動きかたを先読み志向体験として予描することはできることになります。そこではこれから起こるであろう未来の志向形態を自我中心化と情況投射化の反転化作用として未来の動きかたを読み切れる身体能力が意味されています。この先読み動感力は周界情況のなかにその有体的な動感志向性を投射していくのですから，その限りでは当然ながら動感時空系のなかで徒手伸長能力と絡み合いを示すのはいうまでもありません。

　この先読み能力は情況投射化における動感時間に動機づけられて触発されますが，そこに予描先読み能力と偶発先読み能力が区別されます。予描先読みの志向形態は未来の動感発生の可能性を予描する志向性，つまり予描志向性によって来るべき動きかたを予期する動感力に支えられます。偶発先読みの志向形態は突発的に情況が変化してそれに即興的に発生する動感身体知に支えられています。この二つの先読み形態は二重性と統一性によって特徴づけられていることはいうまでもありません。つまりこれから起こるであろう未来の先読み志向形態はその自我中心化的作用と情況投射的作用が同時に反転化能力として作動しています。そこでは可能性をもつ種々の求心的な動きかたや遠心的な関わりかたのなかから，決定的な唯一の先読み形態が選び出され，その実現に向けて決断と承認を迫られることが特徴的です。いろいろな可能的な先読み形態の選択がまったく的はずれであればその意味は失われてしまうからです。偶発的で移ろいやすい周界情況のなかで以後の動きかたの選択判断と実現可能性を読み切る身体能力は決して神秘的な能力などではありません。それは習練対象に措定できることを確認しておかなければなりません。このことは決してまぐれの確率論の問題圏にあるのではなく運動学習ないしトレーニングの対象になりうることは現場の指導者がよく知り抜いています。むしろこの偶発先読み能力は驚異的なわざとして称揚されることが多いために「先天的にカンのよさをも

っている」とか「動物的な反射神経をもっている」と評されることしきりです。そこではその天賦の才能発掘こそ先決だと速断して、トレーニング可能な含意態を背景に沈めてしまうことが少なくないほどです。それだけにこの先読み作用は厳密な志向分析を通じてその地平構造に潜む含意潜在態を明るみに取り出しておくことが求められることになります。

## ●──先読み統覚化の地平分析を問う

　ここにおいて私たちはこの謎に満ちた先読み作用を可能にする身体能力の地平構造に注目していきます。すでに述べた伸長作用の地平分析の手順にならって次の三つの地平構造を分析対象に取り上げることにします。
　①先読み作用の触発化地平分析
　②先読み作用の価値覚比較地平分析
　③先読み作用の共鳴化地平分析

### ①先読み触発化の地平を探る

　動感時間性が表に出るこの先読み作用というものは、予描志向形態にいつ働きかけるかという能動総合的な動感性が前景に立てられます。しかし、この先読み触発化の地平においては、動感時間性の世界に気づかないなじみ地平がその基盤をなしています。今を感じながら動きつつある私は時間化された身体であることが前提をなしているからです。いうなれば、今把握に違和感のない身体状態感こそ先読み能力の肥沃な大地をなしているのです。その今把握は単に私がそう思うのではなく私はそう動けるという動感作用に裏打ちされているのです。
　しかしいかに今把握の身体状態感にあっても、ただぼんやりと未規定のままなじみ地平に安住していては、先読み作用が発生するはずもありません。そこには動感時間性をめぐる先読み形態のコントラスト地平意識に気づくのでなければなりません。つまり今の身体状態感のなかに動感時間性の差異化現象が浮かび上がってこなければ、いつまで経っても先読みの志向体験が芽生えるはずはないのです。楽しく遊んでいる子どもたちのなかに動感志向性の芽生えをどのようにして誘っていくかという貴重な実践知をもっている幼児体育のすぐれた指導者は決して少なくありません。そこではすぐ前の今把握と次の今把握の時間化にコントラストが浮かび上がるような場が設定されます。こうして次の

予描志向体験への期待感が受動世界のなかに触発化され反復への努力志向性が顕在化してきます。いつのまにか子どもたちは能動的な予描志向性の世界へと誘い出され，次のさぐり地平の先読み作用へと移っていくことになります。

②先読み価値覚の地平を探る

　まだ空虚なままぼんやりした先読み作用のなじみ地平は受動的な動感地平にありますが，何らかの動機づけによって動感差が触発化されコントラスト地平に入っていきます。そこでは，一見して矛盾した表現に思われる能動的受動性という志向体験が先読みという意味形成に向けて総合作用に入ることになります。学習者自らの先読みまなざしのなかで一つの形態の統覚化に向けられる営みが息づき始めると，そこにさぐり地平が拓けてきます。たといおぼろげながらでも，それまでもっている先読みアナロゴンを駆使して探り入れをしていくことになります。まだ頼りない動感触手を伸ばして，雑多な動感素材を統一的に統覚化しながら先読み形態を目指して探索の道を歩み出すことになります。

　ところが，その先読み能力がうまく機能しているかどうかはその結果を見なければわかりませんから，その先読み評価作用に関心が移ってきます。このことは先読みの当たり外れという確率論的因果関係を意味しません。むしろ問題になるのは成功した先読みの評価志向体験の程度差なのであり，フッサールのいうコントラスト程度差，つまり先読み能力における動感分化に伴うコントラストの程度差こそさぐり地平の含意潜在態になります。コントラストがぼんやりしていたのでは，価値覚による評価作用が機能しても先読み能力は正当さをもつことができません。

　こうして，やっと私たちは先読み動感素材の取捨選択に取り掛かることができるようになります。たとえばフライボールを捕るときに，捕れたのか外したのかという結果量が分析対象になるのではありません。その確率が高くなれば先読み能力が十全に機能しているとは限らないからです。キャッチするときの先読み志向体験そのものの良否判断が地平分析の対象になるのです。相撲における組み手の巻き替えのときには，その即興の先読み作用そのものが取捨選択の動感素材として取り上げられるのです。そこでは，相手の巻き替えを感じとってから，その対応として寄りに入るのでは間に合いません。そこには後も先もない構造円環をなして動けるのかどうかが評価作用の基準になるのです。どの先読みがよいのかを分析する取捨選択の地平構造においては，こうして先読

み価値覚による評価作用そのものが含意潜在態として分析対象に取り上げられることになります。

### ③先読み共鳴化の地平を探る

　先読み作用のさぐり地平のなかで評価のための価値覚作用が分析の前景に立てられると，やっと先読みメロディーという時間化作用が主題化されてきます。とはいっても，いつのまにかひとりでに統一された先読み形態が発生するというわけではありません。先読みの動感素材が統一された志向形態として成立するためには，そこに新しい動感メロディーが流れ出す統一化作用が顕在化してくるのでなければなりません。ですから，先読み形態の共鳴化地平分析においてはまずもって先読みメロディーの地平分析が主題化されることになります。こうして私たちは先読みの動感メロディー化地平のなかにその含意潜在態をとらえようと探りを入れていきます。先読み形態の発生は未来の動感情況への投射化作用が常にメロディー化地平をその大地にしていることを確認して単に確率論的な予測から脱却する必要があります。

　さらに先読みメロディー化地平においては，すでに過ぎ去った動感意識とこれから起こる未来の動感意識とをともに今ここのゼロ点に引き寄せるという働きが表面化してきます。その先読みメロディー化地平には未来の動感時間性への投射化がとりわけ先反省的に働く含意潜在態に注目しなければなりません。そのことは過ぎ去った直感素材がしだいに不明瞭になり触発化も弱まっていることを意味していません。そこでは動感親和性をもった先読み動感素材が呼び覚まされるからです。未来への動感投射化も経験直下の直感素材に動感親和性をもたなければ，それは単なる空虚な予測でしかないのです。ですから，先読み形態の動感親和性に基づいて共鳴化した動感メロディーこそ，その統一として「単数となりうる複数」を生み出す含意態になります。

　このようにして，私たちはやっと先読み形態のまぐれ地平分析に入ることができます。まず私たちはまぐれという動感現象を単なる機械的な反復によってその確率を上げればまぐれが消えるという考え方を遮断しなければなりません。その上で注目しなければならないのは，まぐれ評価力という含意潜在態の存在についてです。私たちはまぐれ良否判断の先読み能力として，まぐれ地平分析のなかに潜んでいる含意潜在態を明るみに出さなければなりません。実践現場でまぐれ地平分析をするときに，先読み志向体験をもっていない指導者は

どうしても外部視点からまぐれの確率論に頼らざるをえません。それによって確率の向上を目指す反復訓練を指示するしかなくなります。しかし実践現場には，フライボールのキャッチが生${}^\cdot$き${}^\cdot$た${}^\cdot$まぐれなのか，死${}^\cdot$ん${}^\cdot$だ${}^\cdot$まぐれなのかをひと目でみごとに見分ける指導者は現にいるのです。その指導者の貴重な実践知は厳密な地平分析が施されないまま個人的な能力として放置されているのが現状のようです。このように先読み形態におけるまぐれ発生の地平構造には多くの含意潜在態が潜んでいます。まずもって生きたまぐれの先読み含意態を明るみに出す地平分析が体系的に求められているのです。

## ●――先読み図式化の身体化地平を探る

　先読みの志向体験がまぐれ地平を通り抜けてその全容を見せ始めるのはここで主題化される図式化地平においてです。動感情況に投射化した先読みの動感素材を統一化された志向形態にもち込むのには，その志向体験を自我に中心化される身体能力に気づくことから始めます。先読み形態が実存の身体運動として曲がりなりにも図式化するには，それを私の志向体験で確認することが不可欠になるからです。先読み形態は共鳴化を伴ってメロディー化地平に現れ，それが同時にまぐれ地平を拓くことになるのですが，それまでは動感空間性と動感時間性がたえず反転を繰り返して，不安定な志向体験を露わにします。

　しかし先読み形態の成立が主題化されるこの図式化地平においては，まずもって身体化地平という自我中心化作用が前面に躍り出てきます。先読み形態が一つの動きかたとして現れるのは，メルロ＝ポンティのいうように 19)，私の身体がその動きかたを了解したとき，つまり身体がその動きかたを自分の世界へと身体化することだからです。私たちはここでも伸長形態の場合と同じように身体化地平分析と縁どり地平分析とに分けて分析を進めます。まずもってこの先読み形態の図式化地平では，求心的な自我中心化の身体化地平分析のなかにその含意潜在態を次の三つの地平構造のなかに探っていくことにします。

①反逆身体の身体化地平
②道具身体の身体化地平
③中心化身体の身体化地平

---

19) Merleau-Ponty, M. : Phénoménologie de la perception. 1945, p.161 /『知覚の現象学』1, 233頁.

①反逆身体の先読み地平を探る

　遠心的な先読み能力を身につける習練の一歩はその投射した先読み志向体験に基づいて私はそう動けるという自我中心化作用が前景に立てられることから始まります。そのときスローガン表現としての反逆身体に改めて出会うことになります。ですから情況投射化の先読み作用はまずもって反逆身体の地平にその含意潜在態を露わにします。先読み作用の動感メロディーを空虚に奏でたとしても、そのカンを裏打ちしているコツという裏面が生化していなければ、その先読みメロディーは画餅でしかありません。そこでは実存の身体運動によって生み出される多様な動感抵抗という志向体験が空虚なままだからです。こうして反逆身体の地平に潜む多様な先読み含意潜在態を志向分析によって顕在化していくことになります。

　このような反逆身体の地平に潜む先読み含意潜在態はその身体中心化作用の反転化能力に支えられています。外部視点に立つ科学的な運動分析者や野次馬的な傍観教師はこの含意態の志向体験が欠落していることが多く、素人同様の自然的態度から脱出できないのです。指導者は「情動的な情況を体験している本人それ自身がそう動けないことを経験しつつある」のに気づかなければなりません[20]。そうしたいのはやまやまなのに、どうしてもできないというパトス的な含意態がその背景に隠されていることに気づけば、その先読み促発の指導は一気に変わります。その意味でボイテンデイクは動きかたを身につけさせる習練活動のなかでは、このように動感地平意識の背景に沈んでいる潜在態に対して、より慎重な洞察を欠かしてはならないことを強調するのです。しかしそう動きたいのに動けないという場面でも、指導者は外部視点から生徒の身体運動を物理学的ないし生理学的に観察することから分析を始める習慣をもっているのです。生徒の先読み地平に潜む反逆身体という含意潜在態に気づかない指導者には、先読み能力の形成に共感的に関わることはむずかしいことになります。

②道具身体の先読み地平を探る

　反逆身体の抵抗体験を通じて、やっと先読み作用のなかに動感メロディーを奏でる大切さに気づきます。その生化されたメロディーについて行くことができるためには、私たちの身体はそう動けるための能力をもっていなければなり

---

20) Buytendijk, F. J. J. : op. cit. 1956, S.273.

ません。このボイテンデイクのいう能力は生理学的な物質身体のいわゆる体力ではないし，教育学的な学習能力でもありません。私たちが新しい動きかたを身につけようとするとどうしても反逆身体と正面から向き合わなければならないのです。そのとき，思うように動かない自らの身体を動くための道具と考えて，その道具立ての条件に関心をもち，その物質身体の道具立てを改善すれば，つまり体力があればすべてうまくいくと考えたくなります。ボイテンデイクが指摘しているように21)，ある動きかたのプログラムがどのように生命化されていくのかは動く人にはわからないといいます。ボイテンデイクはいみじくも指摘して，そこで一緒に働かなければならない筋肉群について私たちは主体的に何一つ経験できないという出来事はまさに謎に満ちているというのです。私たちは筋肉を動かしているのではありません。たしかに神経伝達される筋肉それ自体は現に物質身体として実在していても，その合目的な生起を私の身体は何一つ感じないし，知りもしないからやっかいなのです。すでに述べているように，この重大なボイテンデイクの指摘の真意はかならずしもよく理解されません。

たしかに現代のロボティクスは長足の進歩を遂げて，サイボーグ科学に代表されるように神経支配と運動のメカニズムが明らかになってきています。ロボットが物質身体を駆使して運動を制御するサイボーグと，動感身体を駆使して動きかたを創発する人間とのあいだには截然とした区別がありますから，意のままに動けるということは「自らの身体に対して客観化の態度を捨てること以外の何ものでもない」とボイテンデイクは宣言するのはこの意味においてです22)。ここにおいて，先読み作用は道具身体地平から脱出して，次の中心化身体の地平分析に入っていくことになります。

### ③中心化身体の先読み地平を探る

先読み形態の図式化作用における最後の地平分析として，中心化身体に隠されている含意潜在態が取り上げられます。動感情況に投射しながら絶対ゼロ点に収斂される中心化志向体験というものはコツの成立の意味核を形づくりながら同時に先読み作用を裏打ちしているのです。ですから，この身体中心化作用を表に出して先読み形態の裏打ち機能を確かめておかなければなりません。す

---
21) Buytendijk, F. J. J. : 1956, op. cit. S.285f.
22) Buytendijk, F. J. J. : 1956, op. cit. S.280.

でに述べていますが，私たちはそう動き̇た̇い̇の̇に̇動̇け̇な̇い̇と感じるときに反逆身体が同時に成立します。その反逆身体を克服するために自我身体を道具化すればよいと考えて科学化の迷路に踏み込んでしまいます。どうしてもそ̇う̇動̇き̇た̇い̇の̇に̇動̇け̇な̇い̇という切迫さを感じると，その志向体験は同時にコントラスト化されてきます。思うように動けない自我に気づいてはじめて身体中心化という含意潜在態の問題に向き合うことになるからです。

　ラントグレーベがいうように，私が動くということは，「同時に私を動かす私の能力に気づいている」ことなのです。そのときには「絶対ゼロ点としての身体のなかに中心化されている」ことをまずもって見逃してはならないとつけ加えます。今ここで動感情況のなかに先読みを投射しつつある私が現̇に居るというとき，その〈現〉は絶対的規定なのです。こうしてラントグレーベはよく知られた説明をつけ加えます。つまり「その動いている人はそのゼロ点から逃げ出すことができません。それはその人自身が絶対ゼロ点であり，どんな運動のときでもそのゼロ点を自我と一緒に担っているから23)」なのです。こうして，この中心化身体の働きは先読みする自̇我̇の覚醒の起点に位置づけられることになります。

　しかしこの中心化身体の志向体験によって先読み形態がただちに統一されると速断してはなりません。そこには，メルロ＝ポンティの指摘する具体運動と抽象運動の地平分析を欠かすことができないからです24)。先に私たちは伸長形態の図式化地平に隠れている身体化の含意態をま̇ぼ̇ろ̇し̇のバーの例証分析として述べています。走り高跳びで120cmのバーを越せた生徒に対して，バーを取り去ってその高さをクリアすることを求める具体的な例証が取り上げられています。同様に，この動感時間が表に出てくる先読み作用にもま̇ぼ̇ろ̇し̇の背面キ̇ャ̇ッ̇チ̇の例証分析が成立するのはその時空反転化として首肯できることになります。スプリンターが号砲のないスタート練習をするときに，生理学的な潜時を超え出る動感時間の世界に生きて先読み能力を磨き上げようとしている例証は実存の競技世界の厳しさを示して余りあります。イチローが見せるフライボールのみごとなキャッチプレーは先読み動感力の確たる例証になります。

　そのような先読み形態は動感時間のなかで〈いつ，どう動くか〉が表に出ま

---

23) Landgrebe, L. : 1980, op. cit. S.71.
24) Merleau-Ponty, M. : op. cit. p.120-127 / 1. 181~185 頁.

すから〈いつ〉を判断し〈どんな動き〉をするかが即興で求められていることになります。その〈いつ，どう動くか〉は未規定な動感情況に左右されますから鋳型化された習練は無意味になります。予描先読みでも偶発先読みでも私たちの先読み動感力は的確にその〈いつ〉と〈どんな動き〉とを即興できます。それは具体運動から抽象運動に昇華させる身体能力を駆使できるレヴェルにもち込めるかどうかが問題の核心をなします。そこでは先読み動感力の形成位相問題に絡み合ってくることを確認しておかなければなりません。

　ここにおいて，シャドウボクシングが単なる具体運動の図形的再現でしかないレヴェルでは抽象運動への形成位相と何一つ絡み合ってきません。競技指導の現場でコーチが気の入っていない練習として忌み嫌うのはこの問題圏の重大さに気づいているからです。それは先読み形態の形成位相問題として新たに取り上げられなければならないことを示しています。この意味において，先読み作用における中心化身体の地平分析によって抽象運動という含意潜在態を顕在化することが重みをもってきます。すでに指摘しているように，マイネルがヤーンにならって否定した〈鏡でのフェンシング〉も，先に述べたボイテンデイクの〈畳の上の水練〉さえも有効なトレーニング方法として生き返る可能性をもちます。あらゆる動感情況を想定した単独のシャドウ練習も，その本人の先読み動感力に支えられれば実存の身体運動に蘇らせることができるのです。

## ●──先読み図式化の縁どり地平を探る

　ここで主題化される先読みの縁どり地平ではその背景に隠れている形態発生の含意潜在態を分析することになります。先読み形態の成立はどのような発生構造をもっているのかに問いかけるとき，その志向形態の縁どりを厳密に分析して明確に規定しなければなりません。そのような縁どり地平に潜んでいる含意態を取り出すのには，すでに述べた伸長縁どり分析のときと同様に，この先読み形態も次のような縁どり地平分析として取り上げることになります。
　①先読みカン構造化の縁どり地平分析
　②先読みモナドカンの縁どり地平分析

### ①先読みカン構造化の縁どり地平を探る
　先読み形態の構造化作用のなかに含意潜在態を探るには，まずもってその先読み形態の枠組みを確定しておかなければなりません。先読み地平の対象

になっている志向形態は体系論的な縁どり分析を通してその類化形態を確認することから始めることになります。すでに体系分析で考察しているように、ここで対象化される先読み形態の構造化地平を探るには、抽象度の高い類化形態からではなくて、種化の普遍性のレヴェルで地平分析がなされなければなりません。というのは、私の先読み形態が統一的にはじめて姿を現してくるのは〈このこれ〉(トデ・ティ)という具体者と一体化した種的普遍性の動感地平においてであるのは伸長形態の場合と同じだからです。

　先読み形態の地平構造のなかで分析対象を確認するために、私たちはすでに情況投射化における動感時間性の志向体験から触発される先読み能力に予描先読み能力と偶発先読み能力を区別しています。予描先読みの志向体験はこれから起こる未来の形態発生を読む予描志向性に支えられています。もう一方の偶発先読みの志向体験には突発的に情況が変化してもそれに時間差なしに動ける即興能力が内在しています。ここでもこの二つの先読み形態は二重性と統一性によって特徴づけられていることはいうまでもありません。そこでは、可能性をもつ種々の動きかたや関わりかたのなかから決定的な唯一の志向形態が選び出され、その実現に向けて決断と承認を迫られることが特徴的です。その先読み能力はすべて即興的に、つまり先も後もなく一気に実現されるのであって、決して因果系列に沿って〈いつ〉が決められ、それから〈どんな動き〉が選ばれて発動するのではないところにこの意味核が潜んでいます。

　これから起こる未来の形態発生の可能性を読む予描先読み形態は単に想像するだけの予期ではないことをまず確認しておかなければなりません。あらかじめいつ、どう動くかを物理時空系で予測するのではなく、いつ、どう動けるかを動感時空系で予描する身体能力が予描先読み形態を支えます。ですから予描動感力が働くということはそのように動ける身体能力が潜在態として生化されているからです。それは確率論的な予測ではなくて動感論的な予描なのです。その二つの出来事はまったく別なことであり、つまり予描できるということは同時にそう動けることに裏打ちされているのでなければなりません。イチローによるフライボールのみごとなキャッチはそれが単なる予測でなく動ける予描であることのすぐれた例証になるのはこの意味においてです。

　ここに先読み形態の構造化地平を分析するにあたって、次の二つの絡み合い構造を区別し、そのなかでこの構造化地平に潜む含意潜在態を探ることにしま

す。

1) 移動対象物の先読み形態における絡み合い構造

　飛んでくるフライボールをいつどのように捕るか，トラッピングするかなどがその例証として挙げられます。もちろん，イレギュラーにバウンドするボールの状況によっては突発的な事態が起こりますから，即興能力を前提にした偶発先読み能力が反転化しながら絡み合うのはいうまでもありません。

2) フェイント行動の先読み形態との絡み合い構造

　サッカーや格闘競技に見られる高度なフェイント行動も，それらは子どもの鬼ごっこにその原型を見出せるのはよく知られています。そこでは，すでに予描先読み形態と徒手伸長形態との複雑な絡み合い構造が示されます。さらにサッカーやラグビーのようにボールがそこに介在すれば，付帯伸長形態との絡み合いのみならず，相手のフェイント行動を誘う複雑なプレーによって偶発先読みの即興能力が求められることになります。

　この先読み能力も常に身体中心化するコツと反転化される含意態を待機させていなければならず，その隠れた意味核をいつも生化する努力志向性が求められるのはいうまでもありません。このようにして先読み形態は予描先読み能力でも偶発先読み能力でも，そのなかで絡み合うのはもちろんですが，カンとコツ，動感空間と動感時間との絡み合い構造も加わって複雑な様相を示します。私たちはこの複雑な絡み合いをもつ先読み地平構造のなかで意味核をもつ含意潜在態を明るみに出していくのがこの地平分析の任務になります。そのためには，現実に先読み能力の働く志向形態のなかで，そこに構造化されている分節の一つを意図的に解体していく，いわゆる消去法を用いることは実践知としてよく知られています。つまりそれぞれに構造化された先読み形態の縁どり分析を行うのです。この縁どり分析によって先読み形態の構造化地平に潜んでいる含意潜在態を明るみに出すことができます。たとえば，サッカーのゴール前のシュートを決断する選手の先読み形態の構造化作用はきわめて複雑な絡み合いを示しています。ドリブルしながら敵にフェイントをかけてその妨害を外し，キーパーや防御にまわる敵の動きを先読みしながら蹴るボールのコースにわが身の伸長カンを投射していきます。このような複雑に構造化された伸長形態と先読み形態の絡み合い構造を地平分析によって含意潜在態を順次に顕在化していくことは指導実践の現場で当然やらなければならない構造分析なのです。

## ②先読みモナドカンの縁どり地平を探る

　私たちはすでに伸長形態の縁どり地平分析においても，もはやそれ以上分割できない，単一な意味核をモナドカンと呼んでその意味を確認しています。そこでは，動感身体に住む本原的な意味核が生理学的，物理学的な身体運動の背後に潜んでいる法則的なメカニズムと誤解されるのを恐れてモナドカンと名づけています。それはモナド的なるものの本質的特性を備えた情況投射化能力の意味核であり，もはや分割できない単一な，他で置き換えられない情況投射化地平の含意潜在態なのです。たとえばイレギュラーバウンドするボールを捕るときそのボールのコースを目で確かめてから捕ろうとしてもうまくいきません。そこでは転がってくるボールのなかに自分の動感メロディーを投射して，その流れに乗ってはじめてボールをキャッチできるのです。それはだれでもよく知っている捕球カンの意味核なのです。その捕球カンはそのように動けるコツがカンの裏で生化しているのでなければ成立しません。このような捕球カンという表裏一体の含意潜在態なしにはうまく捕球できないのです。それは私の身体に固有なるものですから代わ・っ・て・も・ら・え・ま・せ・ん・し，発生も消滅もかならず同時に行われ，ゲシュタルトクライスの原理に支配されています。

　このようなモナドカンの先読み形態を縁どりしてその意味核を確認するには，故意にそのモナドカンの含意態を消去し，その動感メロディーを解体してしまう消去法による縁どり分析をここでも取り上げることになります。その先読み能力の意味核を構成している動感メロディーを消してしまうと，ど・ん・な・に・や・ろ・う・と・し・て・も・捕球カンは破壊されてしまうことが確認されるのです。その意味核をわざと外して確実に失敗することを繰り返し確かめるというのがこの消去法の特徴なのであり，縁どり分析を厳密に施して先読み形態のモ・ナ・ド・的・な・る・も・の・を把握することになります。こうして，私たちは先読み形態のそれ以上分割できない含意潜在態をモナドカンとして先読み地平のなかに確認することができます。

## ●──先読み作用の反転化地平分析を問う

　私たちはこれまで先読み能力のなじみ地平に始まって，そのさぐり地平から時間化したまぐれの先読み地平に至り，その偶発志向体験を経て，多様な情況に投射化して先読み形態の図式統覚化の地平構造を見てきました。そこでは先

読み形態と伸長形態との絡み合い，動感空間性と動感時間性との絡み合い，さらにはカンとコツが表裏一体になって，情況によって即興的に反転化することが確認されています。しかし，そこにカンとコツ，空間性と時間性の統一的な二重性を単に確認することができても，それが実存の身体運動として生きた動感情況のなかで志向形態として統一されるのでなければ地平分析は空念仏になるのは伸長地平分析の場合と同様です。ここでも私たちはさらに反転化能力の地平構造を探っておく必要があります。

　まず私たちはカンとコツの先読み反転化の地平分析から取り上げていきます。メルロ＝ポンティの意味における反転可能性，つまり，反転化という表現はすでに述べているように，カンとコツの反転化作用は表裏一体であり，裏のない表は存在しないように相互隠蔽原理に支配されているのは現場の実践指導者はよく知っています。しかし，どのように訓練すれば先読み作用に自在な反転化能力を生み出せるかはそれぞれのコーチが手探りの努力を強いられます。ところがこの先読み作用の臨機の反転化能力は実戦のなかでひとりでに身につくものと考えられるのが一般です。それだけに実戦場面のトレーニングが重視されるのは当然になります。その先読み動感力のトレーニングがこれまで分析論として体系的に地平分析の対象に取り上げられてきませんから，せっかくの反転化能力の実践知が存在してもその一般化に至る道は閉ざされてしまうのです。

　このような反転化能力を習練対象として取り上げるときに，この反転化地平に潜む合意潜在態として，私たちはまずもってその志向体験から時間的因果関係を排除しておかなければなりません。つまり，触れる手と触れられる手が交代しあえるという両義的な構造認識がカンとコツの反転化能力の地平構造を支えてくれます。つまり触れる手として機能しているときには，その手が同時に触れられる手になることは決してないのと同様に，情況に先読み作用を投射しているときには，同時に身体中心化の志向体験は現れません。そこでは動感情況を感じとってから，その後にコツが働くという時間的因果関係が意味されていません。先読み能力が働いているときにはその背景で同時にコツは生き生きと機能しているのです。先読みカンとそのコツは同時に表と裏で息づいているのであり，背景に沈んでいるコツが消えているのではありません。この反転可能性の認識に立ってはじめて私たちは反転化能力を合目的に習練対象に体系化

する可能性をもつことができます。この反転化地平分析によって、先読み能力に潜む不可欠な含意態を探り出し、それに基づいて先読み動感力の目的的な学習段階を構成し、トレーニング計画を練ることが可能になるのです。

## 4 シンボル化作用の地平構造を探る

### ●――シンボル化動感力の統合性を確認する

ここで主題化されるシンボル化という身体能力についてはすでに『身体知の形成』（講義23）でその概要を取り上げていますので、ここではシンボル化作用の地平に潜む含意潜在態をえぐり出すために、その前提としてのシンボル化能力の統合性をまず確認しておかなければなりません。つまりこれまで分析してきた伸長と先読みという情況投射化能力の地平構造においては、それぞれの動感作用そのものの含意潜在態が明らかにされています。伸長と先読みのそれぞれの情況投射化作用では、それ自体として動感地平のなかにどのような含意態を隠しているかが問われています。しかし、ここで主題化されるシンボル化形態は伸長作用と先読み作用が絡み合って統一的な志向形態をなしています。ですから、まずもってその重層的に絡み合っているシンボル化形態それ自身の意味構造を分析対象にすることになります。まず伸長と先読みの動感作用が統合的に作動するこのシンボル化形態は類的に普遍化された志向形態のなかで取り上げられることを確認しておかなければなりません。私たちは単一形態であっても、複合形態であっても、さらにより実践的なゲーム感の気づきや試合を進める情況判断としての構造化形態であっても、このシンボル化作用の地平分析として取り上げることになります。

私たちはすでに『身体知の形成』（講義23）で、複雑な動感情況からキャッチする雑多な感覚情報のなかに類似の意味構造を読みとり、そこに共通する原理を見つけ出す動感力がシンボル化形態を成立させることを指摘しています。ここでいうシンボル化能力という表現は、メルロ＝ポンティがその著『行動の構造』（1942）で取り上げた意味として理解されるのでなければなりません。ですからシンボル化能力の働く自己運動というのは身体中心化作用に裏打ちされた伸長能力と先読み能力が作動する身体運動であり、多様な動感作用を統合した複合的な志向形態になります。メルロ＝ポンティのいうシンボル形態を現に示す動感運動はパトス的な一連の実存行動と言い換えることができま

す。それは行動主体の決断と承認によって成立する統一的な動感作用をもちます。そのような行動としての自己運動は，シュトラウスの表現を借りれば[25]，起点と終点とを含意した枠組みをもった準個別運動であることを確認しておかなければなりません。シュトラウスのいう準個別運動は私たちの動感体系論に引き寄せていえば，構造化形態なのであり，いくつかの志向形態が統一的に構造化された一連の動感形態が意味されています。それは一連の演技分節やゲームの分節的形態として幅広い枠組みをもつ行動形態も意味されることになります。そこでシュトラウスがいみじくも注意していますが，この枠組み構造における開始と終末の状態は行動全体のなかからそのようなものとして浮き彫りにする役割をもちます。一般にその枠組みは見過ごされやすいのです。

シンボルという表現はギリシア語に語源をもち，割り符が意味されて象徴と訳されます。その意味はしかし多義的であり，ソシュールの言語学やカッシーラーの文化哲学などでいろいろな立場から論じられているのは周知の通りです。ここではボイテンデイクやメルロ＝ポンティの人間の実存としての身体運動の視座からシンボル化される志向形態を浮き彫りにする意図をもっています。参考までにメルロ＝ポンティの行動の構造における三区分の説明から始めます。生きものの行動をメルロ＝ポンティが次の三つの次元に区分していることはよく知られています[26]。

①環境と未分化の行動ゲシュタルトをもつ次元としての癒着的形式
②変換可能な行動ゲシュタルトをもつ次元としての可換的形式
③シンボル化能力による行動ゲシュタルトをもつ次元としての象徴的形式

そこでメルロ＝ポンティも注意しているように，この三つの行動形式の次元は生物種に対応しているのではありません。シンボル化される行動形式の次元では人間に特有な行動ゲシュタルトが示されることになりますが，決して「その次元以下には下らない」という意味ではないのです。人間特有なスポーツにおいても，その競技の技術や戦術のトレーニングでも，動物と同じに感覚刺激とその反応動作がその動感情況とはまったく無関係に行われることは珍しくないからです。そこには本能的な「自然的条件の枠のなかに閉じこめられた」癒着した行動ゲシュタルトが見られるからです。そこに本来的な運動学習の営

---

25) Straus, E. : Vom Sinn der Sinne, 1956, S.264.
26) Merleau-Ponty : La structure du comportement. 1942, p.113／『行動の構造』，161頁.

みが成立しないことは多言を要しません。このような意味で，刺激と反応の直結次元から脱出して新しい目的的な行動が成立するところにこそ人間の運動学習が成立するのです。手では届かない餌を取るのに*そこに*ある棒切れを使うチンパンジーは餌のある位置関係と手が届く空間的関係とのあいだに一つの新しい手段の関係を見つけ出し学習を成立させることができます。しかしそれは今ここに限定されていて，普遍的意味をもつ道具の利用にはならないのです。つまり刺激－反応の癒着形式から脱して変換できる動きかたの行動形式，すなわち*可換的形式*をとる学習次元が区別されることになります。スポーツの場合でも，跳ぶ距離を大きくするには助走を強めればよいし，フライボールを確実に捕るにはその地点にすばやく移動できればよいのです。このことは自明の行動形式ですし，そこに走ると跳ぶ，走ると捕るとの意味関係から目的的な行動形式が選ばれているのはわざわざ言挙げするまでもありません。しかし，そこにシンボル化能力が作動していることに気づかないのであれば，いぜんとしてメルロ＝ポンティのいう*可換的形式*に止まっていることになります。よく調教された犬が飼い主の投げたボールを捕るのにみごとな先読み行動を見せるのと同じ次元にあることを確認しておかなければなりません。

## ●──シンボル化作用の地平構造とは何か

こうして私たちはここで主題化する人間に固有なシンボル化形態の地平構造を分析する必要に迫られるのです。競技スポーツとりわけ対人競技ないしチーム競技においては，刻々に変化する絡み合いの動感情況のなかからシンボル化された意味，つまり*諸構造の構造*を読みとる動感力が決定的な重要さをもつことはいうまでもありません。その場その場の情況から与えられる*感覚情報*の数を増やしてそこに一つのパターンを数学的に*形式化*しても，無限に千変万化する動感情況の個々にいちいち対応できるはずはありません。そこには，とても相似とはいえない動きかたのあいだに一つの内的関係，つまりメタ構造が躍り出てくるからです。それを自我身体が感じとる本来的な意味の能力，すなわちシンボル化された情況判断力というものが存在しなければ千変万化の事態に即興的に対応できるはずがないことは明らかです。鋳型化されたパターン反復の数を増やしたところで，その場の情況を把握する*原理*としてのシンボル化形態がわが身に*身体知*として発生するはずもありません。場のヴェクトル構造にし

たがった行動しかとれないのではチンパンジーの次元に止まるというボイテンデイクの指摘はここにおいて決定的な意味をもってくるのです[27]。

　生きた戦術のカンを鍛えるのには，ひたすら実戦的な場のなかでヴェクトル構造にしたがった反復訓練しかないという考え方はまだ可換的な行動認識の次元に止まっているからです。そこでの行動は因果的に反応できることが意図的に目指され，物質的な出来事と同じく先行条件の関数でしかないとメルロ＝ポンティは厳しく注意しています。これに対してシンボル化能力とは，約言すれば多様な動感情況との交流のなかで，情況との関わりかたの動感記号をシンボル化し，その情況の意味を原理として生身で感じとれる身体能力なのです。メルロ＝ポンティの表現によれば，〈今〉は未来の行動を巻き込み先取りしながら，過去のさまざまな模索を要約し，経験の特殊な情況を類型的情況に転化し，現実に有効な反応を一つの能力に転化して身につけるのがシンボル化能力なのです。この意味において，シンボル化された「行動はもはや単に一つの意味をもつのではなく，行動そのものが意味である」というメルロ＝ポンティの指摘は大きな重みをもってきます。周界における今ここの動感情況のシンボルを読みとるということは，単にあちこち見回して多様な感覚情報を手に入れ，あれこれと確率論的に予測することではありません。そのときのシンボルの始原（アルケー）が読めるということは本原的動感予描でなければなりません。全体情況のなかに流れつつある身体運動の意味を始原（アルケー）として私の身体が感じとり，判断し，同時にそのように動ける身体能力であることが求められるのです。

　このように即興可能なシンボル化形態を目標像にとらえてはじめて，情況感能力の独自な構造が浮き彫りになってきます。それは情況意味を読むことと，情況感覚を掴むことという両義性とその反転性を基柢に据えれば当然ながら首肯できることです。しかし，周界情況から得た全身感覚的な動感作用を受動的に受け取るだけに止まっていては，今ここに動くことができるという能動的総合の意味づけを生み出すことはできません。そこでは，何をしたいのか，何ができるのか，どうすべきなのか，そのパトス的な情況判断とそれに応じた即興動感力が求められているからです。ここで意味されているシンボル化形態はすでに即興力に裏打ちされたパトス的な情況判断に基づいているのでなければ，

---

27) Buytendijk, F. J. J. : Mensch und Tier, S.112ff. Rowohlt /『人間と動物』, 207 頁以降, 濱中淑彦訳, 1995, みすず書房.

それは単なる絵に画いた餅でしかありません。ですから，そのパトス的な決断は因果の時間系列における情況判断の確率論的結論などではなく，即座に感じとられる即興的な身体能力でなければならないのです。それを私たちは情況感能力と呼んでいます。受動的な動感地平のなかでも「そんな感じがする」「そんな気配を感じる」という，いわば始原身体知のレヴェルにその発生地平をもつのが情況感能力であり，シンボル化能力はそれと相補的統一性をなし表裏の基づけ関係をもつのはいうまでもありません。

　こうしてシンボル化能力と情況感能力は相補的統一性に支えられる関係のなかで，伸長反転化作用と先読み反転化作用という絡み合った二つの関係構造のメタ構造として，改めてシンボル化能力の動感地平に潜む含意潜在態を明るみに出す志向分析に入ることになります。しかし指導実践の現場では，完了したデータから得られる数量的な移動運動の情報量から未来の行動が予測できると考える自然科学的態度が支配的です。情況意味も情況感覚もすべて場のヴェクトル構造の合力として予測的に算出できるはずだと考えます。そのような因果的な知的予測がメルロ＝ポンティのいう可換的形式の次元にあり，シンボル化の次元と区別されることは贅言を重ねるまでもありません。

　このような確率論的な予測に対して，競技スポーツの現場でいわれるゲーム感ないし試合感と呼ばれる身体能力は確率論的予測の対極に位置する動感論的な予描能力なのです。それはゲーム分析から得た数量的データを知的に解釈する能力などでないことは競技に生きてきた実践的指導者ならただちに了解できるはずです。それは，たとえばゲームのダイナミックな流れを感じとる不思議な身体能力なのであり，今ここの試合の流れを私の身体そのもので感じとれる監督は現に存在しています。力動的な動感時空系における移ろいやすい競技情況のなかに，即座に最適な動きかた，最善の戦術を感じとる動感力こそここに主題化しているシンボル化能力に他なりません。それは，チームゲームのリードマンにも典型的に求められる複合的な身体能力ということもできます。しかもそのような司令塔の役割をもつプレーヤーをどのように育てるかは，現場のコーチの大きな関心事になることはいうまでもありません。敵，味方を問わず，プレーヤーの情況変化やそのシンボル地平構造を身体が感じとる情況判断のシンボル化能力をどのようにして計画的に養成するかについてはまだその発生様態の厳密な地平分析は手つかずのままに残されているようです。背後から迫る

敵にまったく気づかない選手，ゲームの流れも把握できずに走り回る選手には，そのつど容赦のないコーチの叱声が飛ぶはずです。サッカーの国際的な一流選手が抜群の情況感能力を示すことはあっても，その身体知の動感地平は構造分析の対象にされず，秘伝ないし自得の世界に押しやっているのが現状なのです。そうなればゲーム感のすぐれた選手を見つけ出そうとするいわゆるタ・レ・ン・ト・発・掘・の問題圏も単に生理学的，心理学的な諸条件をチェックするしか方法はなくなってしまいます。

● ──シンボル統覚化の地平分析を問う

　ここにおいて，私たちはこのような重層的な絡み合い構造をもつ謎に満ちたシンボル化志向形態の動感地平に向かって，そこに隠されている含意潜在態に問いかけていくことになります。この動感作用をもつシンボル化形態はその情況に投射化される身体知から生み出される志向形態ですが，それは伸長反転化作用と先読み反転化作用が動感時空系のなかで複雑な絡み合い構造を示しています。その絡み合ったシンボル化形態のなかに類的普遍化を示す含意潜在態を見つけ出し，シンボル形態の習練体系に役立てようとするのがシンボル地平分析のねらいになります。

　その地平構造を厳密に分析するためには，すでに伸長能力や先読み能力の地平分析の手順にならって，次の三つの地平構造をまずもって分析対象に取り上げることになります。

　①シンボル化形態の触発化地平分析
　②シンボル化形態の価値覚比較地平分析
　③シンボル化形態の共鳴化地平分析

①シンボル触発化地平を探る

　地平分析の対象になるシンボル化形態はどのようななじみ地平をもっているのでしょうか。私たちが何気なく水たまりを跳び越すときに，その場から安全に向こう側まで跳べないと感じれば，ただちに助走してから跳ぼうとします。この一連の行動がシンボル化形態として構成されていることに気づくのには意外と難問が控えているのです。この水たまりを跳び越すという日常的な動感形態は，体系論的には走ると跳ぶという二つの単一形態からなる組合せ形態として類化されます。この組合せ形態がヴェクトル構造の合力として理解され，走

るパワーやジャンプ力の要素トレーニングに入るのに何の違和感ももたないのが一般的な自然的態度になっています。いわばメルロ゠ポンティのいう癒着的形式にどっぷり浸かっている習慣態をもっていますから，この水たまり跳びをシンボル化形態としてのなじみ地平を構成するのはなかなかむずかしいことになるのです。

　しかし，そのときに水たまりの大きさと自分の動感力を比較考量して持ち前のカンを働かせるのは日常的にだれでもやっていることです。もし自信がなければ跳び越すことを諦めて回り道をすればよいのですから，だれにも強制されずに自由に自分で決めることができます。この組合せ形態でどのように動くかという運動問題になじみをもてるかどうかがシンボル化形態の成立に深く関わってきます。つまりシンボル化形態になじみ地平が触発されるかどうかはこの地平分析の起点をなすのです。そのときに跳ぼうと意図すると，ただちに私たちは自分のもっている動感力の財産を検討し，どのくらいのスピードで走るのか，どっちの足で踏み切るのか，どんな跳びかたをするのかなどをすぐさま動感志向的な投企に入ります。こうして，すでに見てきた徒手伸長作用と予描先読み作用の地平構造のなかにいろいろな含意潜在態が探り出され，それぞれのコントラストがしだいに明らかになってきます。そこにシンボル化形態のコントラスト地平構造が姿を現してくることになります。しかし，そこでコントラストがはっきりしてきた含意潜在態でも，そのすべてがシンボル化形態に参与できるものばかりではないのですから，当然ながらその含意態を取捨選択しなければならなくなります。

**②シンボル価値覚地平を探る**

　なじみ地平のなかでも，さまざまな伸長作用や先読み作用の意味核がそのコントラストをはっきりさせてくると，一見して矛盾した表現と思われる能動的受動性がシンボル化形態の意味形成に向けて総合作用に入ることになります。つまり学習者自らのシンボル化へのまなざしが一つの統覚化作用に向けられ始めると，そこにさぐり地平という階層に入ります。まだ頼りない動感触手を伸ばして，雑多なシンボル動感素材を統一して志向形態へと統覚化していく探索の道をおずおずと歩き出すことになります。

　しかし，そのシンボル化能力がうまく機能しているかどうかを何によって判断するのでしょうか。つまりシンボル化の評価作用がいきおい関心事になって

きます。そこで問題になるのは成功したシンボル化評価作用の程度差なのであり，フッサールのいうコントラスト程度差，つまりシンボル化能力の動感差に基づくコントラスト程度差を評価できることこそさぐり地平の含意潜在態になります。このコントラストがぼんやりしていたのでは価値覚によるシンボル化評価作用が機能しても，目的的にシンボル化形態の良し悪しは正当さをもつことができないからです。

　こうして，やっと私たちはシンボル化形態の動感素材のなかに取捨選択する価値覚を生化させることができることになります。水たまり跳びの例証でいえば，助走の速度は短距離走のように速ければ速いほどよいと判断できないことに気づきます。助走は踏切り地点への伸長志向体験との相関のなかでのみその価値は決められます。ですから，助走としての走りかたの良し悪しはその時間化された予描先読み作用が徒手伸長する動感空間的な作用とヴァイツゼッカーの意味の相補的統一性に裏打ちされている限りでのシンボル化評価となります。つまりシンボル化形態の助走と踏切りには動感時空系の相補的統一性という含意潜在態がその評価作用を支配しているのです。同じように，踏切り動作そのものの能動的な動感意識は常に予描先読みされるだけで徒手伸長作用は作動しません。その含意態に気づいているのでなければシンボル化形態の価値覚作用は生化しないのです。こうしてシンボル化作用の良否を分析する取捨選択の地平構造では，価値覚による評価志向体験そのものが分析の対象に取り上げられることになります。

　しかし価値覚による評価作用が自我身体への中心化作用にのみ関わって，動感情況に投射する価値覚が相補的統一性をもたなければ，それは実存の身体運動におけるシンボル化形態を構成できません。その周界情況に適応した行動をとることの評価作用を背景に沈めたままではシンボル形態は成立しません。情況を読み違えて見当違いの行動をとれば，それがどんなに心情領域で快感情をもたらしても，それは失笑を買う行動でしかありません。それは自らその行動を決心し，その行動を自ら起こしたのですから，だれのせいにもできるはずもないからです。ボイテンデイクのいうように，動物の行動は〈そうできる〉と〈そうせざるをえない〉だけに縛られていますが，私たちはさらにパトス的な〈そうしたい〉〈そうしてよい〉〈そうすべき〉な行動を取捨選択することになります。そのパトス的な行動では，いずれもどのような行動をとっても自ら決定す

るのであるし，その決定に同意した決定者としての自己を消すわけにはいかないのです。ボイテンデイクはそのような取捨選択は決心と同意という二重性を含意していることを指摘します28)。この取捨選択の地平構造に隠された二重性を知ること，つまり自らの行動を判断するために自らを二重化するという含意潜在態を見逃してはなりません。この志向的な含意態としての二重性に裏打ちされた身体運動こそが人間形成に本質的に関われる学校体育に固有な意味を与えることができるのです。

③シンボル共鳴化地平を探る

　シンボル化能力によるさぐり地平構造のなかで評価のための価値覚分析が前景に立てられると，やっと動感メロディーの志向体験が主題化されてきます。とはいっても，いつのまにかひとりでに統一されたシンボル化形態が発生するというわけではありません。シンボル化作用における動感素材が統一された志向形態として成立するためには，そこに新しい動感メロディーが流れ出して統一化に的を絞った志向体験が顕在化してくるのでなければなりません。反転化能力を含意した伸長作用と先読み作用が一連の統一した志向形態に向けられるときに，いつ空間的な伸長能力が隠れ，いつ予描先読みの時間性が表に躍り出るかを統一されたメロディー統覚化作用として動感身体に響き渡るのでなければ，とても統一したシンボル化形態は成立するはずもないのです。ですから，シンボル化形態の共鳴化地平分析においては，まずもって動感メロディーを自我身体に引き寄せるメロディー化地平分析が主題化されることになるのはいうまでもないのです。こうして私たちは共鳴化作用が主題化されるメロディー統覚化のなかでシンボル化作用の含意潜在態をとらえる志向分析に入ることができます。徒手伸長作用も先読み作用も，完了した動感意識の確率論的な単なる予測ではないことはすでに指摘していますが，このシンボル化形態も当然ながらその統一的な形態発生においては常に共鳴化作用に支えられたメロディー化地平を大地にしているのはいうまでもありません。

　このようなメロディー化地平では，すでに過ぎ去った動感意識とこれから起こる未来の動感意識とをともに今ここのゼロ点に引き寄せるという働きが表面化してきます。そのシンボル化能力の働くメロディー統覚化でも，未来の動感

---

28) Buytendijk, F. J. J. : Das menschliche der menschlichen Bewegung, 179ff. 1957. In: Das menschliche 1958. Koehler Verlag.

時間性への投射化がとりわけ先反省的に浮き彫りになることを確認しておかなければなりません。この先反省性という含意潜在態は動感形態の本質的な属性ですから，シンボル化形態に限ったことではないのですが，とりわけシンボル化形態のように重層的に絡み合った地平構造の分析ではあまりの複雑さに業を煮やしたくなります。そのときに精密科学的な複雑系の分析に誘い込まれやすいことを指摘しておかなければなりません。動感形態の本質的属性をなす漠然性そのものを厳密に分析しようとする現象学的形態学の分析論がその対極に位置している精密科学的な分析に誘い込まれるのはカッシーラーの言を援用するまでもなく 29)，それは明らかに論理矛盾に陥ることを知らなければなりません。とはいってもこの先反省性の確認は過ぎ去った直感素材がしだいに不明瞭になり触発化も弱まってくる意味ではありません。そこでは動感親和性をもったシンボル化作用における動感素材が呼び覚まされるのです。シンボル化形態の未来への動感投射化も経験直下の直感素材に動感親和性をもたないとしたら，それは単なる空虚な予測になってしまうからです。シンボル化作用における動感親和性に基づいてこそ共鳴化作用が生化し，生き生きした動感メロディーが生み出されるのです。そこではその統一として「単数となりうる複数」としてシンボル化形態が姿を現すことになります。

　このようにして，私たちはやっとシンボル化形態のまぐれ地平分析に入ることができます。まぐれという動感現象は単なる機械的な反復によってそれが消失するという考え方は，伸長カンや先読み能力の場合と同様に，それをまず遮断しておかなければなりません。その上で注目しなければならないのは，まぐれに成功したシンボル化形態のなかには，まぐれ評価力という含意潜在態を確認しなければなりません。それは伸長や先読みの地平分析とまったく同じです。私たちはまぐれ地平分析のなかに潜んでいる含意潜在態をまぐれ良否の判断力として明るみに出さなければなりません。実践現場でまぐれ地平分析をするときに，シンボル化という志向体験を何一つ身につけていない指導者はどうしても外部視点からまぐれの確率論に頼り，確率の向上を目指してひたすら反復訓練をさせることになるのはすでに何度も述べた通りです。しかし，センターリングされたボールをヘディングでゴールを決めたプレーが生きたまぐれなのか，死んだまぐれなのかをひと目でみごとに見分ける監督は実践現場に珍し

---

29) Cassierer, E.: Zur Logik der Kulturwissenschaft, S.100, 1971, Wissenschaftliche Buchgesellschaft.

くありません。しかしその人の貴重な実践知は厳密な地平分析が施されないまま放置されているか、あるいは監督の私有財産として秘伝化されるかのいずれかです。このような統合性をもったシンボル化能力のまぐれ地平構造には、多くの含意潜在態が潜んでいます。生きたまぐれの意味構造を明るみに出す地平分析が体系化されることは緊急な課題になっていることは明らかです。

## ●──シンボル図式化の身体化地平を探る

　シンボル化形態がまぐれ地平を通り抜けて、いちおうその全容を見せ始めるのはここで主題化される図式化地平に入ってからです。今ここの動感志向性が地平としての情況に向かって投射され、そこに統一化されたシンボル化形態が成立するのは自我身体に中心化される働きが前景に立てられるときです。つまりシンボル化能力が実存運動として曲がりなりにも図式化するには、それを私の地平構造として確認することが不可欠になります。すでに共鳴化を伴ってメロディー統覚化作用が現れ、それがまぐれ地平を拓くことになりますが、それまでは動感空間に広がる伸長能力と動感時間に生化する先読み能力がたえず反転を繰り返して、不安定な志向体験を露わにしています。しかしシンボル化形態の成立するこの図式化地平では、メルロ゠ポンティのいう私の身体がその動きかたを自らの世界へと身体化することが主題化されることになります。つまり身体化地平という自我中心化の志向体験が前面に躍り出てくるのです。このシンボル化形態の図式化地平においても、これまでの伸長や先読みのときと同じように、身体化地平分析と縁どり地平分析とに分けて、二つの地平に隠れたシンボル化形態の含意潜在態を探っていくことになります。

　これまでの伸長作用と先読み作用では、それぞれに反逆身体、道具身体、中心化身体の拠点から身体化地平のなかに含意潜在態を探ってきました。その二つの身体能力が統合的に図式化されるところにシンボル化形態が姿を現すのですから、それらの身体化地平に潜む含意態はすでに析出され確認されているのはいうまでもありません。シンボル化形態を発生させるときに伸長作用が働かずに反逆身体が表に躍り出てしまい、あるいは動感情況を先読みするときに自我身体が即興的に機能しないのではシンボル化能力が十分なレディネスに達していないことになります。そのようなシンボル化能力の前提条件が整わないところに、道具身体が姿を現すのです。シンボル化作用を活性化する段になって、

まだ伸長作用や先読み作用で道具身体が問題化してくるようではとてもシンボル化形態の図式化地平のなかに潜む含意態を分析するレヴェルに達していないことになります。

　同じように，シンボル化形態の図式化地平において最後に取り上げられる中心化身体の含意潜在態を探るためには，伸長分節と先読み分節のそれぞれのなかで一連の動感メロディーのなかに身体化されているのでなければ，シンボル図式化地平における身体化の含意態をあばき出すことはとてもできません。つまりシンボル化形態にはシンボル的な動感メロディーが響きわたるのであり，そのなかに統合的な身体中心化という含意態が隠れていることになります。それは新たなシンボル化形態の意味核なのであり，そうでなければ伸長分節，先読み分節が絶縁的に寄せ集められただけになり，シンボル化された統一的な実存の身体運動として生化されるはずもないのです。このシンボル化形態の身体化地平分析では，伸長作用と先読み作用を統一的に構造化する前提づくりとして，それぞれの分節が自己身体に中心化され，シンボル図式化のために生化された二つのシンボル分節が統一的なメロディーに統覚化できる動感作用に耐えうるのかどうか探りを入れることになります。

● ──シンボル図式化の縁どり地平を探る

　ここで主題化されているシンボル図式化地平では，生き生きしたシンボル化形態がその図式化を成立させるために，構造化されている諸分節形態の縁どり作用を分析し，そのなかに隠れている含意潜在態をあばき出すことになります。そのためにはシンボル化形態を構成しているシンボル分節形態を確認しなければなりません。つまり，伸長分節形態と先読み分節形態が一つのシンボル化形態のなかにどのように局面化されているか，どのようなリズムをもっているかなどその構造化様態のなかに含意潜在態が探られることになります。

　さらにここでは，基本的に単一形態，複合形態という動感形態のほかに，競技形態によってはより大きな行動単位をシンボル図式化地平の対象に取り上げることを確認しておかなければなりません。たとえば，個人競技でもその試合進行のあいだにシンボル化形態を含む行動は明らかに地平分析の対象に取り上げられるべきものです。さらに，ボールゲームにおけるプレー進行のなかに一連の行動に意味構造を画することも必要になります。シュトラウスの指摘を援

用してあらかじめ述べておきましたが，開始と終末とを含意した枠組みをもった行動,シュトラウスのいう準個別運動はこの意味で理解することができます。個別的な動感形態が単に単一形態や複合形態だけに限定することは広範な競技スポーツの地平分析には適さないことはいうまでもないことです。突発的な出来事のため，予定した演技内容を即座に，あるいは投企的に変更するときシンボル化形態の即興が求められます。作戦タイムを取り選手交代を決断するときには，その介入を触発した一連の行動形式もシンボル化形態の地平構造をもつことになります。さらに，もう一つの地平分析として，そのシンボル分節形態そのものの構造存在を確かめるために，消去法による縁どり分析も欠かすわけにはいきません。こうして私たちはシンボル図式化地平のなかに新たな含意潜在態を探るために次の二つの地平分析を区別することになります。

①シンボルカン構造化の縁どり地平分析
②シンボル分節形態の縁どり地平分析

**①シンボルカン構造化の縁どり地平を探る**

シンボル化形態を構成している伸長分節形態と先読み分節形態はどのように構造化されているのかを私たちは確認しておかなければなりません。というのは，伸長分節と先読み分節は同時に表に出ることはなく，常に回転ドアの原理に支配されているからです。つまり動感空間性を内在させている伸長分節作用が表に出て作動しているときには，動感時間性をもつ先読み分節作用は決して表に出ることはできず，その背景に待機しているのです。ヴァイツゼッカーのいうこの相互隠蔽原理はこれまでも何度も繰り返していますから説明の要はないでしょう。先に挙げた水たまりの跳び越しの例証でいえば，助走の速度を速める先読み作用を働かせているときには，踏切り位置に踏切り足を合わせるという伸長作用の働きは表に出せません。足合わせの伸長作用を表に出せば，どうしても先読み機能は背景に沈んでその動感時間性が生化しないのです。このような動感時空系におけるメロディーの反転化作用はその競技レヴェルにかかわらずだれでもこの動感作用を経験しています。

走って跳ぶという複合的な組合せ形態に共通に現れる助走という分節形態は幅跳び，高跳び，あるいは跳び箱などの助走ごとに独自な分節形態を示します。そこには不可欠な含意潜在態がいくつも隠されていることはよく知られています。とりわけ，跳び箱を跳び越すための助走は踏切りが両足踏切りになるため

に，その前の踏切り足の決定は必然的に求められます。さらに踏切りのあとは第二の両手による突き放し動作が求められますから，それらの一連の動感メロディーは伸長分節作用と先読み分節作用が絡み合って構造化されます。このようなシンボル図式化の地平構造がこれまでは元気な助走と力強い踏切りによる勇気と決断という教材認識が支配的です。これでは子どもたちから嫌われるのも無理ありません。この教材研究では跳び箱の動感地平分析がまったく取り上げられず，その含意潜在態は背景に沈められたままに放置されているからです。教師のほうもけがをさせない準備におおわらわですから，この教材の地平に潜む含意態の志向分析はどうしても敬遠されてしまいます。

　さらに，このシンボル化形態がサッカーやバスケットボールのように味方との連携と敵方との対応という複合形態になると，さらにこの伸長分節と先読み分節は重層的な絡み合い構造を示し，そこに一つのシンボル化形態を成立させるのには，多くの地平分析を施さなければなりません。たとえば，パスをするにしても，味方のいる位置にするのはたやすいとしても味方が移動してほしい位置にパスをするには，パスする相手の先読み作用をこちらが読んでその位置にパスを的確に送ることが求められます。そのあいだに敵方の妨害が入るのですから，どうしても鋳型化された机上プランのパス回し訓練は画餅となり役に立ちません。予描先読みだけでなく，偶発先読みという即興のシンボル化能力が求められることを考えれば，このシンボル化形態の地平分析は厳密に取り上げられ，そこにどんな含意態が隠されているのか指導者は知悉していなければなりません。指導者養成大学で実技実習が必修化されるのは単に本人の技能向上だけではなく，このような高度な地平分析力を身につける必要があるからです。ここでは今パスをするのか，ドリブルで動くのか，シュートに入るのかなどはすべて動感性のパトス世界における価値判断に依存しますから，この地平分析力の実習は膨大な内容をもつことになります。

　このようにして，私たちはこの絡み合った重層的なシンボル化形態の構造化地平を分析するのには前にも述べた消去法，つまりその構造化されている分節作用の一つを意図的に解体していく方法を用いることは実践知としてよく知られています。それぞれに構造化されたシンボル分節形態を一気に取り外してしまうと，そのシンボル化形態の動感メロディーは破壊されて志向形態は成立しなくなります。このことによっていくつのシンボル分節形態が不可欠なのかを

確認することができます。

**②シンボル分節形態の縁どり地平を探る**

　私たちはすでにシンボル化形態がどのような分節形態から成り立っているのか、どの分節形態が不可欠であり、どの分節形態がどのくらいの遊び幅をもっているのかなどを確認しておく必要があります。そのシンボル化形態を構成している分節形態そのものがどのような外縁をもっているのかをさらに確認しておく必要に迫られます。その分節形態は固定的に構造化されているのではありません。そのつど地平分析の対象になるシンボル化の全体構造は刻々変化する動感情況によってそのつど姿を変えていくからです。たとえば助走のスピードが追い風のために普段より加速されてしまうと、踏切り足の間合いのとり方もそれによって変えなければなりません。そのときの踏切り位置に足を合わせる伸長作用をいつ始めるかを先読みすることになります。このような伸長分節と先読み分節の形態を縁どりしてその構造化枠組みをしっかり把握しておくことが助走の成功を左右することは選手にもよく知られています。テニスのレシーヴでも、ボールのくる位置にわが身を伸長していく能力と、いつラケットを振るかという先読み分節の縁どり分析は受動的動感作用に頼って知らずにやっているのが一般です。そのとき、伸長作用と先読み作用の縁どりが厳密に分析されている人は、飛んでくるボールのコースにわが身を伸長しても、とてもラケットを振る先読み分節に入れないと判断し、それを承認すれば、その人はレシーヴ動作に入りません。それは決して・や・る・気・の・な・い・プ・レ・ーではなく、高度な地平分析力による確信から生まれる行動なのです。

　このようなシンボル分節形態そのものに縁どり分析をしてその二つの分節形態の反転化作用に備えていることは実践現場では当たり前のことになりますが、その縁どり分析の方法としては再び消去法がとられるのが一般です。助走の速度を意図的に上げておいて、踏切りの間合いを変化させてその変動幅を縁どり分析します。このような個々の分節形態の縁どり分析は決して高度なレヴェルにある選手の専有物ではありません。水たまりを跳び越すときでも、そのような踏切り足の間合いのとり方は空虚な含意潜在態として胚胎しているのです。ですから、走ると跳ぶの複合形態では必然的にこの含意潜在態が受動世界で空虚ながらも息づいていることを見過ごしてはならないのです。

● ──シンボル化作用の反転化地平分析を問う

　私たちはこれまでシンボル化形態の図式化地平に隠れている含意潜在態を探ってきました。しかし、このシンボル化形態の構造化地平に伏在する伸長分節と先読み分節は固定的に位置づけられ常に一定の動感メロディーを奏でるわけではありません。それは動感情況のそのつどの変化に応じて伸長分節と先読み分節が反転して作動することが求められるからです。ゴール前の絡み合った攻防戦のときには因果的思考はまったく成立しません。そのつどに動感空間に伸長する作用が突然に先読み作用に切り換えざるをえない情況になることは日常的に生起している出来事なのです。サッカーのオウンゴールの発生はこのことを物語って余りあるものです。そうなると鋳型化された戦術の反復練習は意味づけを失いますから、偶発性の生起を抜きにしては何の役にも立ちません。私たちは動感情況とのやりとりのなかで、情況との関わりかたの動感作用をシンボル化しながら情況意味を原理として生身で感じとれるシンボル化能力を身につけるしかないことになります。メルロ＝ポンティの表現を再び援用すれば、〈今〉は行動の未来を巻き込み先取りしながら、過去のさまざまな模索を要約し、経験の特殊な情況を類型的情況に転じ、現実的に有効な反応を一つの能力に、シンボル化能力に転化して身につけるしかないのです。その意味において、シンボル化された「行動はもはや単に一つの意味をもつのではなく、行動そのものが意味なのである」というメルロ＝ポンティの指摘は大変な重みをもってきます。これは何度繰り返しても足りないほどの重要性をもっているのです。

　ここにおいて、私たちは伸長作用と先読み作用の反転化地平分析を取り上げることになります。伸長作用も先読み作用もともに身体化地平では表裏一体であり、裏のない表は存在しないように絡み合い構造をもっているとしても、どのように訓練すれば伸長作用と先読み作用の自在な反転化能力を生み出せるかはそれぞれのコーチが手探りを続けざるをえません。ところがシンボル化能力の臨機の反転化能力は実戦のなかでひとりでに身につくと考えられていることが少なくありません。生きた反転化能力に裏打ちされたシンボル化能力はどのようなトレーニングによって可能になるのでしょうか。これまで現場に反転化能力の貴重な実践知が存在していても、体系的に地平分析の対象に取り上げられいないためにその一般化に立ち後れが目立っているのは事実のようです。

　たしかにシンボル化形態の地平構造はきわめて重層的な絡み合いを見せ、一

義的にその複雑な構造を浮き彫りにすることのむずかしさも認めざるをえません。そこには反論理的な両義性が伏在しているだけでなく、その動感情況の刻々の変化はそのシンボル化形態の明証的な確認を阻みます。しかもそれは競技スポーツの個々の種的普遍性に基づいて、さらに詳細な分節化と厳密な形態化が求められることになるからです。それだけに各種競技スポーツの一般競技論とそれぞれの競技ごとの個別競技論が相補的統一性に裏づけられて体系化されることが緊急に求められていることになります。

---

**ゼミナールテーマ：12**

①身体運動の形態概念は原因をもたず、非精密で、漠然性を本質としていることを競技スポーツの具体的な例証で説明してください。

②伸長作用の触発化地平、価値覚比較地平、共鳴化地平に潜む含意潜在態を学校体育のなかから具体的な例証を一つずつ挙げて説明してください。

③伸長作用におけるまぐれ評価力を示す具体的な競技例証を挙げて、まぐれ地平の出来事が確率論で解釈できない理由を説明してください。

④伸長作用の身体化地平に潜んでいる含意潜在態を反逆身体、道具身体、中心化身体のそれぞれの場合について具体的な例証を挙げてください。

⑤伸長作用に潜んでいる動感出会いの含意潜在態を付帯伸長と徒手伸長のそれぞれの場合の例証を挙げて、物理的出合いとの差異を説明してください。

⑥伸長形態の縁どり地平分析について具体的な競技例証を挙げてその構造分析の意義を述べてください。

⑦伸長形態の反転化地平に潜む含意潜在態を探り当て、その意味構造を競技例証で具体的に説明してください。

⑧先取り動作と先読み能力の差異を学校体育の具体的な例証で説明してください。

⑨先読み作用の触発化地平、価値覚比較地平、共鳴化地平に潜む含意潜在態を具体的な競技例証のなかから一つずつ挙げ、その先読み形態の統覚化地平の階層を説明してください。

⑩先読み作用の身体化地平に潜んでいる含意態を反逆身体、道具身体、中心化身体のそれぞれの場合について具体的な競技例証を挙げて身体化の意味発生

を説明してください。
⑪先読み形態の構造化地平において消去法によって縁どりする具体的な競技例証を挙げてそこに隠れている含意潜在態を説明してください。
⑫先読みモナドカンを確認する地平分析において消去法を用いる具体的な競技例証を挙げながら縁どり分析の必要性を述べてください。
⑬先読み反転化能力をトレーニングするときの具体的な競技例証を挙げて，その実践的体系化の意義を説明してください。
⑭シンボル化形態が伸長作用と先読み作用との相補的統一性に支えられている具体的な例証をあげて，その統合志向形態の独自性を説明してください。
⑮シンボル化作用の触発化地平，価値覚比較地平，共鳴化地平に潜む含意潜在態を具体的な体育例証のなかから一つずつ挙げ，体育における先読み能力の統覚化地平の意義を述べてください。
⑯シンボル化作用の図式化地平に潜んでいる含意態を反逆身体，道具身体，中心化身体のそれぞれについて具体的な体育例証を挙げて身体化地平の意味発生を述べてください。
⑰シンボル化形態の構造化地平における伸長と先読みの二分節形態について縁どり分析の方法を具体的な競技例証によって説明してください。
⑱シンボル分節形態そのものの縁どり分析を具体的な競技例証によって説明し，シンボル化形態のモナド的なるものを取り出しそのトレーニング可能性を述べてください。

## 講義 13
## 修正化地平の分析方法論を問う

### 1 修正化作用の地平構造を探る

● ――修正化地平の含意潜在態とは何か

　これまでの講義で，動感形態が統覚化され図式化される地平，つまり形態化されていく地平に潜む含意潜在態を明るみに出してきました。そこには，新しい志向体験が曲がりなりにも形態化され，まとまりをもった動きかたとして，いわばマイネルのいう基礎図式が出現することになります。それをさらに改善し修正化していく地平がここで改めて主題化されることになります。ここで主題化となる修正化作用ないし洗練化作用の位相には，図式化の地平志向性に比べればさらに多くの複雑に絡み合った含意潜在態が潜んでいます。というのはフッサールが含意潜在態の明証性を基礎づけるときに，すべての意識流のそれぞれの位相のなかにそのつどの沈殿した歴史の存在に注目しているのです[1]。フッサールはそのなかに隠された知と習慣態をもつ地平構造を浮き彫りにしていきます。ここで主題化する動感修正化地平のなかにも，その背景に沈んでいる含意潜在態やその長い歴史のなかに潜む動感ハビトゥスの存在がえぐり出される可能性をもつことになります。

　私たちが「運動を修正する」とか「フォームを改善する」という表現を使うときには，たといぼんやりしていても修正されるべき目標像をとらえているはずです。この修正化志向性がないとすれば，その人は今の動きかたに満足しているか不便を感じないほど習慣化されていることになります。この動感ハビトゥスという習慣態は修正志向性を押しつぶしてしまう威力をもっています。しかし「もっと速く走りたい」「もっとうまくシュートしたい」などの努力志向性が働くと動感性の修正化地平が前景に浮かび上がってくるのです。このよう

---

[1] Husserl, E. : Zur Phänomenologie der Intersubjektivität, II, S.36, Hua.14, 1973.

に目当てをもって動きかたを工夫し修正するという志向性はたしかに学習への意欲を触発するものとして注目されます。ところが私たちはまずもって自ら修正しようとする目標像をVTRの客観映像のように思い浮かべて、その欠点を取り去り不足しているものを補うことによって好ましくない動きかたを修正化できると考えます。そこではたといそれが自分の映像だとしても、自らの動感意識を探る地平が欠落しているのに気づかないのです。それが単なる図形の継起的変化であるのに、それは私の身体運動だと信じてしまうのです。そのように考える人にとって自分自身の映像はすでに物化されていて、今ここに時間化された私の動きかたではなくなっているのに気づきません。そこでは修正化作用、つまり新しい目標志向形態に向けて修正統覚化していく志向体験がまったく欠落したままになっているだけに始末が悪いのです。

　ここにおいて私たちはシュトラウスのいうスタートとゴールの関係系に注目せざるをえなくなります。すなわち「生き生きした運動というものは、ここからそこへスタートからゴールへの変化であり移り変わりなのです。生きものは自ら動くことができますが、[動きを]生成するものとしてここからそこへ移り変わるなかに生きているのです」2)。その場合〈そこ〉ないし〈ゴール〉の目標志向性は私たちの前景に立てられますが、〈今ここ〉ないし〈スタート〉への志向性はその地平の背景に隠れてしまうのです。単に歩いているときでも〈どこへ〉の志向性は働いても、私が〈今ここ〉で歩いているという動感志向性は匿名的にしか働きません。つまりそのように修正したいというゴールは比較的顕在化されますが、そのスタートにいる私の動感地平は志向対象から外れてしまうのです。ですから粘土細工の加減方式による修正トレーニングを何の疑いもなく受け入れることになります。スタートに立った私の動感身体に「まだもっていないもの」は何なのか、動きを生み出す人として「別になる可能性」を予描的に志向体験できる人のみが「自ら動ける」し「自ら動こうとできる」のだとシュトラウスは念を押します。たしかに麓にいる人のみが山に登れるのですが、麓にいる私は匿名の世界にあります。新しい動きかたを目当てにその修正起点を構成化する人は今ここの私の動感身体の能力に気づくのでなければなりません。この気づきなしにはどんな修正化志向体験も成り立たないことをまずもってしっかり確認しておかなければなりません。

---

2) Straus, E. : op. cit. 1956, S.275.

● ──修正化と洗練化の相互関係を問う

　まずもって修正化と洗練化という二つの志向体験の相互関係から講義を始めることにします。修正や改善という一般的な意味の理解が動きかたを修正するという問題圏に入ると，途端にその理解に混乱が起こることに注目する必要があります。すでに述べているように，それはちょうど粘土細工で塑像を造るときと同じように余分なところの粘土を取り除き，あるいは不足しているところに別な粘土を貼り付けるのと同じ作業プロセスだと理解しているからです。ところが動きかたの一部分を修正しようとしたら，その全体の動きのリズムが狂ってしまうことを私たちは経験的によく知っています。ある体部分の筋力不足をトレーニングによって強化できたと思ったら，全体の動きかたの調和が崩れてしまい新しい動感意識流を改めて生み出さなければならない羽目に追い込まれます。それを克服して，統一された調和化形態を獲得するのに長いあいだの工夫を強いられることは珍しくないはずです。

　したがって身体運動の目当て形態を修正統覚化するという志向体験のなかでは，粘土細工に見られる加減方式が当てはまらないことに注意しなければなりません。いわば修正化作用の意味構造を理解するには，ドイツの哲学者ロムバッハが「修正というのは存在論的にいえば再構成することと同じだ」と念を押していることに注目しなければなりません3)。機械システムの故障と同じように，不良部品の取り替えや不足したものを補充することで正常な元の状態に戻ると考えやすい修正概念に対して，ロムバッハはその構造存在論の立場から慎重に論を展開し，力動的な構造生成の不可欠さに注意を喚起します。とりわけ，生命的な存在領域における力動的な動感形態の修正化は能動的な意味発生として理解されるべきであり，単なる復元と考えてはならないことを強調します。このようにして，動感形態の修正化作用が成立するのはまさにヴァイツゼッカーのゲシュタルトクライスという相即原理に支配されていることを改めて確認しておく必要があります。

　もう一方の洗練化という表現はいちおう曲がりなりにも図式化した動きかたをさらに反復習練して，よりスムーズな動きかたに統覚化していくことが意味されています。その洗練化作用，つまりよりよい動きかたを目当てにして反復

---

3) Rombach, H. : Strukturontologie, S.83, 1971, Verlag Alber /『存在論の根本問題』，79 頁，中岡成文訳，1983，晃洋書房．

訓練する志向体験には，その動きかたの反復が習慣化を引き起こし，そこに心情領域における動感なじみも生み出します。そうすると，洗練統覚化に成功するということは，そこに一定の動きかたに定着化をもたらすことになります。この洗練化作用の地平に潜む定着化という含意潜在態はきわめて本質的な意味づけをもちます。しかし同時に，この定着化の志向体験はそこに解消化という志向体験に反逆する働きが含意されていることも見逃すわけにはいかなくなるのです。というのは，修正するためには以前の古い志向形態を完全に解消して更地にしておかないと，新しい修正化形態を生み出す大地が存在しないことになるからです。ここにおいて，修正化地平に潜む形態発生の相即化と洗練化地平の定着化とはそこに相補的統一性に支えられて基づけの関係をもちつつも，そこに新たな解消化作用とのアポリアを生み出すことを見逃すわけにはいかなくなります。

　こうして私たちは修正化するための起点を構成化するのに重大な定着化と解消化という問題を抱え込むことになります。チェック機能を働かせてきた修正化形態をさらに安定させるために反復訓練を重ねることはその志向体験の意識流を定着させ固定化することが意味されます。ところが，さらによりよい洗練化形態の発生を志向してその次の修正化に入ろうとすると，それまでの修正化形態の定着は新しい洗練化作用に反逆的に働くことになります。そこにはその洗練化形態の定着を確かなものにすればするほど，次の洗練化のために古い身体知を解消することがむずかしくなるという本質的な矛盾性が伏在しているのです。動感志向形態における定着化と解消化という果てしない抗争に立ち向かうためには，私たちは動感形態の微妙な動感差を感じとるコントラスト地平における分化志向体験の能力，つまり動感分化能力に注目しなければならなくなります。

● ──修正化地平分析の体系を問う

　このように複雑に絡み合った修正化地平の構造分析は困難をきわめますが，私たちは修正化地平分析のためにまずもってその修正起点を構成する基柢的な起点化地平を措定することになります。そのような起点を構成化する地平には，修正化対象を発見する拠点となる調和化地平，再構成を保証する解消化地平，さらにそれらの地平成立を下支えする動感分化地平の三つの地平を定立します。

この修正化起点を構成化する地平の上に、さらに修正志向形態の時空構造を改善する修正化地平と志向形態における力動修正化作用を分析できる修正化地平を取り上げることになります。もちろん、この時空修正化地平と力動修正化地平は相補的統一性の原理のもとにその二重性と統一性を基柢に据えています。その表裏一体の絡み合い構造のなかで、そこに潜む含意潜在態をえぐり出すために、時空・力動の統一構造をさらに二つの分節に分けて地平分析を進めることにします。マイネルがこの時空分節と力動分節を一つの運動形態の内的構造として取り上げたことは周知の通りです。しかしそこでは動感志向性に着目していながらも、客観的な時空系を基柢においたために、その局面構造というユニークな論考も動感構造の発生問題に踏み込めなかったことは惜しまれます。

　こうして、この講義で主題化している修正化作用の地平分析体系を下図のようにまとめることができます。いうまでもなく、時空修正化と力動修正化の地平は相互に複雑に絡み合い、相補的統一性に支えられていることを確認できるために一つの修正化志向形態の枠組みに構造化されています。

```
┌─────────────────────────┐
│    修正化地平分析の体系        │
├─────────────────────────┤
│    修正起点化の地平分析        │
│    ①調和化の地平分析          │
│    ②解消化の地平分析          │
│    ③動感分化の地平分析        │
└─────────────────────────┘
             ↓
┌─────────────────────────┐
│    時空修正化の地平分析        │
│    ①局面化の地平分析          │
│    ②優勢化の地平分析          │
│    ③再認化の地平分析          │
└─────────────────────────┘
             ↕
┌─────────────────────────┐
│    力動修正化の地平分析        │
│    ①リズム化の地平分析        │
│    ②伝動化の地平分析          │
│    ③弾力化の地平分析          │
└─────────────────────────┘
```

## 2 修正起点化作用の地平構造を探る

●──修正起点化の地平構造を問う

　ここにおいて修正起点化の地平構造を前景に立ててそこに潜む含意態を探る問題圏に入ります。自らの動きかたを修正し洗練していくということは改めて動感形態を新しく再統覚することになります。その営みはわざの究極に向かっての動機づけを失わない限り無限に続けられていきます。ところが選手ないし生徒の修正化を指導しようとすると，分析対象の運動経過を物化してしまい，間違った動きかたを取り除き不足している体力を補うという，いわば粘土細工の加減方式をとる普通の考え方に流れやすいものです。要素主義に則って体力の要素を生理学的にトレーニングし，結果的に記録が伸びたり，できなかった技に成功したりすると，その因果関係だけをことさらに取り出して運動修正の成功は体力的な科学的トレーニングのおかげだと考えることに何の違和感もなくなります。そのとき修正する本人はうまく動くためにいろいろと工夫を余儀なくされますが，そのことはすべて本人の自得に丸投げされるのが当然とし，その動感作用を修正する地平に指導者自身が気づかないことさえ珍しくないのです。

　しかし，指導対象としての修正化地平をいざ自分自身の動きかたに置き換えて考えてみれば，そこではたえず自問自答の方式がとられているのに気づきます。私がどんな感じで動けばよいのかをもう一人の私がいろいろな修正化志向体験を取捨選択して新しい動きかたに成功するために工夫しています。古来の芸道に連綿と伝承されてきたいわゆる自得の営みとはこのことです。無師独悟をモットーにする自得精神はそれ自体本質的重要さを示しているのですが「師匠なしに自得すべきだ」というのではコーチも体育教師も無用になってしまいます。ですから，動感修正化の任務を放棄した指導者は習練活動の教育学的なマネジメントしかやることがなく，指導の意味核となるコツやカンの傍らを素通りして自得精神の重要さを説得できればよいことになります。そこでは生徒の動く感じに何一つ共振できないのですから，その修正対象は物化された身体運動を外部視点から観察し定量的に因果分析をする道を選ぶしかないのです。もっとも，生徒に動感発生を丸投げした図式統覚化地平では，指導者の知らないうちにいつのまにか生徒の志向形態に動感発生が起こることも珍しくありま

せん。とくに才能に恵まれた選手の場合はそうなのです。ところが課題解決の条件としての体力は十分もち、その学習態度もまじめに努力しているのに、どうしてもできない生徒が「なぜ私はできないのか」と恨めしげに問われると、指導者は言葉を失ってしまうものです。つまり生徒の動感世界の外に立って拱手傍観し、熱心に自得精神の大切さを説いても何一つ動きかたは改善されないことに気づかざるをえません。

　ところが指導者が「私が自らの動きかたを修正する」という態度に切り換えて本人の身になって工夫すれば、その態度は修正化の指導に特別な意味づけを与えることになります。目当ての修正化形態に向けて、古い動きかたを捨て新しい私の動きかたを生み出さなければならないという切迫性に気づくと、前段で問題にした定着化と解消化という果てしない修正化作用の循環性に着目せざるをえなくなるのです。これまですでに習慣化している動感形態を修正するには、まずその動きかたを修正しようとする動機づけが不可欠になります。その動機づけがそれまでなじんだ習慣態を改善するスタンスを創り出し、修正化のための解消化作用への起点になります。つまり、古い動きかたを修正しなければならないと気づいた途端にそれまでの習慣化された動きかたを捨てなければならないのです。更地にしなければ新しい修正志向形態を構成することもできないのは自明のことです。しかしその習慣化された動感システムはきわめて強固であり、それが習慣化されていればいるほど修正化に激しく抵抗しあらゆる反逆を試みてきます。古い動感システムを解体するには別に新しい動感システムを生み出さなければならず、修正化地平の絡み合い構造は果てしない循環性を帯びていくことになります。

● ── 起点化地平分析の体系を問う

　ここではまずもって起点化形態の意味構造を確認することから始めなければなりません。修正起点を構成化する地平では、その起点化形態を生み出す統覚化作用の地平構造に注目しなければなりません。その地平構造のなかに階層化される動感統覚化作用では、さらに触発化地平、価値覚比較地平、共鳴化地平が探られ、そこにどんな含意態が隠れているかを取り出していくことになります。次いで、その統覚化志向体験のなかに一つのメロディーが流れ、曲がりなりにも志向形態が図式化されてまぐれが偶然に姿を現し始めます。その図式化

された志向形態はさらに身体化地平が確認され，縁どり分析によってその外縁が確認される地平のなかに修正起点化の地平構造はその全容を整えてくるようになります。最後に，この修正起点化形態を構成している三つの分節地平，すなわち，調和化作用の地平，解消化作用の地平，動感分化作用の地平はそれぞれ反転化能力に裏打ちされていなければ，現実の身体運動の修正化作用はうまく機能しません。この三つの分節地平，つまり，調和化地平，解消化地平，動感分化地平の意味構造については『身体知の形成』（講義24）ですでに述べてありますので，ここではその要点をまとめておくだけにします。

### ①調和化の地平構造

　第一の分節地平として取り上げられるのは，全動感能力が決定的な働きをする調和化地平です。その地平志向性は発見性という含意態を潜ませています。形態学の立場から『スポーツ運動学』を提唱したマイネル教授もその著において，調和化志向体験のなかに修正化に不可欠な発見的意義を認めています。さらに修正化の最終的な評価作用の役割までも与えていることはよく知られています。ところがマイネル教授の講座後継者たちは形態学的運動分析の方法論をサイバネティクスに乗り換えてしまったので，調和化地平という動感価値覚に関わる修正化含意態を見過ごすことになります。

　調和とは，ギリシア語のハルモニア（組み立てる，一致する）という語源が示しているように，複数の部分が区別され対立していても，そこに生じる感覚的な均衡から統一した印象が生み出されることが意味されます。動感形態としての調和化地平は分節的な動きかた相互，あるいは身体と情況との関わりに統一的な快感情を帯びた志向体験を背景にもっているのです。私たちは自分自身の動きかたに統一印象を感じとり連合的に形態化を感知できる動感力をはっきり表すために調和化能力という表現をとります。この調和化能力は修正化地平のなかで統一した意味構造を胚胎する特性をもっています。いわば，局面化，優勢化，再認化の時空修正化地平とリズム化，伝動化，弾力化の力動修正化地平のそれぞれにチェック機能として作動します。それらの時空・力動の修正化地平に潜むもろもろの動感素材（ヒュレー）はこの調和化志向体験によって統一的な志向形態（モルフェー）が形成されることになります。マイネル教授が指摘するように，調和化地平には修正化のための発見的起点の意味だけでなく，あらゆる形態化地平の最終的な評価機能さえ見出すことができるのです。

②解消化の地平構造

　第二の分節地平として取り上げられるのは動感システムの解消化地平です。その地平構造の存在はきわめて重要であり，それなしには修正起点化地平それ自体が成立しないからなのです。この解消化という表現は習慣態の動感システムを解消できることが意味されていますから，精確には動感習慣態の解消化ということになります。実践の現場では，身につけるべき動きかたを定着させるために機械的に反復させて鋳型化することはよく知られています。しかしその志向形態の揺るぎない定着化を図ることが後でやり直しがきかない鋳型にはめ込んでしまうというその矛盾性に気づかざるをえません。とはいってもその形態発生を確信するためにはどうしても定着化を図らないわけにはいきません。このような定着化と解消化のアポリアの狭間に，この解消化能力が浮き彫りになってくるのです。すでに鋳型化されている動感習慣態を完全に解体し，そこに新しい動感形態を統覚化するのにいかなる妨げも残さないようにすることは修正化地平分析の基柢に据えられるべきもっとも基本的かつ実践的な問題なのです。

　以前の悪い動きかたを忘れようとしてもしつこく絡みついてきてなかなか消し去ることができないという苦しい経験をもっている人は少なくないはずです。それにもかかわらず，このような鋳型化された動感習慣態の解消問題はなぜか運動研究者から敬遠され放置されてきたようです。スポーツ科学者に敬遠されてきたこの解消化問題はそれ自身が本来的に矛盾を内包し両義性をもっていますから，科学的な因果法則を求める分析になじまないことになるのは当然です。新しい動きかたを安定させたいとすればするほど，その動きかたを修正するために自ら解体できなくなるという矛盾を同時に認めざるをえないというこの両義性に選手もコーチもやりきれない苦悩を強いられます。だからといって，いつでもすぐに解消化できるようにその統覚化をいい加減にして甘くすれば，いつまでもまぐれ当たりしか生じない偶発位相に止まるしかないのです。このような矛盾性格をもった解消化地平には多くの含意潜在態が潜んでいるのです。ところが，その矛盾を統一して自在位相に至った選手は決して少なくありません。その矛盾を乗り越えた人たちの発生様態に入り込み，そこに厳密な地平分析を施して，まずはその出来事そのものを先入見なしに現象学的に分析することから始めるしかないのです。

#### ③動感分化の地平構造

　第三の分節的な起点化地平に取り上げられるのは動感分化地平です。この動感分化能力は調和化作用と解消化作用を可能にする不可欠な前提をもっていることをまず確認する必要があります。まずもって動感分化という表現の意味構造から入ります。動感志向性をもつ身体運動は一回性を本義としますが、類比統覚化によってとらえられた動感形態には微妙な揺れ幅を認めることができます。その意味における類比的な動感形態はそのつどに違った動感作用を構成しています。その志向体験の微妙な動感差のコントラスト程度差を敏感にとらえることのできる能力を動感分化能力、ないし端的に分化能力と呼びます。その分化作用は厳しい習練によって充実することができます。それをみごとに身体化した人は決して珍しくありません。それどころか習練に動機づけられていない幼児の場合でも、その動感差を言語化できないままに何となくその動きかたの違いを身体で感じとっていることは珍しくないのです。

　このようにして、修正化地平における発見的な調和化地平、修正化の更地を作る解消化地平、それらの二つの分節地平を根底から支える動感分化地平はそれぞれが絡み合い構造を示しつつ修正起点化の地平構造を形成していきます。これらの修正起点化地平における全体の分析体系をここに見渡しておきます。

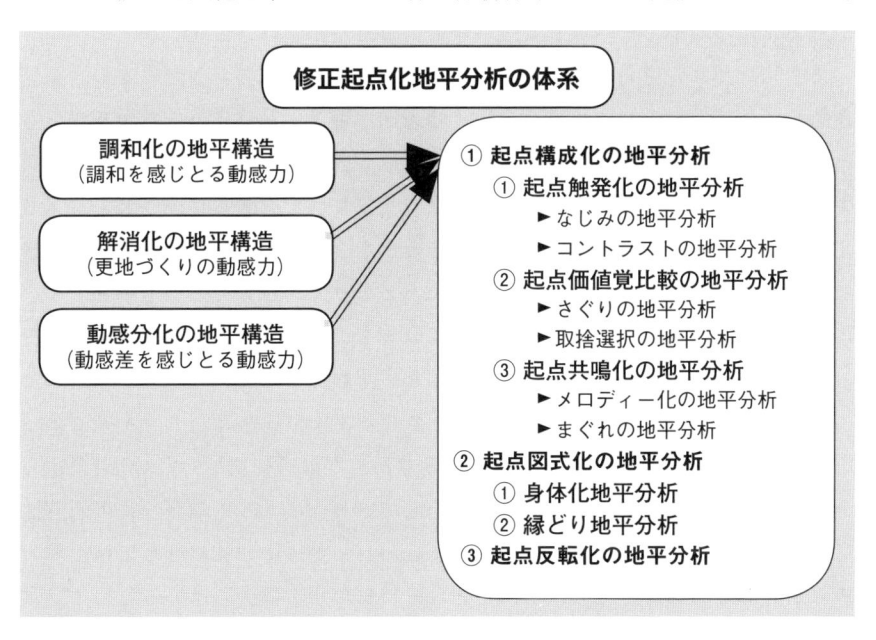

```
              修正起点化地平分析の体系

調和化の地平構造 ──┐   ① 起点構成化の地平分析
(調和を感じとる動感力)│      ① 起点触発化の地平分析
                  │         ▶ なじみの地平分析
解消化の地平構造 ──┤         ▶ コントラストの地平分析
(更地づくりの動感力) │      ② 起点価値覚比較の地平分析
                  │         ▶ さぐりの地平分析
動感分化の地平構造 ─┘         ▶ 取捨選択の地平分析
(動感差を感じとる動感力)    ③ 起点共鳴化の地平分析
                            ▶ メロディー化の地平分析
                            ▶ まぐれの地平分析
                      ② 起点図式化の地平分析
                         ① 身体化地平分析
                         ② 縁どり地平分析
                      ③ 起点反転化の地平分析
```

私たちはその修正起点化の地平に含意潜在態を探り，さらに修正起点図式化の地平を分析し，最終的に起点化形態における分節地平が相互に反転化できることによってこの起点化地平の含意潜在態は明るみに出されることになります。

## ●──起点構成化の地平分析を問う

ここにおいて調和化地平，解消化地平，動感分化地平の三つの分節地平が相補的統一性を基柢に据えながら修正を目指す起点が構成化されていきます。その構成化の過程，すなわち触発化地平，価値覚比較地平，共鳴化地平の三つの階層をもつ修正起点化の志向体験のなかに潜んでいる含意潜在態を探っていくことになります。

### ①起点触発化の地平を探る

原生成の地平分析で述べたように，なじみ地平の動感作用は受動地平のなかにその含意潜在態を沈ませています。空虚でまだぼんやりしたなじみ地平は普段の日常生活では私たちの動感意識に上ることはありませんが「何となく嫌な気分はしない」などその動感世界を心情的に嫌わないという意味で，受動的な共感が息づいていることを見逃すわけにはいかないのです。もしその動感世界に心情的ななじみさえ生まれず，何となく嫌な気分になる人なら最初からその修正起点化の地平を忌み嫌って近づかないことでしょう。

まず私たちは発見的な特性をもつ調和化地平の志向体験のなかにその含意潜在態を探ることから始めます。調和化の志向体験はいかに発見的な含意態をもっているとはいっても，修正化への動機づけが触発されていない場合にはそこではいぜんとして居心地のいい雰囲気につつまれ何かを改善しようとする気も生まれません。たとえば，生まれてから特別な訓練を受けていない歩形態はきわめて個性的な類型化形態を示し，私のハビ・トゥ・スとしてもっとも歩きやすい形態としてなじみ地平のなかに息づいています。その習慣態としての歩きかたはそこに何らかの価値意識が生じない限り，それなりに調和化された歩きかたに定着し，新たな修正志向性を阻むことになります。同様にして，訓練によって図式化された動感形態でも，自分の動きかたが最高にすばらしいと自負し，他のだれよりもうまく動いていると慢・心・している人にとっては修正化の志向性は触発されるはずもありません。巷間にいわれる井の中の蛙にとっては世界の広さがわかりません。その人はみごとな妙技に接する機会もないし，目を見張

るような鮮やかな動きかたに感動することもないのです。このような調和化志向体験は何らかの動機づけによって次の価値覚によるさぐり地平に移行していくことはいうまでもありません。

この動機づけは同時に解消化作用にも当てはまります。なじみ地平の志向体験に修正を加えるためには古い動感システムを解体しなければなりませんから、当然ながら解消化地平の解体性は調和化地平の発見性と表裏一体になっていて相即原理に支配されています。つまり調和化地平と解消化地平は相補的統一性に裏打ちされているのですから、その両義性の地平分析は自然科学の因果法則的分析法とは本質的に区別されることを確認しておかなければなりません。ですから解消化地平の習慣解体作用は新しい調和発見の志向体験と基づけの関係をもっていることになります。

この調和化地平の発見性も解消化地平の解体性もともに動感差を感じとれる分化能力なしには成立しませんから、この三分節地平は相互に絡み合い構造をもっているのはいうまでもありません。とはいっても、その動感分化志向体験におけるコントラスト程度差を感じとる地平構造こそがまずもって前景に立てられるのでなければなりません。どれが調和のとれた動感形態なのか、不調和を形づくるどの志向体験を解体するべきなのかという区別のないところには、つまり動感分化のコントラスト地平が自らの志向体験に生化されないところでは、修正化地平の志向体験はそのスタートラインにつくことすらできないのです。こうして、動感的な心情領野における気持ちいい動きかた、何となく気持ち悪い動きかたといった動感価値覚が作動する評価作用に注目しながら地平分析に入っていくことになります。

**②起点価値覚比較の地平を探る**

修正起点構成化の第二位相における価値覚比較地平はかなり多くの含意潜在態を抱えていて多岐にわたりますから、その本原的な問題に焦点を絞って探りを入れていくことにします。もっとも困難なのは動感志向体験の調和と不調和をめぐる問題です。調和か不調和かの評価作用は多様な様相を呈します。評価対象が類化形態、類型化形態のみならず、起点と終点をもったより大きな枠組みをもつ演技分節や戦術行動のような構造化形態にはそれぞれに多様な志向体験が息づいています。さらにその顕在化される動きかたのコツ地平に着目するのか、カン地平を表に出すのかによってその含意潜在態も多様化することにな

ります。その個々の例証はそれぞれの競技や習練領域の構造分析論にゆずるしかありませんが、総じていえることは、動感調和をめぐる価値覚志向体験の地平分析はその本原的な心情領域に向けられる必要があるということです。

すでに述べているように、フッサールが「価値感知という語は価値意識を表す一般的な表現である」というとき、知覚と価値覚という一対の表現は認識を目指す努力と期待と楽しみを目指す評価努力の相似性を表すねらいをもっているのです。そこでは客観的な物理時空系に示される物体運動のバランスのとれた調和化形態が意味されていません。それはあくまでも調和化志向体験に潜む動感価値意識なのですから、外部視点から計測してその因果法則の確立を追求する精密科学的な運動分析の対象と明確に区別されなければなりません。たとい科学的分析によって調和のとれた動感形態が外部視点からそのメカニズムが解明され、ロボットに再現させうるとしても、それに基づいて生命ある調和化形態を機械的に生み出すことはできないからです。そのメカニズムのもとでは、動きつつある人自身が調和化のための動感素材を価値覚で感知することができないのです。調和化できる動感素材の取捨選択を決断し自ら承認するのは私の動感身体以外のなにものでもないのですから、調和、不調和の評価志向体験に感知される良し悪しの動感価値覚が生じていなければ、新しい志向形態に統合する動感素材が欠落していることになります。

同様にして解消化作用においても、どの動感形態が解体しにくいか、どんな条件のときに動感システムが解消しにくいかを取り上げることになります。長い年月のなかで習慣化した歩くや走るといった動感形態がその解体に強く抵抗することは日常の経験からよく知られています。さらに、動感性の類似志向形態はその動感親和性のためにその価値覚による区別がとりわけむずかしくなります。いわゆる振り子型の歩形態とナンバ型の歩形態を区別するときにその境界領域における縁どり分析がむずかしくなるのです。それぞれの調和化形態をわが身で感知することができるためには、さぐり地平のなかで縁どり分析をしながらその取捨選択の動感素材を確定しなければなりません。このような場面では同時に動感差を感知できる分化能力が決定的な重要さをもってきます。競技スポーツの場合でも、たとえば短距離走のスタートにおける微妙な動感差を感じとって生理学的反応動作の境界領域に勝負を賭ける選手は自らの分化志向体験の極限に挑んでいるのです。傍目からは判を押したような同一の運動経過

が示されているのに，その本人はその動きかたに微妙な動感差を区別し厳しい評価作用を働かせて取捨選択をしているのです。このことを見過ごしているのではさぐり地平分析はその意味を失ってしまいます。

### ③起点共鳴化の地平を探る

　起点構成化の第三位相では，動感メロディーが流れる共鳴化地平に潜む含意態を探っていくことになります。目標になっている動きかたに向けて価値覚の評価作用が働き分化された動感素材が収集されても，それらに動感共鳴化が起こって統一したメロディーが流れるのでなければ実存の身体運動は実現するはずもありません。そのときにどのような調和化メロディーが志向形態の統一に生きてくるのかを確認できる分化能力が要求されるのは当然のことです。しかしその調和化された動感メロディーをわが身に生み出すのには，個々の動感素材を試行錯誤原理にしたがってただ漫然と反復することを否定するシュトラウスの言に改めて注目しておく必要があります4)。そこでは起点と終点を志向した枠組み構造がそのものとして背景から浮かび上がってくることが指摘されています。個々の動感素材が一つの志向形態に統一される二重性と統一性の原理が働くというフッサールの指摘が重みをもってくるのもここにおいてなのです。こうして動感メロディーをわが身に奏でることに成功するのは，たといそれがまぐれでも動感志向性のもつ統一的二重性原理が基柢に据えられている場合なのです。単に試行錯誤原理にしたがって機械的に反復すれば好ましくない定着化も進み，修正を志向するときの解消化志向体験を押しつぶしてしまうことになり，目的的に志向形態の発生にたどり着くことはむずかしくなるばかりなのです。

　こうして，調和化地平に潜む含意態によって調和化メロディーの発見性が浮き彫りになりますが，同時にそれは解消化地平の鋳型化された動感メロディーの解体可能性に裏打ちされることが不可欠になります。いわば解消化地平における古いしがらみが絡み合った動感習慣態を解体し，そのしつこく絡みついてくる古い動感システムを解消するためには，同時にそこに新しい動感メロディーを奏でることに成功できるのでなければなりません。つまりゲシュタルトクライスの相即原理に基づいて，古い志向形態を解消化するということは新しい志向形態の創発作用を生み出すことが意味されていることになります。ですか

---

4) Straus, E. : op. cit. 1956, S.264.

らまぐれ地平の生き残れるまぐれと死んだまぐれの区別をその動感分化能力で評価できなければなりません。動感メロディーがまったく流れていない死んだまぐれに気づかないまま試行錯誤をいくら反復しても，そこに伝承価値をもつ新しい動感形態は発生してきません。生きたまぐれの動感性の息づかいを感じとれる分化志向体験こそ修正起点化の基柢に据えられるべき含意潜在態であることを確認しておかなければなりません。

● ──起点図式化の身体化地平分析を問う

　ここにおいて，私たちは修正起点化地平のなかに生き残れるまぐれの動感メロディーを確認することになりますが，そのまぐれ地平の志向形態が曲がりなりにも図式化された動感形態として確認できるのには，身体化地平分析と縁どり地平分析を通してそこに隠れている含意態をさらにえぐり出していく必要があります。すなわち調和化，解消化，動感分化の志向体験が一つに絡み合った起点化地平のなかでその統一的な志向形態がたといそれがまぐれの統一形態であっても，曲がりなりにもいちおうその全容を見せ始めるのはここで主題化されている図式化地平に入ってからになります。今ここの調和化形態が動感分化能力に支えられ解消化の含意態に裏打ちされて，そこに統一化された修正起点化の志向形態が成立するのは，その動感志向性が自我身体に中心化される働きが前景に立てられるときなのです。つまり修正化をスタートさせる起点化の地平構造が私自らの地平志向性として確認されることがまずもって不可欠になるからです。すでに共鳴化を伴ってメロディー化作用が現れ，それがまぐれ地平を拓くことになりますが，そこでは調和化志向体験の発見性と解消化志向体験の解体性とがたえずその矛盾した絡み合いに苦悩しながらきわめて不安定な志向体験を露わにしているのです。

　しかし動感素材と志向形態の統一的二重性の原理に支えられているこの起点図式化の地平では，メルロ＝ポンティのいうように私の身体がその調和化された動きかたを自らの世界へと身体化することが主題化されるのでなければなりません。つまり身体化地平という自我中心化のコツ志向体験が前面に躍り出てくることになります。この身体化地平ではこれまでの地平分析と同じ手順にしたがって，反逆身体，道具身体，中心化身体の拠点から起点化地平のなかに身体化された含意潜在態を探っていくことになります。身体化地平分析の方法

についてはコツやカンの図式化地平分析で詳しく述べていますので繰り返しません。

　修正起点化形態ははじめに調和化地平に潜む発見性に支えられて成立しますが，当然ながらその調和化志向形態が動感身体に中心化されてこそ私の身体に実感できることになります。そこでは道具身体が駆使されていませんからその調和化形態は決してわが身に反逆することはありません。そこにはまだうまく調和していない起点化志向形態が現れることもありますが，それは充実の可能性を伏在させている空虚な調和化形態なのです。そのとき反逆する身体は道具化された物質身体ではなく，相即原理に基づく動感身体でなければならないのです。つまり起点化形態で空虚であっても，調和化された動感メロディーが流れるのであり，そのなかに統合的な身体中心化という含意態に支えられてはじめて時空修正化地平分析と力動修正化地平分析に立ち入る修正起点に立つことができます。

## ●──起点図式化の縁どり地平分析を問う

　自ら動きかたを修正しその改善に向けて努力する起点化地平構造は，これまで述べてきたように，スタートの動機づけとゴールの目標像を表す調和化地平志向性，再構成のための更地づくりの解消化地平志向性，それらの動感差を感じとれる分化地平志向性の絡み合い構造を伏在させながらそこに統一的な起点化形態を私たちに呈示してくれます。ですから分節的な地平構造のそれぞれのなかに固有な志向形態の図式化を確定するのにはすでに述べた縁どり分析の消去法を取り上げます。分節形態の不可欠な意味核を意図的に消し去ってみたとき，その動感メロディーが流れなくなれば，消去された意味核が志向形態に不可欠な動感素材であることを確認できることになります。

　最初の調和化地平分析において，そこで分析に取り上げられる動感形態，たとえば類化形態としてのさか上がりとか類型化形態のナンバ歩きの縁どり分析に入るにあたっては，その前にすでに始原分析と体系分析を施して，そこに運動認識上の問題がないかどうか，さらにそれが体系論的に共存価値を保有しているかどうかを分析して確認しなければなりません。ナンバ歩きの調和化地平分析としてその縁どり分析に入ろうとしても，西欧人がそうであるように，それが不器用な調和を欠いた歩きかたという評価作用しか働かないのでは，ナン

バ歩きの縁どり分析は意味がありません。さらに腰の高さの低鉄棒でやるさか上がりがすでに体系分析でその共存価値を失っているとしたら，さか上がりの調和化形態の縁どり分析の前提は成立していないことになります。修正起点化地平分析としてその調和化形態の縁どり分析に入るには，その動感形態のスタートとゴールとの枠組み構造を始原分析によって確認しておかなければなりません。もちろんこのことはコツやカンの形態統覚化でも同様ですが，とりわけ修正化の地平分析を進めるにはどうしても確認しておかなければならない決定的な重要さをもちます。その上ではじめて消去法によってそれらの修正化しようとするナンバ歩きやさか上がりの調和化形態の外縁を厳密に縁どり分析を施すことができます。

　次いで解消化志向形態の図式化の確認のためには，その解消すべき動感システムに動感親和性をもっている類似形態を縁どり分析の対象に取り上げることになります。たとえばナンバ歩きの縁どりを確定するには，腕を上下に屈げ伸ばして歩く特有のナンバ歩きのなかで，腕を伸ばして交互に振って歩いてみます。そのときナンバ歩き特有のね̇じ̇れ̇型が解体されて正常歩の振̇り̇子̇型に変化したとすれば，ナンバ歩きには腕の屈̇伸̇ないし回̇内̇という含意潜在態が伏在していることが確認できることはすでに考察ずみです。

　最後の動感分化形態の縁どりを確認するには，それにきわめて近縁の動感志向形態を試み，そのなかに作動する動感志向性の意味核を順次に消去していきます。その消去法のなかで脱落させた意味核が図式化を妨げ志向形態の統合ができなくなれば，その動感素材は統一化される志向形態に不可欠な意識流としてそこにコントラスト程度差を感じとることができるのです。

## ●──起点作用反転化の地平構造を探る

　私たちはこれまで修正起点化形態の図式化地平に隠れている含意潜在態を探ってきましたが，この起点化作用の地平は調和化地平，解消化地平，分化地平の複雑な絡み合い構造を示し，そこに多くの含意潜在態が潜んでいることが明るみに出てきます。ところがこの起点化形態では，その分析対象に取り上げられる類化，類型化，構造化などの形態にそれぞれ特徴的な志向体験が示され，加えて中心化的あるいは投射化的な動感作用によってさらに多彩な志向体験を生み出すことになります。とりわけ，球技や対人競技のような戦術的構造化形

態における起点化地平分析はきわめて複雑になってきます。しかしその地平分析の対象がいかに絡み合っていても，どんなに複雑であっても，動感志向性の統一的二重性の原理にしたがって起点化形態は調和化，解消化，動感分化という三つの分節地平がコツとカンの反転可能性を基柢に据えていますから，それに対応できる反転化能力こそ決定的な重要さをもつことになります。

調和化形態の発見性はその基柢にかすかな動感差も敏感に感じとる分化志向体験に支えられていなければ，そこに感性質としての調和性を感じとることはできません。同様に，修正化への動機づけによって躍り出てくる解消化地平志向性はその鋳型化された習慣態を解体して新しい別種の志向体験を統覚できることが前提になります。いわば更地を生み出すための解体作業ばかりでなく，そこに微妙な動感親和性を感じとって近縁の志向形態を創発する営みはまさに
・・
解消と創発という二重の困難を背負っていることになるのです。それが調和化形態と同様に動感分化能力による区別がその解体作業を支えていることを確認しておかなければなりません。

こうして，調和化地平志向性はスタート地点を見つけ出し，ゴール地点も枠組みに入れながらその全体像を組み立てていきます。解消化地平志向性では，更地を生み出すための解体作業とその更地に新しいよりよい志向形態を創発する，いわば形態発生の営みそのものが同時に求められているのです。この両者を可能にする大地をなすのが動感性の分化能力ですから，そこにコツとカンの反転化能力に支えられてはじめて修正化地平分析の起点が構成化されることになります。この修正起点化地平の構造認識を前提にして，はじめて時空修正化と力動修正化の厳密な地平分析に入っていくことができるのです。

## ③ 時空修正化の地平構造を探る

### ●──時空修正化の地平構造を探る

ここでいう時間と空間の概念は決して等質的な数学的時空系でないことはもう喋々するまでもないでしょう。動きかたの動感修正が主題化されている地平
・・
分析の時空系は当然ながら動感時空系でなければなりません。その動感形態の所要時間も移動する空間も計測できませんし，動感性の力動的志向体験が客観的時空系で筋電図や力量計によって定量化されても，それは動きかたを修正しようとしている人に新しい動感作用を生み出してくれるはずもないのです。と

はいっても，これまで長いあいだにわたって客観的な時空系で身体運動を分析してきた私たちはこの動感時空系の理解に何となく不安と一抹の不信感をぬぐいきれないのも事実のようです。しかし現実に新しい動きかたを身につけようとすれば，たとい客観的に計量化された詳しいデータを知らされても，どのように動けばよいのかは私の身体で，つまり自らの動感志向体験のなかで工夫するしかないのです。ですから動感論的な地平分析はその動感作用のなかに隠されている含意態を取り出そうとしているのです。

　私たちがここで取り上げている動感論としての地平志向性は，クレスゲスによれば5)，時空的な地平意識なのであり，それゆえに世界意識でなければならないとしています。この世界内存在者の時間性と空間性は，論理的・数学的時間空間から截然と区別されなければならず，それは生世界の時空性であることが確認されています。クレスゲスはこの動感地平意識をフッサールの『第一哲学』から援用してさらに次のような説明を加えています。つまり，動感感覚の時空性における地平志向性はそこに多くの志向的含意性を織り込んでいて，その地平の確定性と未確定性，知悉性と開かれた余地，近さと隔たりとともに，今ここに存在している周界だけでなく，想起や期待を含めた過去と未来の開かれた無限性をも潜在態として地平のなかにたたみ込んでいると駄目押し的につけ加えているのです。しかし，このような時間・空間の地平意識は自ら動きつつある世界にある人，つまり動感発生に関わっている生徒や選手にとってはいつも直接に自らの身体で感じとっていて，そこに何の不思議もない自明なことなのです。

　こうして，私たちは時空修正化地平分析に，局面化地平，優勢化地平，再認化地平という三つの分節地平構造を取り上げてそこに含意潜在態を探っていくことになります。この局面化作用，優勢化作用，再認化作用のそれぞれについては，すでに『身体知の形成』（講義24）でその概要を述べていますから，ここではその要点を一言でまとめておきます。局面化作用とはその動く感じのなかに私の局面をどのように構成化できるのかという動感作用が意味され，優勢化作用はたとえば左右の違いを感じとる動感作用であり，再認化作用はかつての動きかたの感じを今に呼び戻し，これからの動きかたを投企する動感作用なのです。ですからこの三つの分節地平が相互に絡み合って統一的な時空修正の

---

5) Claesges, U. : op. cit. 1964, S.121.

地平志向性を構成することになります。

● ── 時空修正化地平分析の体系を問う

　すでに述べているように、時空修正化の地平志向性は局面化作用、優勢化作用、再認化作用という三つの志向体験から構成されています。この三つの分節地平のそれぞれが時空修正化の分析に関わっていきますので、まずもって、その局面化、優勢化、再認化の本質的特性とその相互関係を確認することから体系的な地平分析に入っていくことにします。

①局面化の地平構造

　時空修正化地平の最初に取り上げられる局面化作用とは、私の動感形態の局面構成化の作用、つまり、動感体験における私の意識流のなかにそれぞれまとまりをもつ諸局面を区別できる志向体験が意味されています。そのような局面化作用は自我身体に中心化される志向体験が表に出ますから、他者の客観的な身体運動を等質的な数学的時空系のなかで分割する局面構造とのあいだには本質的な違いがあります。ですからここでは、マイネルの局面構造との違いも確認しておかなければなりません。マイネルの局面構造では、客観的な時空系のなかに準備局面、主要局面、終末局面の3局面構造が区別され、さらに、循環運動の場合には融合局面と主要局面の2局面構造がとらえられているのは周知の通りです。そこには、他者の運動経過を映像的に対象化して継起的に出現するキネグラムに枠づけをするという誤解を招く可能性が潜んでいます。準備局面から主要局面に移るときに、マイネルはその動く感じを含意潜在態として指摘しているのにかかわらず、全体としてはどうしても客観主義から脱却しきれないところが残ってしまいます。等質的な時空系における客観的な局面構造は物理運動としてのキネグラムを分析しているのですから、たとえば一輪車を覚えようとする本人自身の動感時空系における自らの局面を構成化する地平志向性とはまったく別種のものになるのです。自らの動きかたを覚えようとしている人自身がその動く感じのなかに私の局面をどのように構成化できるのかがこの地平分析で主題化されているのです。そのような地平に潜む含意態を顕在化するのが修正化地平における局面化地平分析の役割になります。

②優勢化の地平構造

　次の優勢化作用とは、私の志向形態のなかでどちらか片側の動きかたの優勢

を構成化できる動感作用が意味されています。この問題圏は利き手や利き目などとして，生理学的分析ないし心理学的分析の対象にされる場合とは明確に区別されます。ここでは，片側の動きかたの優勢を感じとれる動感作用が主題化されているのであり，時空修正化の一端を担う動感能力なのです。この修正化地平分析の対象に取り上げられるのは，左右の片側優勢の問題だけではなく，人間学的概念としての〈明るい前〉や〈暗い後〉あるいは〈上と下〉といった動感時空間の地平が前景に立てられてきます。さらにいえば，手や足の優勢化作用に始まって，ひねり方向，水平軸回転方向，転向方向の動感作用などその優勢化作用の体系は多岐にわたります。それどころか掴む手，投げる手，支える手，あるいは支え足，踏切り足，蹴り足などの優勢化作用はそれぞれ動感形態との関係系のなかでのみその機能に独特な動感分化が生じてきます。こうしてそれぞれの地平構造のなかに潜んでいる含意潜在態を探り出す地平分析は大きな研究領野を擁して，時空修正化の営みに密接に関わってくることになります。

　その優勢化地平には，片側の優勢化作用を発見する含意態と，やりにくい側の習練による局面化作用を確認する含意態という二つの動感作用が隠されています。いずれにしても優勢化作用の構成はまったく新しい動感創発の志向体験になることを確認しておかなければなりません。それは機械の部品取り替えとは本質的な違いがあるからです。このように修正化の習練対象に取り上げられる優勢化作用はいつも顕在化しているわけではありません。そこでは，なじみ地平の背景に沈んだままになって，その優勢化能力が受動的動感作用に止まり修正化作用に関わってこない位相があることも知らなければなりません。水たまりを跳び越すときにどちらの足で踏み切っても何も不都合を感じない地平を私たちは経験的に知っています。しかしその受動的優勢化作用も修正化地平に潜んでいる含意態なのです。それに気づかないことが重大な問題を提起しているのに注目しておかなければなりません。

### ③再認化の地平構造

　最後に取り上げられる再認化作用というのは，以前に出会った動く感じと似ている志向体験を再び今ここで直接に感じとれるという動感作用のことです。私たちは「こんな動く感じは前にも出会ったことがある」という生々しい動感作用をもつことが少なくありません。しかし以前に出会った動感志向体験というのは心理学的な運動記憶痕跡が意味されているのではないのです。ここでは

以前に出会った動感作用と生き生きした現在の動感作用とのあいだに類似的統覚の志向体験が息づいていて，そこに似た感じの動きかたを自らの身体で感得できることが求められるからです。この再認化能力はすでに過ぎ去った動感作用でも直感の直感として現前化され，今ここの私の身に居合わせているのでなければ修正化作用には何の役にも立ちません。ここで意味されている再認という表現は運動が完了した後に追認的に了解するという次元の問題圏とははっきりと区別されているのです。ここでいう再認化は先反省的に存在している時間化身体知の種化形態なのであり，常に動きつつある現前の身体知が主題化されているのです。

　ここにおいて，私たちは局面化作用，優勢化作用，再認化作用の相互関係を探っておくことにします。時空修正化地平においてその総合的意味づけをもっているのは局面構成化の動感作用です。その局面化作用でははじめに空間的な動感意識が表に出て，どこで主要局面が作動し始めるのか，融合局面の構造はどうなっているかが気になります。次いでその感じがわが身に時間化され自我中心化されますが，もちろん動感情況によっては時間化が表に出ていないと身体中心化できない場合もあるのはいうまでもありません。動感空間も動感時間もひとつの動きかたの表裏をなしていますから，表だけに鋏を入れるわけにはいかないのです。その時空系における表裏一体の反転化作用は自明のことなのであり，それが動感情況に左右されるのも当然のことです。このような総合的な局面化作用の動感システムに本質的な変容を与えるのが優勢化作用です。右手で投げるときの局面化作用は左手で投げるとその物理的構造は同一でも動感構造はまったく異なり，志向形態の新しい統覚化を強いられるのはだれしも経験していることです。まして，上下や前後という人間学的な動感空間を入れ替える動感作用はその動感形態そのものに別種の独立形態として創発作用を求めることになります。その点では，局面化と優勢化の動感作用には修正化作用の発見性や創発性が含意潜在態として息づいていることになります。それらの局面化と優勢化は空間的な動感作用が表に出やすいのに対し，再認化の作用はそれが内的時間意識に深く根ざしているだけに動感時間化の地平が前面に躍り出てきます。以前の似たような局面化作用を生き生きと現前に引き寄せるにしても，利き手でない投動作を新たに統覚するにしても，それは物理的な映像として空間化されたキネグラムを継起的に追認していくのではありません。その再

認化作用から未来の動きかたを投企して修正を進めるときも，動感身体の時間化の地平分析は私たちに不可欠な意味づけを与えてくれることになります。このようにして，私たちは時空修正化地平分析の体系化に移ることができます。これまで述べた局面化，優勢化，再認化の地平構造の特性とその相互関係を基柢に据えて，動感時空系の修正化地平分析は以下の体系図のような手順でそこに含意潜在態を探ることになります。

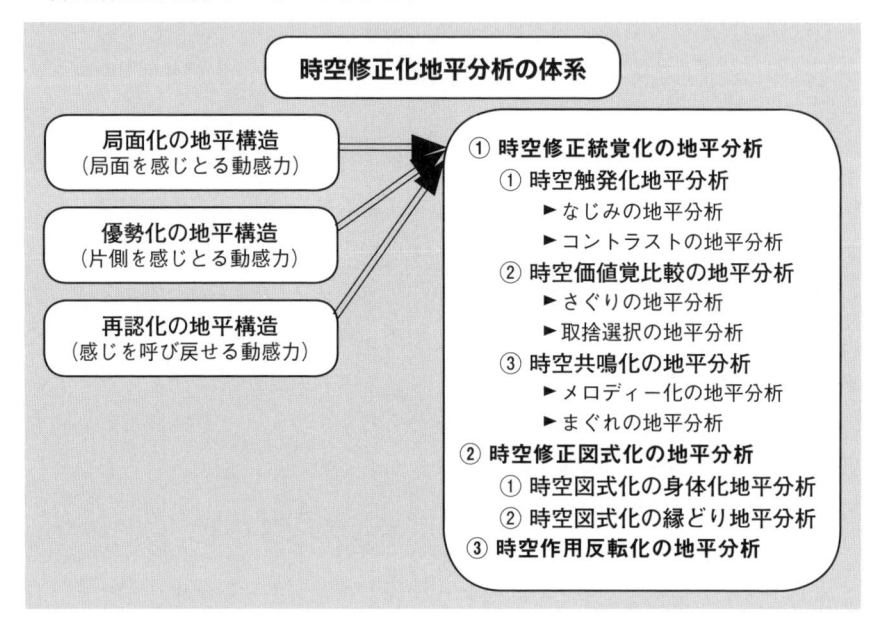

```
                    時空修正化地平分析の体系

  ┌──────────────┐
  │  局面化の地平構造      │
  │ (局面を感じとる動感力) │──┐
  └──────────────┘   │
                              │    ┌─────────────────────────┐
  ┌──────────────┐   │    │ ① 時空修正統覚化の地平分析          │
  │  優勢化の地平構造      │   ├──▶│   ① 時空触発化地平分析              │
  │ (片側を感じとる動感力) │──┤    │      ▶なじみの地平分析              │
  └──────────────┘   │    │      ▶コントラストの地平分析         │
                              │    │   ② 時空価値覚比較の地平分析        │
  ┌──────────────┐   │    │      ▶さぐりの地平分析              │
  │  再認化の地平構造      │   │    │      ▶取捨選択の地平分析            │
  │ (感じを呼び戻せる動感力)│──┘    │   ③ 時空共鳴化の地平分析            │
  └──────────────┘         │      ▶メロディー化の地平分析        │
                                    │      ▶まぐれの地平分析              │
                                    │ ② 時空修正図式化の地平分析          │
                                    │   ① 時空図式化の身体化地平分析      │
                                    │   ② 時空図式化の縁どり地平分析      │
                                    │ ③ 時空作用反転化の地平分析          │
                                    └─────────────────────────┘
```

● ──時空修正統覚化の地平分析を問う

①時空触発化の地平を探る

　動感時空系における修正統覚化の志向体験がなじみ地平に何の抵抗もなく住んでいるのであれば動きかたを改善するという動機づけは生まれてきません。自らの動きかたのなかに慣れ親しんだ自分なりの局面化を習慣態にしていれば，そこに修正化という新しい動機づけは生まれるはずもないのです。ところがボールを捕ってすぐに投げなければならない事態が生じると，捕ると投げるの中間にある融合局面の動感作用が気になり出します。片側優勢化の志向体験においても，たとえば水たまりを跳び越すときにどちらの足で踏み切っても，何も不都合を感じないのであれば，優勢化作用はまだ匿名的な受動次元に止ま

っているのです。しかし、跳び越せるかどうかのぎりぎりの場合には踏切り足が気になり出します。ボールを蹴る足はどちらがやりやすいかに気づき、左打ちのバッティングのほうが振りやすいと気づくと、修正化作用が触発されることになるのです。そこでは優勢化のなじみ地平から脱出の機運が胎動し始めるのです。そうすると、今やった動きかたがどんな風だったのかそのコントラスト地平に向き合わざるをえなくなってきます。そのコントラスト化がまったく存在しない再認化作用では、まったく同じ動きを機械的に反復しているだけですから、そこに修正する動機づけが成立するはずもないのです。こうしてコントラスト地平に隠れた含意態に気づき始めると、私たちはその修正化にどちらが価値をもつのか、何を基準に練習すればよいのかという動感価値意識の地平に移ることになります。

### ②時空価値覚比較の地平を探る

このようにしてコントラスト地平に動感作用が息づき始めると、そこにどの動く感じがよいのか、何を基準にしてその体験流の良し悪しを評価すればよいのか気になり出します。つまり局面化や優勢化の価値覚をどのように評価すればよいのかという、いわば、動感価値覚を比較する志向体験が浮き彫りになってきます。ところが科学的分析に慣れてきた私たちはそのコントラスト作用を定量化して法則的にとらえようとしたくなります。そのコントラスト形態が客観的時空系のなかでどこがどれだけ異なるのか定量的に明らかになれば、それに基づいて修正化の目安ができると考えるのです。しかしその等質的な位置変化のデータはわが身のどの動く感じに相当するかの決定はすべて本人の動感作用に、つまりその価値覚比較作用に丸投げされているのに気づきません。私たちは評価志向体験のどれがよいのか、どれを捨てなければならないのかについて、取捨選択の決断をしなければならないのです。その場合、価値覚比較の動感作用を自我身体に中心化して再認化作用に向き合い、どうしても自ら評価し、自らそれを承認しなければなりません。さぐり地平のなかで機械的に試行錯誤を繰り返しているだけでは、修正化の営みは一歩も前に進むことができません。こうして私たちは局面化作用と優勢化作用のコントラスト地平分析から、再認化能力に支えられて評価作用のなかに含意潜在態を探り当てながら取捨選択の決断とその承認をしなければなりません。その具体的な例証は個々の競技ないし習練領域の価値覚比較の地平分析に移すことができるでしょう。

### ③時空共鳴化の地平を探る

　動感価値覚による評価作用から取捨選択の決断と承認を経て，そこに収集された修正化作用の局面化，優勢化，再認化の動感素材は相互の動感親和性を共振させながら共鳴化地平分析にその関心が移っていきます。どのような修正目標像に向かって動感素材を形態統覚化していくのかはすでに投企されていますが，それまでに収集した動感素材を雑多に並べ立てても，そこに新しい動感メロディーが生じるはずもありません。それらの動感素材のあいだに共鳴化作用が息づいてくるのでなければなりません。ボールを捕ってすぐ投げるときには，捕ること自体は背景に沈んで，次の投げる動感作用が表に出てそのつながりに一つの動感メロディーが統合的に流れ始めます。自転車に左乗りを習慣化している人が右乗りを覚えるときに右足支えの平衡感覚にメロディーが流れてはじめて優勢化作用が息づいてくるのです。このような修正化の動感素材に共鳴化作用が働いて，そこに一つの志向形態としてメロディーがどのように発生するのかに関心が集中し，そこに多くの含意潜在態が明るみに出されてきます。そこではその人なりの含意態として私の動感メロディーをどのように探し出し，どのように身体化するかが修正統覚化に決定的な意味づけを与えることになります。私たちはまぐれ地平のなかで思いがけない形態発生に出会いながら，そのまぐれ作用のそのつどの評価に一喜一憂します。こうして，しだいに修正統覚化作用の地平分析から修正図式化の地平分析へと移っていきます。

### ●───時空修正図式化の身体化地平分析を問う

　ここにおいて私たちは動感時空系における修正図式化地平分析に入ることになりますが，ここでは局面化，優勢化，再認化のそれぞれの修正化形態がわが身に確認できるための身体化地平に注目することになります。すでに述べてあるように，この時空修正化が図式化される地平では動感素材と志向形態の統一的二重性の原理に支えられて，メルロ＝ポンティのいうように，局面化や優勢化の動きかたを自らの世界へと身体化することが主題化されます。つまり身体化地平という自我中心化の志向体験が前面に躍り出てくることになります。この身体化地平では反逆身体，道具身体，中心化身体の拠点から時空修正化地平のなかに身体化志向体験の含意潜在態を探っていきます。しかし，このことはすでにこれまでも詳しく説明してありますので繰り返しません。

ところがすでに身についている優勢化能力を反対側に切り換える段になると，その動感作用は再び反逆身体や道具身体に戸惑うことはいうまでもありません。その反対側の動感形態はまったく新しい創発作用になるのですから当然のことです。とはいっても，まったく新しい形態統覚化と違ってそのプロセスが短縮されることを私たちは経験的によく知っています。たとえば，左側から自転車に乗る習慣をもっている人が右側から乗るときには，その当初はわが身に反逆され身体中心化作用に戸惑いますが，その統覚化作用はずいぶんとスキップできることは周知の通りです。いずれにしても，局面化作用，優勢化作用，再認化作用のそれぞれを自我身体に中心化しそれらの動感素材を志向的に形態化してはじめて修正化形態は曲がりなりにも私の図式化作用を確認することができます。

## ●──時空修正図式化の縁どり地平分析を問う

類化形態と構造化形態を問わず，自らの動感時空系に焦点を絞ってその改善を目指す修正化形態がより上位の協調位相に至るのには，その時空的志向形態の外縁地平を分析し，そこに潜んでいる含意潜在態をはっきりと確認しておかなければなりません。こうして私たちはそれらの修正化形態の縁どり分析に入ることになります。すでに述べているように，地平分析としての縁どり分析は消去法によってその志向形態の外縁を確認していきます。局面化修正作用のなかでその成立に不可欠な意味核を意図的に消し去ってみたとき，局面化の動感メロディーが破壊されれば，消去された動感作用がその形態成立に不可欠であることが確認できます。たとえば，パスという投形態が現実のプレーに生かされるためには，その準備局面をどこまで短縮しても味方プレーヤーに的確なパスを送れるかの限界を見きわめておかなければなりません。そのような局面化作用の縁どり分析を現場では当然のように取り上げています。そのときのパスにおける準備局面のもろもろの志向体験を消去法によって縁どり分析をしているのです。局面間のメロディーにどのような乱れが発生するか，あるいは導入局面の消失によって，敵ばかりか味方の先読み能力を破壊してしまっては本来のパスの意味が消失してしまうことになります。このような厳密な縁どり分析によって，その分析対象になった志向形態の図式統覚化はしだいに外縁構造のみならず内部地平も確かなものになっていくのです。

同様にして，優勢化や再認化の志向体験においても，その優勢な片側の動感システムを発見し，あるいは想起像がどこまで現前化できるのかその限界を確かめるために消去法による縁どり分析を行うことになります。優勢化志向体験の局面化作用を縁どりするために，意図的に習慣化された側の動きかたを反対に行って，そこに現れる局面化作用の乱れをチェックすることは現場でもよく知られている実践知です。これらの時空修正化の三つの分節作用は，決して絶縁的な関係にあるのではなく，相互に絡み合いながら修正化形態の外縁を確認することになります。その具体的な例証は個々の習練領域の構造分析に移すことができます。

## ●——時空作用反転化の地平構造を探る

　これまで考察してきた時空修正化の地平構造における三つの分節地平志向性はそれぞれ独立した意味づけをもっていても，相互に絡み合って相補的統一性を保ち時空系の修正化作用を形成しています。そのなかでは時間と空間の動感作用が表裏関係をもってたえず反転化する可能性をもっていることに注目しなければなりません。そこにはいつでも表と裏を反転化できる可能性が隠されているのです。つまり修正化形態は再構成という発生的地平にありますから，当然ながら消滅と生成のゲシュタルトクライスという相即原理を含意態としてもっていることになります。すでに折に触れて述べているように，動感時間性と動感空間性は表裏一体なのであり，そこに反転可能性という含意潜在態を潜ませていますから，局面化作用にはその地平の背景に優勢化と再認化の志向体験が息づいているのです。それらの地平に潜む含意潜在態を無視して絶縁的に修正化に入っても，それは決して実存の身体運動をとらえることはできないことになります。一枚の紙の表だけを鋏で切ることは不可能なのであり，私たちはいつもこの反転化作用に注目していなければならないことをここでも改めて確認しておきます。その実践的な具体的例証は個々の構造分析の主要な課題になることはいうまでもありません。

　さらに，私たちはこの時空修正化作用が次に取り上げる力動修正化作用とも表裏関係をもち，反転可能性を伏在させていることは多言を要しません。局面化志向体験が空間次元のみ，あるいは時間次元のみで問題になることは決してありません。それが成立するのは等質的な数学的な時空系においてのみですか

ら，動感形態として時間空間が取り上げられるときには，その地平の背景には力動修正化作用が含意潜在態として息づいているのです。ここでは，次の段において，力動修正化地平のなかで含意潜在態を探りますが，そこでは同時に時空修正化地平がその背景に相即原理として控えていることをつけ加えるのも忘れるわけにはいきません。

## 4 力動修正化の地平構造を探る

### ●――力動修正化の地平構造を探る

　ここでいう力動性の概念は決して等質的な数学的時空系のなかで力量計や筋電図によって数量化されるものではありません。この地平分析においては，動きかたの力動的な志向体験の修正が主題化されるのです。動きつつある人自身に時間化されるリズムの統覚化や力の入れ方と力の抜き方をめぐる動感作用が分析対象になります。たとい力の入れ方が客観的時空系で筋電図や力量計によって定量化されても，そのデータそのものは動きかたを修正しようとしている人の動感作用を生み出してくれるはずもないからです。たといその人の踏切りの強さが力量計でデータ化されても，それを自らの身体に生かすのには，その力の入れ方が身体中心化された動感作用として感知されていなければ何の役にも立ちません。これまでそれらの力動修正化の中身は生徒や選手自身にすべて丸投げされていることを見過ごすことはできないのです。

　とはいっても，これまで長いあいだ客観時空系で身体運動を分析してきた私たちは，この動感時空系の力量的なデータを知ればそれを基準にして自分の力の入れ方をいつ，どのくらいの強さでやればよいかがわかると考えます。科学的に数量化された自分の力動データは客観的データだからそれを統合すればよいと考えるのに何の抵抗も感じなくなっています。後は反復訓練すれば修正化に成功できるはずだから，そのマネジメントを適正にやればよいと考えるのです。そのとき，いつ，どこで，どのくらいの強さでどのように動き，どんなリズムで動くのかの基準はその個人の動感志向体験の問題なのです。それは自分で工夫するしかないのですから，その力動的な動感処方は科学的分析の任ではなくなります。結局，そのデータは科学的で客観的だから，そのデータそのものは正しいのであって，できないのは本人の努力が足りないことにされてしまいます。コーチも動く感じは自得すべきものであって，他人から教わるもので

はないと宣言して無師独悟こそ真の修行態度だと決めつけます。それが指導者自らの存在を否定している矛盾に気づこうともしないほど牧歌的なのです。

　結局，自らの力動修正化の営みはすべて伝統的な自得精神に丸投げされ，その動感意識に共振できる指導者はだれもいないことになります。たしかに，現実に新しい動きかたを身につけようとすれば，客観的に計量化されたデータを知ったとしても，どのように動けばよいのかは私の身体で，つまり自らの動感作用で工夫するしかないというのはまさに事実なのです。だからといって，力動修正化における動感志向体験の地平がどのような構造をもっていて，そこにどのような含意潜在態が隠されているのかという地平分析までも放棄してよいはずはありません。こうして時空修正化の地平構造で明らかになってきた局面化作用，優勢化作用，再認化作用に現れてくるもろもろの含意態の他に，この力動修正化の地平志向性はさらに精緻な構造を示すことになり，ここに力動修正化の地平分析がその独自な任務を担うことになります。

　ここにおいて私たちは力動修正化の地平分析のなかに，その中核的な意味づけをもつリズム化作用，力点と制動のコントラストを示す伝動化作用，さらに自我身体の弾み反動を使える弾力化作用という三つの分節的地平の志向体験を分析の対象に取り上げることになります。その意味内容はすでに『身体知の形成』（講義24）に述べられていますが，ここでは地平論的な構造分析の立場からその体系をまとめておくことにします。

## ●――力動修正化地平分析の体系を問う

　力動修正化地平分析は体系図（400頁）に示されているように，力動修正統覚化の地平分析，力動修正図式化の地平分析，力動作用反転化の地平分析という三つの地平構造が分析対象に取り上げられています。分析対象になる三つの分節的な地平志向性はリズム化作用，伝動化作用，弾力化作用になりますから，まずそれらの特性を浮き彫りにしてからそれらの相互関係の整理に入ります。

### ①リズム化の地平構造

　最初に取り上げられるリズム化作用とは自ら目標にする修正化形態をリズミカルに構成化できる志向体験であり，つまり私自身がリズミカルに動ける志向体験流が意味されています。自らの動感リズムを生み出せる志向体験の地平構造が分析の対象に取り上げられ，そこに潜んでいる含意潜在態を探り当てるの

がこの地平分析の主題となります。しかしここでマイネルによる運動リズムの概念は外部視点から他者のリズムをどのように分析するかという立場もとりますから、それと区別するためにリズム化、ないしリズム統覚化の表現をとります。運動リズムの科学的分析とこのリズム化作用の地平分析とは、その分析方法論がまったく別種であることを理解しておく必要があります。

　同時に、リズムは語源的に流れるという意味をもっていますから、このリズム化作用をマイネルのように運動流動から画然と区別しないで、むしろ渾然未分のままの全体を動感リズムとして考察することが許されてよいでしょう。私の動きかたをリズム化していく能力とは現前化としてとらえられる流動的な志向体験だけではなく、予感的先取りや直感的再認化、さらには情況的先読みなどの作用も複雑に絡み合っているからです。マイネルも運動流動における主観的な感じの重要さを指摘しています。つまり私の身体がそれをとらえ、端的に把握される体感能力で全体の力動性をとらえるという実践的な修正化に言及し、このような感覚印象はスケールで計測する前に、そのすばらしい結果を先読みできることを指摘しています。たとえば、私が飛んでくるボールを捕るにしても、長なわ跳びでそれに入るときの間合いのリズムを生み出すときにしても、対象となるボールやロープという物体に私の動く感じを共振させることができなければ、つまり私のほうにリズムを構成化していく動感力がなければ決してうまくできるものではありません。まして、ボールゲームや対人競技における他者の動感リズムを読んで自らどう動くかを決断する高次元な動感情況では、このリズム化作用は決定的な重要さを示すことになります。敵の動感リズムをわが身に取り込み、そのリズムを外して技を仕掛ける高度な動きかたも、このリズム化作用に潜む含意潜在態に支えられているのはよく知られていることです。

②**伝動化の地平構造**

　伝動化作用というのは私の身体に流れる動感メロディーのなかで、一つの力点化と制動化の鋭い交替が志向され、その勢いを先へ移していくという意味で動きを伝えるのであり、その動感作用が分析されるのです。この伝動化という表現そのものについて、誤解を避けるために一言つけ加えることにします。詳細は拙著『わざの伝承』(496~497頁)に述べていますが、マイネル教授やフェッツ教授の意味における運動伝導の問題圏とは基本的に区別されなければなら

ないからです。運動を伝えるということは物理学的な運動量移動のメカニズムを意味していません。私の体肢の勢いを先へ移すのに，私の動感作用のなかでどのような伝動を構成化できるかという地平構造が主題化されているのです。マイネル自身も運動の伝導現象を物理学的な運動量の移動と説明したり，生理学的反射理論による説明をつけ加えたりしていますから無用な混乱が生じるのも仕方ないかもしれません。フェッツでさえも運動が伝わるという表現を運動の学習転移と区別すべきだから，完全に物理学として運動量が伝わると表現すべきであると断じているほどなのです 6)。マイネルの後継者であるシュナーベルは運動伝導のカテゴリーを運動連結ととらえ直してはいても，ロシアのドンスコイによるバイオメカニクス的認識を取り入れ，マイネルの意図した運動伝導の本質的な形態学的運動認識を排除してしまっています 7)。

　このような動感性の伝動化作用は日常生活でも当たり前の動きかたとして経験的に知られているのですが，その志向分析は見逃されることが多くその地平構造の背景に沈んだままになっています。それだけに伝動化の地平分析では，その含意潜在態を明るみに出しておかなければならないことになります。たとえば，仰向けに寝ていて反動をつけて起きあがるときには受動的動感作用としてこの伝動化作用が働いています。それがマット運動の前転に一つの不可欠な技術として取り上げられていることは周知の通りです。さらに，腕を振り上げて急ブレーキをかけてジャンプすることはあまりにも当たり前な動きかたなのでその含意態の意味づけをつい見過ごしてしまいます。日常生活で物を叩くとき，物を投げるときの手首の操作，さらに空手の手刀の使いかたなどにも伝動化作用が受動的動感作用として息づいていますから，その例証を挙げるのに何の苦労もないほどなのです。

### ③弾力化の地平構造

　力動修正化地平分析の最後に取り上げられる弾力化作用というのは私がある動きかたをするときに，身体全体にバネが仕込まれているかのように，弾むように動くときの動感作用のことです。ここで意味されている弾むような動きというのはドイツのボーデによるリズム体操の根幹をなすはずみ原理としてよく知られています。しかし，マイネル教授が実践的なスポーツ運動学として運動

---

6) Fetz, F. : Bewegungslehre. op. cit. 1989, S.348ff.

7) Meinel, K. / Schnabel, G. : Bewegungslehre-Sportmotorik, 1998, S.107ff.

弾性というカテゴリーを取り上げたことはまさにスポーツ形態学の創始者にふさわしい問題提起といえます。ところが運動学講座の後継者シュナーベル教授はこのマイネルの運動弾性という問題圏を運動流動のなかに包含してしまい，それを独立したカテゴリーに認めなかったのは周知の通りです[8]。私たちはマイネルの運動弾性を批判的に継承し，その動感作用を力動修正化における弾力化地平志向性として分析対象に取り上げ，そこに潜む含意潜在態を探り出そうとしているのです。ですから私たちはフェッツ教授のように運動弾性の物理学的ないし生理学的現象の解明を主題化するのではなく，その弾力化作用の発生様態の地平に探りを入れようとしているのです。弾力化作用は，これにフェッツ教授も気づいているのですが，再認化作用と密接に絡み合っています。つまり動感身体のゼロ点を原点とする先読みと想起を含み込んだ動感地平志向性が前景に立てられます。そのような地平構造の問題圏として志向分析を施すところに弾力化地平に潜んでいる含意潜在態が姿を現すことになります。

　弾力化作用には少なくとも求心的な志向性の働く受け止め作用，遠心的な志向性の働く跳ね返し作用，リズミカルに反復されるはずみ反動作用の三つの動感作用を区別します。受け止めの弾力化作用は，少なくとも膝関節を中心とした脚の弾力化と肘関節を中心とする腕の弾力化に区別されますが，さらに胴体も同調する複合的な弾力化作用のなかにもその含意態を探り出すことになります。わが国の学校体育では軽視されている跳び下りという習練教材にその例証を見ることができます。跳ね返しの志向体験は足によるジャンプ形態のほか，マット運動や跳び箱の突き手のような特殊な動感形態もその例証になります。さらに弾み反動作用については，ボイテンデイクが幼児や老人の弾力化形態に力動類型学的なみごとな考察をしていることはよく知られています[9]。それはマイネルの『スポーツ運動学』(第4章)における類型学的分析にも見られますが，とりわけマイネルは幼児や高齢者の歩行形態に見られる弾力化作用の欠落が学校体育における身体発生や高齢者の健康意識にも多くの示唆を与えることを指摘しています。

　最後に，私たちはこれまで見てきた力動修正化地平におけるリズム化作用，伝動化作用，弾力化作用という三つの動感作用の相互関係を考察しておきます。

---

8) Meinel, K. / Schnabel, G. : ibid., 1998, S.126.
9) Buytendijk, F. J. J. : Allgemeine Theorie der menschlichen Haltung und Bewegung, 1956, S.294ff.

マイネルも運動リズムを力動・時間分節と言い換えているように，リズムを構成化するときには内的時間意識が表面に現れてきます。自らの動きかたをリズミカルに行うときでも，さらに長なわ跳びに入るタイミングを先読みするときも，最初は空間意識が先行するとしても結局は自らの体感に時間化されるのでなければならず，自我身体に中心化する志向体験が決定的になるのです。このことは同様に，なわ跳びのなわに勢いを伝えるという伝動化作用でも最初は空間意識に注意がいきますが，結局は手の制動志向体験にそのコツを見つけることになります。このことは弾力化作用でも同じで，高いところから跳び下りるときでも，空間意識が先行する予描先読みからわが身で衝撃を緩衝するために身体中心化の志向体験が決定的になります。このような力動修正化の地平構造は最終的に動感時間性の志向体験がその含意態を形づくっていることになります。もちろん，その時間化される志向体験は空間性と表裏一体として作動する反転化能力が基柢に据えられていなければ，生きた力動修正化が機能しないことは多言を要しません。ここにおいて私たちはリズム化，伝動化，弾力化の三つの地平志向性を力動修正化の地平分析としてそこに潜んでいる含意潜在態を探っていくことになります。その地平分析の体系を一望に収めてこれから立ち入っていく分析の全体像を展望しておくことにします。

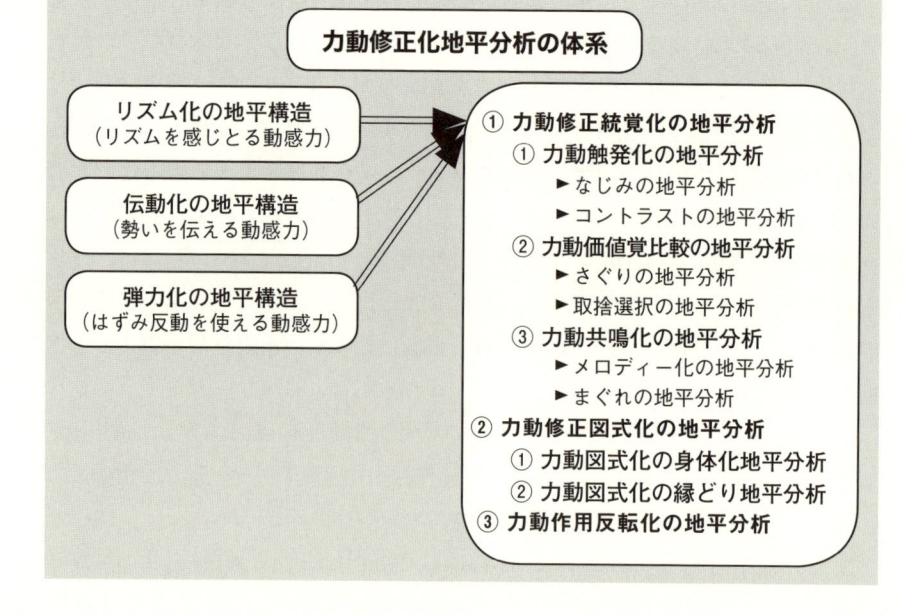

## 力動修正化地平分析の体系

- リズム化の地平構造（リズムを感じとる動感力）
- 伝動化の地平構造（勢いを伝える動感力）
- 弾力化の地平構造（はずみ反動を使える動感力）

① 力動修正統覚化の地平分析
  ① 力動触発化の地平分析
    ▶ なじみの地平分析
    ▶ コントラストの地平分析
  ② 力動価値覚比較の地平分析
    ▶ さぐりの地平分析
    ▶ 取捨選択の地平分析
  ③ 力動共鳴化の地平分析
    ▶ メロディー化の地平分析
    ▶ まぐれの地平分析
② 力動修正図式化の地平分析
  ① 力動図式化の身体化地平分析
  ② 力動図式化の縁どり地平分析
③ 力動作用反転化の地平分析

## ●──力動修正統覚化の地平分析を問う
### ①力動触発化の地平を探る

　動感力動性の修正化作用がなじみ地平のなかに何の抵抗もなくそのままに住んでいるとすれば，力の入れ方や抜き方を改善するという動機づけは生まれてきません。自らの動きかたのなかに慣れ親しんだ自分なりのリズムで，力の使い方も，ばねの使い方もすっかり習慣態としてなじんでいれば，そこに修正化という志向体験が生まれないのは当然です。しかし，野球で何度やってもゴロがうまく捕れないと感じると，ボールを捕るときのリズムを自分の身体のなかに生み出す工夫が芽生えてきます。そこでは沈黙身体のなじみ地平から脱出し，リズム化作用に新しい動感創発の動機づけが胎動し始め，そこにやっと力動修正化の地平志向性が触発されることになります。体育の専門教師のなかには，このようななじみ地平に安住している生徒たちに知らず知らずに新しい動きかたへの動機づけを触発化できる老練な先生もいますし，いつのまにかやる気を巧みに誘う手立てを身につけているコーチも珍しくありません。しかしその体育教師やコーチが力動修正の触発化地平分析をしているとは思っていません。子どもたちの動感深層の地平にまで入り込んでそのリズムのとり方や巧みな力の使い方を促す体育の先生が高度な動感発生論的指導，つまり促発地平分析の自覚をもっているわけではないのです。それは，授業展開のマネジメントにすぐれた先生として認められるだけです。ところが，動感論的な地平分析の高度な専門能力をもっていると本人たちも思っていないのですからこの力動修正化の地平分析に道を拓くことは容易ではありません。

　しかし生徒や選手自身は習慣態のなじみ地平から脱出して力動修正化作用の触発化地平に少しずつ気づき出します。そうすると今やった動きかたがどんなリズムだったのか，どんな力の使い方をしたのかなど，そのつどの今ここの再認化作用のなかで，そのコントラスト程度差の地平志向性に向き合わざるをえなくなってきます。力動性の修正化作用のなかで過ぎ去った直感を今の身体に呼び戻してみて，そのコントラストの違いに気づき出します。力動修正化のためのコントラストがまったく存在しない再認化作用のもとでは，まったく同一の力動形態を機械的に反復しているだけですから，それを修正する動機づけが成立するはずもないのです。こうして，リズムや力点の入れ方，四肢や胴体のばねの使い方の動感差のコントラスト地平が姿を現してきます。その力動地平

構造に隠れていたわずかな違いに気づき始めると、私たちはそのどちらが修正化に役立つ価値をもつのか、何を基準に修正化に入ればよいのかという動感価値覚の地平分析に関心が移っていくことになります。

②力動価値覚比較の地平を探る

このようにして、動感性のコントラスト地平に志向体験が息づき始めると、そこにどのような力の入れ方の動く感じがよいのか、何を基準にしてその力動体験流の良し悪しを決めるのか気になり出します。リズム化や伝動化あるいは弾力化という動感価値覚をどのように働かせ、その評価志向体験をどのように比較すればよいのかという、いわば、動感価値覚を比較する志向体験が浮き彫りになってきます。ところが、このような力動性のコントラスト地平はすべて本人の動感感覚に丸投げされてきましたから、指導者のやることは外部視点から生徒の学習活動の監視あるいは励ましといった体育方法学的なマネジメントに集約されることになります。そうなると生徒や選手の修正化地平は本人がその分析をしない限り、そこに潜んでいる含意潜在態はだれも明らかにせず、それはコツやカンの世界として分析対象から外されてしまうのです。

私たちはなわ跳びのなわに勢いを伝えるという伝動化地平のなかに、そこに潜んでいる含意潜在態を志向分析によって取り出し、指導者のための導きの糸に集約しておく必要に迫られるのです。そのような地平分析の手引きによって力動性の評価作用に潜む含意態に出会うことができます。どれが生き残る価値をもつのか、どれを捨てなければならないのかを判断し、その価値覚比較の結果よって取捨選択の決断をすることが主題化されます。その場合、どうしても価値覚比較の動感作用を自我身体に中心化できるのでなければなりません。そこには、時空修正化地平の再認化作用とこの力動修正化地平との絡み合い構造が姿を現します。そのとき時間化された力動評価作用はそのいろいろなリズム化形態に向き合い、それを自ら評価し決断し、自らそれを承認しなければなりません。シュトラウスのいうように、価値覚の取捨選択なしに、さぐり地平のなかでただ単に機械的な試行錯誤を繰り返しているのでは、修正化の営みは一歩も前に進むことができないのです。こうして私たちはリズム化作用、伝動化作用、弾力化作用のなかに、やがてメロディーに統合される動感素材を取捨選択する地平志向性が前景に立てられ、それに探りを入れる価値覚比較の地平分析が主題化されることになります。

### ③力動共鳴化の地平を探る

　力動評価作用の取捨選択に関わる決断とその承認を経て，そこに収集されたリズム化，伝動化，弾力化の動感素材は相互に共鳴化する地平志向性にその関心が移ります。たしかに，どのような力動修正化の目標像に向かって動感素材を収集していくのかはすでに投企ずみのことです。しかしそれらの雑多な修正化の動感素材をただ並べ立てても，そこに新しい動感メロディーがひとりでに奏でられるはずもありません。そこでは，それらの動感素材のあいだに共鳴化志向体験が息づいていて，それを活性化するのでなければなりません。高いところから飛び降りるとき，その着地の安全な緩衝作用が全身にメロディーとして流れるのでなければ，とても足だけの緩衝作用では安全に下り立つことができません。それは物理的な緩衝法則を知らなくても私たちはそれを実践知として身につけることができます。仰向けに寝ていてそのまま上体を起こすときには，足を振り下ろして反動をとると楽に起き上がれるという実践知を私たちは受動地平に隠しもっているのです。足の勢いを上体に伝えて起き上がるときの動感メロディーは振り下ろす足の制動作用の含蓄態に支えられていますが，その潜在態に気づかなくても，正面から起き上がるときに動感メロディーが流れると私たちはそれを楽々とできることを直接に感じとっているのです。

　こうして私たちはそこに気持ちのよい動感メロディーを奏でながらいろいろな動感素材を共鳴化作用によって統一的な志向形態を発生させることができます。しかしその形態発生には因果法則が成立しません。そうすればかならず法則的にその志向形態が成立するとはいえないからです。そこではまったくの偶然としかいえないような発生の仕方で〈私はできる〉というコツやカンに出会うしかないからです。そのときの動感メロディーの偶発的な出来事は，ヴァイツゼッカーのいうように，「なぜ他ならぬ今ここに」動感形態にメロディーが流れたのかは「いつも秘密なのであり」，それはまぐれ以外の何ものでもないのです。そのまぐれ地平のなかに潜んでいる含意潜在態を私たちは自らの身体で感じとり，それを身につけて身体化する深層意識を明るみに出すのが共鳴化作用の地平分析なのです。こうして，私たちは思いがけないまぐれの形態発生に出会いながら修正統覚化の地平分析から修正図式化の地平分析へと移っていくことになります。

## ●──力動修正図式化の身体化地平分析を問う

　ここにおいて，私たちは曲がりなりにも修正化形態の力動図式化地平に入ることになります。動感地平には因果法則が成立しませんから，私たちはそのときの力の入れ方やリズムのとり方を何とかい̇つ̇も̇で̇き̇る̇ように気をつけ始めます。それは単なる反復回数の問題ではなくて，その潜在態に流れるメロディーをわが身で感じとれるのでなければなりません。ボイテンデイクの指摘をまた繰り返しますが，ネクタイを締める動きかたにしても，キーボードを打つ手の動きかたも，それがどのように手を動かすのかをいちいち考えることはできないのだというのです。動感図式化というのはそのいくつかのポイントを把握してはいても，全体の経過をキネグラムのように継起的に加算して形を組み立てることはできないのです。力動形態における図式化地平の志向体験は先反省的であって，その志向体験の全体の流れを動感メロディーとしてしかとらえていないことを確認しておく必要があります。

　ここではリズム化，伝動化，弾力化のそれぞれの修正化形態がわが身で確認できるための身体化地平に注目することになります。すでに時空修正化の地平分析でも述べているように，この力動修正の図式化地平でも動感素材と志向形態の統一的二重性の原理に支えられて，メルロ＝ポンティが指摘しているように，自分のリズムで動ける動きかたを自らの動感世界へと身体化することが主題化されるのです。つまり，力動図式化における身体化地平という自我中心化の志向体験が前景に立てられてきます。この身体化地平では，これまでの地平分析と同じように，反逆身体，道具身体，中心化身体の拠点から力動図式化地平のなかに身体化される含意潜在態を探っていくことになります。このことはすでに時空修正統覚化地平分析で詳しく説明していますので繰り返しません。

　しかし，たとえばすでに身についているリズム化作用でも，長なわ跳びで入る間合いのリズムを生むときやゴロのボールを捕るときのように，予描先読みの志向体験との絡み合いのなかでリズム化形態が身体化され，図式化が成立していきます。さらにリズム化の対象が人との場合，つまり味方プレーヤーとの連係プレーでは，そのリズム化作用はきわめて複雑になります。相手の動感リズムを私のリズムに取り込むことが求められますから，さらに高度な動感力が求められます。それどころか，そのリズム化対象の相手が敵方のときには，それにフェイントをかけてその敵のリズム化作用を崩しながらそれに対応できる

自らのリズムを統覚化するのですから，その絡み合い構造はさらに複雑になります。これらのリズム化地平の志向分析は実践の現場では当たり前の課題なのです。しかもそれらの驚くべき絡み合い地平構造が示されていても，私たちの身体知はそれらの難問を一気に解決する動感力を身体化していることになります。それらの驚くべき身体能力はコツやカンによる私秘的な動感力として，リズム化地平の背景に沈められたまま長いあいだ放置されてきたのです。私たちの地平分析がその地平のなかに沈められたままになっている含意潜在態をえぐり出そうとするのは，それによって指導者養成に不可欠な構造分析の導きの糸を紡ぎ出そうとすることにほかならないのです。

　そのような地平分析の意図は伝動化地平構造についても，弾力化地平構造についても同様であって，それらの理論体系の構築は焦眉の急になっています。ですから，力動図式化地平はそれぞれの分節地平構造ごとに，改めて身体化地平を体系的に整理することから始めなければなりません。そのためには，個別の競技スポーツや習練形態の体系ごとに身体化地平の志向分析を進めなければなりません。とりわけ，対人競技における身体化地平分析，さらに味方同士の連係プレーや敵方とのフェイントプレーも含めて，この力動図式化地平はコツやカンの形態化地平分析との絡み合い構造にメスを入れなければなりません。それらの問題はさらに深められるべきですが，いずれにしても，ここではリズム化作用，伝動化作用，弾力化作用のそれぞれを自我身体に中心化し，それらの力動的な動感素材を志向的に形態化してはじめて，その修正化形態は曲がりなりにも図式化されることを確認しておかなければなりません。

### ●——力動修正図式化の縁どり地平分析を問う

　こうして私たちは，それらの図式化された力動修正化形態が確かな内的な力動構造を確認するために，その志向形態の縁どり分析に移ることになります。類化形態と構造化形態を問わず，自ら動きかたの力動性に焦点を絞ってその改善に努力する修正化作用がより上位の協調に至るのには，その志向形態の縁どり地平を分析し，そこに混入している不要な動感意識を取り去り，不可欠な含意潜在態をはっきりと確認しておかなければなりません。すでに述べているように，地平分析としての縁どり分析は消去法によってその力動志向形態の外縁を確認していきます。たとえば，修正化形態としての弾力化志向体験のなかで

その成立に不可欠な意味核を意図的に消し去ってみたとき，その弾力化の動感メロディーが破壊されれば，消去された動感作用が志向形態に不可欠な動感分節をなしていることを確認できることになります。跳び下りるとき，視覚が遮断されるとその着地の弾力化志向体験は破壊されるし，足関節と膝関節だけの弾力化作用だけに制限すると，着地の緩衝作用は弱められますから，どうしても両腕や胴体の弾力化作用を欠くことができません。このような消去法による力動的な縁どり分析は力動修正化形態の有効外縁を確認するのに取り上げられるのは時空修正化地平分析と軌を一にしています。そのような縁どり分析の具体的な例証は競技指導の現場では日常的に行われていますので省略することが許されるでしょう。

　これらの力動図式化のリズム化，伝動化，弾力化という三つの分節地平作用は決して絶縁的な関係にありません。弾力化の弾み反動における志向体験は当然ながらリズム化作用と絡み合います。オールドミスが子どものような弾み反動を用いた歩きかたは滑稽であるばかりでなく，そのリズム化作用の欠落が修正の対象に取り上げられることはいうまでもありません。なわ跳びがうまくできない子どもは単になわに手の勢いを伝えられないという伝動化作用の欠落だけではなく，ジャンプするときの腕の引き上げと反対の動きかたが求められていることに気づかなければなりません。そこでは，なわをもった手の振り下ろしと跳び上がりの動感作用に相反的な動きかたのリズム化が求められているのです。それがいかに子どもにとってむずかしいかという認識が欠けている指導者はまさに力動修正化の地平分析に無関心な素人と同じだと批判されても仕方ないことになります。さらに具体的な例証は個々の競技論における地平分析にゆずることができるでしょう。

### ●──力動作用反転化の地平構造を探る

　これまで考察してきた力動修正化の地平構造における三つの分節地平はそれぞれ独立した意味づけをもっていますが，相互に絡み合って相補的統一性を保ち，力動性の動感システムを形成していることはいうまでもありません。しかしそのなかでは，それぞれの分節的な地平志向性が表裏関係をもってその作用をたえず反転化する可能性をもっていることにも注目しておかなければなりません。そこにはいつでも表と裏を反転化できる可能性を隠しているからです。

修正化形態は再構成という動感発生論の地平にありますから，当然ながら消滅と生成のゲシュタルトクライスという相即原理を含意態としてもっていることは時空修正化地平と同じです。すでに折に触れて述べているように，時間的な動感性と空間的な動感性は表裏一体をなしていて，そこに反転可能性という含意潜在態を潜ませていますから，リズム化作用はその地平の背景に伝動化と弾力化の志向体験を息づかせているのです。前段でそれらの分節地平の絡み合い構造に触れましたが，ここではそれを一つの反転化能力として確認し，それなしには力動修正化作用が正当に作動しないことに注目しなければならないのです。それらの地平に潜む反転化という含意潜在態を無視して絶縁的に地平分析しても，それは決して実存の身体運動の深みをとらえることはできないことになります。ソシュールの有名な指摘を再び援用すれば，一枚の紙の表だけを鋏で切ることは不可能なのであり，私たちはいつもこの反転化志向体験に注目し，その例証分析を確認しておく必要があります。その実践的な具体的例証は個別的な動感論的地平分析の主要な課題になることはいうまでもありません。

　さらに，私たちはこの力動修正化作用が前もって取り上げておいた時空修正化作用と表裏関係をもち，反転可能性の含意潜在態をもっていることも多言を要しません。リズム志向体験が力動次元にのみ出現し，時空次元と切り離してその地平志向性を問題にすることは不可能なのです。その修正化作用を時空系と力動系に分節化するのは，その両者を絶縁的に分析できることが意味されているのではありません。表の力動地平はその裏に時空地平の志向体験が息づいているのであって，表の力動修正作用を分析しようとすれば，同時にその裏の時空修正作用の絡み合いを無視することは許されません。そのような絶縁的な分析が可能なのは等質的な数学的時空系においてのみ可能なのです。動感志向形態が時空系で取り上げられるときには，その地平の背景には力動修正化作用が含意潜在態として息づいていることを見過ごすわけにはいきません。そこでは，同時にヴァイツゼッカーの相互隠蔽原理が働いていることを確認することになります。

**ゼミナールテーマ：13**

①動きかたを修正するとき粘土細工と同じ加減方式が可能だと考えるのはなぜなのか具体的な例証によって説明してください。
②動きかたの定着化とその解消化の限りない対立関係を競技スポーツの具体的な例証で説明してください。
③動きかたの修正化志向体験が触発化されて，なじみ地平からコントラスト地平に移るプロセスを学校体育の具体的な例証のなかで説明してください。
④日常の歩形態のなかで動感親和性をもっているけれども違った歩きかたを示す例証を挙げて，そのわずかな価値覚を感知する具体的な動感差を説明してください。
⑤動感メロディーが流れる共鳴化地平で試行錯誤による反復練習がなぜ否定されなければならないのか，その意味づけを具体的な例証で説明してください。
⑥修正起点の調和化地平がなぜその発見性と評価性の機能をもっているのか具体的な例証で説明してください。
⑦習慣態としてなじんでいる古い動感システムを解体する動感作用の具体的な例証を競技スポーツから取り出してその解消化の方法を具体的に述べてください。
⑧調和化志向形態の図式化作用を確認するためその縁どり分析を学校体育の例証によって具体的に説明してください。
⑨時空修正化地平の局面化作用，優勢化作用，再認化作用のそれぞれの例証を競技スポーツから選び出して説明してください。
⑩なじみ地平からコントラスト地平に移りかけるときの優勢化作用を日常生活の動きかたの例証によって説明してください。
⑪価値覚比較地平における再認化作用がさぐり地平から取捨選択の地平に気づいていくプロセスの例証を挙げて，そこに潜む含意潜在態を取り出してください。
⑫動感共鳴化作用のまぐれメロディーをどのように判断し，評価するのか，局面化地平に潜む含意潜在態について具体的例証で説明してください。
⑬優勢化作用を反対側に変えると，局面化と再認化の志向体験にどのような身体化作用が現れるのか学校体育の例証で説明してください。
⑭競技スポーツの修正化例証において，局面化，優勢化，再認化の志向形態に縁どり分析を施し，それぞれにどのような含意潜在態を明るみに出せるかを具体的に説明してください。

⑮リズム化作用，伝動化作用，弾力化作用について，日常生活の具体的な例証を挙げてその特性を説明してください。
⑯現在の力動的な志向形態に慢心して，その修正化作用が機能しない選手に対して，どのようにしてそのコントラスト地平に気づかせるか具体的な例証でその手立てを述べてください。
⑰修正化地平におけるリズム化，伝動化，弾力化の志向体験にどんな評価基準をもつべきなのか具体的な例証で説明してください。
⑱まぐれ地平から身体化地平に移すための動機づけをどうするのか，リズム化，伝動化，弾力化の志向体験から一つだけ選び出して具体的な例証によって説明してください。
⑲リズム化，伝動化，弾力化の修正化形態に縁どり分析を施して，その図式化の外縁を確認できるそれぞれの例証を具体的に挙げてください。
⑳力動性の修正化形態の三分節地平志向性について，そこに作動する反転化能力の具体的な競技スポーツの例証をあげて，反転化地平分析が競技力に不可欠であることを具体的に説明してください。

## 講義 14
## 自在化地平の分析方法論を問う

### 1 自在化地平の含意潜在態を探る

● ──動感自在化の志向体験に問いかける

　ここで使われる自在性ないしその能力構成化の様態を示す自在化という表現についてはすでに〈講義3〉で少し触れていますが，それらをここで端的にまとめれば，自我身体が何ものにもとらわれず自在無碍に動ける動感能力性ないしその構成化の様態が意味されています。そのような動感自在化の地平に潜んでいる含意潜在態を明らかにするのがここで主題化される自在化地平分析のねらいになります。そこでは，習練の極致に現れる動感自在化の地平に隠されている負担軽減化やわざ幅の含意態のみならず，至芸における冴えなどの動感質という価値志向性の地平も，さらに非人称的な〈それ〉の地平構造も分析の対象に取り上げられます。しかしすでに触れているように，この自在化地平は名人，達人による至芸の自在境地だけが意味されているのではありません。自転車に乗りながら携帯電話でメールを打つという日常的な所作にも受動的な習練成果として自在化の地平志向性が存在しているからです。競技スポーツにおける人間業とは思われないような妙技だけが自在化地平分析の対象にされるのではありません。こうして私たちは歴史的，文化的な幅広さをもつ動感始原分析の対極に，匿名的な動感地平の深層に切り込んでいくこの自在化地平分析を位置づけることになります。

　動感能力による形態化，修正化の地平分析のみならず，とりわけこの動感自在化における地平構造の厳密な志向分析は体育教師あるいは競技コーチの独自な専門領域を形づくっていることに注目しておく必要があります。そこでは他のスポーツ諸科学によって代替できない独自な身体能力が追求され，他に追随を許さない専門的な地平分析力として明らかに固有性が存在しているからで

す。それは競技や舞踊などの有体的な動きかたに打ち込みながら動感深層の地平を生き抜いた人にのみ拓かれる分析能力だからです。そのような動感分析能力をもった人でなければ、この自在化地平に潜む含意潜在態をえぐり出していく志向分析に関わることはむずかしいのです。念のため再度つけ加えますが、その動感深層の地平分析力はその人の競技歴や教員資格に左右されるのではなく、その人の動感地平における志向体験の深さに依存していることを確認しておかなければなりません。

　ここで主題化される自在化地平はこれまでのコツやカンの形態化ないし修正化の地平構造に比べると、可視的にとらえられる変化は大幅に少なくなります。目当ての志向形態を統覚化ないし修正化するときには、それまでの動きかたとははっきりと区別できます。たといまぐれでも、け上がりに成功し、的確なシュートを打ち、高跳びのバーをクリアできれば、その志向形態の地平分析はそこに顕在態が前面に浮き出てきますから、その地平に隠れている含意態を明るみに取り出すことはそうむずかしくありません。ところが安定化地平に入り、その志向形態がコンスタントに現れてくると、そのコンスタント地平の背景に隠れている含意態は単に確率論だけでは判定できない微妙な評価作用が加わってきます。短距離走の達成評価が計測された数値だけで十分ならば、その動感地平の志向構造をまるで知らないずぶの素人でもコーチできることになります。視覚ではとてもとらえられない100分の1秒の差に挑む一流選手の動感指導は、その動感意識流をまったく体験していないコーチに無理なのでしょうか。もしそうならその動感地平の深層意識を体験した人だけしかコーチになれないことになります。しかも動感深層意識は常に匿名性で覆われ、その本人にもよくとらえられないのです。

　競技の世界では、かつてだれも成功できなかった動感形態がトレーニングの目標に立てられるのが一般的ですから、かつての名選手でも常に後追いになり、その生々しい動感指導は不可能になってしまいます。こうして、本来的に保守性を内在させている指導者は動感地平の志向構造分析に注目せざるをえないことになります。その地平分析力はこの自在化地平分析のなかにもっとも典型的に顕在化しますから、この自在化地平分析を取り上げる固有な意味も生まれてくることになります。

## ●——自在化作用の匿名性を探る

　ここにおいて，私たちはこの自在化志向体験が常に匿名性を背負っていて，私たちが自在化地平に立ち入るのを拒むことに注目しておかなければなりません。すでに私たちは『身体知の形成』（講義25）において動感匿名性について詳しく立ち入っています。匿名的ということはその名前を隠すという意味に理解されるのが一般ですが，ここではフッサールの現象学的意味で用いられています。つまり自らの動感作用でもその地平の背景に含意態が沈められていますから，まして他者の動感作用が匿名になっているのは当然です。ですからその志向分析は超越論的な立場から個々の内在的体験に相関する地平を探っていくことになります。その地平志向性を分析するねらいは顕在的なはっきりした体験の背景に隠れている潜在的な志向体験を明るみに取り出すことです。その地平の背景にたたみ込まれて潜在化した志向体験の意味核を端的に表現して含意潜在態と呼んでいるのです。フッサールはその含意態をなぜ取り出さなければならないかを次のように明確に述べています。そこで受動的にしか体験されていない含意潜在態は「顕在的な意味を形成している志向性のなかに深く折りたたまれながらも予描されているのであり，それが取り出されれば織り込まれた意味を解明できるという明証性をもつことになる」からであると指摘します[1]。こうして私たちはこの匿名的な自在化地平に潜む含意態の志向分析に着目することになります。

　とりわけこの自在化地平の動感匿名性は複雑な志向構造をもっていますから，ここでは自在化の深層に動感匿名性が関わっている地平構造だけを取り上げます。しかしそこにもさまざまな多層的な構造が見出されます。私たちに何らかの動機が働いてすぐにはできない動きかたを身につけようとすると，その受動的な動感匿名性のなかに能動的な志向体験が息づき始めます。たといまぐれでその志向形態が統覚化しても，その形態発生を支えた動感志向性は先自我的なコツやカンに止まっていてただちに自覚できるわけではありません。ここに身体運動の習練的意味が浮上してきます。動感形態は習練の希求的な原努力に支えられて統覚化され，その図式化の縁どりが確認され，さらに洗練形態化を目指して修正化地平の志向分析に入っていくことになります。

　しかし匿名的な身体知に内在している奥義は不立文字として自らの身体で

---

[1] Husserl, E.: Cartesianische Meditationen, Hua.I. S.85 /『デカルト的省察』，第20節，岩波文庫．

わかるしかなく，たといそれを形式化して論理的に理解してもその形態発生に直接つながりはしません。「身体(からだ)が勝手に動いたから勝つことができた」とか「身体(からだ)が覚え込んでいなければその動きは本物ではない」などいわれるとき「身体(からだ)の何が勝手に動いたのか」「身体(からだ)で何が覚えられればよいのか」はまさに奥義とされて自得しか道はないといわれ，すべて匿名的な世界に送り込まれていることになります。これではどんなすばらしい至芸の自在化能力が示されてもその動感伝承の道は絶たれてしまいます。こうして人から人に移される何かあるものの構造存在が問われることに注目しなければなりません。私たちは潜在的な匿名性を背景に沈めた動感地平のなかで主客未分としての原初的な匿名性，衝動充実としての自然的匿名性，ハビトゥスとしての習慣的匿名性の問題圏をここでは省きます。それらを一気に跳び越えて，希求努力に支えられた習練的な自在化匿名性の地平構造のなかにその含意潜在態を体系的に探し求める地平分析に焦点を絞り込むことになります。

## ●──自在化地平分析の体系を問う

　習練によって自在化志向形態を目指す地平はマイネルの指摘した自動化による安定化位相に詳しく述べられています。私たちはその自動化の熟練位相を批判的に継承して，さらに次の四つの地平構造の志向分析を区別します。
①安定化地平構造を志向分析する
　①定着化の地平志向性を探る位相
　②コンスタントの地平志向性を探る位相
　③安定化の地平志向性を探る位相
②軽減化地平構造を志向分析する
　①外的軽減化の地平志向性を探る位相
　②内的軽減化の地平志向性を探る位相
　③わざ幅発生の地平志向性を探る位相
③動感質地平構造を志向分析する
　①空間的な動感質の地平志向性を探る位相
　②時間的な動感質の地平志向性を探る位相
　③冴えの地平志向性を探る位相
④自在化地平構造を志向分析する

①反転自在化の地平志向性を探る位相
　②〈それ〉の地平志向性を探る位相
　そこでは，四つの地平構造のなかにたたみ込まれている含意潜在態を取り出すために，さらに分析拠点の位相を設定して，立ち入った地平分析を深めていくことになります。その詳細は次の段から立ち入って考察することにして，以下に自在化地平分析の体系を図式化して参考に供しておきます。

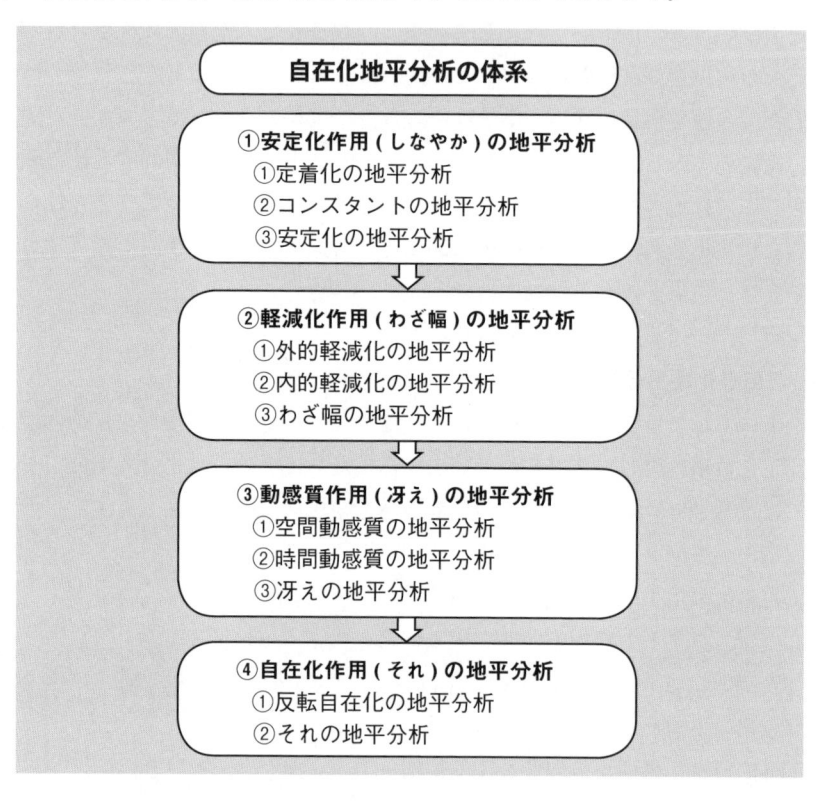

```
            自在化地平分析の体系

        ①安定化作用(しなやか)の地平分析
          ①定着化の地平分析
          ②コンスタントの地平分析
          ③安定化の地平分析
                    ↓
        ②軽減化作用(わざ幅)の地平分析
          ①外的軽減化の地平分析
          ②内的軽減化の地平分析
          ③わざ幅の地平分析
                    ↓
        ③動感質作用(冴え)の地平分析
          ①空間動感質の地平分析
          ②時間動感質の地平分析
          ③冴えの地平分析
                    ↓
        ④自在化作用(それ)の地平分析
          ①反転自在化の地平分析
          ②それの地平分析
```

## 2 安定化作用の地平分析を問う

### ●――定着化の地平を探る

　習練対象に取り上げられる動感形態というものはまず始原分析によって通時的，共時的にその運動認識が承認され，さらに体系分析によってその共存価値が認められてはじめてこの地平分析の対象になります。地平分析においては形

態統覚化作用の合意態が探し求められ，やがていちおうの形態発生を支える図式化作用が厳密に志向分析されて，その習練形態はマイネルのいう安定化位相に至ります。ところが，形態学的な運動発生論を唱えたマイネルはその習練形態が安定化位相に入って自動化され，その習熟の高まりに熟練の境地を認めながらも，さらに慎重な洞察を忘れていません。マイネルはその場合の習熟という表現に相対的な終了しか認めずに「学ぶ人に終了ということは絶対に存在しない」(S.371 / 400頁) と厳しく宣言することになります。この点では「初心忘るべからず」といって，慢心を戒め，技芸の道が無限であることを教えるわが国の芸道と軌を一にしています。私たちが自在化地平構造の最初に位置づける安定化地平は定着化，コンスタント化の地平分析を経てやっとこの安定化作用を分析対象に取り上げることになるのです。この三つの階層を通り抜けて動感作用はいちおうの安定化位相に達することになります。

　最初の定着化地平においては何といっても数的な反復という志向性が表面に出てきます。目当ての習練形態がいつでもできるようになるのには反復習練を重ねるしかありませんから，そこでは何回反復したかがその習練の目標になるのは当然のことです。そのうちに，動きかたに慣れて自動化が成立し，どう動くべきかという動感作用は背景に立ち退いて負担免除が発生します。その場合マイネルはこの自動化を機械化から厳しく区別されるべきだと主張します。人間の動きかたが自動制御装置に変身させられ，いわばロボット化されていくのは決して真の自動化とはいえず，それは単なる運動の機械化でしかないとみじくも指摘します。私たちはトレーニングのなかでその反復回数だけを課題に設定することが少なくありません。そのときの反復回数は数学的に形式化されるのでこの定着化地平の意味発生につながらないのです。数えるという行為はその事態そのものを数として形式化しますから，その意味内容はすべて捨象されることになります。一回ごとの動きかたの動感作用はすべて捨象されてしまいますから，何回反復してもその動感発生につながるはずもありません。別言すれば，ここでいう意味は動感性の感覚と同義ですから機械的反復は定着化作用における動感発生のトレーニングにならないのです。

　こうして，この定着化地平においてはロボット化されない真の自動化を進めることによって機械的反復による鋳型化の落とし穴にはまり込まないようになります。機械的にひたすら反復を重ねればたしかに表面的には動きかたは固定

化されてきます。そのような機械的固定化は後でその動きかたを改善しようとしても，修正化作用に決定的な反逆をしかけてきます。定着化と解消化とのアポリアは私たちの最大の悩みなのであり，そのことはすでに修正化地平分析で見てきた通りです。こうして，定着化地平に潜む生命的な自動化の含意態に着目することによって，ロボット化されずにいろいろな変化に対応可能な定着化を達成することができます。とはいっても，真の自動化に至る道はさらに遠く，この定着化地平に潜む反復の意味発生に目を向けざるをえません。

## ●──コンスタントの地平を探る

　ここにおいて，動きかたがコンスタント（不変的，固定的）になるとは何を意味するのか，動きかたの何が変わらずに反復できるのかをここで改めて問い直してみなければなりません。何が繰り返されるのかというときの〈何〉が地平の陰に織り込まれて潜在態になっていますからつい見過ごされやすいのです。この場合まず区別されなくてはならないのは，その〈何〉が数学的な時空系における計測可能な身体運動ではないということです。それがスポーツの身体運動であっても，計測可能な時空系で取り上げられれば物体運動にすり代わってしまうからです。その意味で理解された物体運動のコンスタントをここでは問題にしません。というのは，人がコンスタントに動けるかどうかを外部視点から定量的に分析しても，その人がどうしたらコンスタントに動けるかという時間化された志向形態の発生に何ら切り結んでこないからなのです。

　ここで主題化されるコンスタント地平に隠されている含意態は実は一回性原理に支えられた動感形態なのです。私たちがこのコンスタント地平分析で取り扱おうとしているのは延長的な物理運動の定常的反復でもなければ，生き生きした情況を捨象した身体運動の定常的出現でもないのです。滑り台の遊びを飽くことなく繰り返す幼児の行動がコンスタントだと見る人にはこの動感深層の地平に織り込まれた志向体験は見えてきません。しかし自ら滑り台で滑ってみれば，一回ごとに新しい動感作用が生み出され，そのわずかな動感差のなかに類的一般化としてコンスタントな滑りかたが現れてくる新しい動感世界に気づくはずです。

　ここにおいて，私たちが同じ志向性の類化形態を繰り返したと理解するには，ここで再び反復の正確さについて，つまり前にやった動きが繰り返されたの

かどうかという正確さを問い直しておく必要があります。この問題圏はこれまでもまぐれ地平の分析でも取り上げていますから冗長な重複を避けることにしますが，運動の的確さと精確さという区別だけをもう一度見ておきます2)。たしかにフェッツのいう運動的確さは目標に的中する意味の的確さであり，運動精確さとは反復のばらつきが意味され，その目標的確さ，目標精確さや経過的確さ，経過精確さを区別して関係項を取り出したのは特筆に値します。しかしそこでの分析はもっぱら物理的時空系においてとらえられ，私たちが問題にしている体験時空系における動感像の反復的確さや反復精確さという問題圏に立ち入ってきません。それに対して超越論的な意味の的確さや精確さは動感身体でじかにとらえられます。まぐれの地平構造を分析しようとするときに外部視点を放棄して動感力でとらえる訓練が要求されるのはこの意味においてなのです。そのような地平分析の志向体験を何一つもっていない指導者はどうしても外部視点から端的に確率の向上を求めてひたすらコンスタントを生み出そうとします。トレーニングで100パーセントの成功確率をもっていても，試合本番のときの不安をかき消すことはできないのです。そのことはやがて軽減化地平分析の不可欠さを気づかせることになります。

● ── **安定化の地平を探る**

　ここにおいて，機械的な定着化の地平分析をして習練形態の動感コンスタント化に気づいたとしても，その志向形態の安定化作用はどのようにして発生するのかはまだ問われていません。やみくもに反復の回数を増やしても，似たような志向体験に気づいても，その動感安定化を最終的に保証してくれるのは何なのでしょうか。この問題はこれまでの形態化地平分析ないし修正化地平分析でそこに潜む含意潜在態が明るみに出されていますから蛇足の要はないでしょう。この問題圏にマイネル教授は早くも気づいていたようです3)。その論展開のなかでパヴロフの高次神経活動論に起点を求めることを除けば，マイネルが動きつつある身体に内在する運動知能の存在を宣言したのはまさに特筆に値するものであり，いくら称揚しても言い過ぎにはならない価値を有しています。
　マイネルは動きかたの定着化としなやかに適応化できることの矛盾の統一と

2) Fetz, F. : Bewegungslehre der Leibesübungen S.369f. 3. Auflage, 1989.
3) Meinel, K. : op. cit. 1960, S.378 / 409 頁.

して，そこに統合的な身体能力の存在を認めて次のように述べています。すなわち「このような内在する運動知能というものはたしかにとらえにくいものですが，それがいつもすべて意識される必要はないにしても，その知能は私たちの行為のなかに現に存在しているのであり，その行為を高いレヴェルで適応化してくれるものなのだ」と指摘します。わざわざマイネルが傍点を付した内在的という表現は自己の志向体験に属することが意味され，その内在的なものこそが超越論的な地平分析の対象になるのはいうまでもありません。ですから，運動知能にこの内在的という規定詞を付けているマイネルはその運動知能を計量化して科学的分析の対象にできないことに気づいていたといえます。この理解に立ってはじめてマイネルがその学習位相論のなかに形態学的な地平分析への道を探っていったことが理解できるのです。

　このようにして，私たちはマイネルが内在的運動知能と名づけた身体能力に支えられて，多様に変化する動感情況に即興的に適応することが理解できます。その内在的運動知能は私たちの表現に置き換えれば，動感身体能力あるいは端的に表して動感力ないし身体知になりますが，それによって定着化と適応化の矛盾を統一する動感地平に向き合うことができます。この安定化地平における意味発生は，反復による定着化作用と遊び幅をもった類化作用という二つの矛盾した志向体験のなかに一つの動感メロディーが流れたときに，その安定化作用の含意潜在態をとらえるときに成立します。こうして，私たちはいろいろな動感情況のなかでも安定した動感形態を実的に統一化することができるようになっていきますが，その志向形態もよい条件のもとではという但し書きを見過ごすわけにはいかないのです。それはまだガラス細工のように壊れやすい志向形態でしかないからです。それがいかなる情況の変化にも即興的に安定した志向形態を統一できるようになるにはさらに重層的な試練をくぐり抜けていかなければなりません。

## ③ 軽減化作用の地平分析を問う

### ●──外的軽減化の地平を探る

　このような当座の安定化形態はさらなる試練に耐えうるように高次元の安定化作用を求めて，負担軽減化という新しい地平分析が施されなければなりません。この軽減化に向けての地平志向性は競技スポーツのみならず，おおよそ技

芸の極を志向して希求努力が続けられる実践現場ではその重要さが見過ごされるはずもありません。どんなに安定した動きかたを示していても，いざその失敗が絶対に許されない場面に追い込まれると，それまで習練してきた動感形態はもろくも崩れ去ってしまう経験を私たちはよくわきまえているものです。このような危機場面の安定化作用というものは揺らぐゲシュタルトを安定させようと確率論的に解決しようとしても，またメンタルトレーニングでその不安を乗り切ろうとしても，それらの科学知では手に負えません。そのような危機的な安定化作用は動感地平の背景に深く沈み込んで姿を見せません。この動感地平の深層に潜む多くの含意潜在態をどのようにして明るみに出せるのか，その構造はどんな様態を示しているのか，それを身につけるのにはどうすればよいのかという動感発生に絡み合う軽減化地平構造は，勝敗にすべてを賭ける競技の現場では最大の関心事になってきます。

　さすがにマイネルはこの動感発生に関わる負担の軽減化についての重要さに早くから気づいています。つまりその習熟形成における安定化位相の成立条件として免疫性という概念を取り上げていることは周知の通りなのです。マイネルが命名した免疫性という表現はわが国でも医学用語として定着し，さらに一般的にも使われますが，ここでは疾病や毒物に対する免疫性ではなく，動感形態の安定性を生み出す発生問題として前景に立てられます。ですからあえて医学的な免疫という表現を避けて，語源的な意味で負担軽減化と表し，その軽減化地平に潜んでいる含意潜在態を探り出していくことにします。

　まず外的な環境から押し寄せてくる多様な障害や負担に対して，その軽減化作用はどのような志向構造をもつのか，その負担をどのようにして軽減できるかという地平を探ることになります。外的環境からくる負担には，雰囲気的情況負担と動感情況に直接関わってくる物的条件負担に分けられます。前者の雰囲気的な負担の典型的な例証としてフェッツの指摘した場所の利が挙げられます 4)。そこでフェッツはトカゲのすばやい動きやサンゴ礁の魚の機敏な動きかたの例証を比較行動学者ローレンツの名著『鏡の背面』から援用して，棲処の利が馴化された経路訓練に基づいていることを指摘しています。このことはその経路訓練の地平に潜んでいる馴化という含意態を探し出すことの重要さを示しています。たしかに，この問題圏は私たちにもホームグランドの有利さとし

---

4) Fetz, F. : op. cit. 1989, S.391ff.

て日常的に取りざたされています。慣れたホームグランドでのシュートは多くの動感感覚の馴化に支えられていますから，その馴化の背景を破壊するトレーニングの重要さは老練なコーチの実践知としてよく知られています。さらに，サポーターによる熱狂的な応援はプレーヤーの士気に大きな支えになる反面，敵地に乗り込んでの試合では大きな動感負担に姿を変えます。それらの有利・不利の判定は定量分析になじまないため，単なる心構えの問題に移されてしまい地平分析の対象に取り上げられません。しかし軽減化地平の背景に潜んでいる含意態を取り出すことによってその競技の推移に大きな影響力をもつことを見逃すわけにはいかないのです。

　他方，物的な条件負担はグランドや床面の状態に始まって競技に用いられる器械や道具の慣れ不慣れは動感情況や動感感覚に微妙な負担をかけてきます。かつては体操競技の器械はその国の器械をもち込んで試合に使うことができたような牧歌的な時代もありましたが，現在では国際的な規格が精密に決められていてその際による有利・不利がないように配慮されています。しかしどんなに規格通りの器械や道具でもそれらに対する不慣れは動感感覚に微妙な変化を引き起こし動きの安定化に大きな負担を招くことになります。そこではそれらの不慣れな道具や器械にどのように適応できる動感力をもっているかが決定的な差異を生み出します。こうして私たちは外的な環境から寄せられる動感発生の障害に対してどのように対応するかが問題になります。

### ●──内的軽減化の地平を探る

　ここでは，内的環境のなかに生み出される多様な障害や負担に対して，その軽減化作用はどのような志向構造をもつのか，その負担をどのようにして軽減できるかの地平を探ることになります。内的環境に生み出される障害や負担には生理学的な物質身体の負担と，もう一つは目指す志向形態の失敗を予描する動感不安の負担に分けられます。もちろん，ここでいわれる物質身体的負担と動感不安的負担が別個な出来事として絶縁的に理解されてはなりません。物質身体をもたない幽霊身体がどう動くべきか，どう動きたいのかというパトス的な動感意識をもつはずもないからです。同時に，動感志向性なしには人間固有の身体物体によって生き生きと時間化された身体運動を考えることができないからです。

物質身体をめぐる負担には，生理学的身体が競技前にどのような状態になっているのか，つまりけがの状態や体調の不安，時差による体調の崩れなどが挙げられます。体調が万全だとしてもそのコンディションがどんな突発的な出来事で崩されるかわかりませんから，体調不安という負担は単純な心身二元論で割り切れるほど単純ではありません。その試合がその競技者にとって大事であればあるほど体調不安の負担は倍加されてきます。このような物質身体に絡み合う軽減化の地平志向性は単純に生理学的な障害の排除ないし軽減だけでは片付かない含意潜在態に満ちていることを確認しておかなければなりません。ですから生理学的身体の調整努力はたしかに不可欠な前提を構成しますが，同時にその地平の背景に潜んでいる体調不安という含意潜在態に注目しなければなりません。この地平分析を疎かにできないことを老練なコーチはその実践知としてよく知悉していることなのです。

　もう一方の動感不安的負担には，どう動くべきか，どう動けばよいのかなどのパトス的な決断の不安と運動遂行の結果的な失敗の不安を区別できます。それは競技者の行動不安を誘い，遂行の安定性を崩す動因を生み出します。いわばパトス的な決断の不安からくる軽減化作用は情況投射化能力，いわばカンの地平志向性に絡み合ってきます。つまり伸長作用，先読み作用，シンボル化作用の地平分析によってその地平に潜んでいる含意潜在態を探り出すことが軽減化作用に生かされることになります。運動遂行の結果的な失敗の不安は身体中心化能力，いわばコツの地平志向性がそこに絡み合ってくることになります。もちろんカンもコツも統一された動感形態の表裏をなしてそこに反転化地平が広がっていることはいうまでもありません。これらの決断不安の軽減化も失敗不安の軽減化も，ともに不安というメンタル面の負担だからメンタルトレーニングだけで解決できません。そのパトス決断の不安も遂行失敗の不安も深層の動感地平性に根ざしていますから，メルロ＝ポンティのいうように因果的な科学的思考だけでうまく改善されるはずもないのです。それは現実の実存的な身体運動が身体物体の地平に潜んでいる反転化能力という含意態に絡み合っているからです。こうして私たちはこのような安定化作用の障害になる負担を軽減化するために，もう一つのわざ幅という動感地平の志向構造に注目しなければなりません。

## ●──わざ幅の地平を探る

　このようにして，志向形態の安定化を阻む内的外的な障害や負担の軽減化作用は私の身体運動を根元的に支えている動感力の可能幅を広げておくトレーニングに帰着することになります。スローガン的に・わ・ざ・幅と呼ばれる意味構造を確認することから始めなければなりません。すでに『わざの伝承』『身体知の形成』でもこの概念に触れていますが，わざ幅というスローガン表現は目指された動きかたに成功するときの境界幅が意味されています。それは自動車のハンドルの遊・びに似た一種の・ゆ・と・り幅なのです。いわばわざ幅とは動感形態の成立を承・認・で・き・る・境・界・幅をとらえる動感力に依存していますから，その形態成立の承認される可能幅にはコントラスト程度差が関わってくることになります。目当てにした志向形態が成立したのかどうかはそこに作動する動感差への志向体験が動機づけとして触発化されているからです。そこでは一回ごとの動感作用の違いが気になり始め，ぼんやりしたコントラストが浮かび始めます。つまり志向形態の成立をめぐる触発化作用のなかに程度差というものが生まれてくるのです。フッサールによれば「触発はとくに際立ちを前提にしている」のです。その際立ちというのは内容的に混じり合っているなかにコントラストとして際立つことが意味されていますから「触発程度差はコントラスト程度差に関わる」ことになります。その程度差に応じて志向形態の成立を自・ら・承・認・するのですから，その運動主体の目標像の程度差を明確に分析しておかなければなりません。

　動感素材に統一メロディーが流れるときの目標形態の承認幅が意味されるわざ幅の次元では，動く主体の動感目標像に決定的に依存してくることは明らかです。スキーやスケートで滑走形態の成立がバランスの崩れをリカヴァリーできずに尻もちを着くかどうかで成否判断するわざ幅と，ほんのわずかな動きの乱れも許さない厳しいわざ幅とのあいだには，それぞれの形成位相の地平志向性に応じて多くの目標形態の程度差が存在することになります。つまりその境界幅自体にも遊び幅の程度差が存在するのです。機械的に鋳型化を目指した習練形式の成否判断は二者択一という基準ですから，いろいろな変化条件に即座に対応できる弛・み・がなく，臨機応変に動ける動感力に・ゆ・と・り幅が存在していません。これに対して，すぐれた選手が自らのわざ幅を確認するためにかならず失・敗・で・き・る動きかたを反復訓練するのはよく知られていることです。このよう

なわざ幅の地平に潜んでいる含意潜在態を取り出していく努力は選手のみならず，動感促発の指導に関わるコーチや体育教師にも求められていることを見逃してはなりません。ここにおいてそれぞれの目標像のわざ幅地平分析においては，動感作用の程度差に応じてわざ幅地平に潜んでいる含意潜在態が探り出されることになります。さらに，遊び幅の程度差はその目標像をどこに求めるかによって異なりますので，もう一つの美的価値という目標像に潜む含意態にも注目しなければならなくなります。

## 4 動感質作用の地平分析を問う

### ●──空間動感質の地平を探る

これまで動感形態の安定化地平のなかに織り込まれて，姿を潜ませている含意潜在態が探られてきています。さらに自動化を質的に高めるためには，最終的にわざ幅における志向像の程度差という含意態を前景に立てることになります。そこでは目標像の程度差が触発され，より質の高い動感目標像に問いかける必要に迫られます。ここにおいて私たちはさらに上位の価値意識，つまり動感地平に潜んでいる動きのエレガントさやわざの冴えといった美的質，ないし美的カテゴリーという含意潜在態を探り出しておかなければなりません。安定化の地平のなかでいっそう自動化が進み，無駄な動きはいっさい消えて，そこにすっきりした簡潔美が示され，その流れるようなリズミカルな動きが感じとられるようになると，動いている人の心情領域に快い喜びの感情がわき起こってくることにマイネルも注目しています。

ここにおいて，私たちはまず動感作用の美的質，それを約言した・動・感・質・の意味構造を明らかにしておかなければなりません。ここでいう質という概念は価値意識の契機をもっていますから，動感質という表現は自らの動感志向体験を・味・わ・う・よ・う・に・感・じ・と・っ・て，そこに価値覚作用の地平志向性が前景に立てられます。そのときの価値概念は体系論的な共存価値ではなく，・動・感・作・用・そ・の・も・の・に・居・合・わ・せ・て・い・る・のであり，心情領域に属している・も・っ・と・も・根・元・的・な・価・値・構・成・であるとフッサールは指摘します。マイネルはその形態学的な運動分析のなかで，運動質と名づけて運動調和，局面構造，運動リズムなどを論じています。私たちもすでに修正化地平分析においてそのいくつかのカテゴリーを修正化作用の拠点として取り上げています。しかしそれらの修正化拠点としての局面化

作用やリズム化作用などはもちろんマイネルの運動質とはっきりと区別されていますから，ここで主題化される動感性の美的価値ないし感性的価値と混同されることはないはずです。ここで取り上げられる動感性の美的価値におけるカテゴリーは動く人の心情領域における動感価値覚の評価作用に絡み合いますから多様な志向体験が成立することになります。ここではまず空間的な動感性に関わる価値意識から取り上げていくことにします。もちろん，ここで取り上げられる空間性や時間性は動感時空系に属していて相互隠蔽原理に基づいていますから，時計や物差しで数量化できる物理時空系と截然と区別されることはいうまでもありません。

　まず空間動感質として，少なくとも前景に浮かび上がってくるのは動感形態としての優雅さ，安定さ，雄大さなどです。優雅に，エレガントに動くというのは，丸みのある，ゆったりした，しなやかな動きかたに示されますが，ボイテンデイクのいうように，それは力みのない解緊状態を意味しません。たおやかな女形の中腰の動きにどんな過酷な筋努力が求められるかは周知のことです。手首を落とした弱々しそうな十字懸垂に優雅な品格を認める一方で，これ見よがしの力ずくの十字懸垂はグロテスクな感じさえ与えます。動きの安定さとは時間化された動きかたにしか現れない今ここの現前的安定性が意味されます。それは単に反復できる的確さや精確さという確率論の問題ではありません。ましてや独楽の回転に見られる物理的安定でもないし，事故回避の安全さが意味されるはずもないのです。さらに動きの雄大さは物理的時空間における延長量，たとえば跳び上がった重心の高さや跳んだ距離の量ではありません。バレエのバロンテクニックのように，空中にふわりと浮き上がったジャンプはその重心軌跡の高さや跳んだ距離だけによって形づくられるのではありません。そこには習練の目標像にとらえうる動感質をもった動きかたがその地平構造のなかで通時的，共時的な評価作用が働いているのです。その雄大さの地平に潜む含意潜在態はなかなかその姿を見せませんから，つい重心高や空間延長量にその習練目標像を求めたくなります。それらの動きの雄大さは物理的な延長量ではなく，動く主体における動感質の地平分析によってその含意態を取り出していくのでなければなりません。

## ●──時間動感質の地平を探る

　ここでは時間的な動感質の地平志向性に問いかけてみることにします。まず時間動感質として，少なくとも前景に立てられるのは動感地平に潜むリズム感，スピード感あるいは停止感などが挙げられます。しかしこの時間性の動感質は習練領域や競技スポーツの種目によってその価値意識に差があり，評価作用も区々になりますので，その部門ごとの動感質の地平分析が不可欠になってきます。ここでは，その類的一般化の地平構造の志向分析として取り上げられることになります。

　最初のリズム感の動感質はまず修正化作用の拠点に取り上げられたリズム化志向体験が導きの糸になる地平構造をもちます。ですからリズム概念がその分節性と交互解緊に支えられていることをまず確認しておく必要があります。ダイナミックに動くモダンダンスにそのリズム感を容易にとらえられますが，伝統芸能の能の所作に示される静かな動きかたにもその地平に潜んでいるリズム感を感じとれるのでなければなりません。むしろ抑揚の少ない平板な動きかたのリズム感はよほど厳密な地平分析をしないとその含意潜在態を取り出すのがむずかしくなります。

　ボクシングに見られるすばやい動きにスピード感が溢れているのは当然としても，静かな動きのなかから目にも止まらぬ一瞬の突きを繰り出すスピード感はその地平に多層的な構造を隠し，折りたたまれた含意態を発見するには長年の習練が要求されます。それだけにこのような動感質としてのスピード感は以心伝心の伝承方式に流れやすく，それを身につけた人はその厳密な地平分析を忌避したがりますから，ますます神秘的な動感地平のなかにコツやカンとして匿名化してしまうことになります。それかといって，このスピード感が内在している動きかたを客観的に計測しそこに因果法則を見つけ出そうとしても，それはこのスピード感の発生志向体験に関わりのない科学的分析になってしまうことを知らなくてはなりません。

　このスピード感の対極に位置づけられる停止感とは素早いブレーキ動作や突然の方向転換などに見られる動感質であり，スピード感と表裏一体の関係をもっています。ボールゲームや対人競技に見られるフェイントはこの停止感の質の高さがその成否を握っていることは周知の通りです。さらに体操競技の振動技から静止技への変化はこの停止感の価値意識が働いていなければ，そこに冴

えた技さばきはとても望むべくもありません。吊り輪の振上がりから倒立にもち込むときに，力ずくの振上がりからの・っ・た・り・と倒立に入る動きかたに気持ち悪さを感じない人は本来的な体操選手ではありません。しかし多くの体操競技界の人たちがその停止感という動感質地平の志向分析に関心をもたなくなっているとしたら，体操競技そのものがその本質を見失っているのかもしれません。

　このようにして，時間性の動感質の地平分析は動感論的分析研究の難関のひとつであり，そこに織り込まれている含意潜在態は容易にその姿を見せてくれません。それぞれの習練領域によって独自な価値意識が働き，その評価作用も区々になるからでしょう。それだけに，単純に物理学的合法則性や生理学的合理性だけで動きかたの良し悪しを判断できない深層の地平構造が隠されていることに気づかなければなりません。それぞれの習練領域ないし競技スポーツごとに，その動きかたには特有な価値系や意味系が存在しますから，私たちは改めて構造存在論の視座からその地平志向性が分析される必要を主張せざるをえないことになります。

## ●——冴えの地平を探る

　動感質の地平分析の最後に，私たちは動感質の統一的な価値意識として冴・え・という地平志向性を取り上げることになります。ここでいう冴えという動感質は，いわば技芸の究極にある動きかたの価値意識といえます。それは空間的な動感質と時間的な動感質が反転可能性をもって，刻々にすっきりした，無駄のない，簡潔な統一的動感形態を保証することになるからです。古来のわが国の技芸の極において，「わざが冴えている」とか「わざが極まる」という表現はよく耳にすることができます。歌舞伎のある動きかたで極・ま・っ・た・し・ぐ・さに大向こうから声がかかり，そのわずかな緩急の所作に伝来の美意識を託していることはよく知られています。そのことは剣道でも同じ価値意識をもっていて，一点の曇りもなくその技が冴えて，そこに無駄な動きは消え去り，きわめて簡潔な動きしか示されないことに無限の価値意識をもつことになります。柔道で〈一本〉をとって単に勝つというのではなく，そこに鮮やかな技の冴えが発揮されて技・が・極・ま・るのでなければ満足しない美意識は日本の技芸修行の世界において比類にない特質をなしています。このようなことは明治以降に西欧から入ってきた競技スポーツにおいてもその習練目標像を構成する価値意識をなして

いることは指摘するまでもないことです。

　私たちはこのような冴えについてその美意識に同意したとしても、はたしてその冴えの動感質はどんな地平志向性に支えられているのか、どのような志向構造が解明されているのかと問われれば、この種の地平分析は立ち後れを認めざるをえないようです。ここにおいて、私たちは優雅さ、安定さ、雄大さの空間動感質とリズム感、スピード感、停止感の時間動感質を動感素材として、そこに統一的な志向形態のメロディーを生み出すことから地平構造の分析に入ることになります。いうまでもなく、動感空間と動感時間は統一性と二重性を基柢に据えた志向形態の表裏をなし、そのつど反転可能性に裏打ちされていますから、この動感質の素材は通時的、共時的な始原的な価値意識のもとに共鳴化作用によってメロディーとして統合されることになります。吊り輪でダイナミックな雄大な振りから一気に微動だにしない倒立静止に入ったとき、その選手は技が極まったと感じとり、その技は冴えていたという評価作用が生み出されます。しかし、そのとき示された技の冴えと目標像の冴えのあいだに観客や審判員にも気づかれないほどのズレがあっても、その技の冴えの意味核に曇りが出ていればたとい優勝しても心楽しい心境にはなれません。これらの冴えの動感質の地平分析はそれぞれの競技スポーツや習練領域ごとにその深層が解明されるのでなければなりません。

　この冴えの地平分析において対象に取り上げられるのは習練対象としても動感形態だけではありません。つまりシュートや三段跳び、あるいは背負い投げなどの習練対象の技のみならず、伸長能力や先読み能力のような動感力そのものの働きにも冴えの志向体験が働くことに注目しておく必要があります。たとえば、走り幅跳びの踏切り板を踏むときの徒手伸長能力がわずかに1cmの誤差もないほどの伸長動感力の冴えも存在しますし、短距離のスタートでも1/100秒の物理時間量に先読み動感力の冴えを追求する価値意識も成立することは珍しいことではないからです。

## 5 自在化作用の地平分析を問う

### ●——反転自在化の地平を探る

　自在化の地平志向性はこれまでも折に触れて言及していますが、人間の身体運動が厳しい習練を経てその極致に至る地平の動感作用が意味されています。

そのような極限のわざとは，大自在の妙境にあって，どんな情況の変化に会っても，自ら動くのに何らの心身の束縛もなく，まったく思うままに動いてすべて理に適っているという至芸の地平が広がっています。しかし，この自在化地平志向性は，その道の名人や達人にしか現れないわけではありません。すでに指摘しているように，日常生活で毎日何気なく行っている〈歩く〉という志向形態では，この自在化志向体験をもっていない人が珍しいほどです。自転車に乗りながら，人に手を振って挨拶し，あるいはポケットから携帯電話を出して長々とメールを打つなど，それはまさに神業としかいいようのない妙技であることに異を唱える人はないでしょう。そこでは，パトス世界にある人が自らの自由な希求努力に基づいてあらゆる習練の末に自由無碍な自在化作用をもてるようになったことに気づかないだけなのです。というのは日常の何気ない所作では取り立てて習練の動機づけが受動世界の背景に沈んでいるからなのです。

　その場合にはあらゆる情況の変化に即して因果的生起としてではなく，まさに即興的に最善の動きかたが可能になります。即興ということが知覚と運動の同時性として，つまり感じながら動き，動きながら感じるなかで，私たちの生命ある動感形態が発生するその始原性については繰り返し述べられています。そこではフッサールの意味における〈私は動ける〉という動感性の身体能力と向き合わざるをえないのです。それは動感形成における能動総合の極に到達できるコツとカンの差異化自在の即興性をもっているからです。私たちのいう即興的な自在化作用のなかにおける形態発生は日常生活のなかでいつのまにか習慣化して身に付いてしまうことが多いのです。その原初的な自在即興性を一方の極とすれば，他方の極はあらゆる習練を経た後での運動と感覚の同時発生を特徴づける習練的な自在即興性になります。この習練の極としての自在即興性を明快に納得させてくれるのは競技スポーツの名選手たちによって示される驚異的なわざです。たとえばイチローのみごとなバッティングのわざやフライボールのキャッチに示されるわざはまさに自在即興を示す典型といえるでしょう。そのような卓抜な身体知の形態発生分析はこれまでのような体力要素の診断的分析や体力的運動能力テストなどではとても手に負えません。たとい科学的分析によって法則原理が解明されたとしても，それはロボットではない人間の志向形態の発生には切り結ぶはずもないのです。

　ここにおいて私たちは反転自在化の地平志向性に注目していくことになりま

す。イチローがフェンスにかけ登りながらフライボールを捕る動感力はフェンス近くの情況を先読みしながら，同時に伸長能力を働かせるというカンとコツの反転自在化作用に支えられています。まさにそれは反転自在化の存在をみごとに示してくれる例証になります。これまでの形態化地平分析でも，修正化地平分析でも，そこに動感作用の反転化能力における地平志向性に注目してきたのはこの反転自在化の地平構造を解明するための前提をなしているからなのです。メルロ＝ポンティのいう反転可能性についてはすでにそのたびに意味構造に触れていますが，その反転化能力がコツとカンのあいだで即興的に働き，あるいは敵の動きに即興的にフェイントをかけていくとき自らの反転化能力は生き生きした現在に息づいているのです。そのとき私たちは反転自在化の志向体験をもち，その地平のなかに潜んでいる含意潜在態に問いかけそれを探り当てることができます。

　しかし，この反転自在化の地平志向性に探りを入れ，その深層に織り込まれた含意態を取り出し，その反転化能力をしっかり身につけるには，改めて形態発生の問題に向き合わざるをえません。反転自在化の域に達するにはどうしてもコツの分裂危機，カンの分裂危機，さらにそれらの反転化能力の分裂危機を乗り越える習練を欠くことはできないからです。この反転化地平志向性というものは複合的な意味構造を内在させていますから，コツを掴み，カンを働かせることができれば，その自在な反転化機能が構築できるというわけにはいきません。そこではこの反転化能力そのものの地平構造を確認し，反転化志向形態の形態発生，さらに修正化の厳しい地平分析を経て，はじめて反転自在化の志向形態が身につくことを確認しておかなければなりません。

● ——それの地平を探る

　私たちはこれまで習練の極に住む反転自在化作用の地平を見てきましたが，さらにあらゆる動感作用は消え果てて受動地平にその姿を沈めている非人称の自在化地平を探ってみなければなりません。そこには情況の変化に投射する志向性も同時に即興される身体中心化作用もすべて地平の背景に隠れてしまうと，もっともよい動きかたが自ずと現れる位相，つまり『荘子』にいう適自然の位相に注目せざるをえなくなります。習練的な反転自在化の身体知というものはそこに無限の動機づけを欠かすことができないからです。それを『荘子』

（外篇―達生19）における全きを天に得る無心自然の境地に見ることができます。そこではあらゆる動感作用がすっかり消えてしまって，真の極致として受動志向性の地平に回帰し，あるがままの自然な自在即興性が姿を現してきます。そこには情況の変化もそれに対する構えもすべて背景に隠れてしまい，適自然の動きかたが当たり前のように自ずと現れてきます。この先人称的な自在化作用は没自我的な〈それ〉の動感身体が匿名的に働き，いわば絶対空の自在化の境地ということもできます。

　このような禅宗における無の境地に比せられる〈それ〉という非人称の自在化志向体験は神がかった技芸師匠の論理性のない作り話として批判されることしきりです。そのアナロゴン的な動感作用ももち合わせないまま，それを冷めた目で侮蔑する識者が後を絶ちません。それは技芸の自在化志向体験の深層に対して厳密な地平分析を放棄してしまっているからにほかなりません。その点では古来の芸道師匠にとっては，自ら動感世界における深層の自在化志向体験を厳しくえぐり出し，その含意潜在態をわが身に取り込むことによってその至芸に達するのは当然のことであり，だれもが例外なく通らなければならない修行の道なのでした。ですからそのような本格的な真の師匠は受動的な動感志向性のみならず，能動的な自在位相における主客未分の匿名的な地平志向性もすべて知悉していることになります。その動感伝承も「コツは教えるべきではない」とか，「芸のすべては見て盗むのだ」など自ら無師独悟という師匠不要論を唱えても，弟子はだれ一人として師匠の奥義を疑う者はいないのです。このような自得の美意識は教養ある日本人の精神生活の基柢に息づいているはずなのですが，主観と客観という二元的認識論に慣れてきた現代の日本人にはこのような芸道思想は理解しにくく，自我身体で感じとることができなくなっているようです。

　その具体的な例証をドイツの哲学者ヘリゲルが弓道の修行に励む体験を基にした好著『弓と禅』5) に見ることができますが，それは『身体知の形成』で詳しく取り上げています。「〈それ〉が射るのです」という有名な表現が誤訳と批判されたりするのはこの自在化の地平志向性がまったく私たちの動感世界から遠のいてしまったからです。自他未分の自在化作用の働く深層に立ち入った

---

5) Herrigel, Eugen : Zen in der Kunst des Bogenschiessens, 9. Aufl. 1960(1948) /『弓と禅』，稲富栄次郎・上田武訳，1981，福村出版．

生々しい体験のない人にとって，非人称代名詞の「〈それ〉が矢を発射するのだから，満を持して待ちなさい」という阿波師範の言は単なる隠喩的な表現でしかなく，もっともらしく見せかけるまやかしの教えだと考えたくなるのは当然かもしれません。

　合理的な思考形式を重んじるドイツの哲学者が何も教えてくれない阿波研造師範に神秘主義的なまやかしを感じ，弓道修行を放棄する危機に瀕しているとき，その待機形態の危機を肌身で感じとった阿波師範は，常識では理解できない〈それが射る〉という境地をその至芸によって示さざるをえなかったのでしょう。師範はヘリゲル教授を招いて弓射の真髄を披露することになります。詳しい説明は省きますが，夜に明かりを消した暗闇のなかで，師範が甲矢を射て，次いで乙矢を射たのです。その結果，甲矢は黒点の中央に当たり，乙矢は甲矢の筈を砕いてその軸を裂き割り，甲矢と並んで黒点に突き刺さっていたのです。それを阿波師範は教授に見せて「いずれにしても，この射が〈私〉の評価に帰せられてよいというような〈私〉というものは存在しなかったことを承知しています。これは〈それ〉が射たのであり，的中させたのです」という阿波師範の正鵠を射た言葉はよく知られています。そこで語られる〈それ／エス〉は自然現象や時刻表現のエスでもなければ，非人称動詞の主語になるエスでもなくて，存在論的なエスなのです。ヘリゲル教授は「この二本の矢でもって，師範は明らかに私をも射止めた」と述懐します。まさに，古来の芸道修行に生きている待つことの重大さとその深さという動感促発指導の不可欠さを知らせるヘリゲル教授の記述はとりわけ現代の日本人にとって貴重なのです。

　わが国の精神生活に根づいている自得美意識に支えられた芸道方法論は古くさい非合理的な指導方法論として一笑に付されるべきものでは決してありません。それはむしろ古代中国の『荘子』に見られる至芸への思想に端を発し禅仏教の思想に支えられながら，わが国の長い歴史のなかに踏み固められた芸道の誇るべき方法論であることを忘れてはなりません。ドイツのマイネル教授が形態学的思想をスポーツ分析に導入してはや半世紀になろうとしています。人間の生命的な身体運動も物質運動の精密科学的分析によってすべて解決できるという時代風潮のなかで，運動文化の伝承理論に新しい道を拓こうとしたマイネルの形態学的な運動研究を改めて見直す必要があります。とりわけ動感深層の地平分析を通して実践的な形態学的運動分析に新しい道を切り拓こうとしたマ

イネル教授の遺志が引き継がれる可能性は，むしろドイツ本国よりも技芸の動感地平に立ち入った芸道の教えを肌身で感じとれるわが国においてこそあるようです。この一連の講義によってマイネル教授の遺志の一端だけでも継ぐことができればこの上もない幸いです。こうして，私たちは動感論的形態学を基柢に据えた地平分析の講義を終えることができます。あわせて構造存在論の立場から動感論的構造分析を主題化して行われた『身体知の構造』の全講義を閉じることにします。

#### ゼミナールテーマ：14

① 動感形態が定着化地平にあるときの志向体験に潜む含意態を具体的な例証によって説明してください。
② 定着化地平における自動化作用と機械化作用の区別を具体的な例証で説明してください。
③ 動感安定化のコンスタント地平に潜んでいる的確さと精確さの含意潜在態を取り出してそれぞれの具体的な例証を挙げて説明してください。
④ 安定化地平における定着化と適応化の矛盾統一の具体的例証を挙げて安定化地平の含意態を取り出して説明してください。
⑤ 軽減化の地平分析がなぜ必要なのか具体的な例証を競技スポーツから取り出して説明してください。
⑥ 外的情況における軽減化地平分析がなぜ不可欠なのか例証で説明し，その軽減化の限界がどこにあるのか指摘してください。
⑦ 物的な軽減化作用の具体的な例証を挙げて伸長能力の発生問題とどのように関わるのかを述べてください。
⑧ 生理学的な物質身体から生じる負担や障害の競技例証を挙げて，その軽減化地平の含意態を取り出して説明してください。
⑨ パトス決断の不安と遂行失敗の不安の具体的な競技例証を挙げ，その負担軽減化の方法を述べてください。
⑩ 目標像の承認幅をスローガン的に表したわざ幅地平に隠れている含意態を競技スポーツから取り出し，安定化作用に役立つ具体的な例証と方法を挙げて説明してください。

⑪わざ幅志向体験からどうして動感質の地平志向性に移るのかその動機づけを具体的な例証によって説明してください。
⑫測定競技，判定競技，評定競技のなかから一つを選び出し，優雅さ，安定さ，雄大さのそれぞれについて具体的な例証を挙げて動感質の地平構造を述べてください。
⑬測定競技，判定競技，評定競技のなかから一つを選び出し，リズム感，スピード感，停止感の動感質の美意識が現れる具体的な例証を挙げ，その価値意識が動感形態の安定化にどのように生かされるのかを説明してください。
⑭冴えの動感質について関心をもっている動きかたの例証を挙げ，その美意識の地平構造を明らかにしてください。
⑮反転自在化の具体的な例証を日常生活の所作と競技スポーツからそれぞれ一つずつ挙げてその志向体験をできるだけ詳しく述べてください。
⑯自在化境地の極に位置づけられる〈それ〉の地平分析がなぜ必要なのか，なぜ日本人にも批判されるのか，具体的な例証を挙げて説明してください。

# さくいん

## あ行

アスケーシス 286, 320
アルケー 59, 70
アルケオロジー（始原論）
　的構造分析 100
アルケオロジー分析 59
遊び幅 422
頭越し 218
安定化地平 418
安定さ 424

イマージュ 166
鋳型化 110
鋳型化現象 90
生き生きした現在 15
生きたまぐれ 325, 327, 341
意識の奴隷 298
意味 59, 269, 280
意味核 269, 278
意味構造 48, 140, 196
意味づけ 287
意味発生 247, 415
意味付与 164
以心伝心 79, 84
位相構造 42
位置感覚 172
一回性原理 416
一般体系論 214
今統握 310
今把握 266, 291, 338

ヴェクトル構造 311, 354
受け止め作用 399
動きの雄大さ 424
内弟子制度 79

打つ・突く形態 233
腕振り投げ 229
運動記憶痕跡 388
運動幾何学 36, 196
運動基礎属性 128
運動共感 46
運動空間 173
運動形式性 141
運動形態学 46
運動原理 57
運動構造 45
運動時間 173
運動志向性 279
運動質 45, 128, 423
運動習熟 251
運動図式 8
運動精確さ 292
運動弾性 24, 398
運動的確さ 292
運動伝導 397
運動投企 279
運動メロディー 208, 279
運動量移動 398
運動連結 398

エクササイズ 286
エピステーメー 6
円環形態性 30
円環形態的なるもの 30

オートポイエーシス 96
オニオイ 39, 99
嘔吐 268
大いなる理性 8
置き換えの契機 95
押さえる形態 232

押出し投げ 227, 229
押す 230
押す・引く形態 230
圧す 230

## か行

かかえこみ姿勢 183
カンの分裂危機 429
回帰性 333
回転軸 181
回転ドア 54
回転跳び越し 224
解消化 34, 251, 371, 376
解消化地平 376
解体性 379
解放性 196
解明基体 20
解明項 19
外的環境 419
科学外的 19
科学知 6
科学的思考 14, 83, 167, 421
鏡稽古 176
可換的形式 351
覚起 249, 270
隠された知 368
隠れ蓑 4, 18
学習し直し 251
学習転移 398
学習能力 328
加減方式 31
過去地平 324
過程 158
価値 280
価値覚 232, 289, 380

さくいん

価値覚能力 321
価値感知 290, 380
価値体系 65, 194
可能力性 51
絡み合い構造 54
含意潜在態 41, 125, 169,
　　243, 263, 269, 412
含意的 269, 308
感覚運動知能 7, 9
感覚感 29
感覚構造 140
感覚知 9
感性質 385
感性的価値 424
関係 311
関係構造 311
関係点 15
関心 249
簡潔美 423
間主観地平 248
間身体性 10, 23
間動感性 10, 23, 28, 206

キネステーゼ能力 8
キネマトグラフィー 47
ギュムナスティケー・テク
　ネー（身体習練） 86
機械化 252, 415
機械的固定化 416
機械論的構造分析 44, 70
機能 158
機能の体系論 186
希求努力 41, 61
技術者の技術 81
技術的構造化形態 215
基礎図式 250, 368
基礎属性 127, 130
基盤地平 263
基本形態 159, 218
基本的構造化形態 214,
　　215, 218

気づき 16, 169
生粋性 57
起点化地平 371
企図 280
規範性 93
規範的なるもの 200
客観化作用 19, 22
共感覚 26
共通する一者 205
共働 26
共鳴化 291, 324
共鳴化作用 392
共鳴化能力 291
共属性 163
共存価値 60, 65, 144, 168,
　　194, 423
競技空間 176
競技論 159
教外別伝 77
協調理論 131
極限 15
極性原理 234
局面化作用 386, 387
局面化地平分析 387
局面構成化 387
局面構造 387
距離投げ 228
際立ち 286, 422
緊張性頸反射 142

空間体位 183
空間体位動感質 424
空想像 121
偶然性 205
偶然的なもの 205
偶発先読み能力 337, 346
偶発性 32, 309
駆使身体 298
駆使性 329
駆使できる身体 165
具体運動 300, 330

具体者 331
屈身姿勢 183
組合せ形態 198
組合せ跳び形態 226

ゲーム感 354
ゲシュタルトクライス（構
　造円環） 145
経過精確さ 293
経過的確さ 293
経済性 57
軽減化 418
軽減化地平 419
軽減化地平構造 419
形式化 47, 157
形式的普遍化 132
形相的分析 21
形態化 157
形態学的運動分析 45
形態学の本質 2, 58
形態化地平分析 254
形態形成 92
形態統覚化能力 276
形態漠然性 308
形態発生 7, 50, 242
形態法則 45
芸道 75
決断の不安 421
蹴る形態 234
原意識 278
原事実 145
原生成地平 263
原生成地平分析 253
原努力 30, 146, 249
原理 58
原連合 266, 291
現象身体 142
現前化能力 266
現前の安定性 424
厳密性 2

コツの足音 259
コツの分裂危機 429
コンスタント 416
コンスタント地平 411, 416
コントラスト 285
コントラスト化 286
コントラスト地平 391
コントラスト地平分析 286, 320
コントラスト程度差 286, 320, 322, 339, 379, 401, 422
巧技 153
巧技形態 152
考古学的分析 59
構成化 122
構造 44, 94, 104
構造化形態 201
構造化準形態 202
構造化全体性 95
構造化地平 334
構造化分節 333
構造形成 23, 92
構造主義 44
構造存在論 45, 50, 370
構造的思考法 95
構造の構造 352
構造発生 50, 62, 242
構築化 122
構築化形態 124
構築化認識 323
後退走 223
合目的性 57
交流空間 174
固有領域 6, 16
転がる形態 217, 218
根拠関係 25

## さ行

さぐり地平 269, 321
さぐり地平分析 287
サイボーグ 343
差異概念 206
差異化現象 128
差異化構造 23
差異化能力 267
差異化分析 101
差異性 168
再帰感覚 29, 232
再認識化作用 386, 388
先読み志向体験 337
先読み統覚化能力 315
探り入れ 269
支え跳び 118
支え跳び形態 225, 226
支え渡る 217
左右軸回転 181
三項関係 171

システム 186
シンボル 351
シンボル化原理 316
シンボル化志向形態 355
シンボル化能力 353
シンボル形態 350
シンボル統覚化能力 316
試合感 354
試行錯誤原理 381
自我運動 166
自我身体 8, 327
自我中心化 16, 20, 145, 160, 404
自我中心化身体知 306
自我のまなざし 249
自己移入地平 248
自己運動 8, 10, 166, 245
自己膠着性 12

自己性 23
自己制御 95
自己組織化 95
自己組織システム 96
自己中心化能力 421
自在化 410
自在化位相 251
自在化地平分析 254, 410
自在性 410
自在即興性 430
自然主義的態度 265
自然的態度 13, 16, 47, 243, 265
自動化 252, 415
自動制御装置 415
自得精神 17, 18
自由度 130
自由な変更作用 94
時間化 290
時間化志向体験 54
時間化身体知 265, 266
時間化能力 266
時間性 266
時間地平 73
時間動感質 425
至芸 41
始原分析 100
志向形態 3, 48, 307
志向的意味付与 145
志向的含意性 386
志向的形成 145
志向的情況関連性 250
支持跳躍 143
下跳び 90, 225
下幅跳び 225
質 423
疾走形態 222
実存運動 307
失敗の不安 421
指導始原 111
指導目標像 4, 118

習慣性 277
習慣態 59, 250, 368
習練教材 87
習練共同体 150
習練形式 157
習練形態 148, 157
習練する道 169
習練体系 74
習練対象 86
習練的媒介運動 149
習練目標像 118
修正化 370
修正化地平分析 254
修正図式化地平分析 392
重層構造 206
集団運動 111
種化 302
種化一類化 60, 168
種的特殊化 160, 302, 331
種的普遍性 302, 331
熟練位相 413
熟練段階 251
取捨選択 391, 402
取捨選択地平分析 289, 321
主体 158
主題化関心 249
受動性 263
受動的動感作用 398
受動発生 270
循環運動 24
循環構造 54
準個別運動 202, 351, 362
上演始原 111
上空飛行的思考 14, 83
情況 311
情況意味 353
情況感覚 353
情況感能力 353, 354
情況投企化身体知 306
情況投企化能力 421
消去法 303, 334, 383, 393

消滅 264
象徴的形式 351
職人の技術 81
触発 249, 270, 285
触発化 285, 319
触発現象 285, 319
助走形態 223
人格的自我 250
心情領野 288, 321
伸身姿勢 183
深層 73
身体運動 86, 159
身体化 17, 299, 326, 341, 360, 392, 404
身体化地平 326, 360, 382, 392, 404
身体化地平分析 294, 326, 341
身体技術 36, 97
身体教育 86
身体空間 175, 179
身体姿勢 183
身体習練 86, 148, 159
身体習練論 117
身体状態感 268, 338
身体知 7, 9, 50, 418
身体中心化 245, 299, 329, 383
身体であること 338
身体能力 145
身体発生 166, 190
身体物体 163, 165, 307, 420
身体論 8
伸長志向性 321
伸長統覚化能力 315

ずらす形態 231
スピード感 425
遂行スピード力 126
図式化 301, 330
図式化地平 382

図式化地平分析 404

正確さ 416
正常歩 114, 141, 201
精確さ 417
精密性 2
制御的適応 131
制動化 397
成功体験 251
生成 263
生成始原 263
生世界の時空性 386
生命空間 174
生命的運動 8
世界意識 386
世界内存在 174
接合形態 198
接触回転 216, 217
絶対空 430
絶対ゼロ点 10, 14, 145, 245, 265
絶対的事実性 10, 16, 145
絶対的な今 14
絶対的なここ 14
全身感覚 267
先科学的 19
先言語的 73, 248
先行条件の関数 353
先構成 205
先自我 255
先反省的 245, 359
先反省的 15, 404
詮索反射 251
潜時 126, 344
戦術的構造化形態 215
洗練化 370

総括概念 73
総体性 95
走形式 141
走形態 141

相互隠蔽原理 25, 54
相互同時性 31
相即化 371
相即原理 370
相補的統一性 51, 187
相補的二項関係 171
創発身体知 50
即自 298
即自的実体 47, 60, 143, 164
即興能力 346
側進走 223
側性 169
側体歩 211
属性 128
促発身体知 50
存在論的構造分析 44, 70

## た行

叩く形態 233
タレント発掘 355
体感志向体験 54
体感身体知 265
体系 167
体験固有性 19, 206
体験時空系 417
体軸 181
体調不安 421
体力 328
対象化作用 19
対象述語 19
対象身体 8, 142
対向 270
対立項 175
他我 248
高這い形態 217
高幅跳び 225
脱自的運動 11
脱中心化の原理 101
達成原理 31

単位性 167
単一形態 196
単数になれる複数 291
短懸垂 189
弾力化作用 396, 398

知覚 289, 380
地平 247
地平意識 386
地平構造 41, 48, 73
地平志向性 59, 70, 386, 396
地平性 249, 277
地平世界 256
地平分析 244
地平分析力 410
着地 90
抽象運動 300, 330
中心化身体 299, 329
超越化的解釈 13
超越化的思考作用 13
超越論的還元 13
長懸垂 189
長軸回転 181
調節走形態 223
調和化地平 375
調和化能力 375
徴表 128
直進走 221
直進走形態 221
直感化能力 267
直観される主体性 259
直感の直感 389
沈殿した歴史 368

突きとばす形態 233

ディナモグラフィー 47
出会い 230, 259
出合い 230
手足支え 216
手足登り 90

抵抗体験 295
停止感 425
定着化 34, 371, 417
定着化地平 415
程度差 286, 292
適応化 417
適合化 4
適自然 429
的確さ 417
手首投げ 229
手跳び回転 227
手跳び越し 226
手登り 90
手引き 41
転機 32, 33
天地空間 175, 178
伝動化 397
伝動化作用 396, 397
伝導原理 30

トゥルネン（身体習練）
　152
トゥルン・シュプラッヘ
　（運動言語）152
トゥルンプラッツ
　（身体習練場）153
トデ・ティ（このこれ）
　160, 302
トレーニング体系 203
統一化作用 323
統一習練体系 203, 234
統一性 56, 307
統一体 206
統覚化作用 276
統計的標準概念 201, 214
同一化作用 20, 38, 146, 160
同一性 206
動感アナロゴン 269
動感安定化 417
動感運動 16
動感運動の形態学 46

動感価値 288
動感価値意識 380
動感価値覚 151, 391, 402, 424
動感価値覚能力 288
動感感覚 15
動感共属性 28
動感共働現象 26
動感空間性 326
動感形相 21
動感形態 2, 10, 21, 145, 148
動感形態学 46
動感言語論 138
動感構成化 270
動感構造化 196, 202, 215, 227
動感差 24, 145, 377
動感差異性 168
動感作用 23, 224, 386
動感作用反転化 284
動感時間性 326
動感志向形態 138
動感志向体験 150
動感質 423
動感習慣態 376
動感情況 307, 420
動感消去法 335
動感触手 269, 321
動感触発化 282
動感深層 41, 42, 245
動感身体 125
動感身体知 7
動感身体能力 418
動感親和性 60, 291, 324, 340, 359
動感図式化 404
動感世界 248, 404
動感先反省性 248
動感促発 256
動感促発能力 51
動感素材 3

動感地平意識 248
動感地平構造 40
動感地平性 243, 333
動感出会い 29, 75, 150
動感抵抗 327, 342
動感程度差 292
動感的間身体性 206
動感的先反省性 74
動感投射化 308
動感ハビトゥス 368
動感不安的負担 420
動感分化 377
動感分化地平 377
動感分化能力 377
動感まなざし 270
動感メロディー 208, 290, 323, 392, 403
動感目標像 422
動感リズム 397
動感力 6, 16, 125, 169, 418
動感類縁性 118
動感論的運動学 306
動機づけるもの 277
独我論 18
徒手伸長動感力 318
徒手伸長能力 332
跳び下り 90, 399
跳び形態 225
努力志向性 23, 42, 250, 287, 333
捕る形態 230

## な行

なじみ地平 267, 285, 319, 378, 390, 401
なじみ地平構造 319
なじみ地平分析 285
なじみの知 94
ナンバ歩き 106

内在的運動知能 418
内的環境 420
内的統一 280
投げ倒す形態 232

二重感覚 10, 23, 25
二重性 56, 307, 313, 358
二重中枢 131
人間化 10
人間国宝 282

寝返り形態 216

能為性 51
能動性 263
能動的受動性 269
能力 51, 295, 328

## は行

はずみ原理 398
はずみ反動作用 399
ハビトゥス 36, 97
パラダイム転換 46
バロンテクニック 424
媒介運動 24, 148
這いかた 217
這い渡る 217
這う形態 217
這う・転がる形態 215
背後空間 181
墓場論 18
吐き気 268
漠然性 3
漠然性 46, 309
運ぶ形態 232
弾き飛ばす形態 234
把持の把持 272
場所の知 300
場所の利 419

発見性 379
発生原理 6
発生的認識論 7
跳ね返し作用 399
場の情況 316
腹這い形態 217
反逆身体 294, 327
反転化 335, 349, 407
反転化現象 267
反転化地平分析 335
反転可能性 10, 23, 25, 250, 308, 335, 349, 407
反転化能力 313, 421, 429
反転形態 224
反転自在化 428
反転性 353
反転走 223
反転跳び越し 224
反動投げ 227
反応スピード力 126
反論理性 277
反論理的 264
反論理的生成 263

ひねり 181
比較競技論 159
否定性 168
否定的対立化現象 60
美の価値 424
美的カテゴリー 423
美的質 423
評価作用 48, 49, 288, 321
評価志向体験 287
評価判断 4
標準化 201

複合形態 197
複合属性 130
不精密性 309
付帯伸長動感力 318
負担軽減化 419

負担免除 415
負担免除原理 279
縁どり作用 147
縁どり志向体験 194, 206
縁どり地平 301, 331, 405
縁どり地平分析 294, 326, 341
縁どり分析 148, 393
縁どり分析 405
物質身体的負担 419
物的条件負担 419
振り・打つ形態 233
振り子運動 268
振出し投げ 227, 229
不立文字 79
雰囲気的情況負担 419
分裂危機 429

平行棒論争 36, 122
隔たり 271, 315
変形作用 38, 146
変更作用 20
変容化作用 115, 205
遍時間性 21

ホーリズム 116
方位づけ 172
方向感覚 172
方向づけ 180
法則原理 19
棒跳び 90, 226
歩形式 141
歩形態 141
本原的身体性 247
本原的動感予描 353
本質概念 205

## ま行

まぐれ 271, 292

まぐれ地平 392, 403
まぐれ地平分析 292, 324, 340, 359
まぐれ評価力 273, 325, 340, 359
目方（まへ）180

導きの糸 9, 253, 402
三つのT 170

無関心な傍観者 15, 49
無師独悟 77
向き 184

メタ構造 37, 48, 57, 352
メロディー地平分析 291, 324
免疫性 252, 419

モナドカン 334
モナド形態 130
モナドコツ 303
モナド習練形態 132
モナドメロディー 120
モニュマン（記念碑）101
目標形態の承認幅 422
目標形態の程度差 422
目標精確さ 293
目標像 49
目標的確さ 293
目標投げ 228
目標反射 251
持上げる形態 232
基づけ 44
物化 373
模倣伝承 79

## や行

野次馬 247

ゆとり幅　304
優雅さ　424
優勢化作用　386, 387
優勢化身体知　169
優勢化能力　61
融合形態　197
融合志向体験　198
雄大さ　424
有体的自己性　18, 19, 115, 206, 263
幽霊身体　163, 420
癒着的形式　351
揺れ幅　377

要素論　116
予感化能力　267
予描先読み形態　346
予描先読み能力　337, 346
予描志向性　337, 346

## ら行

リズム化　397
リズム化作用　396
リズム感　425
リズム統覚化　397
力線　177
力点化　397
力動的価値構造　10
離見の見　176
理想像　118
理念的概念　108, 125, 127
理念的本質　2
理念的目標像　121
両義性　353

類化形態分析　161
類化作用　161
類化名称　143
類型　199
類型化形態　168, 199
類型的情況　353
類似結合　273
類似的統覚　389
類的一般化　416
類の核　19, 206
類の普遍化　132, 160
類的本質　308
類比作用　287
類比統覚化　377

連合化　271

ロボット化　416

## わ

わざ幅　422
わざ幅地平分析　423
枠組み　202
枠組み構造　37, 70, 103, 206
芸（わざ）　61
私一般の身体　10
私の運動　12
私の身体　8, 12
私の身体運動　166
悪いまぐれ　273

[著 者]

金子明友（かねこ あきとも）
筑波大学名誉教授
元日本女子体育大学学長
国際体操連盟名誉メンバー

[主な著書]
『体操競技のコーチング』1974年，大修館書店
『マイネル・スポーツ運動学』（訳）1981年，大修館書店
教師のための器械運動指導法シリーズ『マット運動』『跳び箱・平均台運動』『鉄棒運動』
　1982〜1984年，大修館書店
マイネル遺稿『動きの感性学』（編訳），1998年，大修館書店
『わざの伝承』2002年，明和出版
『身体知の形成［上］－運動分析論講義・基礎編－』2005年，明和出版
『身体知の形成［下］－運動分析論講義・方法編－』2005年，明和出版
『身体知の構造－構造分析論講義－』2007年，明和出版
『スポーツ運動学』－身体知の分析論－』2009年，明和出版
『運動感覚の深層』2015年，明和出版


身体知の構造―構造分析論講義―
ⓒ Kaneko Akitomo 2007

初版発行―――――2007年8月1日
再版発行―――――2017年2月10日

著　者―――――金子明友
発行者―――――和田義智
発行所―――――株式会社 明和出版
　　　　　　　〒174-0064　東京都板橋区中台3-27-F-709
　　　　　　　電話　03-5921-0557　E-mail: meiwa@zak.att.ne.jp
　　　　　　　振替　00120-3-25221

装　丁―――――下田浩一
印刷・製本―――壮光舎印刷株式会社

ISBN978-4-901933-15-5　　　　　　Printed in Japan
Ⓡ本書の全部または一部を無断で複写複製（コピー）することは，著作権法上
での例外を除き禁じられています。

### 金子明友先生の関連書籍

## わざの伝承

金子明友著　A5判上製・576頁　定価4620円

　人間のもつ運動文化の一つとして伝えられる「わざ」は，結晶化された動きかたとして，その始源を「私の身体」の中に求めざるをえない。わざが伝えられる様態はさまざまであり，現在でも十分に解明されず，多くの謎が秘められたままである。一方，近代自然科学の急速な進歩は，勝れた職人のわざを脅かし，われわれ日常生活の身体文化を浸食し始め，さらに，古い歴史をもつ運動文化としての舞踊やスポーツにおける運動伝承の営みにも大きな変革を誘いつつある。これらの運動伝承に関する研究域は，発生論，構造論，伝承論の三階層をもち，その三重の塔の理論を一貫して支える心柱となるのは，現象学的な運動感覚論である。芸道，武道，美術，工芸などに共通する動きかたの「わざ」は，どう身につけ，どう伝えるのか？
古来より秘伝とされ，自得以外にないとされてきた難問に新たな道を拓く！

## 身体知の形成（上）
　　　―運動分析論講義・基礎編―

A5判上製・392頁　定価3990円

## 身体知の形成（下）
　　　―運動分析論講義・方法編―

A5判上製・304頁　定価3150円

　人間の貴重な運動文化を伝承するという営みは，発生問題，形態問題，方法問題の各領域にわたって錯綜しながら絡み合って構成されている。本書は，運動伝承を支える動感身体知の発生問題を主題とし，その分析を通してさらに形態問題，方法問題の橋渡しになるよう試みている。こうした狙いの下，本書は講義という形式をとり，発生運動学の入門書として書き下ろされたものである。上・下巻全30講義で構成されており，新しい人間学的運動学の基礎教養を学べるよう配慮されている。語り口調で記されたその内容は，実際に金子先生の講義を受けているような臨場感に溢れ，わかりやすく読者にまったく新しい運動研究の道を拓いてくれる。